《老子》思想与现代社会

——曲江楼观“老子文化节”学术研讨会论文集

The Thought of *Tao-te Ching* and Modern Society

—The Symposium on "Lao Tzu Cultural Festival" in Qujiang Louguantai

刘本炬 主编

刘学智 王宏波 副主编

SSAP

社会科学文献出版社

SOCIAL SCIENCES ACADEMIC PRESS (CHINA)

目　录

《老子》的现代性解读

前言

壬辰龙年，春夏之交，以“老子思想与现代社会”为主题的曲江楼观“老子文化节”学术研讨会在古城西安曲江国际会议中心隆重召开。来自北京大学哲学系、中国人民大学国学院、首都师范大学哲学系、四川大学历史文化学院、湖南大学岳麓书院等全国各地的专家学者同陕西本地的专家学者汇聚一堂，在自由、和谐的气氛中展开热烈的研讨和论辩。现在奉献给读者的这本论文集，就是此次研讨会的理论结晶。

论文集以原陕西省社会科学界联合会主席、陕西省哲学学会名誉会长、西北政法大学研究中国传统价值观教授赵馥洁先生的论文《老子价值观念的现代意义》作为代序。下分“老子·楼观·道教”“《老子》哲学思想研究”和“《老子》的现代性解读”三个部分，共收集了35篇论文。论文集基本反映了关于老子活动及老子思想源流的历史考证、老子哲学思想的精华解析、老子思想的现代意义探讨诸方面的最新成果。论文集对于老子及老子思想研究，对于中国传统文化研究，对于中华文明建设，无疑具有重要的理论意义和参考价值。当然，其中有些领域和问题，还有必要进行更加深入的研究探讨。从这个意义上说，此次研讨会和这本论文集只是开了一个好头。我们期盼今后能继续开展这样的学术活动，并能产生更新的研究成果，以不断推进老子思想的研究。同时，我们也真诚欢迎学界同仁和广大读者对论文集的不足批评指正。

此次学术研讨会由陕西省哲学学会、西安交通大学和西安曲江旅游文化有限公司共同承办，并作为“老子文化节”诸项活动的一个重要环节。会议举办以及会后论文集的出版，都得到了西安曲江旅游文化有限公司的资助。在会议筹备、举行和论文集的编辑过程中，陕西省哲学学会常务副会长王宏波教授、副会长刘学智教授以及学会秘书处的同志，还有西安曲江旅游文化有限公司的相关同志，都付出了辛勤的努力。我谨代表陕西省哲学学会向他们表示真诚的感谢！

陕西省哲学学会会长

刘本炬

老子价值观念的现代意义（代序）

赵馥洁

老子和以老子为代表的道家，既有哲人智慧又有诗人气质，他们以“冷眼向洋看世界”的清醒和“热风吹雨洒江天”的激情，思考宇宙，关照社会，眷注人生，给我们留下了博大精深、诗意盎然的哲学遗产、智慧宝藏。老子留下的是五千言哲理诗，庄子留下了三十三篇散文诗。德国哲学家尼采（1844～1900）曾评论《老子》一书说：“《道德经》，像一个永不枯竭的井泉，满载宝藏，放下汲桶，唾手可得。”英国当代汉学家彭马田认为：“《道德经》……81章犹如一串圆润的珍珠项链……美奂绝伦。”

老子这智慧的清泉、哲理的珍珠既是我们中国的，也是世界的。

老子这智慧的清泉、哲理的珍珠既是古代的，也是现代的。

老子这智慧的清泉、哲理的珍珠既是民族的，也是个人的。

那么，老子这位曾任过东周王朝图书馆馆长、大孔子二十岁、孔子曾向他求教、相传在周至楼观台著书的哲人，其价值智慧是什么？它对我们现代人有何意义呢？

一　老子的独立宣言

老子明确地申明他的价值观与众不同、异乎寻常，即与世俗流行的时尚、时髦观念大相径庭。他说：众人都爱凑热闹，而他喜欢淡泊（“众人熙熙”，“我独泊兮”）；大家都似乎很明白，而他很糊涂（“俗人昭昭，我独昏昏”）；人们都斤斤计较，而他混混沌沌（“俗人察察，我独闷闷”）；人们都很自满，而他觉得欠缺（“众人皆有余，而我独若遗”）；众人都自以为有本领而他很愚蠢（“众人皆有以，而我独顽且鄙”）。总之他是一个“愚人”（“我愚人之心也哉”）、“顽人”、“鄙人”（“众人皆有以，而我独顽且鄙”）。那么他为什么与众不同呢？因为他崇尚宇宙本体大道，热爱宇宙万物之母（“独异于人，而贵食母”）。就是说他是站在道的立场上考察、衡量和选择价值的。这是老子在《老子》二十章发表的一篇独立宣言。

二　老子的价值批判

根据这一宣言，老子对世俗价值观进行了批判。《老子》三章：“不尚贤，使民不争；不贵难得之货，使民不为盗；不见可欲，使民心不乱。”《老子》九章：“金玉满堂，莫之能守；富贵而骄，自遗其咎。”《老子》十二章：“五色令人目盲；五音令人耳聋；五味令人口爽；驰骋畋猎，令人心发狂；难得之货，令人行妨。是以圣人为腹不为目，故去彼取此。”《老子》十八章：“大道废，有仁义；智慧出，有大伪；六亲不和，有孝慈；国家昏乱，有忠臣。”《老子》十九章：“绝圣弃智，民利百倍；绝仁弃义，民复孝慈；绝巧弃利，盗贼无有。此三者以为文，不足。故令有所属：见素抱朴，少思寡欲，绝学无忧。”《老子》五十七章：“天下多忌讳，而民弥贫；人多利器，国家滋昏；人多伎巧，奇物滋起；法令滋彰，盗贼多有。”

以上引文都是老子对当时流行的价值观的批判。老子批判的价值包括“圣智”“仁义”“巧利”“富贵”“五色”“五音”“五味”“忠孝”“尚贤”“礼乐”“利器”“伎巧”“法令”“难得之货”，等等。他认为这些都是违背大道的负价值，有害而无益（包括儒家的仁义礼乐在内）。

世俗价值最大的危害就是导致人的价值异化和失落。老子认为在他所处的时代，人的伟大价值已经失落了。这种失落的具体表现是物欲横流，诈伪成风，争斗不断，社会危机。首先，当时的人们，私心膨胀，贪得无厌，把自己的私欲看得高于一切，疯狂地追逐物欲、名利、声望、权力，“不知足”“不知止”。其次，为了满足物欲，就要靠私智，用技巧，走捷径，于是社会上就形成了一种虚伪、欺诈的风气，所谓“智慧出有大伪”。再次，私欲无厌必然导致争斗，而诈伪智巧又为争斗提供了有力的手段。最后，争斗的结果就造成了严重的社会危机和生存危机。“田甚芜，仓甚虚”“国家昏乱”“六亲不和”“奇物滋起”“盗贼多有”。在这种条件下，世界处处埋伏着危险，生命随时受到威胁，安全系数极低，性命很难保全，“人之生，动之于死地亦十有三”。总之，人的价值可以说失落殆尽了。老子指出，人的价值失落乃是历史衰退，社会蜕化的表现。

因而，他严厉批判了世俗中流行的追求富贵、名利、知识、道德、法令、技术、艺术的价值观。

三　老子的价值取向

根据这一宣言，老子在批判的基础上，确立了自己的价值取向——“自然无为”。

老子哲学有四大概念：道（60 次）、自然（5 次）、无为（12 次）、无不为（2 次）。形成了三大观念：“道法自然”“道常无为”“无为而无不为”。道是本体（“万物之奥”“万物之宗”），自然是道的性质和状态，无为是道的方式和态度，无不为是无为的效应和结果。

“道法自然”是老子的哲学纲领，“自然无为”是老子的价值纲领，也是老子价值观之核心。其他价值观皆围绕此纲领、此核心而展开。把握了“自然无为”，理解老子的哲学思想和价值观念就能纲举目张。道家认为，“自然无为”应是人生和社会最高的价值准则。

“道法自然”意思是道的法则是自然、本性是自然。所谓“自然”绝非指自然界，也非“自然科学”所说的“自然”。自，是自己；然，是如此。“自然”就是自己如此、本来如此的状态、样式。

在老子哲学中“自然”与“无为”是两个角度有别而精神涵义统一的概念。一方面，自然是状态词，无为是态度词。“自然”就是自己如此、本来如此的状态、样式。无为不是不作为，而是指不任意妄为、不勉强作为、不胡作非为的态度、方式。这是二者的差异性。另一方面，事物如果采取无为态度就会呈现出自然状态，如果呈现出自然状态就表明它采取了无为态度。这是二者的统一性（例如一个人不故作姿态、不搔首弄姿、不摆架子、不装样子，顺应肌体规律，顺应自己本性，保持本来面目，其状态就会自然）。

老子认为自然状态和无为态度是一切价值的标志和本质，凡符合自然无为标准的东西就是有价值的，就是好的。老子讨论的价值类型很多，但主要阐发的是“无为而治”的政治价值和“无为而生”的人生价值。

1.“无为而治”的政治价值观

老子认为好的治世原则是遵循大道，自然无为。“为无为，则无不治。”[①]“爱国治民，能无为乎？”[②] 具体而言，就是在制度上，不靠强权统治、不靠阴谋权术、不靠法令强制；在方法上不任意

① 《老子》三章。

② 《老子》十章。

干扰，不随便干涉，不搅乱正常的生活秩序，不增加百姓负担。而是顺应民性，顺应生存规律，去治理国家。如烹煎小鱼那样，顺势而行，不乱翻动。在情感道德上，关键在于关爱老百姓，“圣人常无心，以百姓心为心”①。无为而治的效果是：“我无为，而民自化；我好静，而民自正；我无事，而民自富；我无欲，而民自朴。”②

研究中国经济的专家、卡托研究所副总裁邓正莱（James A. Dorn），1998年发表《中国的前程：市场社会主义还是市场道家?》一文，他指出：中国的前程，在于通过信奉和拓展老子的天道思想而回到本国的自由传统。《道德经》就是中国的自由宪章。老子关于天道、自由与无为的思想，跟亚当·斯密的一样，既是道德的，也是实用的。自发秩序理论创始人、奥地利社会经济学家1974年诺贝尔经济学奖得主哈耶克（1899～1992）认为，道家“我无为，而民自化；我好静，而民自正”是其自发秩序理论的经典表述。

2. “无为而生”的人生价值观

老子认为好的有价值的人生也应该是遵循大道，自然无为的人生。什么是自然无为的人生呢？所谓“自然无为”，指的是一种顺其自然，不强制扭曲自身的**存在状态**；没有私求，对外界不妄加干预的**处世态度**；自由自在，不受束缚的**精神境界**。不强制扭曲是顺应自然的状态，无私求、不妄作是顺应自然**态度**，而无束缚的自由则是无私求、不妄作，顺应自然的结果。无为而生的人生态度包括：

（1）慈俭谦虚：《老子》六十七章云：“我有三宝，持而保之。一曰慈，二曰俭，三曰不敢为天下先。慈故能勇；俭故能广；不敢为天下先，故能成器长。今舍慈且勇；舍俭且广；舍后且先；死矣！夫慈，以战则胜，以守则固。天将救之，以慈卫之。”就是

① 《老子》四十九章。
② 《老子》五十七章。

说，慈爱、俭朴、谦虚而不争强好胜，是三种宝贵的品德。慈爱才能勇敢，俭朴才能扩增，不与人争强好胜，才能成为先进。当今之人，失了慈爱只剩下勇敢，失了俭朴只追求扩增，失了谦虚只顾去抢先，离死亡不远了！慈爱，用它来征战就胜利，用它来退守必坚固。上天要拯救的，必以慈爱来护卫保守。《老子》六十六章云："以其不争，故天下莫能与之争。"

（2）少私寡欲：《老子》十九章："少私寡欲。"《老子》七章："天长地久。天地所以能长且久者，以其不自生，故能长生。是以圣人后其身而身先；外其身而身存。非以其无私邪？故能成其私。"就是说，天地之所以能长久，因为它不贪生。同理，人把自己置于最后，他反而在前；把自身置之度外，他反而长存。这正是由于他无私。无私反而成全了他自己。《老子》四十六章："罪莫大于可欲""咎莫大于欲得"。《老子》三十七章："无名之朴，亦将不欲；不欲以静，天下将自定。"

（3）知足不辱：《老子》三十三章："知足者富。"《老子》四十四章："甚爱必大费；多藏必厚亡。故知足不辱，知止不殆，可以长久。"贪得无厌的人必有大损害，囤积财富的人必有大失丧。所以，知道满足，便不受困辱；知道停止，才能免除危险，可以得享长久的生命。《老子》四十六章："祸莫大于不知足；咎莫大于欲得。故知足之足，常足矣。"最大的祸害就是不知足，最大的罪过就是贪婪。所以，以知足为满足的人，其满足是永恒的。《老子》二十五章："是以圣人去甚，去奢，去泰。"所以圣人摈弃一切强求的、奢侈的和骄纵的东西。《老子》八十一章："圣人不积，既以为人已愈有，既以与人已愈多。"

（4）柔弱不争：《老子》四十章："反者道之动，弱者道之用。"《老子》三十六章："柔胜刚，弱胜强。"《老子》四十三章："天下之至柔，驰骋天下之至坚。"《老子》五十二章："见小曰明，守柔曰强。"《老子》五十五章："骨弱筋柔而握固。"《老子》七十六章："人之生也柔弱，其死也坚强。草木之生也柔脆，其死也枯槁。故坚强者死之徒，柔弱者生之徒。是以兵强则灭，木强则折。强大处下，柔弱处上。"《老子》七十八章："天下莫柔弱于水，而攻坚强者莫之能胜，以其无以易之。弱之胜强，柔之胜刚，天下莫不知，莫能行。"《老子》八十一章："天之道，利而不害。圣人之道，为而不争。"《老子》七十三章："天之道，不争而善胜，不言而善应，不召而自来，然而善谋。"《老子》二十二章："不自见故明，不自是故彰，不自伐故有功，不自矜故长。夫唯不争，故天下莫能与之争。"《老子》六十六章："以其不争，故天下莫能与之争。"《老子》六十八章："是谓不争之德，是谓用人之力，是谓配天，古之极。"《老子》八章："上善若水。水善利万物而不争，处众人之所恶，故几于道。居善地，心善渊，与善仁，言善信，政善治，事善能，动善时。夫唯不争，故无尤。"《老子》十章："专气致柔，能如婴儿乎？"

《老子》五十五章："含德之厚，比于赤子，毒虫不螫，猛兽不据，攫鸟不搏。骨弱筋柔而握固。"《老子》八十一章："天之道，利而不害。圣人之道，为而不争。"

（5）致虚守静：《老子》十六章："致虚极，守静笃。""归根曰静。"《老子》二十六章："静为躁君。"《老子》五十七章："我好静而民自正。"《老子》四十五章："清静为天下正。"

自然无为的态度对于人的生存和发展有着重要的意义，其意义在于：

其一，自然无为可以"全生保身"，维护人的生命价值。老子珍惜生命，但却反对对生命过分执著的"自贵""自重"态度，认为只有采取"后其身而身先，外其身而身存""以其不自生，故能长生"[①] 的自然无为方式，才能达到全生保身的目的。

① 《老子》七章。

其二，自然无为可以使人复归纯朴的本性，维护人性的本然状态。他们认为社会文明的发展，使贪欲、争夺、自私、欺诈愈演愈烈，人性已严重地异化，只有顺自然，行无为，人性才能“复归于朴”。庄子称之为“无为复朴”[①]。

其三，自然无为是达到事业成功、精神自由的途径和方式。老子认为，人的主体能动性不是表现在主观任意的盲目蛮干上，事业的成功也并非取决于人的肆意拼搏和狂妄争斗，而关键在于人能按照道的规律，顺应自然法则去作为，即“辅万物之自然而不敢为”。[②] 以此方式和态度去行动作为，必然会达到建功立业的目的，即“无为而无不为”。[③]

而且，“无为而无不为”乃是绝对自由的精神境界。庄子说“逍遥乎无为之业”[④]，“无不为”“逍遥”是自由，“无为”是自然，通过自然无为，就可以达到“物莫之伤”“死生无变于己”“登高不慄，入水不濡，入火不热”“乘云气，御日月而游乎四海之外”这种绝对自由的精神境界。毛泽东说：一张白纸没有负担可以画出最新最美的图画。

其四，自然无为是实现理想人格的基石。老子的理想人格是“圣人”，但与儒家的圣人不同。庄子称为“至人”。老子说“圣人抱一（道）为天下式”[⑤]；“圣人处无为之事”[⑥]。如果人们得道，从道，效法自然，奉行无为，就会成为完美的“圣人”，达到理想的人格水准。“至人”的基本特征是以“法天贵真”为人生宗旨，以“无已无为”为处世态度，以“用心若镜”为认知方式，以“遗物离人”为独立意志，以“游心无穷”为精神境界。而这一切

① 《庄子·天地》。
② 《老子》六十四章。
③ 《老子》四十八章。
④ 《庄子·大宗师》。
⑤ 《老子》二十三章。
⑥ 《老子》二章。

都体现着自然无为的精神。

总之，自然无为的终极意义、终极关怀是人的价值的提升。而人的价值的提升，就是人的价值异化的克服，也是人的价值的复归。

四 老子价值观的现代意义

老子道家的价值论，无论从其体系的哪个环节看，都富有特色。它是以反命题的形式立足于中国哲学价值论体系中的。儒倡“义以为上”，道要“绝仁弃义”；墨重“天下之利”，道要“绝巧弃利”，法贵“权力法治”，道要“殚残圣法”。仁义、功利、权力都是“人为”的内容，因此，道家与儒、墨、法“对着干”的实质就是高举“自然无为”的旗帜，和“重人为”的观念反向而动，背道而驰。道家如此大唱反调，的确有其消极性的影响。历史上中国人身上存在的因循顺应，听天由命，萎靡不振，柔弱退让，安于现状等缺点，就与道家的思想影响有关。

但是，从另一方面看，道家的强烈批判精神，对揭露和认识社会的丑恶现象，重估和翻转传统的价值观念，反对和破除社会的偶像崇拜，都有一定的作用。它的“自然无为”的价值取向，对于把人们从名缰利锁中解脱出来，从欲火情海中拯救出来，实现精神自由，保养自然生命，也有意义；它的“无为而治”的政治理想，对于抑制封建统治者的严刑峻法、暴力专制、任意干涉，也有好处。总之，道家在一定程度上补救了儒、墨、法价值取向上的偏失，缓解了儒、墨、法价值追求中的张力。具体地说，它以自然价值补救了过分强调人为价值之偏，以个体价值补救了过分强调群体价值之过，以自由价值补救了过分强调规范价值之弊。并以柔弱缓和了刚强，以退让弱化了进取，以淡泊唤醒了痴迷，以旷达放松了拘谨，以宁静安定了躁动。

其现代意义可以概括为三点：

（1）老子价值观是我们克服盲目蛮干、胡作非为搞“建设”，求“发展”，从而顺应客观规律，建构和谐社会的宝贵借鉴。

（2）老子价值观是我们克服由于物欲膨胀而滋生的个人主义、主观主义、功利主义、享乐主义、消费主义、拜金主义等时代疾患的智慧资源和精神力量。

（3）老子价值观（“善利万物”）对我们保护生态，保护环境有深刻启示。

德国人尤利斯·噶尔1910年写了《老子的书——来自最高生命的至善教诲》一书，他说：“也许是老子的那个时代没有人真正理解老子，或许真正认识老子的时代至今还没有到来，老子已不再是一个人，不再是一个名字了。老子，他是推动未来的能动力量，他比任何现代的，都更加具有现代意义，他比任何生命，都更具有生命的活力。”

德国学者克诺斯培说：“解决我们时代的三大问题（发展、裁军和环保），都能从老子那里得到启发。”

日本物理学家、诺贝尔奖得主汤川秀树（1907～1981）于1968年在《创造力和直觉——一个物理学家对东西方的考察》中指出：“老子是两千多年前就预见并批判今天人类文明缺陷的先知。”又说：“老子似乎用惊人的洞察力看透个体的人和整体人类的最终命运。”

比利时学者、耗散结构理论创始人、诺贝尔奖获得者普利高津指出：“道家的思想，在探究宇宙和谐的奥秘、寻找社会的公正与和平、追求心灵的自由和道德完满三个层面上，对我们这个时代都有新启蒙思想的性质。道家在两千多年前发现的问题，随着历史的发展，愈来愈清楚地展现在人类的面前。”

美国学者蒲克明曾预言《道德经》是未来大同世界家喻户晓的一部书，他说：“当人类隔阂泯除，四海成为一家时，《道德经》

将是一本家传户诵的书。”

老子价值观使中华文化、中华民族的价值观结构中重阴、重柔、重无、重自然的价值取向得以确立。从而与孔子儒家重阳、重刚、重有、重人为的观念相辅相成、相反相成，形成了阴阳互补、刚柔相济、有无相生、天人合一的价值体系。老子如月，孔子如日，老子犹龙，孔子如凤，儒道思想精华相成互补就会使中华民族“日月同辉”“龙凤呈祥”“刚柔相济”。

以人生哲学言之，可以说：儒家要人心安理得地活着，佛家要人心平气和地活着，而道家要人心旷神怡地活着！如果能实现三者的综合统一，则会达到人生的美好境界。

老子·楼观·道教

老子楼观说经的历史意义及老子入秦年份考

樊光春

两千五百年前，中国哲学之父老子从中原来到关中，在秦岭北麓的一个小山丘上，向他的弟子尹喜讲授了“道”的精髓，并且阐发了建设“甘其食，美其服，安其居，乐其俗”的“小国寡民”的政治理想。他的“道论”后来被定名为《道德经》，并且与流传已久的黄帝政治思想结合，形成了道家道教；他讲授道论之地被称作说经台，在这里建立的道观名为终南山古楼观。

以老子政治理想为指导的早期道教，一面倡导“长生不老”，一面试图建立一个平等、和平、人民安居乐业的社会。在这样的国度里，人与自然和谐相处，社会经济依照契约无为而治，“圣人无常心，以百姓心为心”，原生态的民主法治在这里诞生和发展。西汉后期，黄老道的第一部经典《太平经》流传于长安，其信奉者们在朝野大力鼓吹“太平”论，希图实行政治改革，但遭到既得利益集团的阻挠而归于失败。以此为转机，形成道教组织体系。至东汉年间，黄老道教的两支主力——太平道和五斗米道，再度祭起“太平”大旗。前者以推翻东汉王朝为号召发动黄巾起义，终因寡不敌众而被平息。后者则偏安一隅，在汉水上游的秦巴山区建立起政教合一的地方割据政权，其基本政治制度是人民自治，不设官吏、由教职人员负责人口统计和税收；经济自给自足，生活部分供给制；道德教化为主、法制为辅，对罪错人员实行劳动改造和教育，不施死刑。其基本特点是以德治国、诚信守规、人人平等、平均主义。这项改革试验持续30年，后来被曹操以武力终止。毛泽东曾两次在中央工作会议上高度评价这一带有原始社会主义性质的试验，我国的人民公社化制度即借鉴五斗米道的实践，因“东施效颦”而遭失败。五斗米道被曹操解散之后，其信众向全国散布，其中大部分翻越秦岭到达关中，建立起一个新的道派——楼观道，影响国家政治和社会生活长达5世纪之久，楼观因此被誉为“仙都”，至今成为海内外道教信仰者朝圣之地。而道教在政治追求屡遭挫败之后，亦转型为专注生命、生态与养生。

过去，不少学者认为老子与道教没有什么关系，甚至认为老子为子虚乌有，只是一个象征符号；至今仍有许多人把老子所代表的道家与道教截然分开，老子楼观说经也只是一个动人的传说，查无实据。但是，文化人类学告诉我们，真实的历史传承有多种方式，文献记载并非唯一，文献也不是只有官方认可者才可信。从道教千百年来的口耳相传和留存的实物证明，老子是真实的历史人物，老子与道教有直接的关系。俄国学者陶奇夫在梳理各国学者对待道家与道教关系时即指出，自19世纪末形成了一种至今仍在流行的认识，“把道教史视为从最初的‘纯哲学学说’到一个充斥着‘神秘主义和迷信’的宗教神秘主义学说的逐渐衰落的过程”；而他自己则认为，“要消除道教发展两个阶段为对立的、几乎是相互排斥的错误认识，因为它们之间的连续性、继承性和相互联系是显而易见的”。①

---

① 〔俄〕陶奇夫著《道教——历史宗教的试述》，邱凤霞译，齐鲁书社，2011，第43、52页。

其所以学界会形成对老子的诸多疑问，最重要的原因是老子“自隐无名为务”——想方设法把自己隐藏起来而不为人知。因此便出现了权威文献缺少清晰记载而非权威文献又有很多零散记载的情况。被人们视为最权威的文献是《史记》。

司马迁记述了老子入秦，却没有说哪一年。有几个文献则清楚地记载了老子入秦的年份。如：

《太平经》：平王四十三年太岁癸丑十二月二十八日，为关令尹喜说五千文也。（唐王悬河《三洞珠囊》卷九老子为帝师品，载正统《道藏》太平部）

《关中记》：周玄［元］年，老子之度关。（《太平御览》卷九〇〇）

《三洞珠囊》：老子以无极元年岁在癸丑十二月二十八日日中作《道德经》上下两篇，以授喜。（唐王悬河《三洞珠囊》卷九老子化西胡品）

《郡斋读书志》：《老子道德经》二卷……以周平王四十二年授关尹喜……（宋晁公武编《郡斋读书志》卷十一）

至于集中描述老子生平和神迹的几部道书，都记载为周昭王时《太上混元真录》说无极元年癸丑五月老君去周西度，《混元圣纪》为昭王二十三年；而《太上老君年谱》则称昭王二十五年癸丑至函谷关；《太上老君金书内序》则有昭王二十五年和二十三年老君过函谷关两说，但干支都是癸丑；《犹龙传》取昭王二十五年癸丑一说。

综前所举，有关老子去周入秦共有6个年份：周元年、无极元年、昭王二十三年、昭王二十五年、平王四十二年（公元前729年）、平王四十三年（公元前728年）。其中周元年比较含混，如指西周当为武王元年（公元前1070年），如言东周则是平王元年（公元前770年）；而无极元年并非朝代年号，而是道书在叙述老子神迹时使用的专用年号，无从考究，但据此处上下文分析当为昭王二十五年；据刘启益《西周纪年》[①]，昭王在位19年，并无二十五年年号，昭王在位时也没有癸丑年。但《竹书纪年》记载昭王事有三条，分别为昭王十六年、昭王十九年和昭王末年，似乎昭王在位不止19年，癸丑年却不大可能出现在昭王时期，按前引《西周年表》，昭王之后的穆王三十二年才轮到癸丑。

这些年份中，哪一个正确呢？按下文考证，一个都不对。那么，为什么会在相关文献中出现这些年份呢？一个最重要的原因就在于，道教和佛教的先后之争。南朝顾欢在《夷夏论》中引道书《玄妙内篇》，说释迦牟尼为老子所化生。而释迦牟尼被公认为是公元前5世纪之前的人，如要证明他为老子所化生，就要把老子入秦而后西行的年代描述在释迦牟尼出生之前。

古代文献中年号和年份的笔误、错讹是经常出现的，但有一点，干支纪年不容易错，因此很多文献记录年号年份的同时，还加上当年的干支。通常，如果年号年份和干支吻合，那么这个记载就相对准确，反之就有错讹之嫌。既然关于老子入秦有6个不同的年号年份而干支只有一个，我们从这个癸丑年入手，就有可能解开老子入秦年份之谜。

当然，干支纪年也有它的缺陷，60年一循环，如果没有年号坐标还是无法解决具体年份问题。关于老子入秦，有另一个关键词："周之衰"。《史记》里面说，老子见周之衰，所以去周入秦。那么，"周之衰"以什么事件为标志呢？应当是两个事件：一是公元前770年平王东迁，这是西周灭亡的显著标志；二是自景王二十五年（公元前520年）至敬王十五年（公元前505年）间长达15年的周室内乱，这是东周衰落的显著标志，此后进入战国时代。历代学者的研究结果认为，老子是春秋时人，那么这个"周之衰"就应当是东周内乱。

---

① 刘启益著《西周纪年》，广东人民出版社，2002。

东周内乱之后的敬王三十二年（公元前488年）是癸丑年。这个癸丑年就是最接近历史真实的年份。

为什么道教文献记录要使用“昭王”年号呢？一个原因是前述道教与佛教争先后，另一个原因则是将真实的年号隐藏在其中：这个昭王非周昭王，而是楚昭王。楚昭王是与周敬王同时在位的诸侯王，老子去周返回故乡，恰好是在楚昭王的辖区，并从此出发前往西秦。用老子故乡的年号来记录其行踪，显然不违背常理。虽然这个癸丑年是昭王去世后的第二年即惠王元年，但老子从离开朝廷回故乡到入秦是一个连续的过程，将这一事件记录在昭王年间未尝不可。

把老子入秦认定在楚昭王时期，还有一个更重要的证据，就是孔子问礼。

《史记·孔子世家》《庄子》和《礼记·曾子问》都记载有孔子问礼老子之事，由于孔子一生未曾入秦，故此问礼老子都在老子入秦之前。孙以楷等的《老子外传》[①] 认为孔子问礼一共为四次：第一次在周都洛邑，第二次在老子故里，第三四次在沛泽。

考证老子入秦时间的关键在《庄子·天运》所记孔子“南之沛，见老聃”，此时应当是距离老子入秦最近的时间。

那么，孔子哪一年曾经“南之沛”呢？

按《庄子·天运》记述，孔子周游列国刚刚开始，其弟子颜渊就请教卫国的师金，不知这次游历顺利否，而师金给他泼了一盆凉水，还预言他们会在陈蔡绝粮七天。然后，庄子紧接着记述孔子因为用了十七年的功夫还没有领悟大道，因此到沛地寻访老子。依据这个线索，我们理解，庄子是把孔子“南之沛”放在周游列国这一时段的。

《史记·孔子世家》载，自鲁定公十四年（公元前496年）开

---

① 孙以楷、钱耕森、李仁群著《老子外传 老子百问》，安徽人民出版社，1992。

始，孔子周游列国，相继到达卫、曹、宋、郑、蔡等国。哀公六年（公元前489年），“吴伐陈。楚救陈，军于城父。闻孔子在陈蔡之间，楚使人聘孔子。”陈、蔡两国的大夫担心孔子到楚国后对两国不利，就派人把孔子围困在陈蔡之间，至于绝粮七日，弟子纷纷饿病。“于是，使子贡至楚。楚昭王兴师迎孔子，然后得免。”当时，楚昭王率军驻在城父（今安徽亳州市区）。《左传·哀公六年》：“秋，七月，楚子在城父，将救陈。”楚昭王迎请孔子所在，即应为城父，此地距离老子故里（今安徽涡阳、河南鹿邑一带）和沛地（今江苏沛县）都很近，顺便拜访老子在情理之中，所以《庄子》记述孔子见老子后言犹未尽，第四天派子贡又去请教了一回。这一年楚的年号是昭王二十七年，楚昭王在这一年的七月病死军中。翌年，楚的年号为惠王元年，干支为癸丑。

结论：老子入秦的年份为公元前488年。

老子入秦的史实发生在孔子“南之沛”问礼的次年，也就是第二次“周之衰”后的敬王三十二年，公元前488年。《太平经》所记平王癸丑年疑为敬王癸丑年之误，其余道书所记“昭王”当指楚昭王。

今年是老子入秦2500周年，值得隆重纪念。

（本文作者：陕西省社会科学院研究员）

《老子》与巴蜀文化二题

——巴蜀老子传说及老学文献杂考

舒大刚

老子具有精妙入神的智慧和超凡脱俗的德操，历来都是人们追求精神超越、智慧通脱和行为飘逸的典范。孔子对其有“犹龙”之叹，养生家对其有“真人”之称，神仙家视之为久视仙人，阴阳家赞其为百变神圣，道家称之为博大真人，道士奉之为太上老君。他有体察万物的智慧，也有傲视三界的眼光，还有宽宥众生的情怀，也有悲悯百态的胸襟。他的思想智慧和为人风范，不仅影响了中原地区，而且遍及于边郡远裔，地处西南一隅的巴蜀地区也无时不受其灵光普照。历考载籍，逮及神话，老子很早就在巴蜀形成广泛而神奇的传说，他的著作《老子》一书也很早传入巴蜀，得到经久不息的研究和阐释。现胪陈资料，略叙蜀中“老子传说”以及“老学文献”于次。

一　老子蜀中“事迹”钩沉

说起老子“事迹”，《史记》本传只说：“老子修道德，其学以自隐无名为务。居周久之，见周之衰，乃遂去。至关，关令尹喜曰：‘子将隐矣，强为我著书。’于是老子乃著书上下篇，言道德之意五千余言而去，莫知其所终。”说老子在著《道德经》五千言后便离去了，然其踪迹却“莫知所终”。裴骃《史记·集解》引《列仙传》曰：“关令尹喜者，周大夫也……时人莫知老子西游，喜先见其气，知真人当过，候物色而迹之，果得老子。老子亦知其奇，为著书。与老子俱之流沙之西，服具胜实，莫知其所终。”说老子著书后乃与尹喜“俱之流沙之西”。裴氏又说“《列仙传》是刘向所记”。然而该书《汉志》不载，其内容往往与据向歆父子《别录》、《七略》修订而成的《汉书·艺文志》相悖，故陈振孙《直斋书录解题》疑其“魏晋间方士为之，托名于（刘）向”。其“西出流沙”云云者，显然是受东汉后期以来“老子化胡”说影响。东汉末襄楷上桓帝书有云：“或言老子入夷狄为浮屠（佛陀）”（《后汉书·襄楷传》）；《三国志·魏书》亦载：“老子西出关，过西域，至天竺教胡，及浮屠弟子合二十有九。”《列仙传》前文有“后周德衰，乃乘青牛车去入大秦，过西关”，正受其影响，“西出流沙”说实乃魏晋间“佛老之争”的产物。

除了这个说法外，还有迹象表明，老子晚年亦有可能进入巴蜀隐居。《太平寰宇记》引《蜀本纪》云：“老子为关令尹喜著《道德经》，临别曰：‘子行道千日后，于成都郡青羊肆寻吾。’今为青羊观也。”① 此《蜀本纪》是何时何人的作品呢？常璩《华阳国志·序志》载：“司马相如、严君平、扬子云、阳成子玄、郑伯邑、尹彭城、谯常侍、任给事等，各集传记，以作‘本纪’，略举其余。”说司马相如、严遵、扬雄、阳成衡、郑廑、尹贡、谯周、任熙八人都曾撰“蜀本记”之类的书。相如、严遵、扬雄、阳成衡皆西汉人，郑廑为公孙述时人，尹贡为东汉初明、章时人，谯周三国蜀汉人，尹熙为西晋初年人。八家《蜀记》今均亡佚，唯

① 《太平寰宇记》卷七二《剑南西道一·益州·成都县·青羊肆》；又《太平御览》卷一九一《居处部》；《方舆胜览》卷五一《成都府·青羊观》引用《蜀王本纪》。

有扬雄《蜀本纪》有佚文可考。可见老子入蜀归隐，实出扬雄《蜀本纪》，为西汉相承的旧说。

宋人亦相信老子驾临成都青羊肆之说。北宋曾经四度入蜀为官的赵抃（谥清献），在其《成都古今集记》“青羊宫”云：“宫乃老子乘青羊降其地，有今台存。”宋何耕有《青羊宫》诗：“一再官锦城，咫尺望琳宫。未始得得来，正堕役役中。今朝弄晴雨，策蹇随春风。颇爱意象古，停骖少从容。缥缈百尺台，突起凌半空。凭栏俯修竹，决眦明孤鸿。信哉神仙宅，不受尘垢蒙。稽首五千言，众妙一以通。静观万物役，岂假九转功。区区立训诂，亦哂河上公。痴人慕羽化，心外求鸿蒙。要骑白鹤背，往访青羊踪。”[①] 曹学佺《蜀中广记》卷二亦引赵抃上述文字，并谓“观中留有宋代白玉蟾书写的碑文，字径半尺”。

《蜀中广记》又引《蜀记》说：“老子西度函谷关，为令尹喜著《道德经》，临别谓曰：‘千日后于成都青羊肆寻吾。’及期，喜往果，见于大官李氏之家。授喜玉册金文，名之曰《文始》。”此《蜀记》疑即前叙汉扬雄所撰《蜀本记》（不过“文始”之名却为后人添加）。曹学佺还按曰：“今成都西南五里青羊宫是其处。有青铜铸成羊，其大如麋。岁二月二十有五日，四方来集，以为老君与喜相遇日也。”[②] 以上数则资料都说，老子在为关令尹喜撰写《道德经》五千言后，即西行隐居；别后千日，尹喜在成都青羊肆一个李姓人家找到了老子。老子所骑而来的青羊，即留在了成都，后来演变为青铜所铸的青羊。成都人即其地建有道观，号青羊观、玄中观，唐僖宗诏改青羊宫，前蜀王建曾改龙兴观，宋仍旧名青羊宫，至今仍存，为蜀中道教胜地。这就是成都青羊宫的起源。《蜀中广记》卷一二又于青神县载：“《志》云县东门外有青羊桥，

① 杨慎著《全蜀艺文志》卷一，注又引赵清献《成都古今集记》上述文字。

② 曹学佺著《蜀中广记》卷七一。

相传老子骑青羊过此而入成都。”连老子入蜀线路都搞清楚了，于是坐实了老子在蜀中的事迹。

老子之所以与巴蜀发生种种联系，实与巴蜀本土固有的重仙道的文化传统有关。巴蜀地区山川秀丽，区位独特，东限三峡，南阻云贵高原，西有青藏高原，北有秦岭、大巴山，形成天然的屏障。在历史上，这里民族众多，方国林立，到春秋战国时期，已经形成巴和蜀两大君长制国家，具有悠久的历史文化。加之气候温润，终年云蒸雾霭，气象万千，历史悠久，传说丰富，早早就给人以无限神秘的遐想，中国许多上古的圣侣仙俦，都与古老的巴蜀发生联系，《山海经》所谓“西南黑水之间，素女出焉，后稷葬焉”；《大戴礼记》所谓“黄帝娶于西陵氏女曰嫘祖氏，产青阳及昌意，青阳降居江水，昌意降居若水”；《竹书纪年》又谓“夏后氏伐岷山，获其二女，曰琬曰琰”；《史记》有“禹兴西羌”之录，《诗经》有“吉甫作诵”之咏，《蜀王本纪》称历代蜀王“皆各数百年不死”，《华阳国志》有“彭祖为殷太史”“杜宇鹭为上仙”等仙话，真是既神且圣，亦人亦仙。进入东周以后，又有苌弘南迁、老子西行、尸佼入蜀等传说。而究其根源，实与巴蜀自身的独特地形地貌和悠久历史文化有莫大关系。

《山海经·西山经》载巴蜀有“皇人之山，皇水出焉”，又有中皇山、西皇山。据《峨眉图经》皇人、中皇、西皇三山，即今峨眉之大峨、二峨、三峨三峰。《五符经》说：“皇人在峨眉山北绝岩之下，苍玉为屋，黄帝往受真一五牙之法焉。”《路史》又曰：“泰壹氏是为皇人。开图挺纪，执大同之制，调大鸿之气，正神明之位者也。”是天地开辟后建立纲纪、制度、变化规则的一方神圣。又曰：“昔者神农常受事于泰壹小子，而黄帝、老子皆受要于泰壹元君。盖范元形，尝元味，要会久视，操法揽而长存者。”①

① 曹学佺著《蜀中广记》卷七四《神仙记》。

是神农、黄帝、老子学习师法的老师，世间最早的形象（元形）、最高尚的滋味（元味），以及长生久视（久视、长存）的法宝，都是从泰壹皇人发始的。

《录异记》卷六还具体记载：“青城县西北二里，有老君观，门东上有一泉，号马跑泉。水味甘美，四时不绝，春夏如冰，秋冬反温。昔老君与天真皇人会真之所。其泉是老君所乘马跑成，即冲妙观也。”唐代名道杜光庭，还专以此传说撰成《冲妙观记》一篇。

《名号历劫记》又云：“人皇之后，五龙氏兴焉。天真皇人降下开明之国，以《灵宝真文》《三皇内经》各十四篇授之。五龙氏得此经，以道治世万二千岁，白日登仙。”曹学佺《蜀中广记》卷七一引之并按：“开明氏，蜀古国号也，都南安，今之嘉定州是。”

由于巴蜀地区有这个皇人峰的缘故，便引来长生久视的泰壹真人和神农、黄帝、老子向他学习的掌故，后世道教造作《度人经》，也是依仿于此而成的。蜀中风物原有与老子其人其学相契合的基础，于是历代以来就衍生出许多老子入蜀隐居、修炼、讲经甚至炼丹的神迹。

考诸《蜀中广记》，在成都府城外，远至川东的丰都、川中的大足、川西的邛崃、川北的绵阳、川南的威远，无不有老子的传说在。如《大足县旧志》卷一七云：“老君洞在治东南三十五里玉口山巅，洞弘敞，可容十余人，内石床石臼、丹灶尚存。洞巅一隙透明，有泉自石罅中流出，山麓惟一小径可通。相传老子炼丹于此。”又引《道经》卷一九云：“老子骑青牛度函谷，将息驾于平都，今县二里有青牛山，在平都之左。”平都即今重庆丰都。又引《拾遗录》卷六三云：“老子当周之末居（邛崃）山，与世人绝迹，惟有黄发友五人，手杖青筇之杖，出入室中与老子谈。”另根据民间传说，在川南的威远县，也有老子讲经和炼丹的“老君台”遗迹。

《蜀中广记》卷九还于绵竹山载：“有鹿堂致，即二十四化（治）之第二化（治）也。汉元帝时，老子偕张道陵游此，有仙基仙宫，古人度世之处。”虽然老子不可能与东汉张陵同游，但是至少可以说明老子在蜀中的传说，被张道陵等人利用来作为创立道教的旗帜了。

老子在蜀中的这些传说，反过来又加强了蜀中重视仙道的传统，老子其人遂成为蜀中仙人的代表。雍正《四川通志·仙释叙》即称：“蜀自李耳留迹，普贤过化，其有仙释也由来旧矣。厥后祖而述之，代不乏人，咸谓可以长生久视。”于是以“夏李八百”①、“周老子”② 同尊为蜀中仙人的两大鼻祖。

谢无量说，“《道藏》数千卷，首著《度人经》”，《度人经》相传是“峨眉天真皇人”传授给黄帝的最早的道教文献。天真皇人是道教之祖，《度人经》被列为《道藏》之首，“讲清净修身为本”。据此而言，老子隐迹于蜀中，与道家经典发始于蜀中，道教创始于蜀中，似乎有某种因缘关系。

二　巴蜀“老”学文献考要

老子的事迹（或神迹）既盛行于蜀，《老子》其书也很早就传入巴蜀，并得到广泛而持久的研究与传播，在巴蜀产生了许多《老子》研究著作，对巴蜀崇尚仙道，甚至产生和流行道教，不无助推作用。西汉严君平“日阅得百钱，足具朝暮，哺即垂帘，焚

---

① 雍正《四川通志》说：“李八百，蜀人。初居筠阳之五龙冈，历夏商周年八百岁。一云动则行八百里，时人因号李八百。或隐山林，或居廛市。又修炼于华林山石室，丹成还蜀中。周穆王时，居金堂山，号紫阳真君。其后遂得仙，封妙应真人。”按：《晋书·周处传》附《周札传》：“时有道士李脱者，妖术惑众，自言八百岁，故号李八百。自中州至建邺，以鬼道疗病。”是则夏李八百者，疑即晋李脱之衍化。

② 雍正《四川通志》说：“周老子，河南归德府苦县人。为周柱下史，得长生术。尝驾青牛度函谷关，为关令尹喜著《道德经》五千言。曰‘千日之外，求我于蜀中青羊之肆’。至期果至，授喜玉册金文，赐以元始先生之号。”

香静坐，注《老子》《周易》，以此为常"[①]。东汉则有翟酺"好《老子》，尤善图纬、天文、历算"[②]。自此以后，历代研究《老子》而有著述者盖比比焉。明曹学佺《蜀中广记·著作记》著录巴蜀《老子》著述8种，清雍正《四川通志·经籍志》著录11种，晚清吴福连《拟四川艺文志》著录21种，台湾严灵峰《先秦诸子知见录》著录30余种。现根据各类目录资料，对历代巴蜀《老子》文献作一考述。

（1）《臣君子》2篇，是蜀人最早的道家著作。一说"子"为"平"误，则此为严君平著作。见《汉书·艺文志》。

（2）严遵《老子注》2卷、《老子指归》2卷，见于《隋书·经籍志》及陆德明《经典释文》。今所传《老子》早期注释，一为题名"汉河上公注"，一即严遵《老子指归》。按：河上公，或曰战国时人，或曰汉文帝时人，然而其书唐以前无录，陆德明《经典释文》亦未引用（而用王弼注），刘知几径谓其非是，欲以废除。四库馆臣考证说："详其词旨不类汉人，殆道流之所依托。"[③]信然。君平书虽然也受到馆臣怀疑，但经今人钟肇鹏考证，其为君平所著无疑。故常璩称君平"著《指归》，为道书之宗"[④]。

（3）《老子想尔注》，汉张陵或张鲁。原书早佚，《隋书·经籍志》和新、旧《唐书》经籍、艺文志都未著录，《道藏》无录。清末敦煌莫高窟发现古本典籍，中有《老子道经想尔注》残本，全本共五百八十行。注与经文连写，据考为六朝钞本，现藏于大不列颠博物馆（S6825）。始自《老子》三章"不见可欲，使心不乱"，终至三十章"无欲以静，天地自止（正）"，大致反映了《想尔注》的基本思想内容，是研究早期道教思想的珍贵资料。唐

① 曹学佺：《蜀中广记》卷四十一《西汉》。

② 《后汉书·翟酺传》。

③ 见《四库全书总目》本书提要。

④ 常璩著《华阳国志》卷一〇上《先贤总赞》。

玄宗《道德真经疏外传》、杜光庭《道德真经广圣义》以及法琳《辨正论》等，都认为张陵曾注《道德经》，是《想尔注》的作者。另一说认为该书系张陵之孙张鲁所作，此不赘。

(4)《老子道德经注》2 卷，晋范长生，蜀涪陵丹兴人，字蜀才，一名延久，又名重九，一字元群。隐青城山，晋元帝太兴元年卒。两《唐志》《郡斋读书志》。

(5)《老子注》，唐朱桃椎，成都人，淡泊绝俗，结庐山中。唐高祖时人。见范应元《古本集注》引。

(6)《道德真经注》4 卷，唐李荣，蜀绵州人，道士，号任真子。显庆时人。写本残卷，蒙文通辑校本。

(7)《三十家老子注》8 卷，唐张君相。蜀岷山道士。汇集汉河上公以下三十家注，见两《唐志》《郡斋读书志》《世善堂藏书目录》，有《道藏》本，存十五家。可谓详赡，是最早的《老子》集解著作之一。

(8)《老子注义》4 卷，唐黎元兴，成都道士。杜光庭《广圣义序》引。

(9)《道德真经广圣义疏》50 卷，五代杜光庭。本处州人，居青城山，蜀主赐号广德先生，进号文成先生。户部侍郎。见《宋志》。据唐玄宗注、疏，广为疏义。八十一章，明道德要义。有《道藏》本。

(10)《老子解》1 卷，五代蜀蒲虔贯（乾贯），官司议郎，见《四川通志·经籍志》。

(11)《道德真经疏》4 卷，五代乔讽，蜀人，仕蜀为谏议大夫知制诰。《崇文总目》作《道德经疏义节解》上下各二卷，“奉诏以明皇注疏、杜光庭义缀其要，附以己意释之”。有《道藏》本。明修身治国之方。

(12)《道德真经疏义节解》2 卷，五代乔讽。见《崇文总目》《宋志》《国史志》。

(13)《老子注》，宋龙昌期，陵州人。文彦博荐授五品服，殿中丞。见《宋史·胡则传》。

(14)《老子注》2卷，宋刘泾，字巨济。简州阳安人。尝登东坡之门，熙宁进士，太学博士。见《郡斋读书志》。

(15)《老子解》2卷，宋梁成，成都人，元丰进士。见《四川通志》。

(16)《道德经解》2卷，宋苏辙。以《易》解老，屡引《中庸》，参以释氏见性之说，是汇通儒道的重要尝试。见《郡斋读书志》《宋志》，有《两苏经解》本。

(17)《道德经解》2卷，宋郭长儒，成都人，隐士。见《蜀中著作记》《四川通志》。

(18)《老子注》2卷，陈皋，四川梓州人。见《遂初堂书目》《子略》《通志》。

(19)《读老子讲义》1篇，宋杨椿，眉山人，省试第一。绍兴兵部尚书、翰林学士、参知政事。彭耜《杂说》引。

(20)《老子略解》1卷，宋员兴宗，蜀仁寿人，号九华子。乾道荐除教授，擢著作郎、兼国史编修官，实录院检讨。以儒解老，间引庄子。在《四库全书》本《九华集》内。

(21)《老子音解》1卷，宋李畋，华阳人，自号子谷子。知荥州、尚书郎。《四川通志》著录作《道德经音释》。

(22)《老子注》，宋李文恕，蜀峨眉人。号山峨了一子。以五行修炼之说作解。彭耜《杂说》引。

(23)《老子解》，宋杨泰之，眉州青神人。知州，理宗大理少卿。见《四川通志》。

(24)《道德经注》，宋谢图南，西蜀人。号莲山天饴子，朝散大夫。刘惟永《集义》引。多采儒家说作注。

(25)《道德真经衍义手钞》20卷，宋王守正，蜀人，号五峰清安逸士。重阳宫主玄学师。《目录详注》引。每章举要句，注以古书之文。有《道藏》本。

（26）《老子道德经古本集注》2卷，宋范应元，蜀顺庆人。号果山，称谷神子。南岳寿宁观主。采河上公等三十家注解，多引宋说，且多有古本及音辨未见著录者，自注多引儒解老，深入浅出。有宋刊本、《续古佚》本。

（27）《老子解》，宋褚伯秀，钱塘人，天庆观道士。范应元弟子。以庄解老。

（28）《老子或问》。元牛妙传，号澄明子，称通真大师。成都万寿宫知宫提学。刘惟永《集注》引。并采儒道两家书作解，稍嫌冗赘。

（29）《老子解》，元胥六虚，四川潼川人。号六虚散人。刘惟永《集注》引，明修身治国之旨，间采儒家说，文颇冗赘。

（30）《老子纂要》，明黎尧卿，忠州人。弘治进士。有《四库存目》。在《诸子纂要》中。杂引诸子之文，以备科举之用。有明刊本，台湾“中央图书馆”藏。

（31）《老子疏》，明杨慎。新都人。正德状元。《升庵外集》引。

（32）《衍韩非解老》1篇，明杨慎。《升庵外集》引。

（33）《老子难字》，明杨慎，见《四库存目》。

（34）《道德经测旨》无卷数，明张正学，潼川人。见《四川通志》。

（35）《老子解》，明任道正。见《四川通志》。

（36）《道德经顺朱》2卷，清德玉，蜀渝华岩、季而关、圣可。《国立中央图书馆善本书目》著录康熙刊本，“中央图书馆”藏。

（37）《道德经注》，清杨凤庭，乾隆元年成，见道光《新都县志》卷一七。

（38）《道德经辑要》1卷，清钟瑞廷，咸丰九年举人。见光绪《蓬溪县续志》卷四。按：光绪《新修潼川府志》卷一六不著卷数。

（39）《老子新义》二卷、附《化胡释证》一卷，清廖平，见光绪《井研志》卷一四。

（40）《老子道德经讲义》2卷，清末宋育仁。光绪进士，授检讨，湖北候补道。《四川省图书馆目录》。今存民国间铅印本（南京大学）。

（41）《道德经批注》2卷，清末赵熙。号香宋老人。光绪进士。《四川省图书馆日录》著录。

（42）《老子考异录》，清末张煦，字怡孙。北京大学教授。手稿本，马叙伦家藏。

（43）《止园道德经释义》1卷，民国尹昌衡，彭县人。日本留学，四川都督。

（44）《老子校》，民国傅增湘，四川江安人。清末进士。教育总长。据唐写本残卷校其异同。《老子考》著录。

（45）《老子二钞》1卷，民国刘咸炘，四川双流人。见《推十书》中《左书》。

（46）《诵老私记》1卷，民国刘咸炘。徐国光、王道相《双流刘鉴泉遗书总目》。

（47）《老子述记》1卷，民国朱芾，四川江津人。中国公学毕业，留学日本。同盟会员。杂引儒佛说以解老子，并引庄子、列子诸家说。民国二十五、二十六年商务印书馆本。

（48）《老子与程明道》，民国李宗吾，四川富顺人。论老子无为、兵法与其他诸子及宋学含老学成分最多等，颇有新解。1957年香港大华书店“国学丛书”本。

（49）《老子学案》1卷，王恩洋，四川南充人，号龟山。东方文教研究院教授。分导论、本论、评论，论述其学说，并评其得失。民国二十六年上海佛学书局“龟山丛书”。

（50）《河上公老子章句作者考》，唐文播，四川成都人。华西协和大学教授。敦煌本，疑河上公河为葛洪所作。《东方杂志》三十九卷第九号。此外，唐氏还有《敦煌老子卷子之时代背景》、《老子篇章数考》等论文。

(51)《辑成玄英老子义疏》1卷，蒙文通，四川盐亭人，四川大学教授。

(52)《成玄英老子义疏叙录》，蒙文通。

(53)《老子李荣注》4卷，蒙文通辑。有《道书辑校十种》本。

(54)《老子校记》，王叔岷，四川简阳人。四川大学、北京大学毕业，中央研究院研究员、台湾大学、南洋大学、马来西亚大学教授。

(55)《老子述义》1卷，封思毅，四川綦江人。中央政治大学毕业，中央陆军军官学校教官。1968年"人人文库"。

以上是目前可考在巴蜀地区或由巴蜀籍学人撰著的解说《老子》的著作，当然这还不包括那些以论文形式发表的研究老子思想的作品。综观巴蜀学人的"老"学著作，有几个比较突出的特点：一是历史悠久，源远流长。从西汉严遵《指归》，到近人蒙文通、王叔岷等氏的著作，绵延2000余年，《老子》文献，代不乏人。二是融通诸学，不党同伐异。严遵《指归》率先沟通《易》"老"，融会儒道。其《说目》自序分章旨趣云："昔者老子之作也，变化所由，道德为母，效经列首，天地为象，上经配天，下经配地；阴道八，阳道九，以阴行阳，故七十有二首。"明确提出《老子》效法《易经》，于是他有别于时人分《老子》为八十一章，而将《老子》分为七十二章；并在《得一篇》申明："然《大易》乾乾光耀，万物资始，云蒸雨施，品物流行。元首性命，玄玄苍苍，无不尽覆。"将《老子》纳入《易经》的衍化系统。其次，严遵解"老"通篇都贯穿儒家思想，如《上德不德》篇将老子推崇的"道德"和儒家推崇的"仁义礼"结合，明确指出："有道人，有德人，有仁人，有义人，有礼人。"并解释说："虚无无为，开导万物，谓之道人。清静因应，无所不为，谓之德人。兼爱万物，博施无穷，谓之仁人。理名正实，处事之义，谓之义人。谦退辞让，敬以守和，谓之礼人。”并且认为“凡此五人，皆乐长生”，从而化解了从战国以至汉初儒道“互黜”（《史记》）的矛盾。此外，东汉末张陵《想尔注》，则将《老子》清虚无为、淡泊自守、长生久视的思想，与巴蜀的仙道观结合，将道家哲学经典《老子》改造成为道教的典籍了。北宋苏辙《老子解》，更是融合诸子，会通三教，公然提出“以儒治世，以道治身，以佛治心”之说，将儒家《易》道、《中庸》，佛家禅学，都统统纳入《老子》的解释之中，因此苏轼览而叹曰：“使战国有此书，则无商鞅、韩非；使汉初有此书，则孔、老为一；使晋宋间有此书，则佛、老不为二。”[①] 表现出博大融通的气概。三是博采诸家，不株守一说。特别是唐代岷山道士张君相《三十家老子注》，汇集自河上公以下的三十二家《老子》注解，众说兼存，纂成一书，是为中国历史上最早的《老子》集解著作之一，至今《道藏》还保留其中十五家注的内容，汉晋六朝以及唐初的许多《老子》文献赖之以存。总之，巴蜀“老”学文献体现出来的这种兼容并包，博大融通，集杂为醇，自成一家的气象，是非常突出的，在历史上对“老”学的发展、道教的产生、蜀学的更新，都具有非常重要的促进作用。

从老子其人在巴蜀的传说和《老子》其书在巴蜀的流传来看，老子的事迹和思想与巴蜀重视仙道的文化传统具有某种契合之处，二者结合，互相影响，互相作用，最终促成道教在巴蜀诞生并使其持续繁荣于兹。巴蜀士民接纳和仙化了老子事迹，巴蜀学人也接受和发展了《老子》学说。扬雄《蜀本纪》关于老子落户“成都青羊肆”的说法，是对《史记》老子西行“莫知所终”疑问的

---

① 苏辙：《老子解》后记。

最早回答；而严遵《老子指归》一书，则是今存可信的汉代《老子》注本之第一书。老子在巴蜀各地的传说，标志着巴蜀文化与老子道家的充分融合，巴蜀学人对《老子》一书经久不衰的研究热情，也是“蜀学”博大兼容品格的集中体现。前人云：“言禅者不可不知蜀，言蜀学亦不可不知禅。”吾人于道家道教甚至老子之学亦作如是观，吾人固曰“言道者不可不知蜀”，其于老子及《老子》研究，又岂能舍蜀而勿视乎？必不然矣！

（本文作者：四川大学历史文化学院教授）

老子葬地考

王安泉

老子像所有的伟人一样，在他逝世之后，留下了众多谜团。其中老子入秦以后，特别是他逝世以后及其葬地，是许多学者从汉代到现代孜孜破解的谜团之一。笔者根据文献记载、文物考查、实地踏勘、走访调查、请教学者，对逝世以后及其葬地研究得出的结论是：老子曾任周守藏室之史，后见周室衰微，西行函谷关，关令尹喜迎请老子到周至楼观台，讲述《老子》，传授给尹喜等人。老子暮年，从楼观台西行，登上大陵山，不久逝世。尹喜主持，安葬老子于大陵山。

一　老子在楼观活动，在大陵山逝世

老子入秦至逝世，主要涉及以下问题。

1. 老子的出生和逝世时间

老子去周入秦，至函谷关，由关令尹喜迎接至楼观，讲授《老子》，传授给尹喜。老子逝世年份史无明文记载，司马迁《史记》卷六三《老子韩非列传》载道："盖老子百有六十余岁，或言二百余岁。"学术界依据《史记》《论语》《庄子》等书的记载，孔子问礼于老子，老子至少大孔子20岁，孔子生于公元前551年，老子的出生时间基本定于公元前 571 年。例如，2000 年 11 月，信息产业部在河南省周口地区发行的老子纪念邮票、邮品，经过专家论证，也以这个时间为准。再如，台湾中华老庄学会的众多学者，也同意老子活到“百有六十余岁”这个记载。他们还进一步考证：老子在楼观台和大陵山活动的时间，约从年近 90 岁到 160 岁，老子在楼观、大陵山一带活动了大约 70 年。

依照学术界基本确定的老子生于公元前 571 年的结论，老子在世 160 年，逝世于大陵山的年份，约在公元前 411 年，或者约在公元前 371 年。笔者认为，多数学者推定老子逝世于公元前 411 年是言之成理的。

对老子逝世，《庄子·养生主》第四段有精彩记述：“老聃死，秦失（佚）吊之，三号而出。弟子曰：‘非夫子之友邪?’曰：‘然。’‘然则吊焉若此，可乎?’曰：‘然。’始也吾以为其人，而今非也。向吾人而吊焉，有老者哭之，如哭其子；少者哭之，如哭其母。彼其所以会之，必有不蕲言而言，不蕲哭而哭者。是循天倍情，忘其所受，古者谓之遁天之刑。适来，夫子时也；适去，夫子顺也。安时而处顺，哀乐不能入也，古者谓是‘帝之县解’。”①

近代学者胡适之说：“庄子这一段文章，决非后人假造。”梁启超对此也深信不疑。台湾中华老庄学会撰文说：“老子入关时至少九十余岁。到周至楼观（时地属扶风）定居之后，一位九十多岁的老人，很不容易引起人烟稀少的邻近居民注意。而老子死后却有来自远近的许多人扶老携幼为之痛哭，乃至循天倍情，可见老子居住其地（楼观）为时定非短期所能办到，至少也该在那里居住了数十年以上，才得与邻人如此亲密，才能使远近人无论老幼对他如此哀恸。”

---

① 见《南华真经注疏》卷二《养生主第三》。

2. 老子生于公元前714年，在世195年

唐代释法琳在《十喻篇》中说："老聃生于恒王丁卯之岁，终景王壬午之年，虽讫孔丘之时，不出姬昌之世。"① 据此，老子在世195年。但是，法琳未说明此论的依据，只能备为一说。

3. 老子升天之说

元代朱象先撰《楼观先师传碑》指出："……（尹喜）以其年十二月邀老君至终南本第，斋戒问道，复请著书，以惠后世。……老君传道既毕，明年甲寅四月二十八日将辞决升天。真人悲恋请留，老君或曰：子但千日清斋，研颂二篇，炼形入妙。而后可寻吾于蜀郡青羊之肆矣。真人唯唯而谢。言讫，于宅南小阜上乘云驾景，升入太微。"② 中国道教协会会长任法融1998年撰写的《重修老子墓碑志》一文中说：《太上老君金书·序》云："季在癸丑，尹喜迎老子于东楼观说道德五千言，明年甲寅四月，老君在大陵山升腾紫云，上登天界。"也是本于此说。③

4. 老子西游化胡的神话

西晋道士王浮撰《老子化胡经》一书，贬斥佛教，说老子西去化胡，传授佛教云云。自《列仙传》提出老子与尹喜西游流沙之后，东汉襄楷说："老子入夷狄为浮屠。"④《三国志》裴松之注引《魏略·西戎传》提到"老子入天竺化浮屠"。唐末五代，道教画家张素卿绘《老子过流沙图》，也是本于此说。老子化胡之说，涉及佛道关系史的一桩大公案，也成为后来佛道争论的一个焦点。老子西游化胡之说显然属于道教杜撰的神话。⑤

---

① 见《广弘明集·十喻篇下》。

② 王忠信编《楼观台道教碑石》，三秦出版社，1994，140页。

③ 中国道教协会会长任法融引自《太上老君年谱要略·太上老君金书内序·太上混元老子史略》（丛书）《正统道藏》涵芬楼，1923。

④ 《后汉书》卷六十上《郎顗襄楷列传》。

⑤ 王卡：《〈老子化胡经序〉校跋》，《中国道教》1990年第4期。

二　有关老子葬地的文献记载

1. 北魏郦道元的记载

明确记载老子葬于大陵山的，是北魏著名地理学家郦道元。他在《水经注》卷十九《渭水三》中记载：渭水，“就水注之，水出南山就谷，北径大陵西，世谓之老子陵。昔李耳为周柱史，以世衰入戎，于此有冢，事非经证。然庄周著书云：‘老聃死，秦佚吊之，三号而出。’是非不死之言，人禀五行之精气，阴阳有终变，亦无不死之理。”

2. 唐代佛教徒在诸多文献中多次记载老子“死于扶风，葬于槐里”

由于佛教强烈反对老子化胡之说，许多佛教典籍记载老子死葬之地。唐代释法琳在《广弘明集·十喻篇下》中两次提到老子逝世后的葬地。他在《内七喻》中说：老子“生于赖乡，死就槐里，详乎秦佚之吊，贵在遁天之形”“唯秦佚吊焉。老死信矣。世人见谷神不死。是以玄牝。故好事者遂假托焉”。“庄生所云，老聃死，秦佚吊之是也，而生依赖乡，死就槐里。始终莫测，何其瞀哉”。释道宣在《广弘明集·辩惑篇序》中说：“李叟……生于厉乡，死于槐里，庄生可为实录，秦佚诚非妄论。”释道宣跋孙胜《老子疑问反讯》中说：“老子……坐观周衰，遁于西裔，行及秦壤，死于扶风，葬于槐里，非遁天之仙言矣。”北周释道安在《二教论》中说：“柱史在朝，本非谐赞，出周入秦，为尹言疲乏，无闻诸侯，何况天子。”《君为教主第三》中说：“庄周称老子曰，古者谓之遁天之形，始以为其人，今则非人也。尚非遁天之仙，故有秦佚之吊，三号而出……”

在此有必要探讨一下扶风、槐里和周至的关系，以便于从地名和地理上对老子的葬地大陵山，有进一步的了解。

古扶风，与今之扶风县当为不同的地理概念。汉武帝时，置右扶风，与京兆尹、左冯翊同为郡级建制，同治长安城中，合称三辅。扶风郡辖长安以西关中地区。东汉建武元年，扶风郡治从长安城中移出，驻槐里。

周至县为汉武帝太初元年（公元前104）置，属右扶风。周至尚未置县之前，其地为槐里所辖是极其可能的。古槐里即今兴平县，周代称槐里为犬丘，周懿王二年（公元前908）迁都于此，与周至同属西汉建县，于汉高祖三年（公元前204）置槐里县，是右扶风的辖县之一。两地隔渭河而相望。因渭河是游荡性河流，一度南移至今黑河拐弯处和周至县城北滩地一带。渭河南岸沙滩与大陵山就峪河水网地带相连接，从兴平渭河北至大陵山老子葬地吾老洞不过十余里地。至今大陵山许多古碑阴刻有兴平善男信女捐资的名单。清初，有兴平人说大陵山老子石像圣光远烛旁邑而生事端（详见后文）。

清雍正十三年，周至知县杨绎的《游终南山》诗写道："郃封槐里平如掌，渭水萦纡似带流。遥望乱云秦岭宿，暮烟无际是梁州。"①

郦道元《水经注卷十九》在记述就水之后，紧接着又记了两条：

渭水又东合田溪水。

渭水又东径槐里县故城南。

古田溪水，今名田峪河，在楼观东侧，就峪河在楼观西侧。沿着这两条河向北数里，从河滩北望，就是隔渭河相对的槐里故县。

地理上犬牙交错，建置上的领属分合；加之历史上兴平（槐里）人祭祀老子时，能在兴平看到大陵山老子石像旁烛光的记载

① 《周至县志》乾隆五十年版。

可以证明，唐代释氏所言“葬于槐里”，就当指老子葬于周至大陵山。

槐里、扶风、周至关系如此，老子葬地的具体位置在今周至境内的大陵山，便可以理解了。

3. 大陵山下建有老子墓

大陵山东坡根建有老子墓。清代乾隆年间，陕西巡抚毕沅所题，周至县知县徐作梅所立的周老子墓碑，即树于墓前。

老子墓的修建，应当是晚起的事。大约在唐宋时期，祭祀老子的民众，一是爬上大陵山路途较远，为了方便祭祀老子，在山下修建了老子墓。二是祭祀老子的民众，大约不知道周代以前的丧葬制度是在地表“不封不树”。汉魏以后的民众，总以为老子这样伟大的人物，逝世以后，葬在山顶的吾老洞中，心里过意不去。老子这样伟大的圣人，没有坟墓可供后人祭祀和凭吊，可能觉得是莫大的缺憾。这样就能理解民众在大陵山下修建了老子墓的行为，虽然与历史和事实有很大的距离，但是从风俗和民众的心理去揆度，也就可以理解了。三是民众修建了老子墓，进行了长时间的祭祀，逐渐被社会大多数人认可，一些官吏和文人也就从俗，或者未加详察，给老子墓题字作文。例如，元代至元三十年，著名道士朱象先就记载了老子墓；清代乾隆年间的陕西巡抚毕沅题写老子墓碑文；当代的中国道教协会会长任法融等，也给老子墓作了碑文。

4. 地名可以佐证老子葬于西楼观大陵山

依《长安志》《周至县志》记载：楼观一带魏晋时称闻仙里神就乡，地名神就乡的本意指：老子就是葬在此乡的大陵山而命名的。隋唐元明直至现在亦然。峪称就峪，河称就水。《水经注》所记就水即今就峪河；就峪河发源于海拔 2631 米的秦岭山峰四方台北侧，从就峪口出山，经楼观镇、司竹乡，于马坊村流入渭河的一大支流——黑河，由黑河入渭河。沿着就峪河逆行，由就峪口入山，是古代翻越秦岭抵达陕南的一条便道，这条古道两旁，尚有古栈道的栈孔遗址。就峪口有古代关口遗址，称作就峪关。

5. 大陵山下的地理，有古“流沙”的特点

就峪河长 38.5 公里，流域面积 95.4 平方公里，多年平均径流量 125 万立方米。河西岸是大陵山，山的基岩是秦岭造山运动的余脉，后由就峪河切割、冲刷和砂石以及风成黄土堆积，形成如今的大陵山、笔架山和琵琶山的雄伟地貌。就峪河西有韩峪河、马岔河、黑河、骆峪河，东有田峪河、芦河等，流域面积 1900 余平方公里。众多的河流挟带山谷的沙石，湍急地行走在落差很大的河床上。河流出山后，将沙石堆积在 20 多公里宽展坦缓的渭河平原上。山口圆石相枕，中游卵石鳞鳞，下游细沙漫漫，河床两岸，积成蔚为壮观的广袤沙滩，将秦岭北麓与渭河平原广阔的沙滩相连绵，形成沙滩与河网密布，纵横数十公里的流水积沙。当地谚语说：“七十二道脚不干”，就是指这一带的河网密布，流沙浩浩。近年来虽然整治河道，围滩造田，渭河北移，但是昔日大自然的流沙奇观，仍然依稀可辨。《史记》和《列仙传》中所说老子：“西去流沙”，虽然学术界已有流沙是西域一带沙漠的结论。但是，“流沙”也可以从大陵山以东以西以北的河流成网、沙滩宽广的自然奇观似乎有所显现，这里的流水沙滩，大约可以列为此说的一种佐证，可以成为流沙的另外一种诠释。另外，楼观台说经台下自古就有西行村，即以老子由此西行大陵山命名的。

6. 历代文人有一批描写大陵山的诗词和文章

宋代苏轼游楼观时写道：“尹生犹有宅，老氏旧停辀。问道遗踪在，登仙往事悠。”

明代万历年间，状元康海在《重修吾老洞殿宇记》碑中写道：“圣骸头骨，宛然犹存，玉匣宝像，昭然俱在。世若远而神常临，身虽逝而道日尊。”[①] 明清两代，《周至县志》《长安志》《陕西通

① 王忠信编《楼观台道教碑石》，三秦出版社，1994，第 170 页。

志》等均有老子葬于大陵山的记载。如清乾隆十四年（1749）编写的《周至县志》称：“就谷，其西为吾老洞，石穴深邃莫测，听有风声，相传中有玉匣，即老子墓。洞上有殿，奉老子石像。谷之东三里为飞升台。”清代乾隆十二年（1747）周至知县邹儒游览大陵山，作《吾老洞》诗：“吾老古洞名，有墓称老子。借问墓何在，石匣藏洞里。匣中何物存，首骨如玉紫。千载如见开，辄遭人畜死。……遥遥几千年，竟作先贤累。难怪洞中风，昼夜号不止。”[①] 乾隆五十年（1785）《周至县志》记其事。清乾隆五十年《周至县志卷三·老子墓》：“《水经注》就水北经大陵西，世谓之老子陵。”

清代王禹堂（？～1863）道光八年解元、九年进士，文名有南汤北王之誉。作《吾老洞》诗：“一编藏洞底，老至吾衰矣。此叟本犹龙，谷神知未死。”《卧牛柏》诗：“老子将西去，青牛偶一眠。枯根分道骨，高卧不知年。”[②]

清末地理学家刘崑玉（1869～1932），字玺侯，号退谷，初名宗关，周至县马谷乡崇信巷人。清庠生，光绪三十二年（1906）任新疆总督府测绘科科员，因参与勘测中俄边界新疆段有功，升任少校科长。民国三年晋升陆军中校军务科长。所著《六朝石墨集》（稿本，未出版）记有吾老洞碑。他在《终南仙境志续编》（稿本，未出版）中记有踏勘吾老洞的见闻：“在西说经台（注：大陵山的别称，与大陵山东边的楼观说经台相对举）高岩之上，前有八角亭，左右雕甍夹峙。地窄不宏敞，而规制精妙，极藻绘镌镂之胜。背负绝壁，古树丛生石隙，虬枝下垂，如张奕幙，萧森阴蔚，不可名状。从树上遥窥洞中，深窈昏黑，须秉烛前导，乃得缘蹬下。仰观四壁，方广不及丈，而奇石嵌空，浪蹙云崩，骇动心

① 乾隆十四年《周至县志》艺文。

② 王禹堂著《周至土风草》，民国版。

目，右穴如五斗盎者，深入无底。左穴如盘盂，阴风冷然者，石函也。”

刘玺侯还在《终南仙境志续编》载有就峪观、太微峰条目：就峪观，在县东南三十里。南依紫微峰。旧为飞仙之地。闻乡人传说，兹山石室内趺坐羽化者踵接。惜其人姓氏不著耳。太微峰：在县东三十里。《淮南子》：太微者，太乙之庭；紫宫者，太乙之居。形势嵯峨，相传老子飞仙于此。

三　大陵山现存的文物

笔者查阅和调查大陵山的文物，共得碑石 17 方，明代石雕像 1 座。这些碑在王忠信主编《楼观台道教碑石》中有记。

（1）《大唐宗圣观记》唐武德九年二月十五日（626）刻立，欧阳询撰序并书，陈叔达撰铭，高 3.75 米，宽 0.93 米，厚 0.37 米。碑竖楼观台东碑厅。文有“昔周穆西巡，秦文东猎，并枉驾辕，亲承教道。始皇建庙于楼南，汉武立宫于观北。……晋、宋谒版，于今尚存。”[①]

（2）《老君显见碑》唐开元二十九年元月一日（741）立，苏灵芝书，宋金摹。高 2.9 米，宽 0.89 米，厚 0.34 米。碑竖楼观台东碑厅。

（3）《玄元灵应颂》唐天宝元年七月十五日（742）刻石，戴璇撰文，刘同行撰颂，戴伋书。此碑刻于《大唐宗圣观记》之阴。文有“草结花楼龙护井，灵仙之窟肃而静。”[②]

（4）老子雕像，在大陵山吾老洞上的老子祠中，明隆庆年间（1567～1572）或以前刻，青石质，坐像，高 1.67 米，神清气朗，

① 王忠信编《楼观台道教碑石》，三秦出版社，1994，第 111 页。

② 王忠信编《楼观台道教碑石》，三秦出版社，1994，第 116 页。

庄严慈祥。头像因“文革”中被红卫兵砸损面部，另外修复后，专门保存。

（5）《重修吾老洞殿宇记碑》，明万历四年（1576）十一月康海撰文，方演惠书丹，王崇礼篆额。碑石竖吾老洞道院。字尚清晰。碑在“文革”中被砸为两截，现已重竖修补，只是碑额装反。

（6）《吾老洞石匾》，清康熙二十年（1681）刻立，行书，高宗砺书，汉白玉石，高 0.25 米，宽 0.63 米，嵌于吾老洞门额。字迹清晰。

（7）《重修吾老洞上院记》，清康熙二十年（1681）夏立，周至知县章泰立。碑已佚，文存《楼观台志》（1944）。

（8）《重修吾老洞老君庙碑》，清康熙五十八年（1719）吾老洞住持张中果立石，太白山人李柏撰文，原竖老君庙前，碑已佚，文存《楼观台志》（1944）。

（9）《吾老洞四址山图刻石》，清乾隆十一年七月二十七日（1746 年 9 月 12 日）刻立，长方横式，宽 0.95 米，高 0.66 米。石面线刻吾老洞道观四址俯视图。中有“东至就峪河”“南至王家岭”“西至干沟”“北至王母宫”及“四址之内并无民业”“吾老洞四址分明，住持道人翟无濯”。图上刻有就峪河“水从南出，北归渭河”，刻有庙宇“吾老洞口”前庑后殿，八卦亭，卷棚，南：“八卦亭，三宫殿，三法殿。”“皇清”碑，“混元殿，真宫殿，四子殿，玉皇殿，遇仙桥，尹喜墓。”北：“救苦殿，琵琶洞，王母宫。”这块刻石原在吾老洞道院，清末道观被毁后移至说经台。今嵌于楼观说经台老子殿东山墙外。碑面完好，文字清晰。

（10）《周至知县任张来泰住持吾老洞告示》，清乾隆三十六（1771）刻立，高 0.45 米，宽 0.6 米，正书，高宗砺书。字迹清晰。现嵌在楼观说经台老子殿东山墙。

（11）《周老子墓碑》，清乾隆四十一年（1776）七月刻，陕西巡抚毕沅书。高约 2.24 米，宽 0.87 米，厚 0.25 米，碑为圆首，现重竖于大陵山下就峪河西岸老子墓前。碑在“文革”中被砸，后来修补时，碑的左方落款处，少补了“知”“梅”两个字。[①]

（12）《张来泰真人墓碑》，清道光四年（1824）九月刻立，高 1.75 米，宽 0.6 米，厚 0.15 米。额“皇清”。路天叙书丹。碑完好，字迹清晰，存楼观说经台碑亭。碑阴刻有 800 余人姓名。

（13）《关尹喜墓碑》，清道光四年（1824）九月刻立。圆首，身首一体。高 1.50 米，宽 0.70 米，厚 0.14 米。中隶书“周大夫关尹喜墓”，□元弼书丹，合台道众等立石。1968 年楼观台文物管理所由西行村桥面拆回，现存于楼观台宗圣宫遗址内。碑身已断为两节，碑座在大陵山吾老洞西的尹喜墓前。《楼观台道教碑石》一书称座佚，误。

（14）《重修吾老洞碑》，道光七年（1827）立，碑已残，存吾老洞。从残文中“周创建，历朝修葺，国朝康熙”等字可知，吾老洞庙宇代有修葺，知周至县事蔡风撰文，廪膳生安邦书，监院吴明亮立。[②]

（15）《增修说经台各下院并清厘山场租地碑》，清道光七年（1827）道人刘礼罡撰并书，监院朱教先立，文中叙述楼观台和大陵山的建筑“风雨飘摇，金碧失色”，因此，四处化缘，修葺吾老洞等处建筑之事。

（16）吾老洞内《藏真神洞》摩崖，楷书，无款识，每字高 12 厘米，约为元明之际所刻。旁刻诗一首，据传为二十余言，可惜已被修洞时用水泥填了部分字，留下的字漫漶不清。

（17）玉皇楼残碑。1995 年重建玉皇楼，出土残碑一块，上书“最著紫气缥缈。简邑候章……”10 字，楷书，其余残碑破碎，字

---

① 王忠信编《楼观台道教碑石》，三秦出版社，1994，第 83 页。

② 王忠信编《楼观台道教碑石》，三秦出版社，1994，第 192 页。

迹一时难以辨认，被回填。同时出土有柱础石，大砖，瓦当，石桩等文物，多为元明遗物。完整者存文管所，残缺者亦回填。可惜当时未进行考古发掘。修建老子墓时亦出土大量明清之际的残砖断瓦，均回填。

四　大陵山建筑沿革

郦道元《水经注》记载了大陵山即老子陵，可证魏晋时大陵山即有古建筑群。隋唐道教隆隆而上，楼观大兴土木，扩建殿宇，必然修葺大陵山的古建筑。宋代楼观大规模修建顺天兴国观，也应修葺大陵山古建筑。所以，元代至元三十年（1293）朱象先刻立《楼观先师传碑》记述有："老子冢，就山西，老子墓。"① 等大陵山下院，可证大陵山吾老洞在此时至少有3组古建筑。

明代万历初年，吾老洞道士赵继亨及其徒赵宗表等人，募化十方，将吾老洞殿院层阶，复拓一新。请武功县人状元康海撰写《重修吾老洞殿宇记》，文略云："伟哉斯境，其诸异乎天下之名山洞府者乎。盖山河百二，固以经台为迥矣。然究其为美，不逾乎老子设座讲经而已。固未尝留迹守跸而遗体于其是也。若吾老洞者，其形势之尊，重山曲水，回绕四方之拱向，宛然臣僚肃敬，朝君于九重者也。是何也，前有笔架山，重峦叠障，□□连云，而远列于南。后有琵琶山，峻顺悠远，登巅而望，有一览秦川之势，昭之于北。以东则虎踞傍卫，而□□□□□□□田，惟北□□□□□□□独坐，巍然尊峙西南，岁深荒芜，山形裔然，荆棘迷迹，往游高人逸士，无所憩焉。乃道士赵继亨、徒赵宗表□□□□跣足，募于十方，苦行数载，殿院层阶，复拓一新，其殆真蓬莱者乎，其境之美秀，不可笔舌绘画，□□□□□□□□□□□

① 王忠信编《楼观台道教碑石》，三秦出版社，1994，第140页。

有所托焉。嘘，山景固冠乎天下，亨居其唯乎吾老……”①

清康熙初年，兴平有人讹言大陵山吾老洞老子石像圣光远烛旁邑，暗中派人到吾老洞游说，将吾老洞老子石像迁于前殿之旁，正殿改塑老子泥像。康熙十九年（1680）夏此事泄漏，道众和村民重新将老子石像奉入正殿。知县章泰撰《重修吾老洞上院记》记其事，并记吾老洞建筑：“邑南二十五里曰就峪，峪水东奔，翻腾赴渭，遥见山中万木苍然郁葱合匝者，吾老洞也。径陡拔颇艰登涉五六里乃造其巅。大殿正对南山，层峰环列门外，平畴宽衍，可以莳蔬种树，杖履逍遥，尤山居之不易得者也。洞在殿后高岩之上。其前则为八棱围殿，左右雕甍夹峙，虽俱限于地不能宏敞，而规制精极。彩绘镌刻之胜，北负绝壁，古树丛生，石隙中柏树下垂，如障翠幕，萧森荫蔚，不可名状。从树下窥见洞门，深窈昏黑。道人秉炬前驱，始得缘石磴而下。仰视四壁，方广不过丈余，而奇石嵌空，流蹙云崩，骇动心目。其神座右隅有穴，如五斗许者，深入无底。又左壁一穴仅如盘盂，阴风泠然从穴中来，侵入肌骨。时方秋半，觉毛发洒淅，不可久留。因思邑乘所载，此中乃老子之地，有石函，顶骨在焉。”其书法学米芾香光记，颇得其法度。

康熙五十八年（1719），清初关中三大隐者之一太白山人李柏，受吾老洞住持道人石和鸣之徒纪常静的请托，撰文《重修吾老洞老君庙碑》，说道：“终南山有说经台，西八里就山有吾老洞。林泉幽胜，关中一大洞天也。上有老子庙，其创造颠末，详对山之太峰碑记。至明季盗起，直攻山林，神殿紫宫，半为焦土。吴人章泰来宰周至，捐俸修葺正殿，工竣勒诸山碑。住持道人石和鸣复募缘缮修左右长廊十八楹，金碧丹青，焕然一新，工始于康熙二十二年元月，落成于康熙二十三年三月。”②

① 王忠信编《楼观台道教碑石》，三秦出版社，1994，170页。

② 王忠信编《楼观台道教碑石》，三秦出版社，1994，201页。按：原书将1719误为1917，将太白山人误为太“柏”山人。

清乾隆十二年（1747），知县邹儒奉文到吾老洞，视察规划，拨银增筑吾老洞和老子墓围墙。

清乾隆三十六年（1771）九月，因吾老洞以前的住持翟元濯等人不守清规，将吾老洞的常住地亩及一切树株，陆续毁卖，而且素常不安本分，累次涉讼，被知县赶出吾老洞，永远不许复入管业。又从楼观台选出人品端方，道行望众的道士张来泰任吾老洞住持。为严禁一切地棍，不得在吾老洞骚扰，滋生事端，周至知县发出告示，并立《周至知县任张来泰住持吾老洞告示刻石》，告示说："倘有不法之徒在（吾老）洞骚扰，及于张来泰索讨翟元濯欠债，并一切不法等事，该住持协同乡、地，立刻指名禀首，以凭大法究处，决不稍宽。"[①] 此后，道院恢复安定，张来泰专心道事，吾老洞重新振兴。

清道光七年（1827），知县蔡凤撰写《重修吾老洞》碑记，其碑已残，仅余半截，残文有："（庙宇）倾圮，宝像颓损，贫衲主持，（说）经台兼管此地……陆续节省，鸠工庀材，重修殿宇三十余间……廊庑彩画道祖八十一化，遗迹焕然一新，巍巍可以钦神……"[②] 从碑文可以推知，这次重修之前，上距石和鸣重修吾老洞已经143年，年深日久，庙貌已经相当破败。重修了殿宇30余间，工程可称浩大。

清末，吾老洞一带，庙宇被毁，重要碑石如《吾老洞四至山图刻石》等，陆续被移至楼观说经台。民国时期，对吾老洞仅有小的修葺。

1956年公布老子墓为陕西省重点文物保护单位，刻文树碑。"文革"中，村民砍伐大陵山古树，红卫兵毁坏了大部分文物后又拆毁庙宇，将木料瓦砖运去建校。20世纪80年代中期以来，省市

① 王忠信编《楼观台道教碑石》，三秦出版社，1994，第185页。

② 王忠信编《楼观台道教碑石》，三秦出版社，1994，192页。

文物部门多次调查老子墓、吾老洞文物，1987年，道士和周围村民协力修葺了吾老洞，于洞前院重建无量殿、四圣殿共6间，耳房2间。

20世纪90年代以来，道观和村民重修了吾老洞殿，彩绘了老子祠和18间廊庑。村民沿大陵山、琵琶山脊又新建了两组仿古建筑群。新竖碑石10余通。树木竹林得到林场保护，山上山下，郁郁葱葱，气象森森。

1995～1998年重建玉皇楼仿古建筑3间两层。大陵山俗称南台，登上大陵山顶，入老子祠大门，正中为八卦顶方亭，径4米见方。中间安放老子石雕像。前有卷棚。院子东南西三面18间廊房围护。北有救苦殿、斗姥殿3间、耳房4间。在原址上于1984～1987年陆续重修建成。布局精制，结构紧凑。南有笔架山，以青翠的峰峦屏列其后。山顶有金母庙，塬头有老母殿3间，均为近年重修。旁有龙王洞、药王洞、山神洞等天然洞穴。向北沿山脊行约1公里，到达俗称北台的高岗，称琵琶山。建有王母宫、关帝庙、三清殿共9间，灶房、厢房9间，楼房十余间。

五　祭老子风俗

大陵山吾老洞每年举行祭祀老子的盛大庙会，会期5天。农历二月十五日是老子诞辰日，也是祭祀老子的正会日。由大陵山周围的焦镇、鹿马、周一、肖里、界尚、送兵、三家庄、羊坡、南寨、北寨、西楼、延生观等12个行政村（约30个自然村），组织庙会，筹集经费，安排摊位，售卖百货，迎神赛社，道观协助，祭祀老子。请来戏剧杂技助兴，周围兴平、户县、武功、乾县、咸阳、杨凌、扶风等地县市（区）数万人摩肩接踵祭拜老子，山上山下，一片人海。2004年9月17日，在大陵山举行祭奠老子法会，由楼观台道观立祭。2005 年清明节，香港李兆基先生恭祭大陵山，中国道教协会会长任法融担任陪祭。九月九日重阳节，西安市在大陵山举行首届恭祭老子大会。

六　吾老洞探秘

笔者在座谈走访时，年长村民和老道言之凿凿：据 20 世纪五六十年代曾经进入吾老洞探险的村民讲，他们手持松明火把，进入吾老洞，沿石壁缒绳而下，行约五里，见地下暗河水流由南往北泻去，河中有小潭、暗流，感觉到气短，火把因为氧气稀薄，火焰黯淡，遂即返回。村民和老年道士讲，洞中地形复杂，藏老子头骨的石函有可能封存于某个拐洞之中。86 岁的王文德老人曾经进入吾老洞，说吾老洞内有迷道，走来走去，不知不觉又转出来。1965 年，时年 70 多岁的高老道打着火把，进入吾老洞探秘，走了一阵火把即将熄灭，不敢再往前走而返回。

吾老洞究竟怎样。从笔者抄录碑石、查阅资料和座谈走访所得：老子头骨石函尚在吾老洞中。当然，这个论断还需要进一步考古发掘出文物证明。笔者和西安城里两位爱好寻秘探险的朋友几经商议，决定：冒险进入吾老洞探秘。2001 年正月十三日，笔者一行三人，前往吾老洞探险。雪后初晴，大陵山上，银砌玉垒，树木披银挂玉，雪团不时簌簌落在身上。饥不择食的鸟儿，顾不上躲人，刨开积雪寻食。阴坡的积雪没过了脚腕。阳坡的积雪才消，泥泞糊鞋沾裤。攀上大陵山，到了吾老洞院落，和道士反复商议。起初，道士担心有危险，坚决不同意冒险进洞。经不住朋友和笔者不依不饶的要求，道士看见笔者一行给老子塑像燃烛敬香，毕恭毕敬。终于为笔者一行的严谨治学和科学探索精神所打动，允许进入吾老洞考察。又热情地给笔者一行抬来一架木梯。吾老洞口位于大陵山顶南侧的岩壁下，洞顶山坡上，翠柏黄杨茂密，荫蔚萧萧。洞前广场的积雪正在消融，广场东西各 3 间庙，庙前有明代石碑，南有台阶连接玉皇楼。洞西有个略小的天然洞穴，为娘娘洞。吾老洞顶镶嵌清康熙年刻的“吾老洞”匾，洞的两边刻有道教秘字养生 14 字联语。洞口甬道仅容一人，右手有许多刻字在昏黑中细细摸索，手电光下可以勉强辨认出“藏丹神洞”四个盈尺大字。还有一些小字难以辨认。沿着台阶向北下行四五米，进入洞厅，上有巨石嵌空，周围岩石峥嵘。洞厅宽敞，南北约有三四米，东西约有八九米，可以容纳 20 余人。道士点燃祭台上的四根红蜡烛，开亮电灯，顿时感到融融的春意。洞厅正中祭台上，敬奉有老子塑像，左有栏杆围护着天然溶洞口。两支手电光，从溶洞口射入，照亮幽暗神秘的洞中石壁，洞的四周，带棱角的石块伸出来，岩石犬牙交错，陡峻险峭，不意惊起一只蝙蝠，吱声尖叫，盘旋着冲出洞外，带起一块泥掉入洞中，随着风声，落入洞底，沉闷的响声悠缓地回响在洞厅中。道士抬来梯子，我们顺洞搭靠在一块伸出的岩石平台上，用手电照明洞内。二人在上面扶稳梯子，笔者和一位朋友沿着近 90 度的梯子，摇摇晃晃地下至一块突出的岩石上，勉强站稳。两人小心翼翼地相依相扶，勉强将梯子向下放入洞底。蛛网粘住脸，缠住手；惊起小虫子急急匆匆东躲西藏；小飞虫直往手电头上冲来撞去。潮湿而略微带有霉味的气息，在温暖中冲入鼻喉。两人一步一步，下到洞底，擦亮火柴，并不缺氧。洞宽约两米，下到此处，洞的垂直深度约 7 米。洞底是一层厚厚的黄土，向下挖掘了 20 余厘米，还是黄土。原来，吾老洞中的黄土有一段神秘的护洞故事。“文革”中的 1976 年，一伙红卫兵冲上大陵山，砸了吾老洞的老子石雕像、泥塑像、碑石，烧了经书字画，决定第二天带上手电，绳索和氧气，进入吾老洞中，搜寻藏在洞中的石函和老子头骨。村民们趁着红卫兵下山准备的空隙，秘密互相联络，数十人悄悄上山，用架子车拉土，整整往吾老洞中填了一夜土。第二天，红卫兵入洞，只见洞中的黄土深厚，终于放弃了继续破坏石函和老子头骨的计划。2004 年夏天，笔者陪同西安交通大学人文学院的院长、博导王宏波等三人，考察吾老洞。三位先生主张向陕西省及西安市文物部门申请，应该予以立项拨款，组织考古专家入洞掘土，发掘洞中老子石函，得出老子灵骨是否藏于吾老洞中的结论。

（作者单位：中国人民银行西安分行）

老子入秦及入秦后的几个问题

张兴海

本人并非研究老子思想的专业学者，只是一个群众文化工作者和业余文学作者。在写长篇历史小说《圣哲老子》的过程中，四处奔波调查，访问接触了一些专业人士，感到在老子思想研究和学术资料方面，有些零碎和具体的问题需要加以正误，或者有必要存此一说。单就老子入秦及入秦后这一话题，就有如下问题，有些不乏宗教或民间传说色彩，冒昧提出，或许有些参考价值。

一 《道德经》的诞生过程

当然，《史记》的权威性毋庸置疑，《道德经》诞生在函谷关，其过程太史公写得明明白白。但是，另一说，也是秦地的“众所周知”，《道德经》诞生在秦岭北麓终南山楼观台。作为陕西的小说作者，我如果要简单地按照《史记》去写肯定会引起一些麻烦。在作了调查之后，我与中国道教协会会长任法融先生商量，作了适当的情节安排。我的长篇小说《圣哲老子》（河南文艺出版社）中，老子在函谷关人情难却，加之登上观楼遥望，激情四溢，手拿刻刀在竹简上夜以继日，一气呵成。然而，听到徐甲惊喜地说：“这下可好，夫子可以名扬天下了！连弟子们也脸面有光了！”他立即清醒了，想起自己不言不辩不事张扬的习惯，立即改变主意，令徐甲快将竹简一烧了之。徐甲阳奉阴违，将竹简一路带到终南山闻仙里（即当今楼观）。后面的情节，是老子在说经台为一群学人弟子讲述竹简的内容，一边讲一边阐发，经由弟子们记录整理，遂成完整书稿。

还有一段，我不敢写进小说，抄在另一张纸上，想不到责任编辑许华伟先生不拘一格，思想开放，竟然将它原原本本照发：

> 另据当地道观资料：李耳来到闻仙里当为周敬王四十一年，即公元前479年。尹喜看出老夫子有归隐之意，请求说：夫子乃高明贤达之圣人，将要隐逸，请为我著书，以惠后世，教化众生。草楼南有一高阜，即山疙瘩，一座天然高台，被感动的老聃以随意说说的方式，自癸丑年七月至腊月，共有九百余卷讲述记录，内容主要有三方面：一，九丹八石（化学、炼丹、养生）；二，驱鬼移神（符咒）；三，修齐治平。尹喜回故居后，总觉得卷帙浩繁，不得要领，请老夫子述其精要。老聃违拗不过，又述说综合概义，遂有五千余言的著作诞生。

此段基本按照任法融会长所说整理，他还说：《史记》原则上要遵从，但老子在函谷关时间太短，留下的只是九丹八石（养生）学说。这也许是楼观道长久以来内部奉行的说法，但也有可资参考讨论的价值。

二　尹喜与尹喜墓

《楼观本起内传》中说："楼观者，昔周康王大夫关令尹之故宅也。以结草为楼，观星望气，因以名楼观。此宫观所自始也。问道授经，此大教所由兴也。”不难看出，楼观道的资料在时间上与《史记》不符，孔子问礼当在周景王时期。有人便说楼观道为了抬高自己在道教诸教派中的地位，利用《史记》中的记载，虚构出尹喜在楼观的情节。不少人对尹喜是否到过楼观，心起疑窦。还有人对于尹喜究竟姓什么也颇费疑猜。《吕氏春秋·不二篇》中说：“老聃贵柔，关尹贵清。”《庄子·达生篇》也将尹喜称为“关尹”。“关尹”其实是关令尹喜的意思，一些人竟然误以为“关”是姓，所指并非尹喜。我也不甚了了，25 年前向一位当地朋友问道：“尹喜到底姓什么，留下后代了吗?”那位朋友笑道：“尹之廉你不认识吗，他就是尹喜的后人。”尹之廉先生现已去世，其时正担任楼观台文管所所长。后来他告诉我，尹氏家族很大，楼观地区的鹿马、西行等村尹姓人家很多，都尊尹喜为老祖宗，每年清明、冬至都要去尹喜墓上坟祭奠。

如今在楼观，尹喜墓的位置有两种说法。据楼观台文管所资深馆员王忠信先生（曾出版《楼观道教碑石》，现已退休）亲临现场考察，尹喜墓位于宗圣宫西墙外的西行村以南，占地数亩。因为以四周的密集荆棘代替围墙，当地人称“荆园”，高大的坟墓旁边古树参天，石羊石马排列有致，清代学者巡抚毕沅手书的“周大夫尹喜之墓”刻勒于墓碑。“文革”中墓园被毁，如今变成一片庄稼地，还可隐约看到倒地的石羊，墓碑存旧宗圣宫内。

三　老子葬地、就水与《水经注》的一段记载

老子墓地就是大陵山吾老洞，其真实性已有不少学者考证。周至籍学者王安泉在 1992 年主编的《周至县志·楼观台志》中记有吾老洞：“在楼观台西约 3 公里，西楼观西 300 米……墓在就峪口就峪河西岸，依山为陵，大陵山海拔 730 米，顶有天然石洞，洞口高 2.40 米，深不可测。据现存吾老洞的明万历四年（1576）

《重修吾老洞殿宇记》碑载，洞内有石函，葬老子头盖骨，清乾隆四十一年（1776）陕西巡抚毕沅立老子墓碑等，清康熙二十年(1681)，知县章泰重修。吾老洞口高2.4米，行约6米，有略呈圆形的大厅，可容90余人。直下再前行，洞身拐向西南，冷风袭人。”

世间一些事物，冥冥之中，如一只看不见的大手操控，或者是人的智能的策划，其戏剧性巧合令人惊讶不已，你不得不叹服它的神奇。我在访问了任法融会长及当时的楼观台文管所所长袁渊先生并在大陵山作了实地考察后，在《圣哲老子》中写道：

> 九月九日这天，秋色正浓，漫山遍野一片碧透了的重彩，激发了老人的逛心。他要徐甲带上八卦风车跟他到西边较远的地方去。沿着蜿蜒的坡路走了五、六里，来到一条南北走向的河流面前，徐甲手中的八卦风车忽然当当当当一阵骤响，比平日遇到急风还要声脆。老聃停步，望着河水，问徐甲这是什么河。徐甲向近旁打柴人询问，才知是就水。“九水?”老聃蓦地瞪大了眼睛。一架不显峰峦细看形体却如赑屃（一种龟，传说为龙的第九子）的山峦位于就水旁边，老聃抬手朝那儿一指说：“我老死之后就葬在这儿吧!”“这儿?”徐甲惊愕了。“它下面那块低处，有负阴抱阳之势。那个洞，一直朝下……”

不难看出，这儿有龙象（孔子称老子“其犹龙乎”)，有好几个“九”，有老子的道义。

最早记述老子葬地的文献是郦道元的《水经注》，那段文字长期以来在标点断句方面以讹传讹，包括西北政法大学教授王士伟先生的《楼观道源流考》（陕西人民出版社）和互联网上的“百度”也这样表述：“就水出南山就谷北，径大陵西，世谓老子陵。”

我在当地考察时，发现就水（当地俗称就峪河）在大陵山的东面而非西面，莫名其妙，不知其因，在《寻访老子遗踪》（发表于《美文》）一文中无可奈何地原样照搬。著名作家、楼观管委会理论研究室主任王芃先生经考证分析，如此标点断句："就水出南山就谷，北径，大陵西，世谓老子陵。"（《楼观台诗传》，三秦出版社）正好，在这一段，就水南北垂直，朝着北面流去，大陵山位于西侧，文中每一个字都有来历。

四　老子死地葬地及涉及的"扶风""槐里"

由于古代地理行政区划的沿革和历代研究者依据零星资料的自我推断，老子"死于扶风，葬于槐里"几乎成为一种叫得开传得响的定论。这就给不少外地人留下误会，以为老子的逝世之地与安葬之地并非一处。我在老子故里鹿邑县考察时，发现这儿的不少资料和文艺作品都存在问题。当地作家写的长篇小说《老子传》（山花文艺出版社）中竟然有"扶风人民怀念他，槐里人民也怀念他"。其实，这里的"扶风""槐里"都是指今天陕西省周至县的楼观。据任法融会长说，老子去世时，周至尚未置县，今楼观一带那时称"神就乡闻仙里"，其地属于扶风槐里管辖，扶风相当郡制，槐里相当县制，郡、县、乡、里，就齐全了。我的朋友，著名文学评论家李星先生正好是兴平县槐里村人，他说槐里如今连一个乡镇的规模也不具备，只是一个普通村子。但当时却很重要，一度改名废丘县，项羽灭秦后称犬丘，位于关中腹地，相当有名。据任法融会长介绍，老子由尹喜领路入秦后过潼关到咸阳经槐里渡渭河直抵闻仙里，槐里与闻仙里南北相对，不过60华里。此过程我在小说中如实写过了。

（本文作者：陕西省周至县文联副主席、副研究员）

道教对老子的神化与对《道德经》的弘扬

张应超

一　老子被神化并尊为道教的崇高神灵

据司马迁著《史记》卷六十三《老子韩非列传》记载："老子者，楚苦县厉乡曲仁里人也，姓李氏，名耳，字聃，周守藏室之史也。孔子适周，将问礼于老子。老子曰：'子所言者，其人与骨皆已朽矣，独其言在耳。且君子得其时则驾，不得其时则蓬累而行。吾闻之，良贾深藏若虚，君子盛德，容貌若愚。去子之骄气与多欲，态色与淫志，是皆无益于子之身。吾所以告子，若是而已。'孔子去，谓弟子曰：'鸟，吾知其能飞；鱼，吾知其能游；兽，吾知其能走。走者可以为罔，游者可以为纶，飞者可以为矰。至于龙吾不能知，其乘风云而上天。吾今日见老子，其犹龙邪！'老子修道德，其学以自隐无名为务。居周久之，见周之衰，乃遂去。至关，关令尹喜曰：'子将隐矣，强为我著书。'于是老子乃著书上下篇，言道德之意五千余言而去，莫知其所终。或曰：老莱子亦楚人也，著书十五篇，言道家之用，与孔子同时云。盖老子百有六十余岁，或言二百余岁，以其修道而养寿也。”①

司马迁是在我国历代享有盛誉的著名史学家，《史记》中《老子韩非列传》对老子的记述至少说明四个问题：其一，老子李耳确有其人，与孔子为同一时代；其二，孔子曾向老子请教周礼且对老子的评价极高；其三，《道德经》是老子应尹喜之请求所作；其四，老子因善于修道养寿，活到百岁以上的高龄。

道教对老子的尊崇与神话由来已久，可以说在张陵创立五斗米道以后弘道时即已开始。据元代道士赵道一编修的《历世真仙体道通鉴·张天师》中记载，张道陵（道教中对张陵的尊称）在四川鹤鸣山修道时，“寝方酣熟，老君驾飞云绿軿驻山东南，顾谓众真人曰：‘道陵修行困苦，吾感其志，将授以治身秘箓，飞升长生之道。而与其体休息，神游物外，卿等勿惊，今（令）自觉也。’时真人梦见一人带夜光之甲，冠通天之帻，执命魔三气之幢。谓真人曰：‘咄咄！道陵子何心生疲倦？圣驾久驻，待子梦觉。’真人忽然惊起，攘袂振衣，疑为外邪所乱。良久，鸾佩珊珊，天乐隐隐，香花覆地，紫云满空。瞪目东瞻，紫云之上有素车一乘，驾五白龙，青袖朱衣金甲执戟者二十四人。素车之上，九色轻霞濛濛然。须臾，光景澄澈，见车中一神人，容仪若水，手执五明宝扇，项负八景圆光，身六丈余，神光照人，不可正视。车前一人，敕真人曰：‘子勿怖，即太上老君也。’真人敛简前拜，不敢仰视。老君曰：‘吾昔降蜀山，立二十四治。经今数劫，仙僚不充，职任隳废。近有六天鬼神血食之荤，侵夺以居，昼夜不分，人鬼无别，枉暴生民，妄罹灾害，深可痛惜。子何为吾摄邪归正，分别人鬼，各守昼夜，复兴此治，以福生民，则子功无量矣。吾以汝名在丹台，当为真人，故委汝也。’真人叩头谢曰：道陵性识愚憨，万劫幸遇遭会大道，死魂再生，枯骨重肉，钦佩道旨，谨当奉

---

① 司马迁撰《史记》（简体字本），中华书局，2000，第1701～1702页。

行，不敢懈怠”[①]。对历史人物的神化，是宗教常见的现象，甚至神化本身就是尊崇的体现。道教神仙信仰反映了道教信仰者对神仙的崇敬和追求，同时也折射出人们对人间社会的美好愿望。老子在道教中被神化和尊崇为道德天尊（亦尊称为太上老君），已广为人知。从《历世真仙体道通鉴·张天师》中这段近乎神话故事的生动描述中，我们不难看出以下几点。

（1）老子在张陵创立天师道后，即已被神化为天上的重要神仙太上老君。这和道教的典籍中，关于神仙活动令人羡慕的记述相类同。如“藐姑射之山，有神人居焉，肌肤若冰雪，绰约若处子。不食五谷，吸风饮露，乘云气，御飞龙，而游乎四海之外。”[②]“仙人者，或竦身入云，无翅而飞；或驾龙乘云，上造太阶。”[③] 道教典籍描绘的古代人心目中神仙的形象大致如此：神仙肌肤洁白，神态动人，不食五谷，餐风饮露；大火不能使他们酷热，冰冻不能使他们寒冷，霹雳、狂风、巨浪不能使他们震惊；他们乘云气，驾飞龙，遨游于四海之外，飘浮于青云之中，上访天庭，下潜江海；他们名登仙册，长生不死，寿命达数万年；他们精神宁静，不耍威风，不发脾气，不搜刮，不聚敛，不缺物用；他们能使阴阳调和，日月常明，四季常顺，风雨均匀，草木繁茂，粮食充足；他们能使土地不瘠薄，人群不生病，万物不损伤，鬼怪不祸祟。《历世真仙体道通鉴》中对太上老君的描写，就是典型的神仙形象。

（2）张陵已列名仙籍，将来必成为真人。其后来通过弘道来济世救人，完全是遵从太上老君的道旨行事。

（3）张陵在巴蜀地区弘道时设置的二十四治，是对太上老君

① 《道藏要籍选刊》（六），胡道静等选辑，上海古籍出版社，1989，第 105～106 页。

② 《庄子·逍遥游》，《道教三经合璧》，慕容真点校，浙江古籍出版社，1991，第 59 页。

③ 《列仙传今译·神仙传今译》，邱鹤亭注译，中国社会科学出版社，1996，第 217 页。

所设二十四治的效仿。

《历世真仙体道通鉴》作为道教史中的重要典籍，标明元朝道士赵道一编修，我们从“编修”二字分析，其中对老子和张陵的神化并非元朝时才出现，而是在道教典籍中的记载由来已久。出生于天师道世家且酷好修道炼丹之术的葛洪在其所著《神仙传·张道陵》中，就明确记述：张道陵“闻蜀人多纯厚，易可教化，且多名山，乃与弟子入蜀，住鹤鸣山”[①]。著作道书二十四篇，乃精思炼志。忽有天人下，千乘万骑，金车羽盖，骖龙驾虎，不可胜数。或称柱下史，或称东海小童，乃授陵新出正一明（盟）威之道。陵受之，能治病，于是百姓翕然奉事之以为师，弟子户至数万。[②] 尽管学术界对此《神仙传》是否为葛洪原著还有不同看法，但笔者认为并不排除是葛洪原著的可能性。如是原著，说明在晋代老子已被神化为天上的神仙。把《神仙传·张道陵》和《历世真仙体道通鉴·张天师》的记述相比较，不难看出两篇传记的渊源关系。

道教神仙信仰由来已久，民国时代的著名道教研究学者许地山在《道教史》中评价天师道时写道：“求长生，求享乐，是人类自然的要求，而中国的民族便依着这种迷信来产生神仙道和求神仙的方术。后来，张陵把神仙道化为宗教，乃成为天师道。”[③] 张继禹著《天师道史略》也指出，“老子在汉以来已经日渐神化，但被奉为道教之尊，当是天师道。”[④] 的确，从对神化和尊崇老子的角度看，道教确实应名列首位。许多道教典籍名称前均贯以“老君”、“太上”等字样，也从一个侧面说明了道教对老子的神化和

① 丘鹤亭注译《神仙传今译》十卷本中“鹄鸣山”作“鹤鸣山”。

② 《道藏精华录》，《神仙传》卷四，守一子（丁福保）编纂，杭州古籍出版社，1989，第17页。

③ 许地山著《道教史》，华东师范大学出版社，1996，第4页。

④ 张继禹著《天师道史略》，华文出版社，1990，第13页。

尊崇。

元朝泰定年间（1324～1328），全真道士刘天素和谢西蟾编撰《金莲正宗仙源像传》一书，尊老子为道教始祖，称为“混元老子”。还特别列出：唐高宗尊老子为太上玄元皇帝，唐玄宗尊老子为太圣祖高上大道玄元皇帝，宋真宗尊老子为太上老君混元上德皇帝。[①] 可见在后起的全真道中，对老子也是极为尊崇的。

二　在道教历史上，阐释《道德经》、弘扬道家思想的高道辈出

道教从创立起，即与《道德经》有极为密切的关系。在近两千年的历史长河中，道教尽管经受了数不清的艰难曲折和兴衰沉浮，但是，无论是岁月沧桑还是朝代更替，道教对《道德经》的尊崇与弘扬，历代传承，一直延续至今。

《道德经》是道教最重要的经典，又名《老子》《道德真经》《老子五千文》等，史书中多种记载认为，这一著作是尹喜迎接老子居住楼观时，老子应尹喜之请而写。

《道德经》有多种不同的版本，后世一般多采用《老子河上公章句》本，共分八十一章，前三十七章为《道经》，后四十四章为《德经》。湖南长沙马王堆汉墓出土的帛书《老子》则以《德经》在前，《道经》在后。《正统道藏》中收有《道德真经》二卷及唐朝傅奕校定本《道德经古篇》二卷，有学者考证，《道德真经》出于《老子河上公章句》本之后，《道德经古篇》则与马王堆汉墓出土的帛书《老子》相近。

《道德经》是我国古代文化中一颗璀璨的明珠，对我国古代社会的哲学、政治、宗教、医学、养生等许多方面均有深远影响，被

① 《道藏》第3册，文物出版社、上海书店、天津古籍出版社，1988年影印本，第369页。

誉为我国古代文明的智慧结晶和知识宝库。因此，对《道德经》的研究一直延续至今，注解达数百种，现今已收集到的在海内外传播的《道德经》文本涉及中、英、法、德、俄、日、韩等21个语种，版本达420多种，各种难以数计的研究著作各抒己见，互相补益。

从张陵创立天师道起，就与《道德经》结下不解之缘，在张陵、张鲁传播道早期的天师道（当时称五斗米道）时期，即以《道德经》作为教化信众极为重要的经典，并对《道德经》加以注释发挥，使信众更容易理解和接受，此即是在敦煌文献中发现的最重要的道教经典《老子想尔注》。《老子想尔注》当是道教中最早阐释《道德经》的著作。

《老子想尔注》，又名《想尔老子道德经》《老君道德的经想尔训》，其作者有张陵、张鲁、刘表诸说，而以张鲁所撰、道教徒尊托为张陵之说为多。唐末五代时的著名道士杜光庭在《道德真经广圣义》序言中明确指出，《老子想尔注》乃张陵所作，唐朝著名经学家陆德明在《经典释文》序言中则记述说，《老子想余（尔）注》作者不详，有张鲁或刘表诸说。任继愈主编《中国道教史》认为，“张鲁作《想尔注》可能性最大”[①] 卿希泰主编《中国道教史》亦持相同看法。[②]

五斗米道创立以后，《老子想尔注》就成为早期道教中的重要经典。它是五斗米道祭酒向信徒宣讲《道德经》时的讲义。书中倡导尊崇老君，奉老君为至高无上且无处不在的“道”的化身，要求人们信、行真道，遵守戒律，以清净处世，认为只有君臣行道修德，国家方能太平。

《老子想尔注》在隋唐时已佚亡，敦煌莫高窟发现的六朝时的

---

① 任继愈主编《中国道教史》，上海出版社，1990，第38页。

② 卿希泰主编《中国道教史》第一卷，四川人民出版社，1988，第182页。

写本残卷，为研究道教的早期活动提供了宝贵资料。香港著名道教研究学者饶宗颐根据英国国家图书馆藏本，经认真考证，著有《老子想尔注校正》一书，是当今所见研究《老子想尔注》成果最丰的学术著作。饶先生指出，《老子想尔注》是天师道以《道德经》设教的著作，张陵最初作注，传其子张衡，再传至衡子张鲁，又经张鲁整理和弘扬，才得以在信众中得以广泛传播。[①] 参照史书，据陈寿撰《三国志·张鲁传》记载："张鲁字公祺，沛国丰人也。祖父陵，客蜀，学道鹄鸣山中，造作道书以惑百姓，从受道者出五斗米，故世号米贼。陵死，子衡行其道。衡死，鲁复行之。"[②] 我们摈弃《三国志》撰者陈寿贬低张陵弘道的语言，取其关于五斗米道传承的记载，可以说明饶宗颐先生的看法很有见地。至于《三国志·张鲁传》中所谓张陵造作的道书，其中最重要的当属《老子想尔注》。亦有学者认为，可能还有《正一盟威妙经》《正一科术要道法文》等。[③] 就学术界研究而论，对《老子想尔注》是早期天师道阐释《道德经》以教化信众的著作这一看法，基本上无太大争议。

道教中对《道德经》注释成果最丰、成就最大的朝代是唐朝。

唐朝统治者出于巩固政权的需要，皇室对老子非常尊崇。唐高祖李渊于武德三年（620）亲自到楼观老子祠拜谒，唐高宗李治于上元元年（674）要求王公百官都要阅读《道德经》，后又规定《道德经》为科举考试内容，唐玄宗李隆基于开元二十一年（733）下令每户人家必须有《道德经》，并亲自撰写《御注道德真经》和《御制道德真经疏》。在这种社会大背景下，对《道德经》的阐释著作颇多，道士中高道更是如此。

《旧唐书》记载，初唐时著名的道士、医学家、药物学家和养

---

① 饶宗颐著《老子想尔注校证》，上海古籍出版社，1991，第 4 页。

② 陈寿撰《三国志》（简体字本），中华书局，2000，第 197 页。

③ 郭树森主编《天师道》，上海社会科学出版社，1990，第 21 页。

生学家孙思邈即著有《老子注》。孙思邈，京兆华原（今陕西省耀县）人，学识渊博，对老、庄等诸子百家的学说及佛教经典均下工夫研读，尤其推崇老、庄学说，对阴阳五行、推步（推算历法）、医药、占卜等无不精通。一生著作甚丰，有《老子注》《庄子注》《备急千金要方》《千金翼方》《福禄论》《摄生真录》《枕中素书》《会三教论》《神仙修养法》《医家要妙》《千金养生论》《养性杂录》等多达80种左右。

据晁公武《郡斋读书志》、王应麟《玉海》记载，初唐时岷山道士张君相辑录有《三十家道德经集解》。

唐高宗、武后时元天观道士李荣撰《道德真经注》四卷，系呈皇帝御览之作。收入《正统道藏》。

唐末五代时对道教做出多方面贡献的著名道士杜光庭所撰《道德真经广圣义》更是多达五十卷（杜光庭自序为三十卷），其中对老君事迹的记述就有一卷，详述老子降生、传奇经历等种种神话。杜光庭字宾圣，早年入天台山修道，僖宗时屡召入京，封麟德殿文章应制。后避战乱入蜀，前蜀王建封为蔡国公，赐号“广成先生”。王衍继位后，尊为“传真天师”。对道教教义、经典法术等均有研究，对规范道教仪轨多有贡献。仅收入《正统道藏》的杜光庭的道教著作就有《道德真经广圣义》《太上三五正一蒙威阅箓醮仪》《太上三洞传授道德经紫虚箓拜表仪》近三十种。

宋神宗熙宁五年（1072），道士陈景元向神宗呈献其所注《道德经》，题名《道德真经藏室纂微篇》，得到神宗高度评价，誉其剖玄析微，贯穿百家。南宋淳祐六年刊行后，影响颇大。陈景元字太初、太虚，道号碧虚子，早年在浙江天台山修道，晚年隐居江西庐山。是神宗朝著名高道，经、史、诗、书画皆通，朝廷赐号“真靖真人”。著述甚丰，有《道德真经藏室纂微篇》十卷、《西升经集注》六卷、《元始无量度人上品妙经四注》、《冲虚至德真经释文》二卷、《南华真经章句音义》一卷、《南华真经章句余事》一卷、

《上清大洞真经玉诀音义》一卷等。本文列名者均收入正统道藏。

元世祖至元年间，道士李道纯撰《道德会元》二卷，以《道德经河上公章句》本为主，审校诸本差异二百余处，名为《正辞》；又参究诸本解意，列举异同错讹多处，名为《究理》。内容涉及颐神养气、明心见性、修身治国、百姓日用等诸多方面。道纯字元素，号清庵，道号莹蟾子，南宋末元初道士，曾以白玉蟾弟子王金蟾为师，为内丹南宗第三代传人。入元后为全真道士，修道融合内丹南北二宗，成为元初杰出的内丹家。道纯著述甚丰，仅《正统道藏》即收其著《道德会元》《太上大通经注》《太上老君常说清静经注》《全真集玄秘要》等九种。

元宪宗（1251～1259）时，金朝末年进士高翿应会贞观道士张志伟之请，篆书《道德经》，后为全真道第八代掌教宗师张志敬收藏。元世祖至元二十七年（1290），由张志敬出资，让楼观台提点聂志元等人具体负责刻碑，翌年完工，立碑于说经台。此碑共两通，每通碑前后两面均刻经文，至今保存完好，世称古楼观石刻正本《道德经》或至元本《道德经》，是《道德经》刻本中的著名版本。

宋末元初道士撰《道德真经藏室纂微开题科文疏》五卷，其中除阐发弘扬陈景元《道德真经藏室纂微篇》的思想外，还用大量篇幅详述老子降生及经历的种种传说。收入《正统道藏》。

元英宗至治（1321～1323）年间，天师道第三十九代天师张嗣成撰《道德真经章句训颂》二卷。书中告知世人，诵读《道德经》，不仅可以修身、齐家、安民、平天下，对于性命修炼亦极为有用。收入《正统道藏》。

元末顺帝至正（1341～1368）年间，道士林志坚撰《道德真经注》二卷。经文取河上公本，其特点是以《道德经》文注经，收入《正统道藏》。

明初朱元璋洪武朝中期，道士危大有撰《道德真经集义》二卷。天师道第四十三代天师张宇初为其作序，称《道德真经集义》

探索百家，择其优善者编辑成集，对于个人身心的实践，则以葆炼存养之道充内，而以修身、齐家、治国、平天下之事为外用。收入《正统道藏》。

清圣祖康熙四十二年（1703），太常寺少卿宋家廉向康熙皇帝进呈其父、全真道龙门派居士宋常星所撰《太上道德经讲义》。康熙亲自作序刊行，高度评价该书“其言洞彻秘义昭融，见之者如仰日月于中天，悟之者如探宝于沧海。”① 要求“凡宗室皇胄暨文武臣工均皆敕读。果能勤诚修习，获最胜福田，永臻快乐。”② 宋常星原名宋龙渊，道号龙渊子，清世祖顺治六年（1649）高中探花，在京城任国史馆总裁、都察院都御史、侍读学士等职达三十余年。康熙十八年（1679）离职返回山西故乡，皈依道教，成为全真道龙门派第七代弟子，修道二十多年，方撰成《太上道德经讲义》，注释旁征博引，内容丰富且易于理解。

当今出版的道教界高道弘扬《道德经》的研究著作，影响最大者当推全国政协常委、中国道教协会会长任法融大师所著《道德经释义》。此著是任道长以古楼观石刻正本《道德经》作为注释底本，花费多年心血，多次修改方得定稿。1988 年由陕西三秦出版社出版，后于 1993 年、1997 年又多次再版，仍供不应求。该书由《总论》《道经》《德经》《释“道”的十大特征》四大部分组成。对该书的出版给予社会的贡献，书前的《内容简介》中肯地写道：“长期隐居楼观丛林修炼研道的任法融道长，历经数十载，研习《道德经》，探其玄理，悟其奥义，终于一九八八年著成《道德经释义》一书，对《道德经》的宏奥哲理、高超智慧和博大精深的思想作了通俗易懂、深入浅出的阐释。此书观点独特，说理透彻，言简意明，适用面广，可供科技、管理、文化、教育、政

① 《道德经讲义》，香港青松观 1990 年重刊，第 6 页。
② 《道德经讲义》，香港青松观 1990 年重刊，第 6 页。

治、经济、军事、外交等各界人士参考。”①

1993年，大连出版社出版震阳子曹信义道长所撰《道德经注解》，1994年8月再版。此书是我国内地改革开放以后又一部高道注释《道德经》的著作。曹信义道号震阳子，早年出家于河北省辉南县龙潭宫，全真道龙门派道士，曾任中国道教协会理事，1983年后长住北京白云观。本书对《道德经》八十一章中每章均列有标题，在每章原文后设“章解”，有些章除“章解”外，还有“字解”和“演说”。“章解”和“演说”是注者对《道德经》内容的理解和阐释。书中在注释《道德经》八十一章后，还附录《太上道纪·来自源流》一文，记述关于太上老君的神奇传说。

另有道号“北山道人”的全真道龙门派道士刘明哲道长遗稿《道德经注释》，由其高徒江西庐山仙人洞道院叶至明道长刊印，赠阅传世。叶道长在该书《后记》中写道：其恩师集自身修道五十年之体悟注释《道德经》，“遣词酌句极其简练，言浅意邃，阐扬道德宏旨，自有独到见解。”② 惜未正式出版，难以广为人知。

道教中除注释《道德经》的著作刊印传世外，出资刻印《道德经》和注释《道德经》的著作，作为功德之事，也历代不衰。近些年来，我国内地和香港、台湾的诸多道教宫观出资刊印《道德经》和前人注释《道德经》的著作，向社会赠送，使其广为流传，也对弘扬《道德经》的思想起了不可忽视的作用。

综上所述可以清楚地看出，道教从创立至今，对《道德经》这一中华民族传统文化中的瑰宝，从尊崇、保存、刊刻到研究，以及对其中道家思想的阐发、传承和弘扬，均做出了卓越的贡献。

（本文作者：陕西省社会科学院研究员）

① 任法融著《道德经释义》，三秦出版社，1993，《内容简介》。

② 《道德经》，江西庐山仙人洞道院赠。

从道教的根本追求看道教的发展及其得失

张　帆

道教是我国土生土长的宗教，对中国传统文化产生了深远的影响，道与儒释一起构成我国传统文化最重要的精神支柱，它们一起撑起了中国传统文化之鼎。

道教和儒教与佛教有一个重要的区别，这就是：佛教和佛家一开始便是不加区分地合二而一的，而与道教和儒教密切相关的道家和儒家却是先于其教而生的。道家和儒家的代表人物老子和孔子一般认为都是春秋末期的人物（老子，特别是作为《道德经》的作者的老子的出生年月和活动年代有一定的争议），而我们通常认为作为宗教的道教和儒教（特别是道教），正式出现的年代应该在东汉末年，通常以张道陵开创的天师道和张角的太平道为道教正式产生的标志。也就是说，先有道家后才有道教，且道家是道教的主要思想渊源。道教与道家有着千丝万缕的联系，张道陵或者汉中王张鲁的《老子想尔注》中即尊老子为祖师爷，将老子尊为太上老君，通过对老子思想的自我阐发，从老子道家的思想中引申出道教的基本教义、思想理路，产生出重要的道教经典。道教的基本教义与道家的思想理论有着一脉相承的关系，但也有着许多重要的不同。以老子为代表的道家的人生追求与道教的人生追求虽然有着许多的共同点，但是其差别也是很明显的，相对而言，道家和道教在人生追求方面的共同之处反而是相对次要的。自然无为、少私寡欲、见素抱朴、返璞归真、自然无为、清净逍遥、处下不争等虽然是道家和道教共有的特质，但是，从最基本的追求上来看，两者却有着重要的区别。道教的最根本的、理想的追求可以概括为成仙了道和长生不老。也就是说，在道教的理想追求中除了得道之外，其他的并非是道家的最根本的追求，而这一点也正体现了道家和道教的最重要的区别。道教的成仙和长生不老的理想追求从某种意义上看，不仅与道家的基本思想有着重要的不同，甚至是与道家的基本思想有相左之处，而正是这种成仙了道和长生不老的人生理想追求成了贯穿于道教发展始终的中心线索；一部道教的发展演变史可以看成是为实现这一根本的人生理想追求而不断探索的历史；道教发展过程中的种种得与失大多都与为达到这一理想追求的目标的种种努力和尝试密不可分。本文正是依据道教发展的这一中心线索来考察道教的历史发展，并围绕着道教为实现这一理想目标的种种努力和尝试来考察道教在历史发展中的得与失。

一　历史上道教实现其理想追求的种种努力和尝试

要实现成仙了道和长生不老的理想追求，就必须有相应的可行之道；知道了要做什么、要达到什么目标还远远不够，更重要的是要搞清楚如何才能达到这样的目标，并且要持之以恒地践行或修炼。在道教的发展史中成仙了道和长生不老的愿望和追求始终没有变过，真正的变化主要来自于修持的方法，即来自于怎样做。纵观整个道教的发展，达到成仙了道和长生不老的目标的手段和方法通常可以归纳为以下五类：即服食仙药、炼外丹、炼气和导引、修炼内丹、通过提升本身的法术修为和从事各种道教科仪活动累积功德，功德圆满后而成仙。

追溯整个道教发展的历史，可以看出，对成仙了道和长生不老的不懈追求构成了道教历史发展的中心线索。学界通常认为，可以称之为真正的宗教的道教肇始于东汉后期，以张道陵创立的天师道和张角的太平道始开先河；但也有很多人将道教的历史追溯到之前的黄老道和更早的方仙道。显然，黄老道和方仙道并没有形成系统化的宗教教义，特别是宗教组织、教规制度以及大量的信众教徒；就此而言，它们还不能被看成是严格意义上的标准的宗教，而通常只被看成是道教的还未完全成形的初始形态。但是，我们却发现，将黄老道和方仙道归为最早的道教派别也是有比较充足的理由的；这是因为，我们前面所谈到的贯穿于道救始终的中心线索，即成仙了道和长生不老这一道教的根本的人生追求在方仙道和黄老道之中便已经有了明确的体现。针对道教的这一理想追求，方仙道和黄老道明显地可以看成是对实现这一人生追求的不同的尝试和努力。

方仙道可以追溯到远古时期对神仙的向往和对长生的渴求，道家的代表人物之一庄子在其书中便有大量的对仙人仙境的生动描述，反映了人们对成仙和长生不老的追求。方仙道之名最早见于《史记·封禅书》，方仙道与方士密不可分。据《史记·封禅书》载：最早的方士可以追溯到周灵王时候的苌弘，据称他会阴阳之学，明鬼神之事。战国时期最有影响的方士应为阴阳家邹衍。方仙道是方士们将其神仙学说及方术与邹衍的阴阳五行说糅合起来的产物。老而不死曰仙，而方仙道之“方”，一般是指长生不死的仙方；企图长生求仙，是方仙道的基本的追求。战国时期便已经形成了以追求神仙不死为目的的方士团体。

方仙道的活动及其影响在战国末期特别是秦始皇在位的时期达到了一个高潮。始皇帝在统一六国之后，一心追求成仙和长生不老，听信一些方士的蛊惑，派人到处去寻找长生不老仙药，其中为始皇帝寻找仙药的最著名的方士便是徐福。徐福向秦始皇游说，说东方海中有仙山，其上有不死仙药，秦始皇便派徐福去寻找仙药。徐福第一次出海并没有带回长生仙药，却说服秦始皇答应了他的种种条件和要求，又一次出海东渡去往所谓的蓬莱、方丈、瀛洲三座仙岛寻求长生仙药，然而却一去不返。秦始皇并非对徐福的说法深信不疑，只是由于其太向往和渴求长生不死、成仙了。由于始皇帝有此渴求，因而也助长了方仙道的流行。显然，方仙道正是最早的对实现道教的根本追求的一种努力和尝试，是最早想到的实现其根本追求的可能的途径和方法。也就是说，人们最早想到的实现成仙了道和长生不老的一种自然的途径，是寄希望于自然界天然存在这样一种能够服下后长生不老的药品。显然，这种天然存在的药是不可以轻而易举地得到的，否则便会有众多的人都可以长生不死了，长生不死也就成为不足为奇的事情了。因为长生不死实在是一件自古以来只有传闻而几乎找不到实例来证明的事情，这也表明，如果有这种药那一定是非常稀缺而且非常难以找到的仙药了。在大自然中寻找仙药，必定要到人迹罕至的仙山、仙岛之类的地方去寻找了。秦始皇并不是唯一的指派方士入海求仙药的帝王，其前有齐威、宣王和燕昭王，其后还有汉武帝掀起的另一次指派方士入海求仙药的高潮。

方仙道发展到汉代，特别是汉武帝时，逐渐与黄老之学结合而向黄老道演变。汉武帝时，著名的方士李少君曾劝说汉武帝，要成仙，就要祠灶、封禅和化丹砂为黄金，并说黄帝就是这样做才成仙的。另一著名方士公孙卿则上书汉武帝，言黄帝铸鼎而成仙，现在宝鼎已出，只要封禅、炼丹即可成仙。由此可见，到了汉代，方士们的“方”又增加了新的内容、内涵。铸鼎、炼丹、封禅皆成为成仙的途径。铸鼎和封禅是皇帝才有的特权，其余人是不能涉足也是不敢妄为的；不过，铸一个和鼎相似的炼丹炉打打擦边球还是可以的。显然，道教的外丹派主要干的就是炼丹之类的黄白之事。淮南王刘安对此事也是非常感兴趣，其书中就有大量篇章涉及炼丹等神仙方术之事。炼丹、祭神、驱鬼等都与成仙、与后来的道教结下了不解之缘。可见，方仙道虽然还不具备成熟的宗教应该具备的某些条件，但是，它已经确立了后来的道教的最根本的追求并提供了最初的实现这种追求的途径和方法。后来的道教无论在神仙信仰、成仙了道、追求长生以及达到上述目标的方术等方面都继承了方仙道的上述传统，并对其进行了修正和改造，从而才得以创立。方仙道向后来的道教的转化首先在于方术的改变，而神仙信仰并没有改变，成仙了道和长生不老的追求并没有改变。这种方术的改变实则意味着早先的那种寄希望于寻找到天生的某种仙药的努力和尝试宣告失败，意味着寻找仙药的人对能够找到这种药物已经丧失了信心，许多人已经打算放弃这条看来是走不通的路径而要另辟蹊径了。实际上，道教正是通过这种不断地开辟新途径而得到发展的。

黄老道是黄老之学与方仙道的神仙学说结合的产物。黄老之学以代表古代神仙家和阴阳家思想的黄帝和代表道家思想的老子冠名其学，其根源可以追溯到齐国稷下学派。西汉初年尊奉黄老之学，汉文帝以黄老清静之术治天下，与民休养生息，实行以黄老道家思想为主的“人君南面之术”，其治国之道由于窦太后的坚持而得以延续到汉武帝初年，并形成“文景之治”的政治局面。汉武帝时期方仙道与黄老之学结合，方士们更是以黄帝作为神仙家的代表，并特别注重研究《老子》。汉宣帝既精通黄老之学又对神仙方术非常热衷，促进了两者进一步的结合。在流行于汉代的《老子河上公章句》中。河上公用神仙思想和道教方术来解释《老子》，把其中的治国之术贬为“非常道”，而将自然长生之道的养身、养生之道看成是永恒不变的道。学界大多数人认为《河上公章句》早于《老子想尔注》。《河上公章句》中有大量的对养生的论述，如，“爱精重施，髓满骨强”（一章）；“人能自节养，不失其所受天之精气，则可以久”（三十三章）；治身者应“深藏其气，固守其精，使无漏泄”“深根固蒂者，乃长生久视之道”（五十九章）；“自爱其身，以宝精气”（七十二章）等。《河上公章句》不是一味地强调如何才能长生不老，它将养生、养身本身也看成是修道的目标之一。显然，能够通过养生、养身达到长生不老是最好不过的事情，即使达不到，退而求其次，能够延年益寿也不失为修道者的一种追求。能够延年益寿可以看成是修道者的初级目标，而且是比较容易达到的目标，也是几乎可以为绝大多数人所接受和认可的目标。由此可见，道教的理想追求是成仙了道和长生不老，除此之外，还应该包括次一级的追求，即延年益寿和祛病求福，而这些都被后来的道教所继承和发挥。《河上公章句》着重从养生角度解老，同时阐发治国之道，主张通过自身修炼而长生不老，为后来的道教进一步奠定了理论基础。东汉时期，老子的地位进一步上升，汉桓帝亲自去陈国苦县祭老子。黄老道为后来的道教尊奉老子的信仰开启了先河，奠定了基础。以后的道教尊奉老子为祖师爷和最主要的神仙的传统由此而始。到灵帝时，又有张角，自称大贤良师，事奉黄老道，并招收大量弟子，其信众多达数十万人，可以说，此时黄老道最终已经演变为真正的道教。

道教自张道陵的天师道和张角的太平道始，由于有了大量的弟子和信徒，要实行对众多的弟子和信徒的管理，宗教组织也得以建立，宗教教义和理论也进一步成熟，真正可以看成是完备的宗教的道教从此便走上了历史舞台。由于道教在汉武帝罢黜百家独尊儒术之后，与黄老之学相关的人君南面之术、经世治国之道这一极日渐萎缩，只是在某些特定的时期和某些特定的人物身上还有所体现，比如，诸葛亮、徐茂公、刘伯温等，且大多与民间传说有关，与历史上的徐茂公等人的原型则有很大的出入。成仙了道和长生不老一直是道教的根本追求，其次一级的追求还有前面提到的延年益寿和祛病求福。整个道教的发展史正是围绕着这一中心线索而展开的。

天师道和后来的合并茅山派、阁皂派为一体的正一道通常走的是通过提升本身的法术修为和从事各种道教科仪活动累积功德，功德圆满后而成仙的道路。这一系的修道者主要借助于符箓咒语为教徒和民众治病、消灾祈福、召驱鬼神等而获取功德，其基本的手段和方法便是画符念咒；能够画符念咒的民间通常称为法师；所行的符箓咒语、斋醮科仪等为法事。在道教中，咒语与符箓有时是可以互相转换的，一种理念通过符字书写与勾画就成为符箓，而当这种符箓以特殊音频念颂的时候也就成为咒语，这就好比口语和书面语两者之间的关系。符咒和易学的象征手法有着内在的联系，与古代的巫术更是有着直接的关联。显然，符咒是以承认鬼神世界的存在为前提的。道教认为，可以通过符咒与鬼神世界沟通、人神交接。“斋醮科仪”指醮祷活动所依据的一定法规。一般有阳事与阴事之分，也就是有清醮与幽醮之分。斋醮科仪俗称“道场”，谓之“依科演教”，简称“科教”，也就是法事。五斗米道还有为病人请祈的“三官手书”。道教斋醮科仪源于中国古代的祈祷仪式，经寇谦之和陆修静整编修订以后，斋醮科仪逐渐定型并走向完善。唐末五代道士杜光庭是道教斋醮科仪的集大成者，他搜集、整理、编纂、删定了南北朝以来的各种科仪，在此基础上又新修了《太上正一阅箓仪》《洞神三皇七十二君斋方忏仪》《道门科范大全集》等科醮书多种，影响十分深远。元代京中宫观、大邑名山（如龙虎山、阁皂山、茅山等）均有设醮者。不仅正一派道士，而且全真派丘处机、王处一，太一道萧志冲、萧居寿等，亦皆先后承金、元皇帝之旨而主醮事，斋醮遂为各派所习。举行一项斋醮科仪，往往要通过建坛、设置用品、诵经拜忏、踏罡步斗、掐诀念咒等来共同完成，现行道教常用的斋醮科仪主要有：早晚坛功课、接驾、祝寿、进表、炼度等。道教斋醮科仪对中国社会和道教的发展都产生了深远的影响，它是道教开展正常宗教活动的主要内容；是道教教理教义的行为体现；是弘道扬教的重要途径；是道教徒表达信仰的主要方式；是道教联系群众的纽带；也是群众了解和信仰道教的桥梁。在道教徒的修炼中、法术中、斋醮科仪中都运用“存想”的方法，这往往成为全程法术、科仪的关键。存想原是气法的一种，以后成为服气和发放外气的意念引导方法。

正规道教出现后，其修持者们开始将获得仙药的希望由自然界转向了人自身，由自然物转向人造物，于是便有了丹鼎派的兴起。丹鼎派是对道教中以炼金丹求仙求长生为主的各道派的通称。这一派实际上包括了前述的炼外丹，炼内丹，炼气和导引三种途径和手段。在黄老之学、黄老道之中便有了与炼内丹、导引相关的论述，比如在老子的《道德经》中便有“归根复命”的内炼之说，“或嘘或吹”、“绵绵呵其若存”的吐纳功法，并提到了“长生久视”的问题。《庄子》中亦有“心斋”“坐忘”之类的内炼方法。在《黄帝内经》中则记载有“真人”“至人”“圣人”的修炼境界，以及“提挈天地，把握阴阳，呼吸精气，独立守神，肌肉若一”“精神不散”“积精全神”“移精变气”等修炼、疗病方法。东汉魏伯阳著有《周易参同契》，被尊为万古丹经王、丹经之祖。金丹道教的理论家与实践者东晋葛洪认为金丹之道，乃仙道之极；其在《抱朴子·金丹篇》说：“余考览养性之书，鸠集久视之方，曾所披涉篇卷，以千计矣，莫不皆以还丹、金液为大要者焉。然则此二事，盖仙道之极也。服此而不仙，则古来无仙矣。”

外丹是以名贵物质为炉鼎，火焰为炉火，中草药为原料，天地灵气为辅助在炉中炼制的一种丹药，非常难得。道教认为服食以后可以使人成仙、长生不老。丹鼎派中的外丹派，在道教发展中曾经产生过重要的影响，并拥有一大批著名的炼丹术士。其所炼出来的丹药需要花费很大的代价，故并不是一般人能够享用的。

能够享用这些丹药的除了炼丹方士自己之外，只有极少数的与之关系十分密切的人才有福享用，此外还有帝王之类的人物才有权或有资格享用。

唐代以前金丹多指外丹，唐宋以后多指修炼内丹，即把人体作炉鼎以体内的精、气作药物用神烧炼；道教认为使精、气、神凝聚可结成圣胎即可脱胎换骨而成仙。内丹是以人为炉鼎，体内阴阳二炁为炉火，五脏六腑的精元为原料，天地精气为辅助在体内炼制的。早在魏伯阳《周易参同契》中，关于内丹修行便有炼精化气、炼气化神、炼神还虚之类的内丹修炼方法。内丹派最后成为我国道教除正一派的符箓斋醮以外最主要的修炼方式；其代表人物众多，有北五祖东华帝君（王玄甫）、钟离权、吕洞宾、刘海蟾、王重阳，南祖张伯端、白玉蟾，此外还有陈抟、全真七子、张三丰等。

内丹修炼和炼气导引有着密切的关联。炼气导引之类的修持方法，现今我们通常称之为气功。就气功而言，通常分为动功和静功。动功与导引等有着不可分割的联系，而静功则与内丹修炼更是难分彼此。“气功”这一术语，虽然在古代典籍中很早就出现过，但与我们现在通常所说的气功还是有不小的差距的，我们现在通常所说的气功远比其所涉及的范围要大得多，是包括吐纳、行气、导引、存想、周天等诸多方法和手段为一体的身心修炼方法。内丹修炼和气功修炼在许多方面是相互重合的，前者基本上可以看成是后者的一个重要的组成部分，或一个派系。内丹和气功修炼是道教，特别是全真教及其各支派最主要的修行法门，其影响一直流传至今。

道教追寻自己的根本目标成仙得道和长生不老以及次一级的目标延年益寿和祛病祈福的手段和途径（或者说“法门”）是多种多样的。我们通常所区分的道教的各派系一般并不是依据其是否有某种手段和途径，其原因是各派系实际上并不只有一种法门，追求其目标并不是仅有一种手段和途径。实际上，各种不同的派系往往是不同手段共用的，其区别主要在于侧重点有所不同；很难找到一个派系纯粹只有一种手段和法门，其他的手段和法门一概弃之不用。实际上，除了上述的主要修行途径之外，还有许多偏方，比如说，遇到仙人而被仙人点化而成仙等。不过，这种天上掉馅饼的事最好还是不要痴心妄想。

总之，道教的修道方法，特别是自认为是可以达到其理想目标的手段和方法是多种多样的；而道教历史的发展，则可以看成是围绕着其理想目标而进行的种种努力和尝试的历史。

二　道教为实现成仙了道和长生不老的种种努力和尝试的得与失

道教发展的历史，其中心线索便是围绕着其理想目标而进行的种种努力和尝试的历史。在这种种的努力和尝试中，道教的发展不仅取得了许多重要的成就，也有着更多的遗憾和缺失，有者更多的挫折和失望。

我们发现，道教为达到其理想目标而进行的种种努力和尝试，相对于其理想目标即成仙了道和长生不老而言，其收效是不尽如人意的。可以说，至今还没有充分的证据可以证明有某个修炼者达到了这样的理想的目标；有的只是一些传说和传闻。对于现今的人来说，至今没有任何一个人或仙向公众公开宣称自己是出生在千百年前至今仍长生不老的人（或仙人）。也许有人认为，真正长生不老的仙人是不会或不屑于对别人公开自己的真实情况的，而且我们也是很难遇到这样的仙人的（老而不死为仙），即使遇到也是认不出来的。显然，这种说法是站不住脚的，至少是根本无法令人信服的。

由于可以成仙，可以长生不老这种说法有众多的人对此持怀疑甚至否定的态度，特别是对现当代的人来说，更是对此基本持否定态度；甚至以修道为专业活动的当今的道士们也没有多少人真正相信能够达到这样的目标。在这样的环境和氛围中，道教的生存空间也就越来越小了。

人们对道教的批评首先来自于对道教的理想目标的怀疑和否定。说得好听些，道教给自己定的目标实在太高了，给自己定了一个根本无法达到和实现的目标，一个根本不现实的目标。

对于道教的根本目标，确实存在令人难以置信的缺憾，然而，道教的缺憾同时也是它的优点和特色。纵观整个人类的各种宗教，几乎没有哪个宗教敢于将长生不老作为自己追求的目标，将此作为追求的根本目标，这实在需要极大的勇气和坚定不移的信念。我认为，将此定为理想目标并不懈地追求正是道教优于其他任何宗教的最突出的特征，它实际上反映了几乎每一个活着的人心中的终极渴望和追求。从古至今，有众多的人正是在对实现这一目标丧失信心之后才转而将希望寄托于来世的、寄托于宣扬来世的宗教，或者不再企求长生不老而只企求今生过好的。道教这种贵生的宗教，实为世界宗教中的一朵奇葩。

道教的上述理想目标真的无法达到吗？道教对上述理想目标的追求真的毫无意义和价值吗？对于第一个问题，暂且不说。对于第二问题，其追求的意义和价值是完全可以肯定的。这种肯定主要来自两个方面：一是，在这种为达到上述理想目标而进行的种种努力和尝试中，形成了众多的有价值的副产品；二是，在追求理想目标的同时，至少在达到次一级的目标即延年益寿和祛病修身方面的意义和价值是显而易见的。要做到长生不老或长生不死，首先必须做到延年益寿，长生不死实际上不过是将延年益寿推向极端的状况。如果我们能够将人的寿命不断地延长，便意味着在向长生不老的目标不断地逼近。能够大幅度地提高人们的寿命这难道不也是每一个活着的人心中的渴望和追求吗？

纵观道教的发展史，可以看出道教在实现这一理想目标的种种努力和尝试方面的是与非，看到道教在实现这一理想目标的道路上的手段和方法的不断的自我更新。

通过服食仙药而获得长生，在早先的方仙道中非常流行，然而，要在自然界中寻找到天生的仙药看来是一种非常困难的事。实际上，尽管方士们不懈地寻找，但似乎并没有人真正找到这样的仙药，对于此路，不仅世人大都不再抱希望，连方士们也大多不对此路再抱希望了。也正因为如此，后来的道教修持者已经很少有人再在此途径上费工夫了。尽管如此，道教特别是方仙道在寻求天生的仙药的种种努力和尝试中仍旧取得了许多有价值的成果。一种天然存在的可服食的东西，是否具有长生不老之功效，其前提首先在于是否具有祛病强身、延年益寿之功效，具备祛病和强身以及延年益寿之功效是具备长生不老之功效的必要的前提条件。而要证明是否为服食后可以长生不老的仙药，就必须对采集到的各种被认为是可以服食的东西的功效进行验证。我们可以看到，这种验证与对中草药的功效的验证两者之间有着一致之处。实际上，中国之所以能够有世界其他国家所没有的大量的中草药的应用，方仙道以及类似的采药活动功不可没。长生不老的仙药虽然至今可能还没有被采到，但大量的最终被验证为能够祛病强身的中草药却因此出现在中国医学历史的记录中。

实际上，方士们除了采药之外，他们还在干许多其他的事情。方士们涉猎的领域非常广泛，涉及的领域还包括天文、医学、神仙、占卜、相术、堪舆等。占卜、相术、堪舆等至今仍被认为是和道教密不可分的，甚至被看成是道士的看家本领；而天文、医学等也与道教结下了不解之缘，我国古代的许多著名的天文学家、医学家都有道教的背景。这从另一个方面也说明了，道教对中国古代科学技术的发展做出了重要的贡献——虽然这些贡献往往是以道教活动的副产品的形式出现的。

如前所说，天师道和后来的合并茅山派、阁皂派为一体的正一道通常走的是通过提升本身的法术修为和从事各种道教科仪活动累积功德，功德圆满后而成仙的道路。这种方法和途径，虽然在道教其他门派中也有实际应用，但是，主要以天师道和其后的统合各符箓的正一道为主，并一直延续至今。要通过这一途径最终成仙了道，首先就要不断地提升法术，只有法术高强、达到一定的境界，才能够真正与鬼神沟通，其所作的法事才能够灵验，法术越高，神通越大，符咒和斋醮科仪的功效就越强，就越灵验；反之，如果一个法术低微，法力十分有限，甚至谈不上什么法力的一般道士，其所作的法事很可能无甚收效，根本不起作用，达不到预期的效果，因而也就谈不上什么功德了。由此可见，这至少表明不通过积累功德而妄想走捷径或撞大运而成仙（如偶遇仙人并得到仙人点化而成仙等）是几乎不可能的。做法事的效果与法师的法力直接相关，也与功德的积累直接相关。难怪通过这一途径成仙的首先是正一道的天师们了，一般弟子很少有成仙者。然而问题是，历代天师们有几个是真正法术高强的呢？从历史记载来看，好像只有很少的几个天师具有高强的法力，因而要想成仙似乎还要靠老祖先的提携才是。这一派道教，与采取其他方式修道相比较，最大的价值应该在于对道教在民间的普及和对社会产生广泛影响作出了重要贡献，功不可没；因为，对绝大多数民众而言，对道教了解最多的便是各种热闹的符咒和斋醮科仪了。

外丹修炼最大的问题在于炼出外丹的真正功效问题。无法合理地、令人信服地说清楚这些炼成的外丹或金丹和成仙得道以及长生不老之间有着必然的联系，说清楚为什么服下这些金丹之后就能够成仙得道和长生不老，这是外丹修炼遇到的最大问题。魏伯阳在《周易参同契》中便对上述问题作出过回答，他认为：黄金既然不朽，还丹又能发生可逆循环变化，那么服食黄金和还丹后，就能使人身不朽和返老还童。然而，这种回答显然是牵强附会的，缺乏说服力的。由于没有炼出来的丹药服下后能够成仙得道和长生不老的可靠的理论依据和实验证据，故炼出来的丹药服下之后福祸难料，风险很大。实际上，服下这些丹药之后有人很快成仙得道实例很少，且都是一些传闻、传说（比如，据说魏伯阳服下自己所修炼的还丹之后，从而成仙了道），都是无法确切考证的。然而，服下此类丹药后中毒身亡的有案可稽的实例却很多，特别是许多帝王因服食金丹不仅没有成仙和长生，甚至没有延年益寿，反而过早地中毒身亡的证据却比比皆是。看来，要服用这些金丹还是需要有过人的勇气的。实际上，正是由于上述反面的实例越来越多，人们才对外丹修炼越来越心有余悸，服食外丹以期成仙了道和长生不老的行为在隋唐以后便越来越少了。

尽管外丹修炼，特别是服食外丹令许多人心有余悸，但是，在修炼外丹时却产生了许多重要的副产品。在外丹炼制的过程中，炼丹方士们掌握了大量的化学知识，对铅汞等化学元素及其化合物在特定条件下发生特定的化学反应有了深入的了解。最初的化学被学界公认为来自于古代的炼金术等，而中国古代的外丹修炼者可以说是世界上最早的从事此类活动的先行者。可以把他们看成是世界上最早的化学家，是化学这门科学研究可以追溯的最早的先驱。换句话说，中国古代道教的外丹修炼者们为化学这门科学的产生做出了不可替代的贡献。

内丹修炼和炼气导引可以说是道教后期最主要的修炼方式之一。这种修炼和我国古代的中医和武术等都有着密切的关联，与我们现今通常所说的气功更是难分彼此。对于这种修炼的依据和效果存在很大的争议。内丹修炼之所以能够取代神奇的仙药和服食外丹而成仙得道的途径和方式而成为后来修道者最主要的修炼方式，是修道者通过长期的实践探索和验证而作出的选择。这种修炼方式之所以被众多修炼者作为最主要修炼方式，与这种修炼的效果可以通过自身感受和体悟密切相关。

前面曾经说过，内丹修炼和炼气导引皆与我们现在通常所说的气功有直接关联（我们现在通常所说的“气功”，是上世纪50年代以来才在我国被广泛认可的术语），然而，气功并非是道家、道教的专利，儒、医、释、武术都与气功有着密切的关联。儒家除了注重仁义礼智信之外，也注重修身养气，故也有相应的气功修炼；佛家气功则多与瑜伽修行有关，一般可以归为瑜伽；至于中医和武术本来就与道教修行有着不可分割的联系。虽然儒和佛都与气功有一定联系，但相对于道教而言，中国传统的气功应以道教为主、为正宗；而中医和武术与道教关系最为密切的、直接相通的方面首推内丹和气功，此外还有中药材等。

对于这种与气功以及中医有着直接关系的内丹修炼和炼气导引，存在着许多需要深入探讨的问题，而这也是本文下面要着重阐述的问题，故有必要另辟一节专门讨论。

三　道教内丹和炼气导引类修炼的得与失

如前所述，由于内丹修炼和炼气导引都可以看成是广义的气功，故内丹修炼和炼气导引是否真的能够达到成仙了道和长生不老的问题，便可以统一地表述为我们现在通常所说的气功修炼是否能够达到道教的理想目标的问题。

通过对内丹修炼和炼气导引（或者说“气功”）及其效果的历史考察，看来并没有充分的证据可以证明能通过这种修炼达到成仙了道和长生不老的道教的理想目标。但是，这并不表明，这样的修炼是没有意义和价值的。实际上，这样的修炼对于达到前面曾经说过的道教的次一级的目标，即延年益寿和祛病强身的积极的效果是非常明显的，不仅历史上而且现当代有着大量的实例可以证明这种修炼的有效性，特别是其修炼还可以收到通过其他方法和途径所不能达到的某些积极的、意想不到的良好的效果。

内丹修炼和炼气导引的理论依据与中医的养生理论在很多方面难分彼此。我们很难明确地说清楚究竟是道教的内丹和导引理论促进了中医养生理论的发展，还是中医养生理论促进了道教的内丹和导引理论的发展；看来，比较符合事实的说法应该是两者互相促进。

关于气功，前面曾经说到，有一种见解认为，可以将气功区分为道家气功和中医气功等多种不同的类型；然而，我们却发现，两者之间很难划出严格的界线。这是因为，用于修道的气功本身就包括祛病的气功在内。祛病本身就是长生不老，特别是延年益寿的必要条件，是其最基本的要求和初级阶段。况且我国的中医就祛病和养生两方面而言，更加重视的不是医病而是防病，是如何才能够尽可能地不得病，而不是有病以后再想办法医治。这一点正是中医和西医相比较而言最突出的特色之一。中医所追求的不仅是有病祛病，而且是如何才能不得病、才能健康长寿、延年益寿。而这与道教的内丹、炼气和导引修炼所追求的目标完全是一致的。因此，根本无法也没有必要把所谓的道教气功和中医气功区分开来，两者实则是一致的。通过气功修炼达到祛病的目的，这无论对所谓的道教气功还是中医气功而言，都只是其气功修炼的初级目标。如果说，道教气功和中医气功两者真的有什么区别的话，那么这种区别仅仅在于，道教的气功修炼还有一个比一般中医气功修炼更高的，但却很可能是根本无法达到的成仙了道和长生不老的理想目标。换句话说，道教对气功修炼比中医对气功修炼提出了更高的要求，这种更高的要求只是在很多医学家看来是根本达不到的要求，是一种不敢奢望、不现实的要求罢了。然而我们却发现，一些著名的古代中医学家，特别是那些被世人看成是神医的医学家似乎都有道家或道教的背景，比如，华佗、孙思邈、李时珍等，这些人很难说没有道教的理想追求；许多被认为是道教代表人物的人，如葛洪、陶弘景等，同时又是著名的医学家。由此可见，区分道教气功和中医气功的做法是不足取的。

关于气功以及针灸的机理问题，特别是经络问题是道教的内丹修炼不可回避的问题。上述这些问题特别表现在西医等对中医的诘难上。那么究竟应该怎样看待上述问题呢？西医在解剖学上看不到经络而否定它的存在，并通过否定经络的存在而进一步否定气功和针灸，从而也就否定了道教的相关修炼。西医对中医的诘难真的站得住脚吗？对于该问题，我们先从最基本的致病和治病机理谈起。

经络是否存在，道教和气功等的修炼是否具有可靠的理论依据和实践验证结果？首先，对于实践验证结果，显然是不可否认的。中华医学能够存在几千年绝对不是靠心理暗示和自欺欺人能够支撑的。许多对西方医学有研究但对中国中医的机理并不清楚的人，试图用西医来否定中医，并将西医看成是现代医学的化身。西方人否定中医，主要是由于对中医缺乏了解以及偏见所造成的；而中国人自己否定中医，则除了对中医的无知之外，还有其崇洋媚外的奴性在作怪。中医在我国很早就有，至今仍在我国有着很大的市场，也就是说，它本身就是现代医学，是现代的中医学。中医几千年的实践用无数事实证明，它对于医治疾病特别是某些特定的疾病而言是行之有效的。不排除中医存在心理暗示的情况，这种心理暗示对于西医而言也是存在的。为什么西医可以有心理暗示，中医就不能够有心理暗示呢？这是哪家的道理？不排除中医大夫中有许多庸医，难道西医大夫中庸医还少吗？不排除有许多没有多少真本事而靠坑蒙拐骗赚取黑心钱的江湖郎中，但是西医中这样的人也不在少数。由此可见，上述问题都是并非只有中医才存在的问题，借这些问题和弊端来指责和攻击中医不是无知便是别有用心。

中医和西医区别的关键并不在于上述方面，其关键主要在于对于致病和治病的机理的看法上。现代中医确实对许多病的治疗效果不佳，但是现代西医对某些病的治疗的效果也是让人不敢恭维的。之所以会出现这种情况，是与两种医学对致病和治病的主要机理的看法上有着重要的区别，而这种看法又与中西方传统的、基本的思维方式有着密切的关联。本人曾经在多篇论文中提到：中西方传统思维方式具有一个最根本的区别，这就是单元个体式的思维定势和生命整体的思维定势的区别；我们可以从上述根本的区别中一一引申出中西方在思维方式上的诸多的次一级的区别。对于该问题，在此没有必要展开深入探讨，在此需要说明的只是上述基本的思维定势落实到对人的健康和疾病的看法上而形成的根本区别。在有着单元个体式的思维定势的人看来，决定人体的健康和疾病的是构成人体的最基本的单元，这就是细胞，此外还有外界侵入的细菌、病毒等等。西方虽然具有传统的单元个体的思维定势，但是，在医学方面却在很长的时期内没有找到与之相关的单元个体。实际上，真正发现细胞和细菌之类单元个体，在西方也不过是100多年的历史。在此之前，西方的所谓医学在治疗许多疾病方面并不见得比中国的传统医学更有效。近百年来，西方医学在此方面取得了长足的进步，最主要的便是找到了能够有效地遏制和杀灭细菌之类的侵入人的身体内部的有害微生物的抗生素。对于癌症之类的细胞类的疾病，虽然现在还没有特别有效的办法来对付，但是在这些方面的努力也取得了很大的进展。与之相对，中国传统的医学，对致病和治病机理的探讨的基本依据便是人这个特定的生命整体。它首先强调的是整体的阴阳协调、平衡等，认为如果破坏了这种协调和平衡便会导致疾病的发生；而治病主要就是要调理阴阳，疏通经络等。可以看出，这两种医学观都存在偏执之处，存在对致病和治病的机理的片面认识。实际上，真正的现代医学应该是针对具体情况具体分析，给出具体的治疗方案，实施相对于特定的疾病治疗而言最有效的手段和方式，对症下药，辨证施治，而不是因为某种手段对治疗某些疾病非常有效，就不管患者究竟得的是什么病，一概采取此类治疗手段和方式。针对主要是由于单元个体所导致的疾病，比如，细菌、病毒和支原体等的侵入所导致的疾病，最有效的治疗手段显然是通过服用和注入特定的抗生素来治疗；而对于机体性的病变，采取抗生素治疗显然是很成问题的。一个人得了肺炎，道教的内丹和气功修炼“大师”或者某个中医大夫要求该病人不服药而继续练功，或者只是给开出一些补养身体的中草药，这显然不是对症下药，其效果是可想而知的。上述情况确实在现实社会中大量存在，而这也成为了西医或者某些迷信西医的人攻击中医的口实。

生物一般都存在基因型和表现型两种存在方式，多细胞构成的生物活体通常是表现型。人体是一个复杂的系统，它包括诸多的子系统以及诸多的器官，这些子系统和器官之间有着复杂的内在联系，而它们本身又是由更低层次的细胞和大的有机分子构成，于是还存在纵向的不同层次之间的内在联系。人体致病的因素很多，关键是要搞清楚这种疾病究竟是由什么原因导致的，是子系统以及某些器官之间的联系和协调出了问题，还是由于更低层次的细菌、病毒和支原体等的侵入所导致的，或者是由于人体本身的某些细胞乃至更低层次的组织和功能出了问题（比如，分子层面的 DNA 和 RNA 出了问题）。只有搞清楚致病的原因，特别是关键的原因，才有可能真正做到对症下药、因病制宜、有的放矢。通过气功和炼内丹的方法来治疗由于细菌、病毒和支原体等的侵入所导致的疾病，显然是没有搞清楚问题的症结在哪里而无的放矢；但是对于由于整个身体的协调和平衡以及某些子系统或者器官之间协同作用等方面出了问题而导致的疾病，中医以及内丹和气功修炼乃至针灸的方法的有效性是有充分的实验和事实依据的；然而，与实验和事实依据相比较而言，其理论依据却显得比较薄弱。比如，经络理论由于在解剖学上看不到相应的肌理，而使许多人对经络是否存在持怀疑甚至否定的态度。

很显然，通过对人体的大量解剖研究并没有发现可以看得见的经络，对于“可以看得见的经络”，现代解剖学已经给出了比较令人信服的否定性的实验观察依据。但是，这并不能够证明经络不存在，而至多只能证明经络并不是某种看得见的管道组织或某种可以看得到的实体组织和网络。那么经络究竟是什么呢？究竟是否存在呢？显然，它如果真的存在的话一定是采取另外某种方式（非管道组织或某种可以看得到的实体组织和网络形式）存在的。那么，可以有这种样式的存在吗？如果有，它将是一种怎样的存在呢？对于这个问题，大多数人无言以对，但也有一些中医学家乃至与之相关的学术界的人曾经对这个问题进行过比较深入的研究并给出了一些尝试性的解答。然而从理论上看来，这些解答似乎并不具有令人信服的解释力和说服力。

我认为，人类在研究人体状况时，忽略了一个非常重要的问题，这就是机体（或肌体）应力及其变化的问题。实际上，这种应力不仅在人体中存在，而且也存在于其他的动物机体（肌体）之中。人的机体或肌体（前一术语似乎更恰当些）活动，特别是任何一个部位的应力或空间位置变化都将引起整个机体的其他部位的应力乃至空间位置发生相应的变化。人体的比较明显的可以通过肉眼观察到的变化主要有以下几类：一是肢体的运动变化，比如挥动手臂、走路、弯腰扭身等；二是面部表情的变化；三是由于呼吸所引起的身体的变化（这种变化相对微弱，如果不留神一般会被人忽略，但如果稍加留意便可以看出人体随着呼吸的变化而发生着各个部分之间的相应的位移变化）。除此之外，人体及其某些部位还可以有被动的运动变化，这些变化除了和前述的几种运动变化相类似的只是被动地做手臂运动、仰俯运动之外，还有，不借助于外力就做得出来的运动位移，如胳膊上的肌肉对某人扭了一把，或者被捏住使劲往起揪扯等。在这三种运动变化以及各种特殊方式的被动的运动变化之中，都存在着身体各种不同部位的应力的变化。人体以及其他动物的机体活动是受整个身体的形态、结构组成和各处的可能的活动方式的制约的，通常是按照一定的规律、一定的轨迹运动的，而不是可以任意运动的。比如，我们的手臂和双腿由于受到特定的形态、肌肉和骨骼及其相互比较固定的活动关系的制约，一般只能够，或通常总是按照特定的轨迹运动。比如手臂的弯曲，由于不同的成人的手臂形态、手臂上的骨骼和肌肉及其连接方式非常相似，故他们通常也有着非常接近、大体上一致的手臂活动方式。而当他们的手臂做出几乎相同的动作时，其整个身体的其他部位的相对位移和应力变化也基本一致。这种应力的变化与人的整个身体的形态状况之间有着密切的关联。当某人的某些姿态、某些部位的运动行为形成了自己的习惯时，其身体的应力也会长期在某些相应的部位集中，如果一个人有一种不良的身体动作、姿态习惯，他的身体的某些部位长期处于高度紧张的状态之中（应力长期集中在某一些部位，将会造成该部位的长期紧张），从而很有可能造成这些相应部位发生病变。出现了这种情况，可以用中医的话说，即出现了阴阳失调，内部功能紊乱的症状。那么该如何医治这种疾病呢？此时，内丹和气功修炼以及针灸等手段和方法便不失为一种有效的手段和方法。

那么，经络又是怎么一回事呢？由于人体的形态和组织结构是大体一致的，动作表情和呼吸等所形成和导致的身体各个部位之间的相对运动轨迹也是大体一致的，故这种应力的传导路径也是大体一致的，由于人体可视的运动变化受到了本身的形态和结构组成的制约，其某个部位的可视的运动变化导致的应力在身体内部的传导路经也是相对固定的，这些相对固定的应力的传导路径其实就是我们通常所说的“经络”。这就是本人对经络的基本看法。

在此，我认为有必要提出一门新的学科，这就是“机体力学”。将整个机体看成是一个特殊的应力系统，将经络看成是人体应力变化传递的基本路径，将气功、内丹、吐纳、导引、针灸等看成是自觉或不自觉地依据“机体力学”原理而进行的修炼和医疗实践活动；这可以看成是机体力学这门新学科的基本原理所在。机体力学是一门可以通过实验验证的科学，是一门需要深入研究的、至今仍旧无人对其进行深入研究的学科。这门学科实际上正是气功、内丹、吐纳、导引、针灸、中医等的真正的理论基础。

人体无论处于静态还是处于动态，其机体及其各个部位都处在特定的应力动态中，随着人体的某个部位的运动和变化，整个机体的应力状态随时都在发生着相应的变化。实际上，人体根本不可能处于完全静止的状态，更确切地说，不可能处于肉眼完全看不出来任何运动变化的状态；这是因为，活着的机体即使刻意保持不动，但总是要有呼吸的，只要有呼吸，身体的各个部位便会随着呼吸的变化其应力也发生相应的变化，不同部位的相对的空间位移也会随着呼吸的变化而变化。正因为如此，对于呼吸的有意识地控制，实际上也是在控制着整个机体的应力变化，只是整个机体的应力变化，有意调节呼吸的修炼者未必能够完全意识得到；他可能会注意到机体其中的某些部位随着呼吸的变化其应力也发生相应的变化，但是，他不可能同时注意到机体的所有部位同时发生的变化。我们通常只能意识到我们所注意的东西，对于没有注意的东西，一般也不会清楚地意识到。

也许有人会问，为什么认为气功、内丹、吐纳、导引、针灸、中医等的基础问题是一个机体力学的问题，而不是其他？实际上，得出上述结论正是因为其他的运动形式难以与上述各个方面皆建立起有效的关联。首先，我们来看热的运动形式，由于热的运动形式通常采取传递、传导和辐射三种样态，在没有特定的导热系数与周围其他的部位有明显的差异的管道或网络的情况下，我们根本不能够指望热会沿着特定的路径传播，而只能是由一个热源向四处扩散。这种情况显然与气功、内丹、吐纳、导引、针灸情况有着明显的区别。如果说这是一种电运动方式，我们立刻可以看出这种说法的不妥之处。因为，布满我们的机体的神经系统正是靠神经电流在传播信号的，而经络显然不属于神经网络。至于化学运动方式，也和气功、内丹、吐纳、导引、针灸的情况有着明显的区别。有些化学物质可以沿着血管、淋巴系统等较快地传递，但是，经络也不是血管、淋巴系统。排除了上述各种可能性之后，最符合气功、内丹、吐纳、导引、针灸情况的看来非机体应力系统及其变化莫属。需要说明的是，机体的应力变化所产生的结果却可以影响到多种不同的运动形式。比如，某一个特定的部位（如下丹田）应力的集中可能导致的结果有多个方面：机体的其他部位产生相对位移；下丹田附近由于应力集中而产生发热现象；进而引起和影响到这个部位临近的肾上腺等腺体分泌出特定的激素等化学物质等。

我们知道，对机体生命活动的调节主要有两种：即神经调节和激素调节。神经调节主要与躯体和四肢的动作有关，而激素调节首先与产生各种激素的腺体有关，这些腺体主要包括松果体、脑下垂体、胸腺、肾上腺等。我们发现，这几个腺体与内丹修炼中的上丹田、中丹田和下丹田有着很好的对应和重叠关系。这似乎意味着内丹修炼与不自觉地通过影响和干扰某些腺体的激素分泌等来调节人体的生命活动，两者之间有着内在的关联。在丹田中“炼丹”只是气功修炼的一种方式，气功等修炼最直接的影响是机体的应力变化，并通过这种变化而进一步影响到机体的其他生命活动。故机体力学研究除了要研究机体的应力究竟是如何具体变化的，某一个特定部位的特定变化将会导致整个机体的哪些其他部位会发生相应的应力变化和相对位移，特别是哪些其他部位的上述反应相对更加突出和强烈之外，还要研究机体的应力变化与机体的其他运动形式之间的关系，研究特定部位的特定应力变化，将会或有可能影响到机体的哪些其他运动方式的变化，进而影响到整个机体的生命活动的变化。

道教的内丹修炼看来还和生命过程中另一个重要的问题有关联，这就是“生命钟”问题。有证据表明，人的机体中存在有一个“生命钟”，该“生命钟”控制着人们的生命活动，控制着人们的正常的寿命。比如，在不出现意外的情况，何时发育，何时产生第二性征，何时发育成熟，何时进入更年期，何时开始迅速变老乃至生命终结等。对于正常人而言，生命中的这些比较显著的阶段性变化出现的时间虽然不同的人有早有晚，但通常相差的时间跨度长的也就一般一两年，短的甚至相差不过几天或者几个星期。这一点表明，机体中确实有一个“生命钟”在人们的大致相同的年龄段会发出相同的指令而控制着人们的生命活动。如果真的是这样的话，那么，如果我们能够找到这个或这些“生命钟”（可能不止一个）在人体的确切位置，并能够控制“生命钟”的快慢，拨动或控制“生命钟”，使其长期停留在某一个特定的阶段上（比如中年期），就有可能大大地延长人们的寿命，接近或达到长生不老。我们真能找到特别是能够按我们意愿拨动“生命钟”吗？我们发现，道教的内丹修炼似乎暗示着找到了这些“生命钟”所在的位置；因为从我们前面所说的松果体、脑下垂体、胸腺、肾上腺等这几个人体中最重要的腺体与内丹修炼中的上丹田、中丹田和下丹田有着很好的对应和重叠关系这一点来看，内丹修炼者们似乎已经找到了“生命钟”所在的地方，并且试图按自己的意愿拨动或控制“生命钟”。古代的内丹修炼者是如何做到这一点的呢？实在令人感到惊奇。内丹修行者在炼内丹时，竟然通过意念、吐纳和导引等对这些腺体特别是腺体的分泌进行了有意无意地调控，虽然古代的内丹修炼者很可能并不知道人体中还有这样一些重要的腺体，更不知道这些腺体竟然还可以分泌出对人的生命活动具有至关重要的调控作用的激素之类的东西。

就此而言，道教内丹修炼者所取得的有价值的成果是令人惊异的。但是遗憾的是，他们并未能够真正按自己的意愿拨动或控制“生命钟”；否则，我们现在还有机会见到活生生的吕洞宾、张伯端、王重阳、张三丰等。不过，虽然没有能够通过拨动或控制“生命钟”而达到道教成仙了道和长生不老的理想目标，但是，因此而得到长寿的则大有人在。比如，我们发现，许多书法家都高寿，而之所以能够如此，是由于书法家的书写活动和炼气导引有着密切的关联，如果看到这点，书法家通常长寿也就不足为怪了。

内丹修炼之所以无法使“生命钟”按自己的意愿和理想追求运行，与其说他们找错了地方，不如说他们根本无法特别是无力通过意念和气等拨动这只“生命钟”。这是因为，以上所说的那个似乎被预先安排好的程序，现在看来是有较充分的依据能够说明它是存在的，但是这个程序看来是被编排在非常下位的层次的特定的东西里面的，这就是遗传物 DNA 和 RNA 等。我们通过意念和气功方面的修炼根本不足以真正地改变处于分子层面的密码。通过修炼内丹和气功等可能影响人体的阴阳平衡、影响到腺体的激素等的分泌以及激素对生命活动的调控，但是却根本不足以影响到分子层面的 DNA 和 RNA 的组成结构。这或许也就是不能够通过练习内丹等而达到成仙了道和长生不老的理想目标的真正原因。

人体的“生命钟”位于 DNA 等物质之上，它对于生命活动的控制首先表现在对细胞分裂的控制上。我们发现，人体的细胞分裂是有次数限制的；人的一生细胞分裂的次数大约在 50 次左右，这可以看成是对人的寿命最根本的限制因素。细胞不再分裂了，人的寿命也就到达极限了。那么能否让细胞不断地分裂下去呢？研究发现，似乎有一个东西在控制着细胞分裂的次数，这就是细胞端粒。端粒是线状染色体末端的 DNA 重复序列，正常细胞每分裂一次细胞端粒就相应地缩减一次，当细胞端粒缩短到一定程度时，细胞分裂的出错率就会迅速增加，随着细胞端粒的缩减最后细胞将不再分裂。由此可见，细胞端粒缩短到一定程度将会导致两种情况出现，即出错和终止；这两种情况都与机体的寿命直接相关。细胞分裂出错的直接结果便是导致非正常细胞的出现，其中最常见的便是癌细胞。由此可见，要大大地延长机体的寿命，一个有效的途径便是加长细胞端粒，保证细胞端粒不至于缩减到前述的程度。如果细胞端粒能够在缩短的同时又及时得到补充，即一边缩一边长，那么，理论上细胞分裂便可以一直进行下去，这实际上便意味着机体的长生。生物学界至今已经发现有一种特殊的逆（或反）转录酶——端粒酶具有合成构成细胞端粒的DNA的作用，可惜的是，这种反转录酶只是在一些特殊的细胞中存在，比如生殖细胞等，更为遗憾的是，在对人体正常细胞具有严重破坏作用的癌细胞中竟然也有这种反转录酶。尽管如此，至少我们可以看到了某种希望。我们已经可以初步断定，如果在正常的、普通的细胞中能够有这种反转录酶、端粒酶，那么，机体长生有望。

由上可见，道教的成仙得道特别是长生不老的理想追求看来并非像很多人想象的那样虚妄。尽管道教的各种为达到和实现这种理想追求的努力和尝试看来都不太尽如人意（相比较而言，内丹、气功之类的修炼更值得肯定，因为至少在延年益寿和祛病强身方面其特殊的功效是其他的努力和尝试所达不到的，是后者相形见绌的），但是，道教毕竟是最早吃螃蟹的人，在众多的将希望寄托于来世的宗教之中，道教的这种追求犹如鹤立鸡群，其特立独行的追求更显得可贵。道教的理想追求在理想接近破灭之际，又一次神奇地被现代生命科学的研究点燃，这对道教来说究竟是好事还是坏事呢？对此的看法看来只能仁者见仁智者见智了。

说到这里，我们终于可以再次回到本文的破题部分所涉及的一个重要的问题，这就是道家与道教的根本区别问题。道家是道教的理论先驱和思想渊源之一，先有道家后才有道教；但道教还有另一个重要的思想渊源，这就是古代的神仙信仰和对长生不老的追求。道教的产生意味着道家与宗教的结合，同时也意味着对道家的人生追求的改造和改变。成仙了道和长生不老成了道教的理想追求，这种理想追求将道家的代表人物老子在其著作中体现出的人生追求置于相对次要的位置，而将主要精力耗费在对成仙了道和长生不老的追求上，然而，经过两千年的种种尝试和努力，尽管在次一级的目标上（这也是道家所追求的目标）其所取得的成就是不可否认的，但是，总体看来其收效显然是不尽如人意的。从前面的讨论可以看出，长生的密码如果存在也是写在道教的种种努力和尝试皆不可改变的分子层面上的，是否能够改变这种密码看来必须借助于生命科学的手段。于是，当今的道教便面临了一个需要抉择问题，这就是：道教要么不放弃其理想追求，但需要引进生命科学等新的方法和手段；要么将实现这种理想追求的任务交给将来的生命科学去完成，而自己不再直接参与（但可以关注）对这方面的进一步的深入的探索，从而回归到道家代表人物的著作中所体现出的生命追求。

想当年，关令尹喜问道楼观，追随老子实现其生命追求，如今道教可否再次追随关令尹喜的脚步，问道楼观，不求长生不老，但求清静无为，崇道贵德，少私寡欲，处下不争，见素抱朴，返璞归真，自然无为，清净逍遥……

（本文作者：西安交通大学人文学院教授）

全真道三教合一的多维向度与修行实践

韩　星

“三教合一”理念的产生和发展有一个漫长的历史过程，最早可以追溯到汉末三国。魏晋南北朝时期三教争论中就出现了三教融合的思想，并逐渐形成三教互补格局。隋唐时期出现了三教鼎立，共同发展的新局面，三教合流成为当时社会思想发展的主要趋势。入宋以后，儒佛道发展为“三教合一”，标志着三教最终找到了它们的共同归宿，即以儒为主、以佛道为辅的最佳组合形式。在新禅宗出现，新儒学形成的过程中王重阳等人以道家为本位，融合儒释，创立了全真教，完成了合儒佛于道的历史任务。另外，道教内部以道为本，融合三教的思想也有一个演变过程。汉魏两晋道教对儒学和佛教就有吸取。南北朝时期葛洪、陶弘景、陆修静、寇谦之等人对道教进行了大规模的改造，道教三教合一的思想也开始形成。隋唐时期，三教并行不悖，道教对儒释义理的摄取进入消化吸收阶段。宋元明三教合一的成型时期，道教对儒释的吸收已进入全面融会贯通的阶段。金代初年，中国北方相继出现了太一道、真大道和全真道，都是以“三教合一”为基本特征。王重阳创立的全真道在三教合一方面最为突出与成功。

一　三教合一是全真道一以贯之的主体思想

三教合一是全真道一以贯之的主体思想，在其创教祖师王重阳的修道初期即已显现出来。王重阳在创立全真道之初，本着“不主一相，不居一教”的原则，公开打出三教的旗帜，建了一批以“三教合一”为特征的教团，如：“三教七宝会”“三教金莲会”“三教三光会”“三教玉华会”“三教平等会”等，这些教团都公开倡导三教合一，在当时社会上产生了很大影响。全真道以“三教圆融”“识心见性”“独全其真”为立教宗旨，以“三教合一”“性命双修”“功行双全”“全真而仙”为基本教理，教人诵《般若心经》《道德经》《清静经》和《孝经》，通过对传统道教的教理、教义进行根本性的变革，以道为主，融合儒、道、释三家理论，构建了新的道教理论体系。王重阳年轻时曾经为自己修了“活死人墓”进入其中进行修炼，这时就将儒、释、道三家相提并论：“稳驾青牛古圣人，白牛枝叶出斯因。儒医夫子成三教，垦辟愚迷怕落尘。”儒、道、释三教各有所长，都是使人驱除愚迷而超脱凡世的良药。在论及三教关系时，王重阳一再强调：“释道从来是一家，两般形貌理无差。”[①]“儒门释户道相通，三教从来一祖风。”[②]“害风故故谒华宗，三教唯公道话同。此际遇逢齐上下，中间会聚各西东。”[③]“悟理莫忘三教语，全真修取四时春。”[④]从王重阳自身的出身来看，他本为儒生，又深受佛教影响，曾自称“谑号王风。实有仙风。性通禅释、贯儒风。”[⑤]全真七子继承王重

① 《王重阳集》，白如祥辑校，齐鲁书社，2005，第 4 页。
② 《王重阳集》，白如祥辑校，齐鲁书社，2005，第 9 页。
③ 《王重阳集》，白如祥辑校，齐鲁书社，2005，第 141－142 页。
④ 《王重阳集》，白如祥辑校，齐鲁书社，2005，第 142 页。
⑤ 《王重阳集》，白如祥辑校，齐鲁书社，2005，第 268 页。

阳“三教合一”的思想，坚持三教平等、三教一家、三教同源、三教归一的文化理念，苦读三教经典，并在理论和实践中融会贯通。马钰不仅自称“三教门人，尽是予师父”[①]，在《赠李大乘兼呈净公长老》的诗中说：“虽有儒生为益友，不成三教不团圆。”[②]又据《丹阳真人语录》载，其“在东牟道上行，僧道往来者，识与不识，必先致拜。”[③] 刘处玄自称以“三教经书为伴”[④]，还说：“三教高真，便是师父”[⑤]、“三教归一，弗论道禅”[⑥]，吸收佛教轮回说，要人们脱离苦海，学道成仙。王处一说：“三教三才共一般”[⑦]“仙佛体皆同”[⑧]“更望参玄众友，遵三教、千古同欣”[⑨]“三教通连一路搜”[⑩]。丘处机说：“儒释道源三教祖，由来千圣古今同”[⑪]，并根据王重阳“吾将来使四海教风为一家”[⑫] 的观点，提出“推穷三教，诱化群生”[⑬]。丘处机历尽艰辛觐见成吉思汗，以一个出家人的慈悲胸怀去努力说服这位天之可汗：“天道好生而恶杀。止杀保民，乃合天心。顺天者，天必眷佑，降福我家。况民无

---

① 《马钰集》，赵卫东辑校，齐鲁书社，2005，第198页。

② 《马钰集》，赵卫东辑校，齐鲁书社，2005，第64页。

③ 《马钰集》，赵卫东辑校，齐鲁书社，2005，第240页。

④ 《谭处端、刘处玄、王处一、郝大通、孙不二集》，白如祥辑校，齐鲁书社，2005，第129页。

⑤ 《谭处端、刘处玄、王处一、郝大通、孙不二集》，白如祥辑校，齐鲁书社，2005，第119页。

⑥ 《谭处端、刘处玄、王处一、郝大通、孙不二集》，白如祥辑校，齐鲁书社，2005，第119页。

⑦ 《谭处端、刘处玄、王处一、郝大通、孙不二集》，白如祥辑校，齐鲁书社，2005，第256页。

⑧ 《谭处端、刘处玄、王处一、郝大通、孙不二集》，白如祥辑校，齐鲁书社，2005，第321页。

⑨ 《谭处端、刘处玄、王处一、郝大通、孙不二集》，白如祥辑校，齐鲁书社，2005，第342页。

⑩ 《谭处端、刘处玄、王处一、郝大通、孙不二集》，白如祥辑校，齐鲁书社，2005，第292页。

⑪ 《丘处机集》，赵卫东辑校，齐鲁书社，2005，第17页。

⑫ 《王重阳集》，白如祥辑校，齐鲁书社，2005，第338页。

⑬ 《丘处机集》，赵卫东辑校，齐鲁书社，2005，第71页。

常怀，维德是怀；民无常归，惟仁是归。若为子孙计者，无如布德推恩，依仁由义，自然六合之大业可成，亿兆之洪基可保。”[①] 这段话正是儒道思想结合的典型。

不仅早期全真道奉行“三教合一”，而且明清以后，全真弟子习佛与佛教弟子入道者，不乏其人，而儒生入全真与佛教者，更是不可胜计。如王丹桂说三教“同一体，谁高谁下？谁后谁先？共扶持邦国，普化人天，浑似沧溟大海，分异派，流泛诸川，然如是周游去处，终久尽归源。”[②] 侯善渊说：“老子如来孔圣同，世人不晓斗争风，假名三教云何异？总返苍苍一太空。”[③] 尹志平说：“道显清虚妙，释明智慧深，仲尼仁义古通今，三圣一般心。”[④]

二　全真道三教合一的多维向度与修行实践

如果仔细进行梳理，可以发现，全真道三教合一的思想在以前三教合一的思想基础上展示出多维向度，同时这多维的展开也体现为多元的修行实践。

1. 三教同源

南宗五祖白玉蟾继续高扬“三教合一”的旗帜，谓：“三教异门，源同一也。”[⑤] “道释儒门，三教归一，算来平等肩齐。”[⑥] 梁武帝则以皇帝的身份提出了“三教同源”说，认为老子、周公、孔子是佛祖释迦牟尼的弟子，释迦牟尼和老子、孔子是师徒关系。他还把最高的佛教比作黑夜里的月亮，把次等的儒教、道教比作众星，彼此既有高下区别，又互相烘托，交相辉映。梁武帝宣扬，

① 《丘处机集》，赵卫东辑校，齐鲁书社，2005，第 444 页。
② 王丹桂：《草堂集·咏三教》。
③ 侯善渊：《上清太玄集·刘老仙问三教归一》。
④ 尹志平：《葆光集·劝世》。
⑤ 《道法九要序》，《道藏》第 28 册，第 677 页。
⑥ 《鸣鹤余音》卷 3，《道藏》第 24 册，第 270 页。

儒、道之所以低于佛，是因为只能求世间的善；佛之所以高于儒、道，是因为能使人成为出世间的圣人。儒、道和佛是世间和出世间的区别，是凡圣的区别。这样就可以佛为主，把三者结合起来，在理论上互相贯通，在实践上互相补充，既用儒、道的道理教人在世间行善，又用佛教教义劝人出世成佛。

王重阳说："三教者，不离真道也，喻曰：似一根树生三枝也。"[①] 把儒、释、道三教比喻成一棵树上的三根树枝，这显然是三教同源论。三教同根而生，其实就是同源的意思。元初全真道士李道纯说："禅宗理学与全真，教立三门接后人……会得万殊归一致，熙台内外总登春。"[②] 牧常晁《玄宗直指万法同归》首列"三教同元图"，以图的直观形式表达他的三教一源的思想。他说，儒、道、释三家的关系，如同"兄弟三人同一父母所生，不幸父母早世（当作"逝"），兄弟离流他国。及其长也，承嗣三家，各变其姓氏。"[③]

2. 三教同道

北宋内丹家张伯端在《悟真篇》序言中说："教虽分三，道乃归一。奈何后世黄缁之流，各自专门，互相非是，致使三家宗要迷没邪歧，不能混一而同归矣。"[④] 南宋内丹大家夏元鼎在《黄帝阴符经讲义·三教归一图说》中说："三教殊途同归，妄者自生分别。"[⑤] 宋代大慧宗杲禅师曾说："愚谓三教圣人立教虽异，而其道同归一致，此万古不易之义。"[⑥]

王重阳以三教共尊的"道"为切入点，把本源性的"道"作为三教合一的契机。在全真道看来，宇宙万物虽然纷纭复杂，但

① 《王重阳集》，白如祥辑校，济南：齐鲁书社，2005年版，第287页。

② 李道纯：《中和集》卷三。

③ 《道藏》第23册，第913页。

④ 《道藏》第2册，第973页。

⑤ 夏元鼎：《黄帝阴符经讲义·三教归一图说》。

⑥ 大慧宗杲：《大慧普觉禅师语录》卷十七。

皆根源于“至道”而生。“道”是世界万物绝对不变之最高真理，是独一无二的实存。“道”作为万物之本体、绝对不变之最高准则，是独一无二的实存。圣人以“心”体“道”，心同道体，“心本是道，道即是心，心外无道，道外无心也。”[①]“天下无二道，圣人不两心”。儒、释、道三教皆为圣人创制，其教义、教理皆出于圣人心体实证之“道”。三教虽名称不同，但其实则一，三者皆本于“道”而生，“教虽分三，道则唯一”，三教同源而一致。道无形，教有迹。老子、孔子和释迦牟尼皆为世之圣人，为显迹之神。圣人体道而创制立教，救度众生，三教圆融的基础就在于“道”。“三教者，不离真道也。”“人各认祖宗科牌：太上为祖，释迦为宗，夫子为科牌。……三教圣主、三界圣母，却来救度儿女，名号记显现分明，寿印信为其堪同。……三教者是随意演化众生，皆不离于道也。”[②]因此，在论及修行之时，王重阳一再强调，为道者只有博通三教教义，践行三教之理，才能真正体悟大道，证真成仙。“为教同其闵，延年共比彭。并通三教理，远远得期程。”[③]“爇名香、三教俱看，得善芽增长。”[④]“运三车，依三教，永没沉三道。”[⑤]“了了通三道。”[⑥]只有融通了儒、释的“道”，才是“全”，才是“真”。“尽知长与道为邻，搜得玄玄便结亲。悟理莫忘三教语，全真修取四时春。”[⑦]“三教好，妙理最深幽。”[⑧]只有三者并重，才能真正成为得道之士。

元代著名内丹家陈致虚说：“天下无二道也。昔者孔子曰：参乎吾道，一以贯之。老子曰：万物得一以生。佛祖云：万法归一。

---

① 《王重阳集》，白如祥辑校，齐鲁书社，2005，第297页。
② 《王重阳集》，白如祥辑校，齐鲁书社，2005，第287－288页。
③ 《王重阳集》，白如祥辑校，齐鲁书社，2005，第158页。
④ 《王重阳集》，白如祥辑校，齐鲁书社，2005，第179页。
⑤ 《王重阳集》，白如祥辑校，齐鲁书社，2005，第84页。
⑥ 《王重阳集》，白如祥辑校，齐鲁书社，2005，第21页。
⑦ 《王重阳集》，白如祥辑校，齐鲁书社，2005，第142页。
⑧ 《王重阳集》，白如祥辑校，齐鲁书社，2005，第196页。

是以谓三教之道，一者也。”[①]

3. 三教一家

王重阳主张三教一家。他开始创教时在“活死人墓”四角各种植海棠树一棵，人问其故，王重阳回答说：“吾将来使四海教风为一家耳。”[②] 王重阳还言：“心中端正莫生邪，三教搜来做一家。义理显时何有异，妙玄通后更无加。”[③] “释道从来是一家，两般形貌理无差。”[④] 按照王重阳的意思，三教既然已经是一家，则这“一家”中的三部分就是不可分割的“圆圆做一团”[⑤]，这就比以前的道家学者更进了一步。全真后学牧常晁的三教合一思想更为彻底，他比喻儒、道、释三家的关系，如同“兄弟三人同一父母所生，不幸父母早世（当作“逝”），兄弟离流他国。及其长也，承嗣三家，各变其姓氏。”[⑥]

4. 三教同门

马钰对三教关系的看法与王重阳稍有差异，他主张的主要是三教同门与三教和同。马钰不仅称“三教门人，尽是予师父。”[⑦] 还在《丹阳真人语录》中言：“师在东牟道上行，僧道往来者，识与不识，必先致拜。从者疑而问之曰：‘彼此俱昧平生，何用拜之?’师曰：‘道以柔弱谦下为本，况三教同门异户耳。”[⑧] 全真后学牧常晁有诗云：“三教不须相抵忤，一元必竟本和同。诗书固是人伦主，释老能参造化功。个里休论非与是，一家门户万家通。”[⑨]

---

① 陈致虚：《金丹大要》卷七。
② 《王重阳集》，白如祥辑校，齐鲁书社，2005，第327页。
③ 《王重阳集》，白如祥辑校，齐鲁书社，2005，第16页。
④ 《王重阳集》，白如祥辑校，齐鲁书社，2005，第4页。
⑤ 《王重阳集》，白如祥辑校，齐鲁书社，2005，第21页。
⑥ 《道藏》第23册，第913页。
⑦ 《马钰集》，赵卫东辑校，齐鲁书社，2005，第198页。
⑧ 《马钰集》，赵卫东辑校，齐鲁书社，2005，第240页。
⑨ 《道藏》第23册，第954页。

5. 三教平等

王重阳创立全真道以三教平等为立教宗旨，他说："三教者，如鼎三足，身同归一，无二无三。"① 儒、道、释三教虽鼎足而立，显然有三教平等的意思。他经常以孔门《孝经》，释氏《心经》与道家五千言并列，合称"三经"，教授徒众。他在莱州创立"三教平等会"，目的就是为了提倡三教平等。马钰对三教门人表示出足够的尊重，其《敬三教》诗言："待士非凡俗，崇僧性不凡。再三须重道，决要敬麻衫。"② 王重阳的徒弟王丹桂有一首词，阐释了这种三教平等的思想：

> 释演空寂，道谈清静，儒宗百行周全。三枝既立，递互阐良缘。尼父名扬至圣，如来证大觉金仙。吾门祖，老君睿号，从古至今相传。玄玄，同一体，谁高谁下。谁先谁后。共扶持邦国，普化人天。浑似沧溟大海，分异派、流泛诸川。然如是，周游去处，终久尽归源。③

丘处机要求全真弟子要平等的对待三教门人，告诫他们"见三教门人，须当平待，不得怠慢心。"④ 元初刘谧撰⑤《三教平心论》说："三教之兴，其来尚矣，并行于世，化成天下。以迹议之，而未始不异；以理推之，而未始不同。一而三，三而一，不可得而亲疏焉。"

6. 三教同善

北周道安在《广弘明集》卷八三《教论》中说："三教虽殊，劝善义一，涂迹诚异，理会则同。"《周书·韦夐传》："武帝又以

① 《王重阳集》，白如祥辑校，齐鲁书社，2005，第 287 页。
② 《马钰集》，赵卫东辑校，齐鲁书社，2005，第 80 页。
③ 王丹桂：《草堂集·咏三教》。
④ 《丘处机集》，赵卫东辑校，齐鲁书社，2005，第 147 页。
⑤ 刘谧：《三教平心论》。

佛道儒三教不同，诏夐辨其优劣。夐以‘三教虽殊，同归于善，其迹似有深浅，其致理殆无等级。’乃著《三教序》奏之，帝览而称善。”晋宋之际的宗炳在所著的《明佛论》中提出，“孔、老、如来，虽三训殊路，而习善共辙也。”宋真宗所作《崇儒术论》《崇释论》等，认为佛与孔孟“异迹而道同”，曾对臣下说：“三教之设，其旨一也，大抵皆劝人为善，唯达识者能总贯之，滞情偏执，触目分别，于道益远。”[①] 他又著《崇释论》二篇，认为：“释氏戒律之书，与周、孔、荀、孟迹异而道同，大指劝人之善，禁人之恶。”[②] 释永道提出“三教圣人，一是教人以为善”，国家只有“三教鼎兴”，才能“万方无事”。[③] 元初刘谧《三教平心论》说：“尝观中国之有三教也，自伏羲氏画八卦而儒教始于此；自老子著《道德经》而道教始于此，自汉明帝梦金人而佛教始于此。此中国有三教之序也。大抵儒以正设教，道以尊设教，佛以大设教。观其好生恶杀则同一仁也，视人犹己则同一公也，征忿窒欲禁过防非则同一操修也，雷霆众聩日月群盲则同一风化也。由粗迹而论则天下之理不过善恶二涂，而三教之意无非欲人之归于善耳。”

7. 三教同功

中唐名僧神清在《北山录》卷一说：“释宗以因果，老氏以虚无，仲尼以礼乐，沿浅以洎深，藉微而为著，各适当时之器，相资为美。”北宋禅师契嵩在《镡津文集·中庸解》中说：“儒所谓仁义礼智信者，与吾佛曰慈悲，曰布施，曰恭敬，曰无我慢，曰智慧，曰不妄言绮语，其为目虽不同，而其所以立诚修行，善世救人，岂异乎哉?”就是说，儒家的五常就是佛教的万行之一，五常与五戒虽然名目不同，其目的都是为了“立诚修行，善世救人”。

---

① 李焘：《续资治通鉴长编》卷八一。

② 《古今图书集成·神异典》卷七十二。

③ 念常：《佛祖历代通载》卷十九。

在王重阳看来，三教不仅同源一致，而且具有相同的社会作用。三教都以扫除人的妄念、救治人的愚迷为己任，都以普度众生为职事。《达摩经》云："过去言非实，未来不为真。太上炼九转还丹，令人去疾病，了生死。夫子教仁、义、礼、智、信，恐人招业在身，令人修此，亦能治其疾病。""三教分明，解救平生之苦"。三教的不同，只是展现形式的不同、立教的侧重点不同，只是分工的不同而已，而在救治人生、教化社会的根本功用上却没有差别。儒以治世治民，佛以治心治性，道教则是既能修身炼形，又能够治家治国；三教同功而异名，可以并行于世，相互补充。

8. 三教并用

隋朝李士谦曾经说："佛，日也；道，月也；儒，五星也；岂非三光在天，阙一不可？而三教在世亦缺一不可，虽其优劣不同，要不容于偏废欤!"[①] 中唐名僧宗密撰《华严原人论》也提出，"孔、老、释迦，皆是至圣"，故"三教皆可遵行"。北宋僧人赞宁认为："三教循环，终而复始；一人在上，高而不危。有一人故，奉三教之兴；有三教故，助一人之理。且夫儒也，三王以降，则宜用而合宜；道也者，五帝之前，则冥符于不宰。释氏之门……旁凭老氏，兼假儒家。成智犹待于三愚，为邦合遵于众圣；成天下之亹亹，复终日之乾乾。之于御物也，如臂使手，如手运指，或擒或纵，何往而不藏耶？夫如是，则三教是一家之物。"[②] 希望帝王能够将三教并用，共同资治。北宋僧人智圆说："尝谓三教之大其不可遗也。行五常，正三纲，得人伦之大体，儒有焉；绝圣弃智，守雌保弱，道有焉；自因克果，反妄归真，俾千变万态，复乎心性，释有焉。吾心其病乎，三教其药乎！矧病之有三，药可废耶？吾道其鼎乎，三教其足乎！欲鼎之不覆，足可折耶？"[③] 南宋孝宗

① 志磐：《佛祖统纪》卷三九。

② 《大宋僧史略》卷下。

③ 《闲居编》卷三四。

撰《原道论》主张："以佛治心，以老治身，以儒治世，惟圣人为能同之。"南宋王夷在《文始经言外旨·序》中说："愚闻三教鼎立于天地间，如三光在天，相须为明，不可偏废也。"元初刘谧撰《三教平心论》中把三家都比作医生，说："儒疗皮肤，道疗血脉，佛疗骨髓。"

全真道在实际的修行和教化弟子生众的过程也是杂取三教，不拘一格，实行三教并用之方法。"真人劝人诵《般若心经》、《道德》、《清静经》及《孝经》，云可以修证。"[1]"凡接人初机，必先使读《孝经》、《道德经》，又教之以孝谨纯一；及其立说，多引六经为证据。"[2] 王喆（王重阳）力主三教合一，以《道德经》《般若心经》《孝经》作为信徒必读经典。聚徒宁海洲，立三教平等会，而自名其教曰全真"。把三教经典完全相提并论，并筛选出其中最为精炼简明的典籍向社会普及三教教义，真可谓用心良苦。在《重阳真人金关玉锁诀》中论述"五行之法"时，他强调："第一先须持戒，清静忍辱，慈悲实善，断除十恶，行方便，救度一切众生，忠君王，孝敬父母师资。"就其内容来看，这显然是一条三教并用的戒律，其中既有道家的清静，也有佛教的慈悲，还有儒家的忠孝。在《赠侄》诗中，他也再次指出："一首新诗赠七哥，予言切忌莫蹉跎。遵隆国法行思义，谨守军门护甲戈。饮膳共为通礼让，言谈歌出用谦和。先人后己唯长策，伫看归来唱凯歌。"行义、守法、爱国、礼让、谦和，显然是运用儒家教义来要求、教育子弟。在论述性命、丹道等重要理论问题时，他也常和会三家，引证儒、释来阐明道理。如《金关玉锁诀》述内丹，而引证佛教《心经》，要求信徒"第一先须持戒，清净，忍辱，慈悲十善，断除十恶，行方便，救度一切众生，忠君王，孝敬父母师资。"《重

---

① 《王重阳集》，白如祥辑校，齐鲁书社，2005，第 324 页。

② 《王重阳集》，白如祥辑校，齐鲁书社，2005，第 326 页。

阳授丹阳二十四诀》引证儒家仁、义、礼、智、信及佛教《金刚经》无诤三昧等等。由此可见，三教并用已构成全真道修持要求的重要内容，体现于心性和功行修炼的各个方面。重阳祖师不仅以此教导、要求弟子，而且自己也是身体力行。在对自己所作的评价中，他也称自己是“谑号王风，实有仙风。性通禅释、贯儒风”。

9. 三教一理

唐玄宗对待三教关系是“三教无缺”，“会三归一”的政策，原因是三教“理皆共贯”。[①] 道安曰：“三教虽殊，劝善义一，教迹虽异，理会则同”。宋真宗言“道释二门，有助世教。”因倡“三教一贯”，谓“三教之设，其旨一也。大抵皆劝人为善”。[②] 南宋白云宗主释清觉说：“三教之说，其义一同。儒教则仁义礼智信，归于忠孝君父焉；释教则慈悲救苦，归于化诱群迷焉；道教则寂默恬澹，归于无贪无爱焉。有故三教之言，可守而尊之，寻而究之。既洞其微，达其原，自然得圣人贤人之道、善人君子之行也。”[③]

王重阳认为三教“同一体”，提倡儒释道三家的经典所蕴含的理是相通的。早期全真道重要文献金源琦《全真教祖碑》就把王重阳视为“居太上老子无为真常之道者”，其言：“夫三教各有至言妙理，释教得佛之心者，达摩也，其教名之日禅；儒教传孔子之家学者，子思也，其书名之曰《中庸》；道教通五千言之至理，不言而传，不行而至，若太上老子无为真常之道者，重阳子王真人也，其教名之曰全真。”[④]

元初江南全真道的代表人物李道纯，继承王重阳的三教合一思想，对该时代道儒佛三教关系有着深刻的认识，通过解答释、道可以断轮回、出生死，学儒可以尽人伦、不可了生死的问题，

---

① 《曲江集》卷十五。

② 李焘：《续资治通鉴长编》卷六三、卷八一。

③ 《正行集》，《形续藏经》第112册。

④ 《王重阳集》，白如祥辑校，齐鲁书社，2005，第321页。

以及释氏涅槃，道家脱胎，三教间似有差别的问题，以说明三教一理。他说："达理者奚患生死耶？且如穷理尽性以至于命，原始返终、知周万物则知生死之说，所以性命之学实儒家正传。穷得理彻，了然自知，岂可不能断生死轮回乎？且如羲皇初画《易》之时，体天设教，以道化人，未尝有三教之分。故曰：皇天无二道，圣人无两心。"[①] 因此，"儒释道三教，名殊理不殊。"[②] 在《三天易髓》中他还进一步说明他引用儒释思想以完善道教理论是为了"引儒释之理证道，使学者知三教本一，不生二见。"他论证三教，虽名词各异，意旨同一。元代的全真道士牧常晁在回答"儒曰正心，佛曰明心，老曰虚心，此三者有同异否"的问题时说："思无邪曰正，反照自己曰明，私欲不蔽曰虚。设曰三心，实一理也。"[③] 这里以"三心"来会通三教，肯定了"三心"其实就是一理。牧常晁还说："夫中庸，儒者之极道也；常住，释氏之极道也；真常，太上之极道也。因时有古今，道有升降，故体同用异也，非圣人命理之所以殊焉。"[④] 这里以"中庸"、"常住"、"真常"以会通三教，结论是："释即道也，道即儒也。……圣人之理一而已矣，非有浅深之间哉！"

10. 三教一心

北宋禅师契嵩在《辅教篇中·广原教》中说："古之有圣人焉，曰佛，曰儒，曰百家，心则一，其迹则异。夫一焉者，其皆欲人为善者也；异焉者，分家而各为其教者也。"他把佛陀和儒家以至诸子百家的代表人物都看做是"圣人"，并认为他们的学理都出于一心，只是形迹有所不同；教化的归旨都是相同的，只是方法有所不同。

---

① 李道纯：《中和集》卷三。

② 李道纯：《中和集》卷六。

③ 牧常晁：《玄宗直指万法同归》卷四。

④ 《正统道藏》第23册，第915页。

刘安世说："儒释道其心皆一，门庭设施不同耳。"[①] 萧应叟在《元始无量度人上品妙经内义》卷四说："三教皆由心地发明，儒曰存心，仙曰修心，佛曰明心。……无非令人淑此以复其善。"元代的王旭在《兰轩集·三教堂记》中说："吾闻天下无二道，圣人无两心，而又岂有三家之异教哉。此皆后世失其本而泥其末，师其迹而不思其心者之过也。"

王重阳自咏诗云："七年害风，澈悟心经无挂碍。信任西东南北休分上下同。"[②] 福井大雅认为："以禅宗为媒介而了解到《般若心经》的王重阳，重视的角度又与禅宗不尽相同。禅宗重视'色即是空，空即是色'这句话，而道家的王重阳及其系统与此相对，被'心无挂碍'这句话所吸引，全真教的教理中重视'心'，所以《般若心经》成了全真教所依据的经典之一。"[③] 福井大雅的说法很有启发性，说明王重阳对《般若心经》的阐释强调"心无挂碍"，可以说，着重在"真心"（复性全真之心）和"无挂碍"（逍遥），这是道家逍遥游意境的发挥。

全真门下的陈致虚《金丹大要》说："圣人无两心，佛则云明心见性，儒则云正心诚意，道则云澄其心而神自清，语殊而心同。是三教之道，惟一心而已。然所言心却非肉团之心也，当知此心乃天地正中之心也，当知此心乃性命之原也。是《中庸》云天命之谓性，《大道歌》云神是性兮气是命，达摩东来直指人心，见性成佛。是三教之道，皆当明性与命也。"这就从心性角度阐明了全真教三教合一的宗旨，充分说明全真道不仅吸收禅宗的明心见性思想，而且深受理学的影响，其教理发展可以说抓住了那个时代的基本精神。

全真道把三教合一归结为心性之学，一致为后来道教所认同和发展。清代道士陶素耜说："儒曰存心养性，释曰明心见性，道

---

① 朱时恩辑《居士分灯录》下卷。

② 《王重阳集》，白如祥辑校，齐鲁书社，2005，第 82 页。

③ 福井大雅：《佛教与全真教的成立》，《世界宗教研究》1996 年第 2 期。

曰修身炼性，三教圣人都教人从心性上超生死。”又清代道士傅金铨将儒释道关于心性的言论汇编成《心学》三卷，并在标明三教一源的前言《心学论说》中开宗明义地说：“儒曰存心养性，道曰修心炼性，释曰明心见性，教虽分三，理无二致。”这两段话表明了儒释道三教在心性修养理路上的一致性。[①]

三 结语

中国文化史上，儒道佛造就了相辅相成，相反相对，同中有异，异中有同，你中有我，我中有你，以儒为主，居中制衡，佛道辅翼，安身立命，治国理民的独特结构。当今的时代是多元文化和多元宗教并存的时代，如何在与其他文化、其他宗教的共处中保存、发展和完善自身，是每一种文化、每一种宗教都面临的重大问题。有数千年历史的中华文化有许多宝贵的思想、智慧可以为当今世界借鉴。全真道三教合一的思想是一种具有普世价值的文化理念，可以为其他不同的文化类型在多元文化语境中的生存发展提供有益的借鉴。

全真道三教合一的思想使其与传统道教和其他宗教不同，还具有鲜明的入世意识，不是封闭地在道观中离世孤修，而是积极倡导和实践“真功”“真行”，关注社会，关心民众，冀求“致太平”的社会理想。这些对于今天以道教为代表的各种宗教如何与现代社会相适应，与现代文明相结合，在与社会的互动中体现自己的独特价值，为社会做出更大的贡献都有重要的启示。

（本文作者：中国人民大学国学院教授）

① 方立天：《略论佛教对道教心性论的思想影响》，《世界宗教研究》1995 年第 3 期。

《太平经》慈善思想简析

王长坤

《太平经》是早期道教的主要经典，以阴阳五行解释治国之道，宣扬散财救穷、自食其力。《太平经》提出了建立“太平世道”的设想，描绘了公平、同乐、无灾的理想社会蓝图。为实现太平社会，它要求道众敬奉天地，遵守忠、孝、慈、仁等宗教伦理道德，提出了“乐生”“好善”的教义。《太平经》认为天地的一切财物都是天地中和之气所在，不应被私人所独占，由此提出了“乐以养人”“周穷救急”的慈善观。《太平经》的“承负说”是《太平经》中非常有特色的内容，是早期道教思想的一个重要方面，也是最早提出比较系统的道教善恶报应思想的。“承负说”成为后世道教慈善活动的依据，这一思想不仅推动了后代道教众徒力行善事义举，而且对中国的民间社会也产生了深刻影响，对于我们今天构建慈善文化仍具有积极意义。

一

“慈善”一词在英文中有多种表达方式。比如，“philanthropy”，源自于希腊文，本意为“人的爱”；“beneficence”，表示“慈善”“善行”“捐款”等意思；“charity”，表示“博爱”“宽容”“慈善事业”等意思；“benevolence”，表示“仁慈”“善行”“捐款”等意思。在我国《辞源》将之解释为“仁慈善良”[1]。《现代汉语词典》解释为：“对人关怀，富有同情心。”[2] 但无论如何，其本质都是人类善爱之心的表现与标志。

在中国传统典籍中，“慈”与“善”这两个字最初并非是合于一起使用的。“慈”，在中国古代原指父母之爱，如《左传》中出现的“父慈子孝”（《左传·隐公三年》）的用法。之后，引申出怜爱、仁慈等方面的寓意，遂扩展到普遍的人与人之间的关爱，其中尤指对长者与孩童的关爱。“善”与“恶”相对，本义是指“吉祥”“美好”。许慎在《说文解字》中对“善”曾做过解释：“善，吉也；从言从羊，此与義（义）美同意。”[3] 这一解释也可从上古的典籍中得到印证，如《尚书·毕命》中即有“彰善瘅恶”之句。后来，善被引申为亲善友好，品行高尚。孔子在《孔子家语·六本》中说：“与善人居，如入芝兰之室，久而不闻其香，即与之化矣。”从中我们便能体会到善的伦理道德价值所在。后人将情操高尚、乐善好施的人称作善人或善士，也是因此之故。

伴随着长期的文化演进，“慈”与“善”的字义渐趋相近，均包含着仁慈、善良、富有同情心等意义。至南北朝时，慈与善更是常常被并列言之，于是便有了“慈善”这一称谓，并为时人所习用。《北史·崔光传》中就已经出现了“慈善”二字合成使用的记录：“光宽和慈善，不忤于物，进退沉浮，自得而已。”

虽然词源可能不同，但是对于慈善，中外文化都有着共同的认识与理解。熊希龄曾说：“孔教言仁，又曰博施济众；耶教言博爱，又曰爱人如己；佛教言慈悲，又曰普度众生。……无论为何

---

① 《辞源》，商务印书馆，1997，第621页。

② 中国社会科学院语言研究所词典编辑室编《现代汉语词典》，商务印书馆，2008，第223页。

③ （汉）许慎撰《说文解字》，中华书局，1963，第58页。

教何学，无不以人道为重。发扬人道，济世救人，乃是古今中外人类共通的理念，并无时空隔阂。”[①] 中华慈善总会创始人崔乃夫有极为精辟的概括：什么叫慈呢？父母对子女的爱为慈。讲的是纵向关系。如“慈母手中线，游子身上衣”。什么是善呢？人与人之间的关爱为善。讲的是横向的关系。什么是慈善呢？慈善是有同情心的人们之间的互助行为。崔乃夫会长以纵横的关系，深刻地勾画出了慈善事业的全部活动和真谛。[②]

从上述对“慈善”一词的释义分析，可以看到“慈善”这一概念有着源远流长的内涵及其丰富的文化底蕴。慈，是指父母（推广为长者）对子女的爱善，是指人和人之间的互助关爱。慈善，就是在民间开展的扶贫济困，帮助社会上困难不幸的个人和团体的社会救助活动。慈善的核心是爱，是人类之爱，爱天下之人。慈善是以仁爱之心去行善积德，对灾民、贫民及其他生活困难者进行的施舍与救助活动。

中国传统文化是以儒道为核心的多元文化，道家学派于春秋末期由老子创立。老子创立了“道”为世界本体的学说，认为“道”是世界的本体，主张“道法自然”。在社会观方面，老子主张“清静无为”“无为而治”；在伦理道德上，主张“清净无欲，独善其身”的人生观。这对后世的慈善思想产生了一定的影响。老子对“善”“恶”有着独特的看法。《老子》七十九章云：“天道无亲，常与善人。”在老子看来，“道”是天地万物之源，不可名状，亦无法察知，是没有偏爱的，但却可赏罚应时，使善人得福，恶人遭祸。由此，他提出尘世间应遵循“道”的规律，人人向善，善待芸芸众生。“善者吾善之，不善者吾亦善之，德善。”[③] 以善心去对待任何人，结果就会使人人向善，社会走向至善。这

① 周秋光：《关于慈善事业的几个问题》，《求索》1999 年第 5 期。

② 刘佑平：《崔乃夫纵谈中国公益之路》，《公益时报》2004 年 1 月 24 日。

③ 《老子》四十九章。

种观点以后就成为后人劝善去恶的慈善道德基础。

庄子的思想是对老子思想的继承与发展。对于世界本体的“道”，庄子给予了进一步的深化和发展。如果说老子的“道”论着重于自然宇宙的创生过程、自然无为的本质特性的话，则庄子的“道”论，直通向人的心灵世界，论证与描述人生的最高精神境界，这一境界就是道家提倡的“返本归真”的“真人”所达到的境界。要达到“真人”的境界，就需要修炼“得道”“体道”的功夫。得道之法即是做善事。只要做善事顺应自然，就“可以保身，可以全生，可以养亲，可以尽年”[①]，做善事就可以修身颐养天年，高寿善终。可见，善恶自有报应是庄子与老子共同的主张。其实这一主张早在殷商时代就有“积善余庆”“积恶余殃”之说。如《周易·坤·文言》：“积善之家，必有余庆；积不善之家，必有余殃。”又《尚书·商书·伊训篇》：“惟上帝不常，作善降之百祥，作不善降之百殃。尔惟德罔小，万邦惟庆；尔惟不德罔大，坠厥宗。”这一善恶观念被道家和以后的道教所继承和发扬并被世俗化，成为慈善伦理传统。

二

《太平经》是东汉晚期所传的“神书”——《太平青领书》的简称。它是道教最先问世的第一部道书。《太平经》一书的内容体系至为纷杂，糅合了先秦儒、道、阴阳诸家思想，企图通过神道设教的方式来宣扬善恶报应等思想观念。《太平经》以“太平”名经，认为“太者，大也……平者，乃言其治太平均，凡事悉理无复奸私也”。（卷四十八）[②] 提出了建立“太平世道”的设想，

① 《庄子·养生主》。

② 指《太平经》卷四十八。以下只写卷数者均为《太平经》卷数。

描绘了公平、同乐、无灾的理想社会蓝图。为实现太平社会，它要求道众敬奉天地，遵守忠、孝、慈、仁等宗教伦理道德，提出了“乐生”“好善”的教义，主张在施爱于他人中体验幸福的境界，才能长生不老，羽化成仙。

《太平经》所追求的理想世界是无灾异、无病疫、无战争、君明臣贤、家富人足、各得其乐的太平世道。故此，《太平经》认为天地的一切财物都是天地中和之气所生：

> 富之为言者，毕备足也。天以凡物悉出生为富足，故上皇气出，万二千物具生出，名为富足。中皇物小减，不能备足万二千物，故为小贫。下皇物复少于中皇，为大贫。无瑞应，善物不生，为极下贫。子欲知其大效，实比若田家，无有奇物珍宝，为贫家也。万物不能备足为极下贫家，此天地之贫也。万二千物俱出，地养之不中伤为地富；不而善养，令小伤为地小贫；大伤为地大贫；善物畏见，伤于地形而不生，至为下极贫；无珍宝物，万物半伤，为大愁贫也，悉伤为虚空贫家。(卷三十五)

正是基于这种善财观的阐发，《太平经》才认为，一切财物均应属于社会公有，而非为私人所独占。“此财物乃天地中和所有，以共养人也。此家但遇得其聚处，比若仓中之鼠，常独足食，此大仓之粟，本非独鼠有也，少内之钱财，本非独以给一人也；其有不足者，惠当从其取也，遇人无知，以为终古独当有之，不知乃万户之委输，皆当得衣食子是也”。(卷六十七）社会只有按真正的道来治理万物，并服从天师教义中宣称的禁令和教令，才是国家与民众致富的根本。无论是集团还是个人，只要尊崇真教义，天堂就会保佑获得良好的收成；反之，集团或个人就会腐败，强盗、盗贼、叛乱就会四起，致使失去所有的财富。

如何生财、守财、使财富可持续发展?《太平经》说:“凡人家力强者,多畜私财,后反多贫凶,何也?神人言,此乃或多智反欺不足者,或力强反欺弱者,或反生反欺老者,皆为逆。夫财者,天地之间盈余物也。比若水,常流行而相从,常谦谦居其下。得多财者,谦者多得也。故期者,天不佑之矣。天道助弱,故不争而善胜也。神精有气,如鱼有水,气绝神精散,水绝鱼亡。”(卷一百二十)因而主张生财、守财、使财富可持续发展顺性而为,以柔克刚,点滴积累,爱之于微,成之于著,谦居其下,不恃强凌弱、倚财骄横,才可享无为之富;财富属于民众,无为而能生财、有财、守财,休养生息,还利于民,上要无为下要有为;要顺应财富之性,自然而为,而不可强取豪夺;同时一切财富都是人类共享的,所谓“相生相养”,人还要积极参与和担负生养万物的使命,也就是创造财富的同时还要保护财富,使财富可持续发展。

《太平经》还倡导一种人人都可以致富的民富思想:“常力周穷救急,助天地爱物,助人君养民。救穷乏不止,凡天地增其算,百神皆得来食,此家莫不悦喜。因为德行,或得大官,不辱先人,不负后生。人人或有力反自易,不以为事,可以致富,反以行斗?讼,妄轻为不祥之事”。(卷六十七)就是每个普通民众都可以努力追求得到“天之道”,获得财富。《太平经》认为天地创造的所有生命都有体力,通过积极的努力,所有的人都可以获得食物和衣服。具有源源不断力量的人,会日夜努力,不断地聚集财富,他所获得的一切财富,无论大小,他都会爱护。据此,区分善财与恶财,不仅取决于财富本身是被分享还是被私藏起来,而且也取决于财富最初的来源。只有勤奋工作,很好地运用体力才是致富的体面手段,(卷六十七)这样的财富才是善财。

“天之道,损有余而补不足。人之道则不然,损不足而奉有余。孰能有余以奉天下?唯有道者。是以圣人为而不恃,功成而不处，其不欲见贤。”[①]《太平经》继承了这一思想，主张人不能贪婪而过于分化，反对苛捐杂税造成贫者日贫、富者日富的现象。财富不仅能聚还要善财，要乐善好施、周穷救急、众善奉行，否则就要获罪。万事万物都有生、养的权利，为政者不能剥夺人们公平获取财富、自食其力的权利和机会，才能使“人之道”最终与“天之道”相济相通。

“或积财亿万，不肯救穷周急，使人饥寒而死，罪不除也”。（卷六十七）“财物乃天地中和所有，以共养人也，此家但遇得其聚处，本非独给一人，其有不足者，悉当从其取也。愚人无知，以为终古独当有之，不肯周穷救急，使万家乏绝”。（卷六十七）

富人就应该根据太平思想的观念去运用他的财富，他应分配其财富以供他人之需。这样他就会为自己挣得一个好名声，被提升到官职，而后就能出人头地成为显贵。“天之有道，乐与人共之；地有德，乐与人同之；中和有财，乐以养人，故人生乐求真道，真人自来”。（卷六十七）这正是道教所遵奉的那种由“德”的善行，走向“道”的坦途的说教。因此，《太平经》认为，真正的财富不是一般的财物，真正的富裕也不是拥有奇珍异宝，而是积“德”得“道”，进而获中和之“善财”，以顺“天之道”，这才是太平世道之最大财富。《太平经》的这种财富思想对于汉唐以后的民间慈善事业产生了深远的影响。

三

《太平经》中的“承负说”是道教史上的一个重要观念，作为一种传统的因果报应思想，它使“善恶报应”这一慈善观念在人们的心目中占有重要地位，成为中华民族的一个传统意识，无论

① 《老子》七十七章。

是过去还是现在都对中国社会的民众心理产生着广泛而深远的影响。不仅如此，经过历史和文化的积累沉淀，承负思想已经形成一种宗教伦理道德，对于我们现代社会中的道德建设都有着一定程度的影响。

所谓“承负”，《太平经》解释说：“承者为前，负者为后；承者，乃谓先人之本承天心而行，小小失之，不自知，用日积久，相聚为多，今后生人反无辜蒙其过，连传被其灾，故前为承，后为负也。负者，流灾亦不由一人之治，比连不平，前后更相负，故名之为负。负者，乃先人负于后生者也；病更相承负也，言灾害未当能善绝也。”（卷三十九）由上述文字我们可以看出，承负的意思就是说今人的福祸遭遇，取决于其先人的善恶行为；而今人的善恶行为同样也对其后人的福祸遭遇产生着影响。在这里，《太平经》尤其更强调的是负面影响。先人的过失遗其恶果于后人就是“负”；后人承受先人的过失行为所导致的恶果就是“承”，代代既相负又相承。按照这样的推理，自然可以得出如下的逻辑结论：任何人在他行事做人之时都应该三思而后行，因为自己的错误行为可能会给子孙后代带来不幸。

《太平经》对“承负说”进行了系统的阐述，既是对老庄善恶自有报应思想的继承和发展，也是对春秋以来报应思想的完善。《左传·宣公十五年》中就有“结草报恩”的记载，晋国郤氏谗害了大夫伯宗，韩献子说：“郤氏其不免乎！善人，天地之纪也，而骤绝之，不亡何待！”害死好人的人自己也不得善终，显然是恶有恶报的思想。春秋报应观认为报应的主体承担者有两种人：行为主体自身和行为主体之后代子孙。春秋人普遍相信，福运如果没有使行善者本人获得，则必定会降临在其后代身上，即所谓“圣人有明德者，若不当世，其后必有达人。”[①] 孔子也曾说过：“始作

① 《左传·昭公七年》。

俑者，其无后乎！”[①] 谴责最初以陶俑殉葬的人，会遭到无后的报应。承负说继承了春秋报应观的子孙承报说，好处有二：一是子孙承报在重视血缘关系的宗法社会中极具威慑力；二是由于人们所看到的社会事实并非完全是善有善报、恶有恶报，“凡人之行，或有力行善，反常得恶，或有力行恶，反得善，因自言为贤者非也”，（卷十八）对于这种善得恶报、恶得善报的现象，用子孙承报说来加以解释，能使报应思想进一步完善，增强可信度。

《太平经》对春秋以来的报应思想进一步完善，据近人汤一介的统计，《太平经》内提及“承负”的地方，不下百余处之多，而承负的种类亦有五六种以上。主要有：后人为前人“承负”、人为天地“承负”、自然界事物的“承负”、后人为前人邪说“承负”、后主为先主“承负”等，这么多积累的承负，其目的亦只有一个便是希望人们能“去恶从善”[②]。

《太平经》承负思想的哲学基础就是道家的天道循环说。《道德经》四十二章有言：“道生一，一生二，二生三，三生万物。”由万物本原“道”产生混沌未分的统一物“一”，这个统一物分为阴阳两个方面，即“二”，阴阳变化交合，“冲气以为和”[③]，生“三”，由“三”再产生万物。万物产生以后，遵循“道”的规律运动变化，运动的结果又归根于“道”，“万物并作，吾以观复。夫物芸芸，各复归其根。”[④] 就是说，“道”生万物，万物又复归于“道”，构成无条件的循环往复过程。对这一循环过程，《太平经》卷七十三里有更为具体的阐述：“元气恍惚自然，共凝成一，名为天也；分而生阴而成地，名为二也；因为上天下地，阴阳相合施

① 《孟子·梁惠王上》。

② 汤一介著《魏晋南北朝时期的道教》，台北东大图书公司，1991，第366页。

③ 《道德经》四十二章。

④ 《道德经》十六章。

生人，名为三也。三统共生，长养凡物名为财，财共生欲，欲共生邪，邪共生奸，奸共生猾，猾共生害而不止则乱败，败而不止不可复理。因穷还反其本，故名为承负。”认为社会发展和财富增长会使人产生欲望，有欲望就产生邪恶，有邪恶就导致乱败，乱败发展到极点又回复到本原。在这里，天地人构成一个整体，被纳入同一个循环圈，无论是人的命运，还是国家的前途，都被先天的置于这一循环之中。在这里，“天道”是善恶报应的主宰力量，它赏善罚恶，使承负得以实现。“天者，乃道之真，道之纲，道之信，道之所因缘而行也。地者，乃德之长，德之纪，德之所因缘而止也”。（卷九十六）

那么如何解脱承负呢？这就需要人们首先应当奉天心，合地意，顺天道。天道可顺不可违，“顺之则吉昌，逆之则危亡”。（卷五十）“古者大贤人本皆知自养之道，故得治意，少承负之失也。其后世学人之师，皆多绝匿其真要道之文，以浮华传学，违失天道之要意”，“故生承负之灾”。（卷三十六）“或有得真道，因能得度世去，是人乃无承负之过”。（卷九十二）顺天守道的重要途径有二：一是养气守一。《太平经》认为，最高等级的神仙是“无形委气之神人”，（卷四十二）其所以为最高等级就在于能“理元气”，所以若能“得气”则可消除承负之责，“气得……承负万世先王之灾悉消去”。（卷四十二）又说：“欲解承负之责，莫如守一。守一久，天将怜之，一者，天之纪纲，万物之本也。思其本，流及其末”。（卷三十七）“守一”，也就是守神，即“理元气”也。“守一”可度世，乃至长生久视，《太平经圣君秘旨》云：“外则行仁施惠为功，不望其报，忠孝亦同”，“内常专神，爱之如赤子，百祸如何敢干”，这就解脱了承负。当时盛行的食气辟谷、胎息养形、守静存神、存思至神等仙道方术，都是养气守一的具体方法。二是读《太平经》书，行太平之道。“承负之责最剧，故使人死，善恶不复分别也。大咎在此。故吾书应天教，今欲一断绝承负责也”。（卷九十二）不仅要读《太平经》，还要传播其教义，使天下人知之；更要身体力行，令天下人行之：“得行此道者，承负天地之谪悉去”。（卷三十九）

其次是积德行善。承负说作为“天道”在起作用的是善恶报应观，体现了“天人一体”的神学思想。“乐生”“好善”乃是天地赋予人的本性。因此，只有“乐生”“好善”，才能符合天心和人意，解脱承负之厄。一方面，为后世子孙着想也应行善积德，“为人先生祖父母不容易也，当为后生者计，可毋使子孙有承负之厄”。（卷四十）另一方面，作为自身，如果能行超乎寻常的大功德，可以断绝来自先人积恶的厄运。“能行大功万万倍之，先人虽有余殃，不能及此人也”。（卷十八）《太平经》称免除承负之厄的人为“种民”，当灾害横行之时，“天地混齑，人物糜溃。唯积善者免之，长为种民”，“种民，圣贤长生之类也”。（卷一）行善积德可以使人远离祸患，延年长寿，甚至永为种民，得仙不死。[①] 综上所述，《太平经》的“承负说”发展和完善了传统的报应观念，形成了道教独具特色的宗教思想。这一思想后来被道教很好的吸纳，并加以诠释和发挥，而积善修德也成为道教修道的一个最基本的原则，是修道成仙的基础。

《太平经》里独具特色的财富观和“承负”说等慈善思想，对中国古代民众心理和慈善事业的发展产生了深远的影响。今天，这一思想对于我们建立和谐社会，发展慈善事业，建设慈善文化仍然具有重大的历史借鉴意义。

（本文作者：西安理工大学思政部副教授）

① 孔令梅：《道教承负说浅析》，《安徽电气工程技术学院学报》2006 年第 4 期。

《老子》哲学思想研究

纠正对老子的“不争”与“柔弱胜刚强”的误读

白　奚

在中国古代的哲人中，老子自古以来就是争议最多的人物，人们对老子思想的误解也是最多的。在老子的思想中，“不争”和“柔弱胜刚强”这两个命题引发的批评又是最突出、最激烈的，而人们对这两个命题的批评，又同对这两个命题的误解有很大的关系。

先看“不争”。

过去常见有人批评老子的“不争”是“不敢斗争”“害怕斗争”“消灭人的斗志”等等，在那个崇尚斗争哲学的时代，老子的“不争”显然十分不符合人们的思想取向，被全盘否定可谓在所难免。再往前追溯一个时期，鲁迅先生在分析国人的劣根性时，一句“哀其不幸，怒其不争”，深深地刺痛了国人的内心，究其思想根源，很多人自然而然地把账算在了老子头上，认为老子倡导的“不争”培植了国民的这一劣根性。可以说，这种看法时至今日仍然有很大的影响。

对于老子的“不争”，还有另外一种更深的、更不容易认识到的误解，那就是把老子的“不争”说成是“以不争为争”。本文所要讨论的，正是这一误解。之所以说这是一种误解，乃是因为：如果老子是“以不争为争”，那么“不争”就成了迂回的争、巧妙的争、深藏不露的争，如此一来，“不争”就只是虚假的、表面的“不争”，其实质就变成了一种与人相争的特殊方式。这种看法由来已久，朱熹就曾说过：“老子心最毒，其所以不与人争者，乃所以深争之也。”[①] 按照这种理解，老子的“不争”乃是不与人争于表面而争于深层，不与人争于一时而争于久远，他原来是要笑到最后，难怪有人说老子是阴谋家。这是后人按照己意理解老子思想的结果，无意间已经对老子思想进行了引申、转化及发挥，从而偏离了老子思想的本义。事实上，老子从来都没有把“不争”当做取胜的手段，他从来没有说过“以不争为争”，也没有表达过类似的意思。

在《老子》的文本中，“不争”共出现了八次。其中，第三章的“不尚贤，使民不争”，第八章的“上善若水，水善利万物而不争”和“夫惟不争，故无尤”，第六十八章的“是谓不争之德”，第八十一章的“圣人之道，为而不争”，此五个用例都是正面推崇“不争”的价值，视之为美德，意义比较明确，无需多加论说。需要加以分析讨论的是另外三个用例。其中第二十二章曰：“夫唯不争，故天下莫能与之争”，第六十六章曰：“以其不争，故天下莫能与之争”，此两句的文字没有实质性的差异，其涵义可以合并考虑。现在我们来讨论此句的诠释理解问题。为方便讨论老子此句的本义及其与上下文义的逻辑关系，兹将原文列出：

> 曲则全，枉则直，洼则盈，敝则新，少则多，多则惑。是以圣人抱一为天下式。不自见，故明；不自是，故彰；不自伐，故有功；不自矜，故长。夫唯不争，故天下莫能与之争。古之所谓“曲则全”者，岂虚言哉！诚全而归之。[②]

① 《朱子语类》卷一百三十七。

② 《老子》二十二章。

江海之所以能为百谷王者，以其善下之，故能为百谷王。是以圣人欲上民，必以言下之；欲先民，必以身后之。是以圣人处上而民不重，处前而民不害。是以天下乐推而不厌。以其不争，故天下莫能与之争。[①]

首先要提出来讨论的是任继愈先生的解释。任继愈的《老子新译》[②] 译此句为“正因为不与人争，所以天下没有谁能争得赢他”，按照这样的解释，“不争”乃是“争”的手段，老子果真就是“以不争为争”了。任继愈此说提出于1978 年，那时人们还未完全摆脱崇尚斗争哲学的思想影响，革命大批判的色彩十分浓重，这在该书各章前的内容提要中显示得很清楚。第二十二章的内容提要中说：“老子从利己主义的立场来对待辩证法，用‘谦虚’来换取领导权，用不争的办法来取得别人无法争到的结果。这也是他以退为进的一贯原则。”第六十六章的内容提要中说老子“用‘不争’作为手段，以取得他要争取达到的目的。”这样的解释无疑带有很深的成见和偏见，显然不是老子“不争”的本义。

老子“不争”的本义究竟是什么呢？如果单独看“夫唯不争，故天下莫能与之争”一句，我们首先可以作一种简单的理解，那就是常言所谓“一个巴掌拍不响”的道理，只要我“不争”，别人就和我争不起来。从古今影响比较大的研究著作来看，这样的解释可以说是占据了主流的地位。例如《老子河上公章句》第二十二章：“此言天下贤与不肖，无能与不争者争也。”“因为他不跟人争，所以天下没有人能和他争”[③]，“正因为不与人争，所以天下没有人能够与他相争。”[④] 这样的解释虽然简单明了，同老子的一贯

① 《老子》六十六章。

② 任继愈著《老子新译》，上海古籍出版社，1985 年修订本第 2 版。

③ 陈鼓应著《老子注译及评介》，中华书局，1984，第 155 页。

④ 傅佩荣著《傅佩荣细说老子》，国际文化出版公司，2007，第 91 页。

主张也不相悖，但似乎还没有把老子思想的深义展现出来。

于是，就有些学者联系《老子》此句的上下文，试图进行更复杂、涵义更丰富的解释。例如牟钟鉴先生解读第二十二章时说："按照老子的思想，真正高水平的争，恰恰就是不争。首先，只为他人，只为社会，不争私利，不争名声，这实际上就是在争道德，争事业，争真善美，这样的人是得道者，为凡夫俗子不可企及，这难道不是大争吗？其次，一个人不表现自己，所以头脑清醒；不自以为是，故容易为众人接纳；不夸耀自己，所以得到众人赞赏；不傲慢无礼，所以得到众人拥戴；他有威信，有德行，有业绩，荣誉和地位自然归向于他，这难道不是以不争而达到大争吗？"牟先生总结说："这样做既是不争，又是大争。"[①] 在第六十六章的解说中，牟先生说得更明快："老子提出的不争之德，最终要达到的'天下莫能与之争'的目的，所以其不争乃是大争。"[②] 牟先生把老子的不争归结为"大争"和"高水平的争"，是"以不争达到大争"，在这样的理解下，不争就成了实现大争、争天下的手段，这实际上是回到了朱熹所说的"深争"。再如刘笑敢先生在其《老子古今》第六十六章的"析评引论"中说："本章贯穿了一个由反而顺或以反求正的原则，也可以说就是'不争而胜'的原则。"[③] 他认为："圣人能在民前、民上的特殊地位或'成功'、'成就'，是百姓拥戴而自然地获得的，并不是为了自己的利益而奋斗得来的"，圣人的地位、成就不是争来的，而是"众望所归、百川归一的结果"。这样的理解无疑是正确的，但他又说："'以其不争也，故天下莫能与之争'就是'不争之争'，'不争而胜'。"于是，老子的不争被解释为"以反求正"的策略，最终还是被归

① 牟钟鉴著《老子新说》，金城出版社，2009，第73～74页。

② 牟钟鉴著《老子新说》，金城出版社，2009，第213页。

③ 刘笑敢著《老子古今：五种对勘与析评引论》上卷，中国社会科学出版社，2006，第645～647页。

结为一种特殊的争。

笔者认为，牟先生所说的“众人拥戴”也好，刘先生所说的“众望所归”也好，说的都是最终结果，但问题的关键并不在于此种结果本身，而在于圣人之不争有没有预设的动机，也就是说，圣人在采取不争的行为时，有没有考虑到“众人拥戴”这一结果或效果。如果没有预设的动机，就是真正的不争；如果有预设的动机，那就是“以不争为争”。从《老子》此两章的上下文中，是看不出圣人之不争有任何动机的，他只是顺其自然地做事而已。

接下来还要讨论一下第七十三章的“天之道，不争而善胜”的诠释理解问题。注家皆释此“胜”字为得胜、取胜，这种字面上的理解本无不可，需要注意的是如何避免受到“以不争为争”的理解的影响。所谓得胜、取胜，须有一个对手，而“天”却不存在对手，包括人在内的万物都只是“天”的组成部分，而不是其竞争的对手。老子这里讲述的“天之道”，其实是一种拟人化的表达手法，是借用“圣人”的“不争”来表达他对天道的理解，在老子看来，圣人的不争是对天道之不争的模拟。《老子》此章曰：“天之道，不争而善胜，不言而善应，不召而自来，绰然而善谋”，“善应”“善谋”同“善胜”一样，都是对无意志的自然之天的拟人化描述，并不是说天道的运行包含有预设的目的或动机。天虽不争，却把一切事情都做得最好；天虽不言，却对发生的一切都有最好的回应；天虽宽缓坦荡，却对万物做出了最好的安排筹划；故曰“善胜”“善应”“善谋”。“不言而善应”一句，很容易使我们想到《论语·阳货》中孔子说过的话：“天何言哉？四时行焉，百物生焉；天何言哉！”天虽“不言”，“四时行焉，百物生焉”就是天之“善应”了。因而，我们在解释“不争而善胜”一句时，应排除“以不争为争”的先入之见，避免把天之道理解为通过“不争”而实现“善胜”的结果。同时，不要把天之“善胜”“善应”“善谋”理解为天果真是善于如何如何，老子这里不过是使用了拟人化的表达而已，须知老子之“天”是自然之天，并不含有任何神秘的、宗教的、人格的意义。

总之，在老子那里，不争不是获胜的手段，不争本身就是老子要实现的目的，不含有任何目的性和主观动机。老子崇尚“不争之德”，把不争视为一种美德。老子主张“圣人之道，为而不争”，遇到冲突时主动退让，不争先、不争强，所谓“人皆取先，己独取后”“未尝先人而常随人”“不敢为天下先”，都是这个意思。老子说“上善若水”，主张人应该学习水的品质，像水那样“善利万物而不争”，而不是把不争作为获胜、获利的策略和手段。老子为什么主张“不争”呢？因为消减物欲、顺其自然、不勉强从事、不与人争，这样做不仅可以缓解自身承受的生存压力，更重要的是可以避免与他人发生冲突，有利于化解社会矛盾，使人际关系变得宽松和谐。至于“以不争为争”，则是后人对老子之“不争”的引申发挥和实际应用，我们不应把此种后起之义说成是老子思想中本有之义。老子提倡不争，是对社会弊病的反思，把老子的“不争”说成是“以不争为争”，反而降低了老子思想的深度和价值。相对于本文开头提到的两种误解，看起来似乎是给老子恢复了名誉，其实却是把另一顶帽子安在了老子的头上。

世人所争，无非名利二字，老子最早对这种世俗的行为进行了反思：“名与身孰亲？身与货孰多？得与亡孰病？”[①] 如果说生死问题是人生的两端，是无法选择的，需要人们进行终极性的思考，那么，如何对待名利就是人生的全部中间过程中所要面对的基本问题，需要人们时时加以选择和对待。在对待生活的态度上，老子主张要顺其自然、从容豁达，使自己生活得更轻松、更洒脱、更真实，而不要勉强从事，不要把名利看得过重，不要成为金钱和名利的奴隶。他提醒人们不要被名利牵着鼻子走，不要被身外

① 《老子》四十四章。

之物所役使。老子甚至说：“吾所以有大患者，为吾有身，及吾无身，吾有何患?”① 老子这里的“身”，不同于佛教所说的“肉体”，“有身”乃是指的世俗之人追逐名利的观念误区。“无身”亦即“后其身”“外其身”，如能做到“无身”，淡泊名利，无疑是排解烦恼和避免祸患的最彻底的方法。

现代社会在为人们提供了成功机会的同时，无疑也大大地刺激了人们名利之心的膨胀。我们每天都可以看到为了名利而奋不顾身的事例和由此演出的人间悲喜剧，却很少有人冷静地想过这种行为有没有必要和值不值得，也很少有人想过是否所有人都必须如此这般地生活。以老子的生活态度观之，现代人所承受的社会压力，有很多都是自寻烦恼、自作自受，人们本可以换一种轻松的活法。如果不把名利和权势地位看得过重，学会像老子那样不争、知足知止、知进知退，从容豁达地对待人生，这何尝不是现代人的一种较为明智的生活选择呢?现代社会崇尚刚健进取，鼓励人们的竞争意识，这是社会前进的动力，本无可厚非，但也并非是越刚强、越有竞争性越好，并非在任何时候、任何情况下都必须如此。一味的刚强容易使人生缺乏必要的韧性，单纯的竞争不但易使人际关系趋于紧张，诱发各种社会矛盾，而且也使社会成员长期处于巨大的压力之下，这是现代人常常感到心力交瘁的主要原因。因此，现代人也时常会产生缓解所承受的压力的渴望，对此，老子关于“不争”的价值观念和生活智慧，就不失为现代人的一种有效的人生指导。在千军万马争过独木桥的情势下，采取顺其自然的超脱态度，“不争”“后其身”“外其身”，主动地后退一步，庶几可获得天宽地广、如释重负的感觉。这种淡泊自然的生活艺术，在任何时代都不会失去其新鲜感，尤为竞争激烈的现代社会所需要。

① 《老子》十三章。

再看“柔弱胜刚强”。

过去常见有人把老子的“柔弱”说成是懦弱、胆怯、胆小鬼，这与说老子不敢斗争、害怕斗争同出于那个崇尚斗争哲学的年代。如今很少有人再如此看待老子的“柔弱”了，但是却又出现了另一个更深的、不易认识到的误解，那就是把这个“胜”字理解为“战胜”或克敌制胜的“克”，把“柔弱胜刚强”等同于“以柔克刚”。如此一来，老子的“柔弱”就成了战胜刚强的手段，老子崇尚柔弱就是以“克刚”为目的了。这样的解释同把不争说成是“以不争为争”一样，需要认真加以辨析。

《老子》中的“胜”字有两种用法，一种是用于有关战争或竞争的描述，如“战胜以丧礼处之”“善胜敌者不与”“胜人者有力，自胜者强”“抗兵相加哀者胜”“天之道不争而善胜”（此为拟人化的表述方式，上文已辨明）等，意为“战胜”“获胜”；另一种是用于对反双方的两相比较，如“躁胜寒，静胜热”“牝常以静胜牡”“弱之胜强，柔之胜刚”等，意为“胜过”“优于”。“柔弱胜刚强”显然属于后一种用法的典型例句，是比较“柔弱”与“刚强”何者更优越、更优胜，带有明显的取舍之意向。“柔弱胜刚强”是申明柔弱优于刚强的道理，以“战胜”“制服”“克服”之义释此“胜”字，大概是受了后来才出现的“以柔克刚”一类的用法的影响。

柔弱是老子十分推崇的品质，《老子》书中凡提到柔和弱，皆强调其正面的价值，凡提到刚强、坚强，皆为其所不取。在老子看来，任何事物的存在与发展都不可避免地要经历一个从柔弱到刚强的过程，“人之生也柔弱，其死也坚强；草木之生也柔脆，其死也枯槁。”因而柔弱标志着新生、生命力和发展的前途，而刚强则是衰退、走下坡路、败亡的征兆，所以说“物壮则老”，“兵强则灭，木强则折”，“坚强者死之徒，柔弱者生之徒”。正是由于观察到柔弱的优势，老子才概括出“柔弱胜刚强”的名言，强调柔弱的价值，认为柔弱优于刚强，希望人们“守柔”即保持柔弱，推迟乃至避免走向刚强，使自己尽可能“长生久视”。这样的见解毫无疑问是十分睿智的，使人顿开茅塞、如梦初醒，对于整日里忙着争来争去的世俗之人，是一种价值观上的颠覆。更重要的是，老子推崇柔弱的价值，和“不争”一样，亦具有缓解个人生存压力和有利于人们和谐相处的意义和社会功用。至于“以柔克刚”，则是后人对“柔弱胜刚强”的发挥和应用，用作一种克敌制胜的策略和方法或曰谋略。不过这样的理解虽然扩大了老子思想的影响，使老子的思想更加深入人心，但并没有提升老子思想的层次和思想深度，我们不应把此种后起之义看成老子思想中的本有之义。同前面所说的把柔弱说成是懦弱、胆小鬼相比，这样的理解似乎不再是对老子的批评，但实际上却是把另一顶帽子加在了老子头上。正是由于这样的误解，现在很多人在研究“谋略”时都十分重视老子，把老子说成是“谋略大师”。虽然说“以柔克刚”在生活中往往屡试不爽，成为人们经常运用的策略和方法，但这显然不是老子的本意，只能证明道家思想具有普遍的价值、极高的智慧和广大的发挥空间。

总之，我们虽然乐于看到道家智慧被古往今来的人们广泛应用并不断进行创造性的转化、发挥和应用，但是，从专业研究的角度和标准来看，老子思想中并不直接存在这些所谓的“谋略”，老子的思想只是一种“哲学智慧”。作为普遍的价值观和方法论的哲学，虽然可以对各种社会实践提供思想指导，人们可以根据自己的需要对这些哲学智慧加以灵活的、创造性的发挥和应用，但是我们必须承认，哲学思想本身同对哲学思想的发挥运用毕竟不是一回事。我们只能说，对某种哲学思想的发挥运用是基于此种哲学思想的内在理路之上的一种引申，是符合此种哲学思想的，但却不是此种哲学思想本身。也就是说，一种哲学思想的“本义”和它的“引申义”是不应该混为一谈的，对于专业的学术研究来说，此两者之间的界限是必须清晰的。区分老子思想的本义和后起的引申义、应用义，理清两者之间的逻辑关系和演变线索，不但并不妨碍对老子思想的现代应用，反而有助于老子思想的传承和创新。

（本文作者：首都师范大学哲学系教授）

本末之辨：王弼诠释《老子》的方法

朱汉民

王弼通过“本末”范畴来诠释《老子》，从而建立了一种玄学本体论，因为玄学的“本末”范畴体现出一种本体思维方法。

那么，“本末”思维方法是如何建立起来的呢？

“本”与“末”是中国古代产生很早的一对概念，原意是树木的根本与枝叶，即《说文》云“木下曰本”，后用以比喻事物的轻重程度、主从关系。从先秦到汉魏的文献中，存在大量本末对举的概念，如：

> 物有本末，事有终始。[①]
>
> 善为政者，循性情之宜，顺阴阳之序，通本末之理，合天人之际。[②]
>
> 夫能固位者，必度于本末而后立衷焉。[③]

这里所言的“本末”，均是从事物的重要程度、主从关系方面来讲

① 《礼记正义·大学》卷六十，《十三经注疏》下册，中华书局，1980，第1673页。

② 韩婴著《韩诗外传》卷七，载文渊阁《四库全书》第89册，第834页。

③ 《庄公·传六年》，《春秋左传正义》卷八，《十三经注疏》下册，中华书局，1980，第1764页。

的，即主导者、重要者为“本”，依从者、次要者为“末”。即使是《韩诗外传》的“通本末之理”，也是从轻重、主从的意义上讲的。

魏晋时期，“本末”对举的说法十分流行，其涵义一方面继承先秦、两汉以来以重要程度、主导关系论本末，如王弼注《老子》二十六章“以重为本”的说法。但是另一方面，王弼开始真正从本体论意义上运用“本末”，他在注释《老子》时坚持以道为本、以万物为末，道生万物，道又是存在于万物之中的主宰者，这样本末关系就成为宇宙之中本体与现象的关系。

本来，玄学的本体诠释方法是与言意之辨的方法紧密联系的。玄学家大多主张言不尽意，因为他们认为此“意”是本体之“无”，故而是语言无法表达的。他们认为“无”是一切“有”的本体，“无”是“本”，“有”是“末”，从而确立了“以无为本”，“崇本息末”的本体思维方法。玄学家用“本末”范畴，表达了他们的本体论思想，赋予了“本末”范畴以形而上的本体论意义。他们所采用的“本末”诠释《老子》的方法，这个“本”具有无形、无象、无言的宇宙本体论意义，王弼以“本末”的诠释方法去理解、诠释《老子》时说：“《老子》之书，其几乎可一言而蔽之。噫！崇本息末而已矣。观其所由，寻其所归，言不远宗，事不失主。”[①] 王弼以这种“崇本息末”的方法，确立了以“道”为宇宙本体的哲学体系，他将“道”视为本，称“夫物之所以生，功之所以成，必生乎无形，由乎无名。无形无名者，万物之宗也。”[②] 这样，王弼所言的“本”就具有了形而上的本体意义，他用“本末”的方法去诠释《老子》，就成了一种本体诠释方法。同时，王弼也用这种本末方法去诠释儒家经典，他在注《论语》中孔子“予欲无言”时说：

① 《老子指略》，《王弼集校释》下册，中华书局，1999，第198页。

② 《老子指略》，《王弼集校释》下册，中华书局，1999，第195页。

> 予欲无言，盖欲明本，举本统末，而示物于极者也。夫立言垂教，将以通性，而弊至于湮。寄旨传辞，将以正邪，而势至于繁。既求道中，不可胜御，是以修本废言，则天而行化。以淳而观，则天地之心见于不言。寒暑代序，则不言之令行乎四时，天岂谆谆者乎?①

王弼认为那个作为本体存在的“无”是无法用语言来表达的，圣人“无言”，恰恰体现出“明本”“举本统末”的本体论思维方法，这样，与“本末”对举的“本”就具有了形而上的本体意义。从经典诠释的角度看，王弼对《论语》中孔子“予欲无言”的诠释，通过“修本废言”“则天而行化”“天地之心见于不言”而表达出本体意义与形上追求。由此可见，到了魏晋时期，“本末”之辨成为玄学家诠释儒道经典的本体诠释方法。

当然，玄学以前也已有“体用”对举之说，但不流行，更无哲学本体论含义，玄学家在诠释儒道经典时，也运用了“体用”范畴。而学界许多人肯定玄学的言意之辨与体用之辨的联系，故而与本体论哲学相关，如汤用彤先生曾讲到：“王弼为玄学之始，深于体用之辨，故上采言不尽意之义，加以变通，而主得意忘言。”② 但汤先生的说法受到人们的怀疑，人们在经过进一步深究以后，发现王弼在注释《老子》《周易》时所采用的“体”与“用”的概念，与他曾反复使用的“本末”概念并不一样，故而认为“用”与“体”的组合在王弼哲学术语中不是一对表达本体与现象关系的范畴。③ 我们发现，在王弼的《老子注》中，是以有为体，以无为用，与他以无为本的本体论思想完全不同。另外，在

① 《阳货第十七》，载《儒藏》精华编，皇侃《论语义疏》卷九，北京大学出版社，2006，第527页。

② 汤用彤著《魏晋玄学论稿》，上海古籍出版社，2005，第21页。

③ 王晓毅著《王弼评传》，南京大学出版社，1996，第235页。

他的《周易注》中也运用了体用并举的概念，其所说“体”指卦爻之义，“用”指卦义、爻义的作用。可见，王弼的体用观仅仅运用在《周易》的卦体、爻体，而没有像“本末”那样成为一个贯通于儒道经典并且具有普遍性哲学方法的意义。由此可见，王弼在诠释儒道经典时虽然也使用了体用范畴，但他在运用“体用”之辨时，并不具有以后的宋儒那种哲学观念。

所以说，玄学的本体论思维方式源于“本末之辨”。王弼主要是用本末之辨的经典诠释方法而建构起本体论的。在玄学家王弼那里，“本末之辨”一方面体现出宇宙生成的意义，“本”与“末”的关系是“母”与“子”、“道”与“万物”的生成关系；另一方面，“本”与“末”的关系体现出本体论的意义，又是一种“无”与“有”“一”与“万”的关系。前者体现出玄学对先秦、两汉宇宙论哲学的继承，是一种生成论的思维方法；后者体现出玄学的宇宙本体论学术创新与思想发展，是一种本体论的思维方法。

玄学本末之辨的方法是如何做到这一点的呢？玄学家王弼借助于本末之辨，从人们习以为常的物象世界、伦常世界中看到了另外一个形而上的本体世界，他们把这个物象、伦常世界看做是“末”，而背后存在一个主宰这个物象世界的“本”。他用很多范畴来描述这两者之间的差别，诸如：无与有、理与物、一与多、母与子、自然与名教等等。也就是说，那个作为本体世界而存在的“本”，它也是无、是理、是一、是母、是自然；而作为现象世界而存在的“末”，它就是与之相对应的有、物、多、子、名教。玄学家坚信，我们生活的这个器物世界、伦常世界完全是由那个本体世界所主宰的，王弼说：

> 夫物之所以生，功之所以成，必生乎无形，由乎无名。无形无名者，万物之宗也。①

① 王葆玹著《正始玄学》，齐鲁书社，1987，第277页。

> 物无妄然，必由其理。统之有宗，会之有元，故繁而不乱，众而不惑。[①]

他肯定，在事物、形名、功业的背后，存在一个“物之所以生”“功之所以成”的本体，也就是“无形”“无名”的“无”“理”“一”。这个物象世界之所以“繁而不乱”“众而不惑”，是因为受这个“理”“一”主宰、统帅着。

西方哲学的本体论也认为现象世界之后有一个本体世界，但是，西方哲学家总是强调这两个世界是分离的：本体是永恒的、真实的，而现象是短暂的、虚假的。但玄学家王弼所确立的本体论则是一个由本与末、无与有、理与物、一与多的范畴组合而成的不可分离的统一世界，他不仅确立了“本”“无”“理”“一”的本体地位，但更强调这一本体与“末”“有”“物”“众”的不可分离。故而，他们总是以本与末、无与有、理与物、一与多的对应关系来描述世界的现象与本体，把玄学的本体论建立在本体与现象的双向诠释、相互表现的基础上，从而使这一古典哲学本体论体现出自己民族文化的鲜明特色。玄学的本体论需要从本与末、无与有、一与多的对应关系中来理解和论述，虽然玄学家王弼强调要从物、有、末的物象中领悟理、无、本的本体存在，但是，他又进一步强调二者在实体上是相互表现的同源关系，在概念上是相互诠释的对应关系。

一方面，玄学强调本体必然主宰、决定着现象，主张以本主末。尽管玄学家王弼总是在本与末、无与有、一与多、理与物的相互关系上来阐述其本体论，但是在本末之辨中，“本”是首要的、主导的。他强调，“本”虽然是无形无名的，但总是主宰有名有形的“末”。王弼曾以《周易》“大衍之数”的“一”和“四十

① 《周易略例》，《王弼集校释》下册，中华书局，1999，第591页。

有九”的关系，来阐发这一原理：

夫无不可以无明，必因于有，故常于有物之极，而必明其所由之宗也。[①]

所以，王弼在《周易注》中，总是反复申明那无形的卦义如何决定着有形的卦象。他认为，卦义是主导者，是本，总是主宰着那代表有形世界的卦象，他在注释《乾卦》与《坤卦》时说：

天也者，形之名也；健也者，用形者也。[②]
地也者，形之名也；坤也者，用地者也。[③]

天、地是乾、坤二卦的卦象，是有形者，而健、坤均是指卦德、卦义，是作为形而上之主宰的“用形者”，“用形者”总是在“形者”中体现自己的存在与作用。总之，作为“用形者”是无形无象的主宰者，故而必然决定、主宰着有形有象的物象。

另一方面，王弼又强调一切物象均表达、呈现那个形而上的本体，主张由末而及本。人们总以自己的耳目感观去接触那个有形有象的器物世界，但如果一味执著于这个器物世界，这是对“末”的困惑，对“物”的迷失。玄学家强调崇本息末的观点，就是希望人们从“末”中找到“本”，从“物”中领悟“理”，在“有”中把握“无”。王弼在《老子注》中反复强调这种由末而及本的本体论观点：

万物万形，其归一也。何由致一？由于无也。由无乃一，

① 《周易注·附》，《王弼集校释》下册，中华书局，1999，第548页。
② 《周易注·上经·乾》，《王弼集校释》上册，中华书局，1999，第213页。
③ 《周易注·上经·坤》，《王弼集校释》上册，中华书局，1999，第226页。

一可谓无？……故万物之生，吾知其主，虽有万形，冲气一焉。[①]

物有其宗，事有其主。如此，则可冕旒充目而不惧于欺，黈纩塞耳而无戚于慢。[②]

他认为万物万形虽然纷呈于我们的感官，但人们不要被这些外在表象所迷惑，而要在万物万形中把握那个恒常的本体，即主宰形器世界的“本”“无”“道”“一”。王弼特别批评人们总是为万物万形的现象世界所迷惑，不知本末，不懂有无，故而采取一种“舍其母而用其子，弃其本而适其末”[③] 的错误态度。他认为，人们应该在万物万形世界中抓住那作为根本与主宰的“本”“母”“无”“一”，才有可能成为“无为而无不为”的圣人。所以，王弼反复强调，“得本以知末，不舍本以逐末也”[④] “用夫无名，故名以笃焉；用夫无形，故形以成焉。守母以存其子，崇本以举其末，则形名俱有而邪不生，大美配天而华不作。”[⑤] 他认为，只要抓住了那个主宰天地万物的根本，就可以“得本以知其末”“崇本以举其末”。

由此可见，在王弼的本末之辨中，本与末是一种双向规定、相互表现的范畴。“本”是产生、主宰“末”的，但“本”又不得不依赖于“末”来表达自己；“末”是呈现“本”的，但“末”又得受“本”的制约。总之，玄学在“本”与“末”的双向诠释中建构其本体论。

（本文作者：湖南大学岳麓书院教授）

① 《老子道德经注》，《王弼集校释》上册，中华书局，1999，第117页。
② 《老子道德经注》，《王弼集校释》上册，中华书局，1999，第129－130页。
③ 《老子道德经注》，《王弼集校释》上册，中华书局，1999，第95页。
④ 《老子道德经注》，《王弼集校释》上册，中华书局，1999，第139页。
⑤ 《老子道德经注》，《王弼集校释》上册，中华书局，1999，第95页。

玄　德　论

——关于老子政治哲学和伦理学的解读与阐释

郑　开

“玄德”既是老子哲学的重要概念，亦是诸子时期“哲学突破”的重要标尺。一方面，《老子》中的“玄德”涉及政治和伦理两方面的内容，是老子政治哲学和伦理学的基础概念；另一方面，从思想史发展的角度看，“玄德”概念及其理论的提出和发展，深刻改变了也丰富了古代思想世界。遗憾的是，人们长期以来对“玄德”问题未曾予以应有的关注，但我认为它的确值得深入探讨。

一

“玄德”是老子提出的哲学概念，它的出现，从思想史语境的来龙去脉上看，很耐人寻味。事实上，儒家绝口不言“玄德”，而道家亦几乎只字不提“明德”。这一有趣的现象背后隐藏了怎样的思想动机呢？我们知道，《尚书·舜典》中有“玄德升闻”的说法，但是今本《舜典》并不在伏生所传的《尚书》二十九篇之内，而“是东晋梅赜根据王肃注《尧典》从‘慎徽五典’以下，分为《舜典》，以补他所献的《孔传·舜典》。齐姚方兴又在篇首加‘曰若稽古帝舜，曰重华协于帝。浚哲文明，温恭允塞，玄德升闻，乃命以位’二十八字。”[①] 可见“玄德”语词出现于《舜典》尤其可疑。似乎是针锋相对，道家著作里亦鲜见“明德”语词，马王堆出土的《黄老帛书》同时提到了“玄德”与“明德”，其曰：“天下太平，正以明德，参之于天地，而兼覆载而无私也，故王天下。”又曰：“王天下者有玄德，有玄德独知王术，故而天下莫知其所以。”[②] 其实这只不过体现了黄老学“相容并蓄”的思想特征而已。儒家推重“明德”而道家崇尚“玄德”这种现象仅仅是出乎偶然，还是隐藏了更深的儒道两家思想上的差异或分歧？

看来，我们需要分析一下“玄德”所由以出现的思想史背景。拙著《德礼之间——前诸子时期的思想史》曾阐明了“德”乃前诸子时期思想史的主题，同时也是诸子哲学所由以突破与开展的背景和基础。[③] 换言之，诸子时期哲学语境中讨论的“德”，都脱胎于前诸子时期思想史的酝酿；而他们对“德”的阐发，也形成了各自的不同旨趣或路向，其中最为明显的就是“明德”（儒家）和“玄德”（道家）了。它们都是视觉语词，却好似一对冤家：一个表示明照，一个表示幽隐，有点儿针尖对麦芒的意味。饶有趣味的是，儒家和道家不但在仁义与道德关系上持论相反，分歧特甚；而且对传统思想遗产中的“德”，亦予以不同取向的创造性运用与开展，具体地说就是：儒家推崇“明德”而道家倡导“玄德”。换言之，老子对“玄德”理论的创造性阐发，一方面形成了道家关于德的理论的最重要内容，另一方面又是其政治哲学和伦理学中最具有特色的部分，同时也是道家区别于儒家的地方。显然，“玄德”和“明德”正相反对。我们应该由此出发进行更深入

① 蒋善国著《尚书综述》，上海古籍出版社，1988，第29～30页。

② 见《经法·六分》。

③ 郑开著《德礼之间·前诸子时期的思想史》，三联书店，2009。

的确切分析。既然“玄德”可能是针对“明德”而提出的，而众所周知“明德”传统是西周以来思想史的最重要主题，也是西周以来意识形态和思想话语的核心，屡见于彝铭、《诗》《书》等早期思想史料，那么，“玄德”的提出是否意味着老子试图反思批判西周以来的思想文化传统（这正是儒家所汲汲以求、倾心护持的东西）呢？倘若如此，那么我们可以通过针对“明德”思想文化传统的反思与批判，进而阐释老子的所谓“玄德”。

因为西周以来的思想世界中的、后来为儒家信奉的“明德”，主要涉及了政治、伦理思想诸方面的内容，我们也不妨从政治哲学和伦理学这两个向度解读和诠释老子的玄德理论。实际上，政治哲学和伦理学正是老子玄德思想的两个重要方面。

从老子哲学的内容和结构上分析，“玄德”概念及其理论亦特别重要。我们知道，司马迁评述老子思想时，曾以“道德之意”概括其主要内容，其曰：“老子修道德，其学以自隐无名为务。”又说：“老子乃著书上下篇，言道德之意五千余言。”[①] 这里反复提到的“道德”“道德之意”，可谓老子思想之枢要；所谓“著书上下篇”指的是《老子》一书中包括的《德》《道》两篇。今传世《老子》古卷，例如通行的王弼本以及马王堆帛书本、北大汉简本《老子》，皆具上、下两卷，即《道经》和《德经》两部分，符合《史记》的记载。根据《老子》早期版本中就已有《德篇》《道篇》或者《德经》《道经》的划分，可以明确，“道”“德”乃老子哲学的关键词，“道德之意”亦是老子哲学的根本特征。进一步的分析表明，老子主要是通过“无”（无形、无名）阐发“道”，“道”的突破基于“无”的发现；同时又通过“玄德”深化了对“德”的理解，或者说，老子所谓“玄德”实际上就是对以前“德”的理论予以了创造

① 《史记·老子韩非列传》。

性的阐释和转化。[1] 就是说，老子关于德的理论，主要而且核心的内容即是“玄德”。《老子》亦称《道德经》，因为它包括《道篇》（一至三十七章）和《德篇》（三十八至八十一章），《德篇》的篇幅远超《道篇》。更重要的是，“玄德”思想贯穿于《老子》全书，舍此我们将不能理解老子哲学思想的真谛。

“玄德”既然如此重要，我们再也没有什么理由忽视它了。

二

《老子》所说的“玄”是指幽昧、深远，[2] 可以引申为难以捉摸把握或者与常识观念（例如“明德”）相反的意思，那么老子拈出“玄德”这样一个哲学概念旨在表明它是一种比“明德”更深远、更深邃、更基本且更有意味的“德”。老子曾多次阐述了“玄德”概念：

> 生之，畜之，生而不有，为而不恃，长而不宰，是谓玄德。[3]
>
> 道生之，德畜之。长之育之，亭之毒之，养之覆之。生而不有，为而不恃，长而不宰。是谓玄德。[4]
>
> 古之善为道者，非以明民，将以愚之。民之难治，以其智多。故以智治国，国之贼。不以智治国，国之福。知此两者，亦稽式。常知稽式，是谓玄德。玄德深矣、远矣！与物反矣。然后乃至大顺。[5]

---

① 郑开著《老子思想与人类生存之道》，社会科学文献出版社，2011，第 52～70 页。

② 《文子·自然》特别强调了“玄德”的深远意味，指出：“道深即德深，德深即功名遂成。此谓玄德深矣远矣，与物反矣。”

③ 《老子》十章。

④ 《老子》五十一章。

⑤ 《老子》六十五章。

当然，第二章："万物作焉而不辞，生而不有，功成而不居。"[①] 第九章："功成名遂身退，天之道。"[②] 三十四章："大道泛兮，其可左右。万物恃之以生而不辞，功成而不名有。衣养万物而不为主，常无欲可名于小。万物归焉，而不为主，可名为大。以其终不自为大，故能成其大。"八十一章："天之道，利而不害；圣人之道，为而弗争。"皆可以看做是围绕着"玄德"的概念进行的哲学阐释。而庄子也沿袭并发展了"玄德"理论，例如《庄子·天地》说："天不产而万物化，地不长而万物育，帝王无为而天下功。"《庄子·达生》："子独不闻夫至人之自行邪？忘其肝胆，遗其耳目，芒然彷徨乎尘垢之外，逍遥乎无事之业，是谓为而不恃，长而不宰。"可见，《庄子》除了在政治语境中运用"玄德"思想，还在心性论的层面上予以发挥。[③]

显而易见，老子所说的"玄德"出现于政治哲学的语境中：《老子》六十五章是讨论政治问题的，而十、五十一章"生之，畜之"的"之"，应该是指老百姓（被统治者）。[④]

事实上，《老子》及道家诸书中尚有不少"玄德"的"同义词"，[⑤] 例如"常德""上德""广德""建德"（《老子》二十八、三十八、四十一章），"至德""天德"（《庄子》之《马蹄》《天地》诸篇），这些概念或语词，都多少不同于前诸子时期的"德"，而儒

---

① 帛书乙本作："万物昔而弗始，生而弗有，功成而弗居。"唐傅奕本作："万物作而不为始。"据研究，今王本作"辞"者，后人妄改也。例如第17章："功成事遂，百姓皆谓我自然。"王弼注曰："居无为之事，行不言之教，万物作焉而不为始。"可证。详见张松如《老子校读》，吉林人民出版社，1981，第16页。

② "功成名遂身退"句，傅奕古本《道德经》作"成名功遂身退"，可以相互参证。

③ 《文子·道原》亦曰："真人者，通于灵府，与造化者为人，执玄德于心，而化驰如神。"

④ 徐梵澄著《老子臆解》，中华书局，1988，第14页。徐氏还提示说，这正与上文"爱民治国"（马王堆帛书作"爱民活国"）相应。

⑤ 《老子》的特点之一就是以具象语词作为哲学概念，比如，以"素"、"朴"、"赤子"、"婴儿"喻原初、自然之人性，而这几个语词都是"同义词"（毕竟《道德经》是哲学初创的产物）。

家所称的“明德”却旨在继承和传承西周以来的“德礼传统”。所以我们应该在联系与区别这种矛盾关系中理解下面的文字：

> 上德不德是以有德。下德不失德是以无德。上德无为而无以为。下德无为而有以为。上仁为之而无以为，上义为之而有以为。上礼为之而莫之应，则攘臂而仍之。故失道而后德，失德而后仁，失仁而后义，失义而后礼。[①]
>
> 上德若谷。大白若辱。广德若不足。建德若偷。质真若渝。大方无隅。大器晚成。大音希声。大象无形。道隐无名。[②]

《老子》三十八章旧题“论德章”（河上公《章句》），因为这一章阐明了道、德（包括上德）、仁、义、礼之间的关系。显而易见的是，在“上德不德，是以有德”这样吊诡语式中，“上德”和一般意义上的“德”殊为不同，所谓“上德”，即“孔德”（二十一章）、“常德”（二十八章）、“广德”（四十一章）或“玄德”（十、五十一、六十五章）的不同表述。“上德”或“玄德”不同于一般的“德”，它们是指最高意义上的“德”，或者深远的“德”。一般意义上的“德”在《老子》中又称“下德”（例如三十八章次句），指的是德性（virtue）、道德（moral），更具体地说就是仁义礼智忠孝文美之类；相反，“上德”指的却是“自然”“无为”“素朴”“虚静”“恬淡”和“守雌”“不争”“处下”之类。值得注意的是《文子》对《老子》的进一步诠释：（1）《文了·道德篇》以为最根本意义上的“德”，其实就是“玄德”，即：“畜之养之，遂之长之，兼利无择，与天地合，此之谓德。”（2）《文子·上道德篇》对“上德不德”的一个解释是：

① 《老子》三十八章。

② 《老子》四十一章。

“天覆万物，施其德而养之，与而不取，故精神归焉。”就是说，《文子》用“与而不取”来解释“不德”，因为“与而不取”恰好符合“为而不恃，长而不宰”的“玄德”特点。在道家看来，“上德”之所以称为“上德”，就是因为它高于一般意义上的“德”。“上德不德，是以有德”，言“上德”不以一般的德（例如仁义）为德，所以才有真正的“德”。“不德”之“德”即一般意义上的“德”，而“是以有德”之“德”指真正意义上的“德”即“上德”或“玄德。”

《老子》三十八章中反复出现的“为之”，即“有为”，和“无为”相反。“以为”，执著、刻意为之的意思，换言之，它出于、受限于各种各样的目的和动机（例如意识形态）。“上德无为而有以为，下德无为而有以为”两句，按傅奕古本（即《道藏》所载《道德真经》和《道德真经古本》）及韩非子所据“（《老子》）古本”，两处“以为”皆作“不为”，此两句作：“上德无为而无不为，下德为之而有不为。”这也提示了，应该自“（有）为”和“无为”之间的张力中把握“上德”与一般意义上的“德”之间的关系。可见，从“精神实质”上说，“玄德”的核心内涵在于“无为”。“故失道而后德……失义而后礼”数语，[①] 表明了：“道”下落之后而有“德”，“德”失落之后而有“仁”，“仁”沦落之后而有“义”，“义”堕落之后才有“礼”，清晰排列出了一种“道”“德”“仁”“义”“礼”的价值序次。[②] 总之，“玄德”“上德”几乎就是“道”的另一种表述，因为它是最高、最深刻的德，是“道”的最根本的体现或显现。如果说上面所说的“仁”“礼”可以代表西周以来“明德”传统的话，那么，老子所推崇的“德”

① 马王堆帛书《老子》甲本的文字略有不同：“故失道。失道矣，而后德。”马总《意林》载《道德经》二卷，于“失道而后德，失德而后仁”句下注曰：“道衰德生德衰而仁爱见。”

② 《庄子·天道篇》更加详明地论述了这一点。

（即“玄德”）却逸出了“明德”范畴，甚至可以说“玄德”乃是比“明德”更加深远、更具价值的“德”。

实际上，“明德”一词叠置了复杂的涵义，包括宗教、政治、道德、哲学等多方面内容。[①] 既然自西周以来的“明德”涉及政治和伦理诸方面，而老子拈出的“玄德”又与“明德”针锋相对，那么，我们就有足够的理由来从“明德”的反面来理解“玄德”了，这样一来，“玄德”之“微言”之中隐含的政治、伦理两方面的主张就更加明确了。

三

“玄德”概念和理论之所以重要，是因为它直接关涉道家无为政治哲学和伦理学上的自然主义倾向。西周以来盛称“明德”，儒家自觉继承了这一传统，《老子》却拈出了一个与之相反的“玄德”。在老子看来，“玄德”具有比通常所说的“明德”更深远、更深刻的意蕴。[②] 比如说，孔子说“以直报怨，以德报德。”[③] 近乎古代法典“以牙还牙，以血还血。”《老子》却说：“报怨以德。”[④] 似乎超然于德、怨（对立）之上，“玄德”的意蕴可见一斑。《吕氏春秋·察今篇》云：“至智弃智，至仁忘仁，至德不德，无言无思，静以待时，时至而应。”恰好诠释了《老子》三十八章“上德不德”的命题。换言之，“玄德”概念及“至德不德”命题阐明了顺应历史潮流的哲学合理性，同时也论证了“因时变法”

① 姜昆吾著《〈诗〉〈书〉成词考释》，齐鲁书社，1989，第181页。

② “玄德”似乎还包含了天下万物“同德”的涵义，例如：《庄子·胠箧》曰：“削曾、史之行，钳杨、墨之口，攘弃仁义，而天下之德始玄同矣。”总的来说，“玄德”不同于甚至超出了一般意义上的“德”，“与物反矣”、“与天地合”，“无为”乃是其本质特征。

③ 《论语·宪问》。

④ 《老子》六十三章。

的政治合法性。《韩非子·南面》曰：

管仲毋易齐，郭偃毋更晋，则桓、文不霸矣。

这句话道破了春秋时期强国之道在于因时变法。蒙文通指出，齐、晋霸制的核心在于管仲、郭偃创立的“法”，在于“更张周礼”。[①] 然而，倘若“更张周礼”就不能不“解放思想”，突破西周以来德礼传统的束缚，那么，推进“变法”，创设新的制度，也就不得不启用“至德”“玄德”，以为“旗号”或“幌子”了。请看下面一段话：

论至德者不和于俗，成大功者不谋于众。

这句话是郭偃为了说服晋文公推进“变法”的陈词，商鞅进言秦国变法时征引之，称之为“郭偃之法”。而且，肥义向赵武灵王阐述推行胡服政策主张的时候，亦征引了这句话（《战国策·赵策二》）。《文子·上义》亦载：

法制礼乐者，治之具也，非所以为治者也。故曲士不可与论至道，讯寤于俗而束于教也。

《文子》所说的“至道”和郭偃所说的“至德”意思相同，而与那种可以因地制宜、因时而变的“法”不是同一个层次的概念。可见，道家、黄老学和法家关于“德”的理解很不同于儒家。“至德”“玄德”里面隐含的深刻哲理，岂是一般意义上的“德”

① 蒙文通著《治学杂语》，《蒙文通学记》，三联书店，1993，第9~10页；拙稿《〈老子〉第一章札记》，载《清华大学学报》（哲社版）2008年第1期。

“明德”所能涵盖！

道家之无为政治哲学集中体现于“治大国若烹小鲜”“道常无为而无不为”诸命题中。我们已经分析了前引《老子》三十八章的思想内容，兹从前引《老子》六十五章提示的线索来分析，可以确证“玄德”就是无为政治（包括伦理）的原则。《老子》批评的“以智治国”，矛头针对的就是“德礼体系”，具体地说，就是封建宗法政治社会结构（礼）以及建筑于其上的意识形态。具体地说，作为政治理念与政治模式，“玄德”迥然不同于儒家崇尚的“德教”（名教、诗教），亦有别于法家推行的“刑法”。我们估计，《老子》所说的“以智治国”，包括通过礼法（儒、法两家的主张）和仁义（儒墨两家的观念）两个方面控驭社会与人心的政治企图；它所推崇的“不以智治国”，就是无为政治。

既然“玄德”是以“为而不恃，长而不宰，功成弗居”“利而不害”“为而不争”作为其政治哲学的原则，那么玄德便蕴含了某种颇为特殊的政治哲学，包括政治理念、模式和施政纲领。实际上，老子对于权力和秩序的本质具有很深的洞察。隐含于“玄德”理论之中的一个问题就是权力的自我限制的问题。正如王博所说，节制或者说对权力的自我限制是老子思想的一个核心内容，“我们看到的是对处在权力关系另一端的万物（百姓）存在的承认。这个世界中不仅权力的拥有者（君主）是主体，百姓也是主体。对世界的这种双主体结构的理解直接就可以导出权力节制的问题。权力本身并不能够成为发号施令的理由，它必须和先前的施与原则结合起来。换言之，如果这种号令不合乎施与的原则，那么它就是该放弃或者节制的。施与和节制原则的结合，就是老子所谓的‘玄德’，一种仅仅和权力有关的道德。其内容就是‘生而不有，为而不恃，长而不宰’：创造而不占有，成功而不居功，引导而不主宰。这是《老子》给权力提供的‘道’和‘德’，它要消解的是权力的拥有者占有及主宰这个世界的冲动，取而代之的是一种通过节制来成就万物和百姓的德性和智慧。”《老子》三十九章曰：“故贵以贱为本，高以下为基。是以侯王自称孤、寡、不谷。此非以贱为本邪?”“这就是权力的自我节制。也只有在自我节制中，权力才发现了自己真正的道德。”[①] 这样一种对权力的自我限制的观点，堪称洞见，即便是在今天也不失其重要的现实意义。

四

“玄德”既是一个重要的政治哲学概念，意味着一种超越文化间性的政治模式（理念），同时也是一种挣脱了伦理地方性（例如儒家推行的仁义，其实高度匹配于古代宗法社会结构）的“超道德论”（super-moralism），[②] 并且隐含了某种“绝对的性善论”。[③] 庄子有力地推进了这种思想倾向，很值得注意和玩味。

古代思想语词“道德”是否等同于“仁义”？儒家和道家的看法不同，甚至相反。甚至可以说“道德”与“仁义”之间的张力，恰好反映出儒、道两家思想的不同。玄德的对立面可谓“道（导）之以德”“礼乐刑法”。

老子伦理学的基础在于自然主义人性论，而自然主义人性论的主要概念就是“常德”，[④] 亦即“玄德”的另一种说法。况且，“玄德”足以涵盖《老子》所有的“德目”，包括“柔弱”“守雌”“处下”“不争”和“不见可欲”等。因此，《老子》激烈地非毁仁义，摒拨礼学，其曰：

---

① 王博：《权力的自我节制：对老子哲学的一种解读》，《哲学研究》2010 年第 6 期。

② 徐梵澄著《玄理参同》，《徐梵澄文集》第 1 卷，华东师范大学出版社，2006，第 147～148 页。

③ 刘笑敢著《庄子哲学及其演变》，中国社会科学出版社，1988，第 275～276 页。

④ 郑开著《道家形而上学研究》，宗教文化出版社，2003，第 195－207 页。

> 大道废，有仁义；慧智出，有大伪；六亲不和，有孝慈；国家昏乱，有忠臣。[①]
>
> 绝圣弃智，民利百倍；绝仁弃义，民复孝慈；绝巧弃利，盗贼无有；此三者，以为文不足，故令有所属，见素抱朴，少私寡欲。[②]

《老子》十九章"绝仁弃义"，郭店竹简《老子》甲本作"绝伪弃诈"。[③] 曾经有论者据此以为老子并没有反对仁义的意思，当然是误解。《老子》反对仁义，明确无疑，没有什么可以商榷的余地。扬雄在《法言·问道》曰："老子之言道德，吾有取焉耳。及搥提仁义，绝灭礼学，吾无取焉耳。"班固曰："（道家）及放者为之，则欲绝去礼学，兼弃仁义。"[④] 韩愈亦谓，老子所谓"道""德"，"去仁与义之言也。"[⑤] 这充分说明，《老子》所说的"道""德"不仅不是"仁义"，而且还是"仁义"的反面。《老子》思想的深刻性在于：从哲学上深入反思了"仁义"，而且深刻质疑、批判了仁义建构于其中的礼乐制度，甚而批判了一切扭曲和掩盖素朴人性的"文"与"伪"（即文化符号）。《老子》彻底颠覆了仁义（意识形态）和文化（制度设施），从而质疑、反思和驳斥了儒家标榜的人文理性；深刻地怀疑任何道德（morals）、文化和大多数制度的价值和意义，慧眼独具地看到了自然人性（physis）在知识、意识形态、话语和制度性场合（nomos）中的必然困境。《老子》经常以"大仁不仁""至仁无亲""上德不德""广德若不足"这样独特而吊诡的语式（因为深刻而复杂的思想已使语言外

---

① 《老子》十八章。

② 《老子》十九章。

③ 或"绝为弃虑"。见李零著《郭店楚简校读记》，北京大学出版社，2002，第15~16页。

④ 《汉书·艺文志》。

⑤ 韩愈：《原道》。

壳发生变形）反复阐明了“德”（aretē）超越于仁义忠信，后者出于具体的、经验的伦理规范，是封建宗法社会政治结构之附庸。因此，《老子》关于人性与政治的论点，大都具有自然主义的倾向，例如：《老子》七十九章曰：“天道无亲，常与善人。”《列子·符言》曰：“天道无亲，唯德是与。”恐怕就是西周以来“天道无亲，唯德是辅”（《左传·僖公五年》引《周书》曰：“皇天无亲，惟德是辅”）的“转写”。细体味之，《老子》所说的“天道”更倾向于“自然”，所以它说：“天地不仁，以万物为刍狗。圣人不仁，以百姓为刍狗。天地之间，其犹橐龠乎？”[①] 而《左传》所载的“天道”已经包含了深刻的人文理性因素在内。

班固《汉书·艺文志》评论道家学术时指责其“绝去礼学，兼弃仁义。”扬雄《法言·问道》亦曰：“老子之言道德，吾有取焉耳；及搥提仁义，绝灭礼学，吾无取焉耳。”桓谭也说：“昔老聃著虚无之言两篇，薄仁义，非礼学，然后世好之者尚以为过于《五经》。”[②] 孙盛指责老、庄，“罪名”是非毁仁义、屏拨礼学而直任自然。[③] 看来，儒家所谓“道德”在于“仁义”而道家所谓“道德”攘弃“仁义”。宋代学者王楙说：

> 韩退之《原道》曰：“道与德为虚位，”或者往往病之，谓退之此语似入于佛老。仆谓不然。退之之意，盖有所自。其殆祖后汉徐干《中论》乎？干有《虚道》一篇，亦曰：人之为德，其犹虚器与？器虚则物注，满则止焉。故君子常虚其心而受之。退之所谓虚位，即干所谓虚器也。[④]

① 《老子》五章。
② 《汉书·扬雄传》引。
③ 孙盛：《老子疑问反训》。
④ 王楙：《野客丛书》卷十七。

总之，《老》《庄》批判的是“仁义”，阐述的却是“道、德之意”，因此其所谓“道德”不是仁义，也不是一般意义上的道德(morals)。所以，我们认为，《老》《庄》关于伦理道德方面的思想就不能称为“反道德论”，而只能归诸“超道德论”(super-moralism)。

前引《老子》十八、十九两章，以及三十八章“故失道而后德。失德而后仁。失仁而后义。失义而后礼。夫礼者忠信之薄而乱之首。”表明了《老子》明确反对、抗衡儒家推崇仁义的哲学立场。老子进一步扩展了自己的论证，他说：

> 不尚贤，使民不争。不贵难得之货，使民不为盗。不见可欲，使民心不乱。是以圣人之治，虚其心，实其腹，弱其志，强其骨；常使民无知、无欲，使夫智者不敢为也。为无为，则无不治。[①]
>
> 天地不仁，以万物为刍狗。圣人不仁，以百姓为刍狗。[②]
>
> 以正治国，以奇用兵，以无事取天下。吾何以知其然哉？以此。天下多忌讳而民弥贫。民多利器，国家滋昏；人多伎巧，奇物滋起；法令滋彰，盗贼多有。故圣人云：我无为而民自化。[③]
>
> 小国寡民。使有什伯之器而不用。使民重死而不远徙。虽有舟舆无所乘之。虽有甲兵无所陈之。使民复结绳而用之。甘其食、美其服、安其居、乐其俗。邻国相望，鸡犬之声相闻。民至老死不相往来。[④]

---

① 《老子》三章。
② 《老子》五章。
③ 《老子》五十七章。
④ 《老子》八十一章。

老子政治理念可谓典型的“乌托邦”，它只是“理想”而不是“现实”，亦无由“实现”，所以，从“了解之同情”的角度说，《老子》无为政治的真谛不在于它能否建构某种超脱于封建宗法的政治社会结构，而在于反思、批判、质疑了封建宗法政治社会结构以及与之匹配的意识形态和文化制度（例如仁义忠信孝慈）的合理性。道家思想因应了剧烈变动的社会政治的转折过程，“道、德之意”的内容博大精深，覆盖了宇宙与人生、天道与人道的所有方面，既反映了那个时代的精神与智慧，又表达了那个时代的政治憧憬，而且还具有超出那个时代的普遍意义。因而，它成了后世中国乃至世界哲学共同的思想资源与精神遗产。

道家著作如《庄子》和《文子》亦诠释了“玄德”，《庄子》笔下的“至德之世”，其实就是老子“玄德”思想的真正体现。“玄德”似乎可以直接解释为“天下之德始玄同矣”（语出《庄子·肤箧篇》）的“玄同之德”。例如：

> 泰初有无，无有无名；一之所起，有一而未形。物得以生，谓之德；未形者有分，且然无间，谓之命；留动而生物，物成生理，谓之形；形体保神，各有仪则，谓之性。性修反德，德至同于初。同乃虚，虚乃大，合喙鸣，喙鸣合，与天地为合。其合缗缗，若愚若昏，是谓玄德，同乎大顺。[①]
>
> 畜之养之，遂之长之，兼利无择，与天地合，此之谓德。[②]

《庄子》的讨论已比较深入了，因为其中的“玄德”镶嵌于宇宙论和人性论的理论语境之中进行诠释和讨论。借助于“玄德”所促发的理论洞见，《庄子》以汪洋恣肆的笔触，以嬉笑怒骂的口

---

① 《庄子·天地》。

② 《文子·道德》。

吻，彻底倾覆了儒家以仁义为核心的人文理性：

> 夫尧已黥汝以仁义，而劓汝以是非矣。[①]
>
> 自虞氏招仁义以扰天下也，天下莫不奔命于仁义。[②]
>
> 毁道德以为仁义，圣人之过也。[③]
>
> 昔黄帝始以仁义撄人之心。……天下脊脊大乱，罪在撄人心。[④]

这一切主要针对儒家而发。这也是庄子继承了《老子》衣钵的地方。儒家提倡“仁义礼乐”，《庄子》却说：“中国之君子，明乎礼义而陋于知人心。”在《庄子》看来，仁义不啻为加诸人性的刑罚，精神的牢狱和天下大乱的原因；“仁义”的罪失就在于蛊惑人心，并导致了“道、德”堕落，因为“仁义”对于人来说，就是摧残、戕害自然人性的“多余”的东西，犹如“衡扼”之于马、“黥劓”之于“身”，例如前引《庄子·骈拇》所论。道家的基本观点之一就是从一切人为的束缚中解放出来，因为生活在各种缧绁之中太痛苦了。儒家所谓仁义亦是人性之枷锁。西谚云：良知是人心的“铁笼”，不是吗？《庄子》质疑“仁义”，否认将“仁义”等同于“道德”，难道不是尼采宣称的“价值重估”么？

《庄子》酝酿于战国中晚期，那是一个“欺世盗名”“颠倒黑白”甚至“指鹿为马”的时代，一个“窃钩者诛，窃国者为诸侯，诸侯之门而仁义存焉”[⑤] 的时代。《庄子》也只有《庄子》揭露了战国纷争时期人们假仁义之名而行反仁义之行的事实。试想，还有

① 《庄子·大宗师》。
② 《庄子·骈拇》。
③ 《庄子·马蹄》。
④ 《庄子·在宥》
⑤ 《庄子·胠箧》。

什么比“仁义”沦为幌子、工具和筹码，而颠覆了它建构于其中的制度设施，更使人感到荒谬，更令人沮丧?《庄子》也许洞见了战国中晚期社会政治的深刻变动——即从德礼体系向道法体系的转折，深刻批判了作为价值观念的仁义已变得苍白无力甚至伪善无耻的冷峻现实，进而以为，“仁义”既不是人性之固然，也不是道德之真谛，而且还是“道德”沦丧的表征与原因，《庄子》再一次“逆时代潮流而动”，指出当时人们热衷神化的“黄帝”,[①] 其实就是仁义的“始作俑者”，而“仁义”又是“道德”灭裂、沦落的产物：

> 昔者黄帝始以仁义撄人之心，尧舜于是乎股无胈，胫无毛，以养天下之形，愁其五藏以为仁义，矜其血气以规法度。然犹有不胜也。尧于是放欢兜于崇山，投三苗于三峗，流共工于幽都，此不胜天下也。夫施及三王而天下大骇矣。下有桀、跖，上有曾史，而儒墨毕起。于是乎喜怒相疑，愚知相欺，善否相非，诞信相讥，而天下衰矣。大德不同，而性命烂漫矣；天下好知，而百姓求竭矣。于是乎釿锯制焉，绳墨杀焉，椎凿决焉。天下脊脊大乱，罪在撄人心。[②]
>
> 古之人，在混芒之中，与一世而得澹漠焉。当是时也，阴阳和静，鬼神不扰，四时得节，万物不伤，群生不夭，人虽有知，无所用之，此之谓至一。当是时也，莫之为而常自然。逮德下衰，及燧人伏羲始为天下，是故顺而不一。德又下衰，及神农黄帝始为天下，是故安而不顺。德又下衰，及唐虞始为天下，兴治化之流，浇淳散朴，离道以善，险德以行，然后去性而从于心。心与心识知而不足以定天下，然后附之以文，益之以博；文灭质，博溺心，然后民始惑乱，无以反其性情

---

① 《庄子》中的“黄帝”形象，殊不同于战国秦汉时期的其他著作，这一点很耐人寻味。

② 《庄子·在宥》。

而复其初。[①]

早期文献中的“德衰”常出现于政治语境，是政治话语，但上文中的“德衰”已经哲学化了。[②] 对《庄子》来说，“道德”高于“仁义”，乃是真正的价值“根源”和精神基础。[③] 如果说哲学意味着某种追寻，那么《庄子》哲学恰恰体现了这一点，它所提示的“道的世界”就是人们应该生活于其中的“精神家园”，“道的真理”就是标明生活目的的引导力量。总之，只有回归于“道德之真”即“道的世界”，才能免于“性命烂漫”，从而真正使人性摆脱仁义礼乐的束缚与桎梏，解除“倒悬”“倒置”之苦，达到逍遥物外的自由境界。如果说“鱼相忘于江湖”的寓言表达了某种消极的政治期望的话，“乘道德而浮游”[④]“至德之世”则描摹了“道的世界”的正面情形，例如：

至德之世，不尚贤，不使能，上如标枝，民如野鹿。端正而不知以为义，相爱而不知以为仁，实而不知以为忠，当而不知以为信……是故行而无迹，事而无传。[⑤]

子独不知至德之世乎？……当是时也，民结绳而用之，甘其食，美其服，乐其俗，安其居，邻国相望，鸡犬之声相闻，民至老死不相往来。若此之时，则至治矣。[⑥]

① 《庄子·缮性》。

② “德衰”一词的变化趋势是政治意味淡化，德性意味突出。例如《列子·天瑞》曰：“人自生至终，大化有四：婴孩也，少壮也，老耄也，死亡也。其在婴孩，气专志一，和之至也；物不伤焉，德莫加焉。其在少壮，则血气飘溢，欲虑充起；物所攻焉，德故衰焉。”

③ 《文子·微明》亦曰：“道灭而德兴，德衰而仁义生，故上世道而不德，中世守德而不怀，下世绳绳唯恐失仁义。”

④ 《庄子·山木》。

⑤ 《庄子·天地》。

⑥ 《庄子·胠箧》。

夫至德之世，同与禽兽居，族与万物并，恶乎知君子小人哉！同乎无知，其德不离；同乎无欲，是谓素朴，素朴而民性得矣。[①]

至德之世，不尚贤，不使能；上如标枝，民如野鹿；端正而不知以为义，相爱而不知以为仁，实而不知以为忠，当而不知以为信……南越有邑焉，名为建德之国。其民愚而朴，少私而寡欲；知作而不知藏，与人而不求报；不知义之所适，不知礼之所将；猖狂妄行，乃蹈乎大方。[②]

"至德之世"的论述，发挥了老子"小国寡民"的乌托邦理想；而"至德之世"的根本特征正在于"天下之德始玄同矣"的"玄同"，即"同与禽兽居，族与万物并"。饶有趣味的是，作为政治和伦理理想的"玄同"，恰好是儒家经典《礼记·礼运》描绘的"大道之行也，天下为公"的"大同社会"的反面，正如"玄德"是"明德"的反面一样。这一点很值得我们深思。

相应的，老子心目中理想人格——圣人，正是体现了玄德："柔弱""守雌""处下""不争""慈""俭""不敢为天下先"。《庄子》还描述了人性理想，并以"神人""至人"和"真人"为寄托，例如：

藐姑射之山，有神人居焉，肌肤若冰雪，绰约若处子。不食五谷，吸风饮露。乘云气，御飞龙。而游四海之外。其神凝，使物不疵疠而年谷熟。……之人也，之德也，将旁礴万物以为一，世蕲乎乱，孰弊弊焉以天下为事！之人也，物莫之伤，大浸稽天而不溺，大旱金石流、土山焦而不热。[③]

至人神矣！大泽焚而不能热，河汉冱而不能寒，疾雷破山、

① 《庄子·马蹄》。
② 《庄子·山木》。
③ 《庄子·逍遥游》。

飘风振海而不能惊。若然者，乘云气，骑日月，而游乎四海之外。死生无变乎己，而况利害之端乎！[①]

至德者，火弗能热，水弗能溺，寒暑弗能害，禽兽弗能贼。[②]

古之至人，假道于仁，托宿于义，以游逍遥之虚，食于苟简之田，立于不贷之圃。逍遥，无为也；苟简，易养也；不贷，无出也。古者谓是采真之游。[③]

可见，“至德之世”、“至德者”体现了逍遥游的理想与境界。从正、反两方面看，庄子奔放不羁的文字乃是“血泪控诉”——对战国时期“杀人盈城”的“悲惨世界”的控诉；同时《庄子》通过德性话语表述了关于人性和社会政治方面的期望与理想。确切地说，《老子》和《庄子》的“超道德论”就是批判、超越“仁义”及其建构于其中的封建宗法结构，一方面围绕着自然人性概念展开对仁义礼乐的批判，一方面沿着人性的纵深，提示“通于神明之德”的可能途径，从而建构不同凡响的社会政治理论和伦理学。其重要意义，与其说是提出了详尽的“建设性意见”，以运用于制度设计，还不如说是体现了某种“不妥协、不饶恕、不背叛”的社会政治与文化的批判意识：老子以来的道家不遗余力地控诉人性的扭曲与异化，反对制度化社会结构及其意识形态对人心的宰制。从这种意义上说，老子以来的道家对儒家极力维护的“名教”进行不遗余力的批判与解构，的确意味深长。

（本文作者：北京大学哲学系教授）

① 《庄子·齐物论》。
② 《庄子·秋水》。
③ 《庄子·天运》。

从场有哲学“根身性相学”看《老子》的“道”论

刘学智

唐力权先生建立的场有哲学体系以及从场有哲学视角给《道德经》的解读，给我们的心灵打开了一扇明亮的窗户，许多曾经困惑的问题在这里竟迎刃而解，特别是在理解老子道论问题上，每每给人以深刻的启迪。重要的还在于，这一理论不仅对我们解读《道德经》有很大的启示，而且能帮助我们更准确地把握中国哲学不同于西方哲学的根本特点。

唐先生在《周易与怀特海之间》一书中，奠定了场有哲学的基础。其所说“场有”，就是“依场而有”的意思，即一切事物都是场的存在。在其场有哲学的体系中，有两个重要的理念，这就是“相对相关性”和以此为方法的“根身性相学”。相对相关性在场有哲学中，是指没有绝对的“一”，也没有绝对的“多”；没有绝对的主体，也没有绝对的客体，所有相对的两极都是互为依存而非独立的存在。从“相对相关性”说，“场”就是依事物的相对相关性而存在的，亦即“场”就是事物相对相关性之“所在”。相对相关性正是场有哲学的“场性”。这样，宇宙就是一场有的存在，就是一“创造权能开显之场所”，亦即一个事物的无限相对相关性所在的无限背景和环境。这样，作为无限场有的宇宙，就是即体即用的：“太极”“道”“太一”等，就是场有之本体（场体），而“生生不已”的易道和“一阴一阳之道”就是场有之用即“场用”，体用一如。所以中国哲学没有如西方哲学那个可以独立于其他存在物之外的存有即孤立的实体。我们通常所谓的“实体”，恰是一个与“场有”相反的观念。也就是说，“场有”是一个非实体的概念。显然，场有哲学有鲜明的非实体主义特征。同时，“相对相关性”也表现在场有哲学中的“心物”关系方面。在场有哲学看来，“心”不过是依形器而起的场有的灵明作用，没有独立于形器之外的孤立的“心”。所以在中国哲学里，心性与宇宙永远是打成一片的，“心性境界与场有宇宙之超切圆融，正是中国形上思维的特色。”① 所以，那种二元对立的思维不符合中国哲学的思维特点，故中国没有严格意义上的唯物与唯心的对立。这一点对于我们探讨老子的“道”论很有启示。以往曾经发生过的关于老子是唯物论还是唯心论以及“道”是物质实体还是精神实体的争论，从场有哲学来看都是没有意义的。

场有哲学在探讨哲学存在论时，回到了人的经验源头，发掘和重建了泰古哲学的“根身性相学”。所谓“根身性相学”，就是“泰古人自我反省其根身（肉体形躯）生长变化的基本情状和性相的学问”。“根身”，就是我们这具能直立行走的身躯。而这个“根身”又是承受和承担其意义世界的“形上身”，离开我们这具“诚曲能明”的肉体或身躯，就没有承义体（人）可言。所以，泰古人的哲学都是以人的“根身”为出发点的，即“以根身而起念”的。也就是说，人类精神生命的“形上姿态”正是凭借这具能直立行走的形躯而支撑起来的。或者说，意义世界就是依沿着这具“根身”的灵明与“作茧”而开显的，亦即意义世界是通过人的

① 唐力权著《周易与怀特海之间——场有哲学序》，辽宁大学出版社，1991，第162页。

“形上姿态”得以开显的。从意义世界的承担者来说，唐先生又提出“道身”的概念，“道身”即是人的精神生命。人的意义世界就是通过“道身”而开显的。但是，作为精神生命的“道身”绝非是与“根身”对立的，而是与之“相离相即”的。这种“相离相即”的关系，唐先生称为“超切”。“超切”是唐先生提出的一个非常重要的概念，它形象地说明了许多看似对立的物事而实际上又是同一的，他们是既超越而又依存的关系。以此来分析“道身”与“根身”、“形上”与“形下”等等概念之间的关系，就可以深入认识他们之间在本质上不是对立而是相对相关的。例如，“道身”与“根身”的“超切”：一方面，“道身”是人的精神生命，人的意义世界通过精神生命而开显，但精神生命是不能离开“根身”即肉体生命的；另一方面，人的精神生命又反过来影响肉体生命。“道身”起于“根身”而又超越“根身”，二者是“相离相即”的“超切”关系。这种“超切循环”对于把握中国哲学“身心不二”“体用一如”的特点非常有意义，或者说，它深刻揭示了中国哲学“身心不二”“体用一如”的特点。

从根身性相学来说，场有哲学对老子的“道”论做了新的诠释。唐先生认为，“道”的泰古原义就是走路说话的人在自己广义的行为中所能体验到的一切。人类的一切经验都是通过这一最原始的行为开显出来的。这种广义的行为包括一切物理的、生理的和心理的各个层面的活动作用。从存在论意义上说，存在正是这一广义行为的开显。这样，“道论”就可以视为中国哲学的存在论。从其是活动作用的开显的意义上，我们不难发现，场有哲学中的“道”是非实体主义的。如果我们从场有哲学“根身性相学”的视角来管窥《老子》的道论，也许更会加深这种看法。

其一，关于“道体”。“道”，通常的诠释主要是指宇宙万物的本原，它是实存之道、实体之道。《老子》二十一章说：“道之为物，惟恍惟惚。惚兮恍兮，其中有象；恍兮惚兮，其中有物。窈兮冥兮，其中有精。其精甚真，其中有信。自古及今，其名不去。以阅众甫。”我们以往的解释，“道”虽无形无象但却是真实存在的实体，它是宇宙万物的本原。这一解释的困难在于，作为外在实体的“道”如何化生万物？如果说它是一物质性实体，则无法说明世界的生成及其多样性；如果说它是精神性的实体，则有将其神化之可能。后来黄老之学和汉代学者为了圆融其说，将“道”解释为“精气”或“元气”，用无相而实有的气来说明世界万物的本原和生成，这则与场有哲学的“场体”的概念非常接近。在场有哲学看来，“道”是人类经验的原始混沌，从足、从首。“足”表征其为直立行走的人；“首”为有眼、耳、鼻、口的人之头部，其表征人有视觉、听觉、言说、呼吸等功能。故“道”的原始意义是会直立行走、会说话、会思想的人。“道体”就是“场体”。《老子》二十一章所说的“惟恍惟惚”的道体或场体，就是原始混沌的相状。也就是说，这个在原始混沌中所开显的“道”，是一个“无状之状，无物之象”的真实。用场有哲学的话说，这叫“无相而实有”，即无分别相的真实存在，场的实有。这个无相而实有的“道”，用《老子》的话说，是不可道、不可名的：“道可道，非常道。名可名，非常名。”即通常的名言所指向的都是有分别相的真实，而“常道”却是一个无分别相的真实。而有分别相的名言无法把握无分别相的真实。当然，无分别相不是绝对的无相，也不是绝对的不可言说。所以《老子》二十五章又说：“吾不知其名，强字之曰道，强为之名曰大。”“道”是场有经验的原始混沌，是无相的实有，其所以“不可名”，是因为人的原始经验乃是“模糊一片的纯粹感觉绵延”，即“无名之朴”，所以它不能用分别语言来名状和解释。不能用分别语言言说，不等于不能言说，场有就是一种言说的方式。唐先生认为，如果认为这个道是超越一切言说的，“乃是一个很大的误解。”[①] 在《老子》中，“道”亦称为“大”。以往注家对“大”的解释似都不得要领，王先谦已看到这一点，他说此“大”字“漫漶不明”。陈鼓应释“大，形容‘道’的没有边际，无所不包。”[②] 这是一般较认可的解释。但从场有哲学根身性相学来说，答案则迥然不同。“大”仍是直立的人的身躯，是直立行走、会说话、会思想的人，是“根身”，与“道”是同义的。所以《老子》称“道”为“大”是十分顺理成章的。

其二，关于“无”与“有”。“无”与“有”是《老子》道论中一对重要的对应范畴。在《老子》中，“道”与“无”“有”的关系相当模糊。“道”有时指称的是“无”，有时则含统有与无。以“无”称“道”在《老子》中不乏其例。四十二章：“天下万物生于有，有生于无。”[③] 一章：“无，名天地之始；有，名万物之母。”这里所谓“有”是指有形有名的天地，“无”则指“道”。认为具体的宇宙万物由天地（有）产生，而天地产生于无形无名的“道”。故历代注家常释“道”为“无”。如唐李荣说：“无者，道也。”[④] 近人徐绍桢亦说：“综八十一章之旨，不离一‘无’字，‘无’即‘道’也。”[⑤] 王明在《论老聃》中说得明白：“道体现着‘无’，‘无’是道的同义语。”[⑥] 不过，《老子》一章又说：“故常无，欲以观其妙；常有，欲以观其微。此两者，同出而异名，同谓之玄。玄之又玄，众妙之门。”《庄子·天下》述老聃学说为“建之以常无、有，主之以太一”，“太一”即统摄有无之道，这是以“有无统一”释道的最早范例。历代注家也常释“道”为有与无的

---

① 唐力权著《周易与怀特海之间——场有哲学序》，辽宁大学出版社，1991，第168页。

② 陈鼓应著《老子注译及评介》，中华书局，1984，第165页。

③ 楚简本作“天下之物，生于有，生于无。”楚简整理者认为“生于无”前脱“有”字。其实，简本之义亦可通。

④ 李荣：《道德真经经注》。

⑤ 徐绍桢：《道德经述义》。

⑥ 王明著《论老聃》，《道家和道教思想研究》，中国社会科学出版社，1984，第15页。

统一。宋王安石说：“‘两者’，有无之道，而同出于道也。世之学者，常以‘无’为精，以‘有’为粗，不知二者皆出于道，故云‘同谓之玄’。”[①] 对于道是指称“无”还是“有”的争论早有人注意到。晋人孙盛在《老子疑问反讯》中说：“三者不可致诘，混然为一，绳绳不可名，复归于无物，无物之象是谓恍惚。下章云：道之为物，惟恍与惚。惚兮恍兮其中有象；恍兮惚兮，其中有物。此二章或言无物，或言有物，先有所不宜者也。”总之，说明道与有、无的关系，一直是含混不清的，所以常为历代注家所困惑。

不过，从场有哲学的视角来看，问题就会豁然开朗。场有哲学认为，“无，名天地之始；有，名万物之母。”此“无”即“无有”，是相对于有而取义的。“有”是天地分判以后的形色宇宙和意义世界，即由名位分判与权力结构所决定的“有有之邦”。“无有”不是绝对的“无”，而是“生生之流与无名之朴”的“始有”，借佛教的词来说就是“妙有”。此“妙有”是“无间无碍，自然成化”的，于是在《老子》中又有了“妙”与“徼”的相对相关。“常无，欲以观其妙；常有，欲以观其徼。”从“无”处观“常道”，即离开名位语言和权力结构的“有有之邦”，才能体会到“常道”之“无间无碍，自然成化”的“妙”；而从“常有”（形色宇宙和意义世界）处观其“常道”，只能观其“徼”，即人可以经验到的一切（如“有有之邦”）。这样在《老子》中，就形成了两个系列的概念：“道始”语言，即体察常道“无”的语言系列：无、无有、无名、无名之朴、天下之始、妙；“道本”语言：有、有名、玄牝、天下母、万物之母、徼。而“妙无”与“徼有”（道始与道本）正是“常道”道体生生之流一体之两面，二者是一种超切的关系而非绝对对立，所以《老子》说：“此两者同出而异名。”在这里，“道始”“无间无碍、自然成化”而难以名状；“道

① 王安石：《老子注》。

本”也玄妙莫测，难以言诠。故二者“同谓之玄，玄之又玄，众妙之门。”场有哲学对无与有的解释，非常顺畅，许多矛盾也就得以消解。

“一”为“天下始”，与《老子》一章“无，名天地之始”相较，“无”即“一”。《老子》以“无”来释“一”，“一”即“无”。唐先生认为，“无”所代表的是常道或本根活动的“内蕴”，本根活动是原始混沌中的“无碍无断”的纯能境界，“无碍无断”是通畅圆融的境界。这样“无”就是一个很奥妙的境界，所以《老子》说“常无，欲以观其妙。”而“有”则是有分别的，是“有碍有断”，是“外徼”。所以《老子》说“常有，欲以观其徼”。不过，在场有哲学看来，“内蕴”与“外徼”是相对相关的，二者是超切的关系。

由于“道”或“无”的境界是无碍无断的，所以是一个超越主客对立的境界，这一境界是不能用有分别相的语言来形容的，只能以整体的经验去体会。这种经验体会就表现在《老子》所使用的种种直观隐喻性的语词概念中。例如，以“水”喻“道”之谦下、柔弱、不争、无形、善等特性；以玄牝、谷神喻道为“天下母”的母性特征；以婴儿喻道的原始混沌的自然质朴状态等等。《老子》六章所谓“玄牝之门，是谓天地根。绵绵若存，用之不勤。”《老子》五章：“天地之间，是其犹橐籥乎！虚而不屈，动而愈出。”宇宙的这种生生不息的作用，从场有哲学的视角来看，是由道的“生发权能”的特性决定的，或者说，是由“蕴徼本能”决定的。这种“蕴徼本能”是本根活动开显变化的内在的、终极的根据，其本身乃是一无限的、取之不尽、用之不竭的生发力量。宇宙间的事物都是源于场体的本根活动通过自身活动的开显，世界就如水一般永不止息的生生之流，“道”正是世界一切活动作用的终极根据，场有哲学就建立在对其活动作用的非实体性的认同之上。“道”是非实体性的。

其三，关于“道生一，一生二，二生三，三生万物”的意解。《老子》中的这句话，一般的解释者将其视为宇宙生成论的代表性话语。这其中关于“道”与“一”的关系，颇令人费解。一般情况下，“道”与“一”是相同的或相通的，甚至是同一的。“一”即“道”，“道生一”，就是道即一。《淮南子·天文训》：“道始于一，一而不生，故分而为阴阳，阴阳和而万物生，故曰‘道生一’。”《老子》中多处提及“守一”“抱一”“得一”，二十二章所谓“圣人抱一而为天下式”，三十九章所谓“天得一以清，地得一以宁，侯王得一以为天下正”，不难看出，这个“一”就是“道”。然《老子》四十二章却又说“道生一”，“一”又与“道”不在同一层次上，我曾将此视为《老子》道论的一个矛盾。[①] 其实，从场有哲学的相对相关性来说，这一矛盾是不存在的。场有哲学认为，“道”与“一”是超切的关系，“道”既同于“一”，二者又处在不同的层次上。这与“根身”与“意识”的超切关系有关。从宇宙论和本体论层面上说，在泰古人的素朴体验中，宇宙创生就是存有的开显，亦即场有的开显。一方面，意识起于“根身”；另一方面，“根身的自觉”即“道身所本的素朴自我形象”，是从原始的混沌意识中突显出来的。而“道”在这里本来指的是出现了意识的身躯，是文明人把握的道，而现在却要用它来指称“道”所从出的原始混沌意识，这样，在“道生一”的命题中，本来属于同一含义的词语，而从泰古语言来说，“道”与“一”却处在了不同的层次上。在这里，“‘道’——原始混沌——乃是一切法、一切现象（天地万物）所从出（突显于意识心）的起因，而‘一’则是天地万物得以开显的核心现象（根身的生长变化）。”[②] 可见，从二者的超切关系来看，二者并不矛盾，道即一，一即道，但

---

① 拙作《老子道论的逻辑矛盾辨析》，载《儒道哲学阐释》，中华书局，2002。

② 唐力权著《周易与怀特海之间——场有哲学序》，辽宁大学出版社，1991，第169～170页。

“道”又比“一”有更大的涵盖性，而“一”又是“道”的核心，离开了“一”也就没有“道”。

场有哲学以根身性相说对“道生一”的说明，更为明白。从根身性相学来说，场有的开显，就是生生权能的开显，而这种开显始于原始的混沌意识。“道生一”，其所说“一”指的就是我们的“根身”，即直立行走的身躯，与“大”相同。唐先生将其回归到泰古语言并将其与古代神话结合起来，以根身性相说加以说明，认为“道生一”与《三五历记》中所说“天地混沌如鸡子，盘古生其中”的说法不仅有联系，甚至是相同的。“一”相当于天地开辟神话中的盘古，而“道”则等于天地未分判前“盘古生其中”的混沌鸡子。盘古就是这混沌鸡子的核心——“一”，此正与《老子》关于“道”为“天下始”的思想相通。这样“道生一”则由根身性相说而得到了全新的解释。同时，唐先生认为，“道生一”所表征的正是“从原始混沌意识而为潜明意识的演变过程”，这里所说“潜明意识”，是指“意识到根身而又完全认同于根身的意识”。“潜明意识”是“有对有分”的，发展到后期则是“朗意识”。故“一生二”所代表的是“从原始混沌意识经潜明意识而发展为朗意识的演变过程”。[①] “二生三”则是“意识生命的深切朗化”。概括地说，就是：“道生一”是根身（“一”）从原始混沌意识（“道”）中的呈现；“一生二”，即由原始混沌意识（“一”）变为“潜明意识”（“二”）的演变过程；“二生三”代表的是暧昧的、有间的、半朗意识（“二”）凭借根身的直立（“三”）而明朗化的演变过程；“三生万物”，“三”指顶天立地而与天地相参的身躯，与天地鼎足立的形躯，就是“十字撑开”的坐标身。“三生万物”代表的是意义世界通过根身的坐标作用而开显，此反映的是

① 唐力权著《周易与怀特海之间——场有哲学序》，辽宁大学出版社，1991，第178页。

孩童（“准大人”）的意识生命的开始。也就是说，万物和意义世界的开显，是以人“立于三”为起点的。这种基于场有哲学根身性相学的分析，进一步把《老子》宇宙论的内在精义彰显出来了，即宇宙从原始混沌到文明人发展的历程，总体说就是场有的开显过程。这种解释，不同于一般的宇宙生成论，而是把自然与人类精神加以全面贯通的诠释，所以也许能使《老子》的思想从抽象而走向具体。

其四，关于“德”。“德”是《老子》中另一重要范畴。“德”是老子从形上之道过渡到形下事物的一个重要概念。按照陆德明的解释，“德者，得也。”即“德”是得之于道而内在于物自身的属性。“德”亦与“性”相关，是表示事物属性的概念。但《老子》所讲的“德”是有层次的，其中“道”之“德”称为“玄德”“常德”，具体事物的“德”则如“人之德”“物之德”等，都是具体事物的殊德。唐先生在场有哲学中，对《老子》的“德”做了细致地分析和独特地解释。这些分析和解释对澄清我们以往的一些误解很有帮助。

在《老子》中，“道”与“德”是一对体用统一的概念。道为体，德为用。不过道有“可道”与“常道”之分，故“德”也就有不同的层次。场有哲学认为，“德”指的是“道”（“道体或创造权能”）在我们自然生命里的原始状态。“可道”之道是在世俗名位语言和权力结构中体现的道，而“常道”则是超越世间权力结构的“权能自身”，这一权能自身就是“道体”（或“场体”），道体之分殊就是我们的“深植根身”，即得之于道者。这个得之于道的“深植根身”，就是《老子》说的“德”的本体义，亦即“场有自身的德性”；而另一个含义，就是“同尘根身”之有得，亦即“朗现根身”而“立于三”后之有得，也就是为名位语言和权力结构所主宰的意义世界，亦即“场有者的德性”。在场有哲学的体系中，前者可视为“常道”原始的本体之德，而后者则可视为混沌分判之后天地万物各别之德性。在《老子》中，“常道”本体之德被称为“常德”或“玄德”。不过，《老子》一章又说“无，名天地之始；有，名万物之母。”这里又有“道始”（天地始）与“道本”（“万物母”）的分别，于是，“常德”或“玄德”又可分为“始德”与“元德”。“始德”是“常道”之所以为“天下始”的玄妙德性，而“元德”则是常道为“天下母”的“玄秘德性”，即万物各自得之于道的德性。场有哲学的这一界定对于我们进一步理解《老子》很有帮助。例如，老子为什么讲“复归婴儿”？如何理解老子说的“失道而后德”？从场有哲学来看，就是说，在初生婴儿的原始混沌的意识中，作为场有者的人的“始德”是“婴儿之未孩”前的“玄同状态”，这一状态正与得之于“常道”的“常德”或“玄德”相吻合，但是这“婴儿之未孩”前的“玄同状态”的“始德”，随着人的成长、文化的积累很快就从场有者的生命里消失了，而具有了名位语言和权力结构主宰下的意识心态，在这种情况下，人的德性与常道之常德、玄德也就从此隔了一道“永难契合的鸿沟”了，所以《老子》才说“失道而后德”。这里所说的“德”，指万物各自的本性，亦即“物”得之于道者。但是，“物”的出现是“天地分判”以后的事，是人类有了价值世界以后的事。所以，此“德”可以指在名位语言和权力结构主宰下的场有者之“元德”。当场有者“失道”以后，其原有的“玄同状态”就不复存在，于是场有者就渐渐失去了得之于“常道”的与“始德”“元德”相合的“无上德性”，而具有了为名位语言和权力结构主宰下的场有者之德了，人的本真失去了。唐力权先生认为，场有哲学关于始德、元德的分别，是“《道德经》哲学最洁静精微的地方，亦是千古以来最为注释家误解的地方。”[①] 重要的还在

① 唐力权著《周易与怀特海之间——场有哲学序》，辽宁大学出版社，1991，第175页。

于，以往的注释家都把“常道”的“元德”固定在时间之流的起点上，而事实上“始德”“元德”并不属于某一时间的起点，而是贯彻着整个无始无终的时间之流的。因为，《老子》哲学承传的是自泰古人的思想传统，而在泰古人的素朴体验里，宇宙创生实际上是存在或场有的开显，同时也是常道的开显。而场有的开显始于原始的混沌意识，这样场有权能所本的“常道”权能却是运行于每一事物之行中并成为场有的根据。始德、元德就是内在于场有者每一行为的玄妙的德性。在中国哲学史上，儒家的“诚明之道”的心性道德源于“常道”的“元德”，而道家的“虚灵之道”则本于“常道”的“始德”。这就把儒、道所讲的“德”俨然区别开来了。“失道而后德，失德而后仁”等等，所说的“德”正是在天地分判、文明形成之后，大道丧失了而有了名位语言、权力结构所主宰的“元德”。显然，回归常道之“始德”，才是道家所追求的境界。《老子》由此主张要“复归其根”，意思是说，“道身”要通过精神生命的净化来回归到“根身”原有的自然生命的纯朴，即找回“始德”。《老子》又说“复归婴儿”，这是指“大人意识”向原始混沌的婴孩意识的回归。以往注家通常把“失道而后德”之“德”理解为伦理道德之“德”，即大道丧失了，才彰显仁义之德，这显然是一个很大的误解，尽管此德与“元德”有关，但此“德”的范围显然非常狭窄。

需要进一步讨论的是，《老子》所说的这种“返朴”或“复归”是否可能？一般的注家对此是不大关心的，而场有哲学则在此做了非常详密的考察和分析。《老子》说：“由今及古，以阅众甫”，这里所说的“古”，在场有哲学看来，就是指原始混沌的婴孩意识。“由今及古”就是大人意识向婴孩意识的回归。“由今及古”，是意识的向朗，而“由古及今”则是意识的返朴。唐先生认为，返朴或回归之所以可能，是因为“向朗”是一个由潜意识向朗意识发展的过程，当原始混沌的婴孩意识通过原始时空综合发展为大人意识后，“向朗主体诚仪隐机的生命历程仍以不朽待用的客身潜存在大人意识的生命里而为逝去纯朴意识心态的痕迹，这就是回归思想所赖的原始与（材）料了。”[①] 也就是说，“向朗主体”完全可以在大人意识中回忆原始混沌的婴孩纯朴意识。至于为什么一定要回归，那是由“道身”与“根身”的超切关系决定的，“道身”只有通过“返朴”“回归”的方式才能使精神生命得以净化，从而达到“根身”原有的纯朴境界。“道身”既可超越“根身”而又不离“根身”，因其要净化所以要超越，又因其不离“根身”所以要回归。这是对《老子》“复归其根”思想比以往更为深层的解释。

总之，从场有哲学的根身性相学来重新认识《老子》的道论，我们心中会呈现出一个全新的《老子》。“道”是“无相的实有”，是中国哲学的存在论；“相对相关性”是场有哲学的场性，非实体主义是其基本的特征；道体是有与无、蕴与徼一体之两面；有无、蕴徼、始德和元德等，都是超切的关系。从这些方面把握老子的道论，不仅能重新认识老子，而且能更准确地把握中国哲学不同于西方哲学的特点，这就是：中国哲学的主客同一和功能性智慧，中国哲学的“道的理性”而非“逻辑的理性”，中国哲学本体“道”的非实体性以及以“广义的行为体验存在，体验本体”的方法，正是中国哲学不同于西方哲学的重要特点。

（本文作者：陕西师范大学哲学系教授）

① 唐力权著《周易与怀特海之间——场有哲学序》，辽宁大学出版社，1991，第155页。

老子的“无为”哲学及其管理思想探析

王宏波

老子的“无为而治”的思想，较多的被理解为顺其自然，不加干预；还有的误解为无所作为的消极内涵。如果说顺其自然是无为而治的主旨，那么人性的自然是什么，人有七情六欲，满足欲望是人性的自然规律；但老子多处论及欲望可以扰乱民心，要清心寡欲，淡泊明志。可见这种理解也不是全面的、准确的。关于将“无为”理解为“无所作为”更不合老子本意。无为而治，仅就字面含意而言，无为而治的一种方式，是治的一种状态，可见无为之中是有所作为，而非不为、无所作为。

具体来说，我们理解老子的“无为”思想首先要应用老子关于有无关系的转化思想。老子说，有无相生。意思是说，当说到有时，一定存在着无，当说到无的时候，一定存在着有。两者相互规定，相互生成。老子所列难易相成，长短相形、高下相盈，音声相和、前后相随等可以认为是有无关系的具体表现形式。

有无关系实际上是肯定和否定的关系。老子说，美的之所以是美的，是相对于不美而存在。老子还说，“大道废，有仁义；智慧出，有大伪；六亲不合，有孝慈；国家昏乱，有忠臣”。这些都是相反相成的。智慧与虚伪，孝慈与家庭纠纷，国家混乱与忠臣之间都是相互作为对方的存在条件。社会对于某种德行的提倡和表彰，正是由于社会特别缺乏这种德行的缘故。

根据老子有无关系的思想，对于老子思想中的主要范畴要从肯定和否定两个方面去把握，既要从正面去把握，更要从反面去理解，用其否定的含义规定其所肯定的含义。这就是老子“正言若反”的方法体现。

对于“无为”要联系“有为”“所为”来研究。无为中包含着有为、所为。如果理解了有为、所为的涵义，则无为就相对规定了。根据古代社会历史结构状况，要确定有为、所为的含义，必须联系到古代社会历史的主体，即君臣与民众，这样，就有了君臣所为与民众所为两类。

就君臣与民众来说，君臣的无为相对于民众的所为。所谓无为而治，是就治民而言，是针对子民的有为、所为而言。它是指这样一种状态，即社会基本成员群体，民众的行为纳入一种社会规范，消除了民众越轨行为的动机。所以君臣泰然处之，安详无事。这是因为君臣的有为在于治乱、治国、治民。民不生事，则臣无所事事；臣不生乱，则君无所事事。所以老子说：“为无为，事无事，味无味。”即是说，把无为当作为，把无事当做事，把无味当做味。无为而治的无为首先是指治的一种状态，即臣不生乱，民不生怨的状态。对于这一点，先秦诸子的韩非有深刻见解，他论述了无为的政治原则，其主要思想是各处其宜，使物者有所宜，材者有所施，做事各处其宜，才能上下无为。这是指万物都有它适合的位置，才能都有它施展的地方，各人都处在自己合适的位置上，君臣上下都可能不至于劳神伤力。韩非从老子无为的思想中引申出秩序的思想，并借以来论证自己的政治思想，对于我们今天的社会无疑是一种思想的启迪。在一个运动有秩序的社会里，统治者、管理者没有什么例外事件、越轨事件需要处理的，可以说无可为。若君臣有所努力，则忙于治乱，急于平怨，就说明社会运行秩序不正常，他们要忙于维持社会运行的秩序。

所以，无为而治首先是指创造了一种良好的秩序。有了秩序，就达到了无不治的状态，此乃第一层含义。

怎样才能达到一种秩序，老子说要“事无事”，在无事时考虑到有事，在无事时消除生事的根源，并且指出合抱之木，生于毫末；九层之台，起于累土；千里之行，始于足下，其脆易泮，其微易散。事务脆弱时容易消解，事物细微时容易打散。要为之于未有，治之于未乱；事情没有发生之前就处理妥当，在祸乱没有产生之前就加以治理。所以，事无事，为无为。当防患于未然，能高枕于无忧。若治之于未乱，则无乱，君臣亦无为。

所以，无为而治乃为之于未有，治之于未乱，此乃第二层含义。

要创造一种良好的秩序，亦即建立一个合理制度，是君臣之所为，做到这一点就达到了无为；要为之于未有，治之于未乱，就要有先知之明。根据什么创建一种秩序，根据什么做到先知之明，最根本的在于对道的把握和理解，此乃无为之第三层含义，也是最深层的含义。

“道”是什么？老子说：“道，可道，非常道。”道乃天之主宰、众妙之门，却玄之又玄。若把握了“道”，可运用自如，游刃有余、济世达人。如何把握“道”呢？老子认为“道”虽难以言说，却也有端倪可见，有规律可循：“反者道之动”也！

从认识的层面上分析，“道”有自在之道和可道之道（可言说、可表达之道）。自在之道是原本意义上的、不受观察者影响的、独立自在的道；可道之道是可以言说和已被言说之道。这种区分已在此岸与彼岸之间划分一条界线。如果坚持这种界说，则有此岸之道与彼岸之道的区别。这样就进入了二元论。老子并没有这种思想。老子认为道是天、地、人之主宰，道生一，一生二，二生三，三生万物。万物都统一于道。所以，停留于此是不合老子本意的。

老子承认有可道之道存在，却又否认二元论的划法，那么怎么从可道之道通向自在之道呢？看来，离开了“可道”的环节，即离开人、离开人的认识再无他法，因为若离开“可道”则没有认识，亦则没有认识主体，也无人类，即无老子本人，那么就等于取消了认识问题，也就不会有关于“道”的问题。所以尽管可道之道不等于自在之道，还是要通过可道之道去逼近自在之道。

如果我们仅仅理解到“道是可道的，但可道之道是非常道”这一层次，那么道永远是无法把握的。因为可道之道属非常道。一个否定连接词的运用，使道的内涵具有模糊的、随机的、不确定的性质。然而，如果我们把思维的指向逆转，当我们能够确定“常道”的涵义，那么对一个确定命题或概念的否定，就转化到对立面的位置，从而一个不确定的涵义就有了确定的涵义。所以，这里的思路是先确定“常道”，再探讨“非常道”，进而深入于“道”。

“常”在中国文化的范畴内至少有三种解释。一曰“平常”“熟知”“平凡与常见”，总之是指身边经常发生的，且重复发生的事件，对于认知者来说司空见惯而已。相对于平常事件有平常的道理，即常理。二曰“真实”“原本”“实在”，用西方哲学的语言来说，属于个别中的一般，具体事物之内在理念。这种内在理念反映事物本质、支配事物运行，可称之为“本真之道”。三曰指恒久的存在，不变化的状态。有所谓“天不变，道亦不变”，即可推出有“不变之道”。从此三种解释出发，相应的有三种否定的规定，以及对于道的三种理解，即引出根本之道、整体之道，可错之道，可变之道。进而可以扩展出它们对于管理思想的启迪意义。

相对于“常”的第一种意义，“非常道”是对“寻常、熟知、平常”的否定。所谓道，可以理解为非熟知的东西，并非指经常遇到的，经常观察到的东西。通过直观，可以把握的、经常发生的事件、日常的现象，是可以言说的，可以转述和表达的。但这些都不是道。道是本质，道是一般，不是个别，也不是现象。道藏于内而显于外，但表现出来的，映现在感官中的并不是道。要把握道，需要透过现象见本质，需要通过思维的加工作用，需要由此及彼，由表及里的改造制造功夫。不仅如此，即使是经过了思维抽象，但其所把握的也并非道之本身。相对于平常的事件，可能抽象出平常的道理，即“常理”。对于同一事件，从不同角度出发，可以有不同的认识，可以揭示出事件、事物的不同侧面的属性和性质，对于事物的同一属性或性质，参照不同的价值坐标，也可以赋予其不同的价值属性，以至导出不同的行动方案。这些在常识、常理的范围内都是正确的。正是这些从各自的角度出发，参照各自的价值坐标，推论出各自的行动方案都是有根据的，符合逻辑的，不违背常理，但是相互之间却经常是冲突的。如果管理者的思维停止在“常理”的平台上，面对各种分歧的意见会一筹莫展，左右为难，难以决策。所以，掌握了平常事件的平常道理，即常理，或“常道”，并不能作为管理者的决策依据。管理者必须超越常理，探索“非常道”。这里所谓“非常道”是指并非寻常的道理，也就是指称那些不是平常事物的事理、道理，而是主宰万物运行的根本之道。

说“道”是宇宙万物运行的根本之道，是从宇宙的总体运行去说的，它是朴素的宇宙整体论，是对宇宙总体运行的整体规律的朴素表达。就整体而言，它有层次之分。宇宙是一个整体。任何一个管理系统都是一个整体，在其各自的层次上都有其整体性规律。但就整体性规律而言，它仍然是当代的科学问题。中医对人体是整体把握的。中医虽有阴阳五行学说为方法论基础，但现代意义上的中医理论还未完成，从西医的角度看，尽管可以把人体脏器的每一部分都可以解剖的十分清楚，但诚如黑格尔所说，砍下来的胳膊只具有“尸体”的意义，再也不能被当做胳膊对待。因为其整体性的联系已被割断。现代系统论已经说明，整体由部分组成，整体性规律不同于其构成要素的规律。其中的关键是，在整体中，除了要素自身的规律之外，还有规律之间相互联系的规律，要素之间相互作用的规律。这种元素自身的规律，元素规律之间联系的规律总和就构成事物运行的整体性方式和特点。道可以理解为事物整体性规律，宇宙的整体性规律，宇宙的根本之道，就是整体之道。把握了整体运行的规律就是把握了道。

相对于“常”的第二种意义，也就是相对于“真实”“原本”“实在”来说，“非常道”就是指称那些对事物、事件、对世界之说明的理论中有“假定”“假象”“虚夸”的成分或因素。换句话说，可言说或被言说了的“道”已经渗入了言说者的主观意图，先入为主的理论以及情感因素。即关于“道”的说明中渗入了“非道”的因素，主要表现为主体的因素。这说明“道”的客观性已受到扭曲，已经是“非常道”了，如果说，“常道”是指“真”“本”“实”，那么“非常道”中定有“虚”“假”“曲”之因素。就可道之道即已被表达之道来说，一定不是“真、本、实”之道。它是可错之道。笔者认为，所谓“真、本、实”之常道，就是整体之道，平常实践中的认识都是对整体之某环节、某方法的认识，所以是部分之道，当然不是“真、本、实”之常道。就整体之道而言，它就是根本之道，真实之道。也就是说，只有整体之道是原本的、真实的、实在的，而部分之道乃非常道。实际上也是如此，整体决定部分，只要整体的结构存在，只要整体规律在起作用，那么不管元素、部分如何更换，整体依然是整体，亦即虽然部分在变，整体却相对不变，西方思想强调分析性，强调部分构成整体，中国文化强调综合与和谐，强调整体规范部分，不论重点所在有多大分歧，但都承认整体优于部分，整体规律支配部分规律。所以从认识的角度看将整体之道赋予“常道”之内涵是可以成立的，并不违背老子关于“道”的模糊规定。

把握事物系统整体运行的方式，可以认为是对“道”的一种理解，只要把握了事物的整体之道就可以做到无为而治。古代先贤对此有充分的议论。先贤们认为为君之道的根本是识大体，弃细务，即把握整体规律。老子也曾以他自己的说话方式论证了这个要点，他说：“以正理国、以奇用兵，以无事取天下。”就此论点，荀子也曾发议论：“人主者，以官人为能者也；匹夫者，以自能为能者也”，所以，知人者，王道也；知事者，臣道也；无形者，物之君也；无端者，事之本也。鼓不予五音，而为五音之王，有道者不为五官之事，而为理事之王，君守其道，官执其事。这是说知人、用人的君道。汉高祖是君道高手。他总结自己君道经验时说，运筹帷幄之中，决胜千里之外，我不如张良；安邦定国，安抚百姓，供应军需，保证粮道通畅，我不如萧何；统领百万大军，战必胜，攻必克，我不如韩信。这三个人都是人中的精英，但是我会使用他们，这就是我夺取天下的资本，汉刘邦如是说。所以掌握了君道真谛之人，不去做文武百官各自负责的具体事情，才可以有效地君临天下。这些古代帝王的管理经典，今天从哲学思想和管理思想的角度加以扬弃，对今人确有很深的启迪。尤其对理解老子的无为而治思想，无疑是作了很好的一个注解。将老子的思想与古今贤哲的议论联系起来思考，可以认为，但凡一个组织的主要领导，一定要定位于系统整体的层面上，注意环境的变化，注重组织内部关系的调整和人事的安排。其中最为重要的是那些靠观察不能直接把握，而需要思维才能理解的内部关系的协调状态，这是其始终注意的焦点。作为主要管理者，要始终抓住系统运行，始终关注、研究这一整体性规律，就是说要高屋建瓴，关注中介联系，总揽系统全局。

相对于“常”的第三种含义，即相对于“恒久”“不变”来说，所谓“非常道”是指“道”不是永久不变的，而是变化、发展的。所谓恒久的不变的“常道”是不存在的。中国古代有《易经》，易乃变化，易经乃变化之原理。“变”是世界万物的一种原则。有人说，世界万物万事都在变化，唯有主宰万物变化的规律是不变的。这也并不全对。如果“变”是一种原则，那么，就不仅事物本身在变，主宰事物变化的规律也在变，一切都在变。如果支配事物变化的规律不变，事物却在变，那么这种变只是在一个固定的模式中的变，这种变还是有限度的变，有限度的变就是不变，这就是固定化、凝固化、僵化了。按照老子的意蕴，主宰天地万物的“道”乃“非常道”，不是恒久不变的“道”，“道”本身也是变化的，这样我们的思想便从事物的变化进展到了“道”的变化，支配宇宙总体运行规律的变化，系统整体运行规律的变化。说事物是变化的，人们常常容易接受；但说支配事物变化的规律也是变化的就不容易接受。老子说：“道可道、非常道”，它所强调的“非常道”，其中就有道本身变化的含义。把握了这点，我们还能把什么能理解为固定不变的呢？如果事物、规律都处于变化之中，那么我们的管理原则、管理方式还能固定一种模式吗？显然不能，认识到管理活动是一种不断变化更新、发展的活动，管理科学是一种不断发展的科学，管理也是在不断变化之中。古代的管理原则不能用于现代，中国的不适用于外国，同样完全照搬外国的管理模式，而不顾本国的实际情况，也是行不通的，至多是一种不结果实的花朵。“橘生淮南则为橘，生于淮北则为枳。……所以然者何，水土异也”。管理理论也是如此，因为系统性质不同，故管理原则亦不同，所以，没有适用于一切情况的管理，也没用适用于所有系统的管理理论与方法。

相应的，按照变的原则，适应变的趋势，就能做到无为而治；相反，如果以“不变”去限制变，以固定的模式去约束发展的现实，看起来有很多丰功伟绩，其实是在帮倒忙，势必出现越忙越乱，越乱越忙，其结果事功倍半矣！结论：做了反而不如不做！

这里，我们强调“适应”变的趋势，它与顺其自然有严格的区别。顺其自然，即顺从变的趋势，这是“顺应”。顺应者也，先顺后应，变化在先，反应在后，跟着变化，尾随变化，这是绝对的客观主义，缺少了人的主动性。所谓“适应”者也，它有预见变化，引导变化之功，是走在变化的前面，不是跟在变化的后边。只有预见变化，在变化行将到来之际已调整好姿态去迎接变化，才能引导变化。所以领导者判断形势，引导形势，在变化面前才能应对自如，处变不惊。只有做好了迎接变化的准备，才会感觉到没有显著的例外之变，才能实现无为而治。就此而言，再次说明，无为不是无所作为，而是为在“变”前，不是“变”到才为。若“变”到才为，似乎大显神通，实则手忙脚乱。若为在“变”前，则秩序井然，似乎无“变”，似乎无为。

（本文作者：西安交通大学人文学院教授）

《老子》的辩证观

张茂泽

《老子》一书包含了丰富的辩证观材料，这是大家公认的事实。我将这些方面的思想内容称之为辩证观。本文即对其内容、特征和意义进行分析。

一 《老子》对辩证运动本体的直观

辩证法是对本体运动规律的逻辑揭示。在黑格尔那里，辩证法本来属于形而上学，是本体运动的内在逻辑。这种逻辑表现出来，可以成为世界运动变化的规律。所以，辩证法首先是针对本体而言的。《老子》"道"的特征，如果要在本体和现象之间选择，那么可以断定，主要是本体特征。

《老子》二十五章这样描述"道"："有物混成，先天地生。寂兮寥兮，独立而不改，周行而不殆。可以为天地母。"可见，道有以下特性。

第一，先天性或潜在性。就"先天地生，寂兮寥兮"的命题而言，如果是就生成说，则表明道有先天性；如果是就隐显说，则道有潜在未显性。

第二，实在性。就道"独立""周行"说，道"独立"不倚，而最“独立”者非实在性莫属。

第三，普遍性。“周”，遍也，普遍的意思。说明道还有普遍性。在另一处，《老子》七十三章用“天网恢恢，疏而不失”来形象比喻道的普遍有效性。

第四，永恒性。就道“不改”“不殆”说。“不改”，不变化，“不殆”，不止息。不变化，不止息，非永恒性莫属。

第五，运动性。“行”，运动。“不殆”，间接说明运动不息。说明道有运动性。辩证法就是对运动规律的总结。

第六，《老子》的道还有价值性。换言之，道还是价值本体，以此而支撑了《老子》的整个价值哲学思想体系。它揭示出道的辩证统一的本质特征是和、正、善、公、平、利等。世界万物辩证统一的状态是“和”。这种“和”的状态在本原处就有表现，“万物负阴而抱阳，冲气以为和”①。清静自正，是道的基本特性。它又认为“容乃公”②，天道就像张弓一样，“高者抑之，下者举之。有余者损之，不足者补之。……损有余而补不足。”③ 这又表明，道有公平的特性。道是“善人之宝，不善人之所保。”④“天道无亲，常与善人。”⑤ 既然如此，如果“道”无善性，将是不可能的。由此可以推知，《老子》所谓“道”是善，而非无善无恶，更非恶。“天之道，利而不害”⑥，说明道的本质功用只是利，而非害。

道作为本体，有运动性，有价值性。这一点，和古希腊哲学所谓存在本体显著不同。巴门尼德所谓存在，是一，无矛盾，静止，不运动。他们理解本体就是静止不动的抽象物，并无价值色

① 《老子》四十二章。
② 《老子》十六章。
③ 《老子》七十七章。
④ 《老子》六十二章。
⑤ 《老子》七十九章。
⑥ 《老子》八十一章。

彩。而运动的现实世界与本体正好相反。《老子》则将“道”理解为普遍、永恒而又运动的实在，体现出在源头上中西哲学就有同有不同。

黑格尔的绝对精神虽然也运动，但那只是理念的抽象运动，展开的只是抽象的逻辑环节。不像《老子》的道是“实有物焉”的东西在运动，并形成前后相续的历史过程。这表明《老子》的道本体不只是单纯的逻辑抽象，而且还是实际存在的某混成之“物”。而“道”的运动就不仅是逻辑的运动环节，而且是实实在在的、体现在时间中的运动历程，即事物的运动过程、人生的运动历程、社会历史的运动过程等。

过去有些学人由此得出结论：《老子》的道不是最抽象的东西，逻辑地位没有西方哲学所谓本体地位高。或者说，《老子》哲学抽象性不足。这实际上是站在西方哲学立场，以西方哲学的本体为标准，衡量、评判《老子》的“道”论，潜藏着西方哲学中心论的价值观。

现在我们完全可以比较中性地看这个问题。与其说《老子》的“道”抽象性不足，还不如说它既抽象，又具体，是抽象性和具体性的统一，也表现为永恒性和运动性的统一。这种统一正是古人强调的体用不二、形上形下不离的辩证思维的集中表现；如果这是真的，则它反而可以说是以《老子》为代表的中国哲学的优点。

黑格尔辩证法作为绝对精神运动的历程，也是抽象和具体的统一。但在他那里，这种统一必须经历无数“正→反→合”的过程。完成了这一过程，才达到抽象和具体的统一。可以断言，在没有走完这一历程时，抽象和具体就不统一。换言之，即使在黑格尔那里，抽象和具体的统一都不能说是本体的本然状态。况且，黑格尔的辩证法恰恰是针对此前西方哲学抽象的本体论而立论，目的之一，正在于克服体用割裂的弊端。黑格尔的努力，正好也从反面说明西方哲学体用割裂根深蒂固，难以克服。即使聪明如黑格尔都没有完全从形而上学思维方式的泥沼中拔出双腿来。真正克服这一毛病，要到马克思的时候。但以《老子》为代表的中国哲学，从一开始就将本体锁定为体用不同而不离、不一而又不异的结构关系。而探讨体和用的辩证关系，形成体用辩证法，正是中国辩证法中最有特色的思想内容，甚至可以说是中国古代朴素辩证法对世界哲学的不朽贡献，有普世价值。

在《老子》那里，道是抽象性和具体性的统一，还表现在“道”的世界地位上。根据《老子》界定，道是世界的本体，又是世界的根源。本体地位和根源地位一身二任。从本原角度呈现了道体用不离的性质。同时，虽然道既是本体，又是根源，但两者相较，本体第一，根源第二。何以为证？《老子》一书直接讲生成根源虽然有几处，但更多的内容是展示“道”的实在性、普遍性和永恒性。而且其中有一处明确说“可以为天地母”。金岳霖曾说过，“可以”是逻辑上的说法，即可以如此而不矛盾；但事实上未必如此，如“金山”之类。以此理解这句话，“可以为天地母”，即逻辑上可以充当世界的根源，但不直接等于事实的根源。这就从侧面证实了《老子》书中“道”的本体地位比根源地位更加突显。也只有《老子》有本体地位的“道”，才能深远影响中国思想几千年。

二 《老子》一书里的辩证范畴

《老子》提到了哪些辩证范畴？就其思想核心而言，主要范畴是自然、自化、自正。照黑格尔看，绝对精神自身要经过外化而后复归的正、反、合三阶段。《老子》只是浑融地描述道体运动三个阶段的合一过程，它称之为“自然”“自化”“自正”。或可以这样理解，自然是从“道”自身角度描述这一辩证运动过程，自化是从外化角度描述这一辩证运动过程，而自正则是从复归角度描述这一辩证运动过程。

与此相关的是，自然世界里无为与无不为的统一。“道常无为而无不为。侯王若能守之，万物将自化。……不欲以静，天下将自正。”[①] “为”，有意识、有目的的行为活动及其后果。“无为”，无意识、无目的、无行为，可以看成是从负的角度描述“自然”的本然状态。“无不为”，乃从负的角度描述自化、自正的现实世界。

关于从属于“三自”范畴的其他辩证概念，《老子》提供了不少，说明《老子》的作者对自然或道的观察深入而颇有心得。或可这样划分这些辩证概念。

1. 自然概念

这又可以划分为几类。

第一，有无。除了“有无相生”[②] 说外，还有“玄德深矣远矣，与物反矣。”[③] “无”深远，抽象，可谓后来哲学家所谓“体”，而物浅近，具体，有如后来哲学家们所谓“用”；“反”，指体用两者性质、功用相反。有无是我国早期的抽象和具体、体和用的观念形态。

在《老子》看来，两者之间的关系有这样几个方面：一是相生和相成，如“有无相生，难易相成”，指有和无两者互相生成，有相辅相成的意思；二是相反和相对，指性质和功能作用相反。结合《老子》全文看，其实是指人们以经验眼光观察，两者似乎相反。如“上德不德，是以有德。下德不失德，是以无德。上德无为而无以为，下德无为而有以为。”[④] 上德和下德，也是层次性

---

① 《老子》三十七章。
② 《老子》二章。
③ 《老子》六十五章。
④ 《老子》三十八章。

的辩证关系。虽然都属于德，但两者在某些方面是相互反对的。三是相连或相和。“贵以贱为本，高以下为基”[1]，反映了贵贱、高下之间基础与上层的统一关系。在天与人、自然与社会、无为与有为等之间，实际上也是这种关系。

第二，长短、高下、前后、始终、古今、生死。这反映了自然界万事万物之间的辩证关系，包括时间上“相随”和空间上“相倾”的辩证观念。相随是时间上前后的统一，相倾是空间上上下、内外、左右等的统一，合而言之都是辩证统一。

第三，同异。《老子》发现了两种情况：阴阳、刚柔、雄雌、母子，是自然和社会中成对的性质相反的事物的辩证关系；音声，虽然是一对，但未必相反的类别观念；名实，也是一对，但属于表达世界中的辩证关系观念。如同出、同谓而异名，即外延、内涵相同而名称不同，即名同而实不同。同异之间的关系，可以用《老子》描述音声关系的“相和”来概括，即在性质、结构和功能上是辩证统一的关系。

需要指出的是，同异属于类别观念；而类别观念是逻辑推理的认识基础。在逻辑学不发达的情况下，辩证观念具有朴素性。《老子》在描述音声关系和时间、空间关系时，并没有截然分开。这说明，《老子》并没有像西方哲学家那样将性质和时空对立起来思考。或者说，《老子》所言的性质、功能等，都是具体事物的性质功能；这些性质功能是否能够离开具体事物而独立，在《老子》看来并不成为问题。它的辩证思维是朴素的但也是深入骨髓的：从逻辑起点——问题上，已经是辩证的了。

第四，损益。道和非常道、名和非常名、玄与又玄；常与非常；无与常无、有与常有；一与众等等。一方表现出“损”的特征，另一方表现出“益”的特征。损和益的意思，既可以是事物

① 《老子》三十九章。

或人修养不同层次的递进或倒退，也可以是事物或人修养的增长或衰减。而“玄之又玄”体现出道的层次递进的关系；“为学日益，为道日损”则表现了《老子》对人修养上的损益特征的认识和要求。

但有两点需要注意：其一，无论损还是益，无论递增还是倒减，都是既有损，又有益，是损益的统一。“物或损之而益，或益之而损”[①] 说的正是事物运动的这种情况。其二，发展是辩证法的核心内涵，递增和倒减观念正可以看成是发展观念的抽象形态。比如，《老子》发现，“道→德→仁→义”是一个道的倒减过程；而“不仁”→“仁”→“失仁”则是“仁”的运动过程；“失仁而后义”[②]，则是仁义之间的转化运动过程。

2. 价值概念

美信关系，如“信言不美，美言不信”[③]，说明在现实世界里，人们对两个积极价值如美和信的认识和实践之间，并不能做到真正的统一。这能否说明在现实世界里，有些积极价值之间并不相容呢？不一定。因为，在《老子》那里，道或近于道的价值词，如和、公、正等价值就能够统一起来。由此可见，在《老子》看来，不同积极价值之间的矛盾，不是在这些积极价值之间存在着不可调和的矛盾，而是人们对这些积极价值的认识和实践不到位。直言之，就是对道的认识、觉悟和遵循不够。

《老子》发现的价值论上的辩证概念，又可以划分为价值评价概念和价值实践概念两类。

价值评价的辩证概念有强弱、富贫、寿夭、久暂、福祸、善与不善、美恶、难易，等等。它们又存在两种不同情况：

一类是人们追求幸福，但难以得到幸福；那就别再追求这样

① 《老子》三十二章。

② 《老子》三十九章。

③ 《老子》八十一章。

的目标，或者说对所谓幸福的意义进行重新理解。《老子》感叹："祸兮，福之所倚；福兮，祸之所伏。孰知其极？"[①] 现实世界里，人们祈福避祸，往往难以如意。为什么呢？因为祸福之间本身会相互转化。稍微留意，人们会注意到，祸害边或许有幸福的因子，幸福下面可能隐藏着祸根。祸福两者之间似乎并不是体用关系，所以，没有"极"（本原、标准、理想）；既然没有极，当然就没有人知道极是什么了。这样，祸福的辩证关系便如自然的作用力和反作用力之间的关系，没有方向、目的、标准，并没有发展的必然性，结果或许是互相抵消。

另外一类价值关系是人们可以追求到，如强大、富足、长久、长生等。《老子》说："胜人者有力，自胜者强。知足者富。强行者有志。不失其所者久。死而不亡者寿。"[②] 而这种追求则有其规律性。把握这些规律进行修养，最重要的是超越一般经验认识和现实社会价值标准，上升到更加普遍、更加深入的"道"的境界。这意味着，比如，强大、富足这些价值标准，将会发生根本变革。真正强大的力量不是体力、军事实力这些物质实力，真正富足的不是金钱、财富、珠玉这些物质性的东西，而是"道"本身，是"道"支持的人生，也就是人们认识、觉悟、掌握了道以后的生产生活活动。有道的人生，才可能是真正幸福的、强大的、富足的人生。这就超越了现实人们经验认识和价值标准的局限，为现实的人们追求理想的生活指出了根本的、更有普遍意义的道路。

价值实践概念则有尚与不尚，贵与不贵，见与不见；虚心实腹，弱志强骨，守柔守弱。具体来看，就尚与不尚这一组而言，照《老子》看，"尚贤"是现实社会的人们进行价值实践（价值理想追求、价值选择、价值活动在内）的现象和倾向，"不尚贤"是

---

① 《老子》五十八章。

② 《老子》三十三章。

《老子》认为的理想社会里人们进行价值实践的现象和倾向。之所以以此为理想，是因为《老子》发现了“不贤→贤→失贤”的关于“贤”的价值辩证运动规律。根据“贤”这一价值的辩证运动规律，贤与不贤会相互发生转化，而抑制贤向失贤转化的根本办法只能不贤；况且不贤还和道有直接的内在联系呢！于是，尚贤和不尚贤的辩证统一，自然倾向于以不尚贤统一尚贤。再就虚心实腹而言，虚是“道”的性质，实是物的性质。身体占有物质，精神则被“道”占有；在《老子》看来，这似乎是比较理想的人生状态。

3. 修养概念

关于修养活动中的辩证概念，则有道与德，争与不争，欲与无欲，知与无知，情与无情，为与无为，成人与婴儿等。

这些概念的意义，还可以进一步分析。比如，关于“知”，在《老子》那里就还可以更细分为“小知”与知、知一般的道理与“知常”，如“知常曰明”“知常容”[①] 等。在这种情况下，知与无知的辩证关系，也应具体化为无知与小知、知一般的道理的关系，具体化为无知和知、知常的关系。前者接近于《老子》的“复归”式，而后者则接近于黑格尔所谓同一关系。

关于修养辩证概念的统一，依照《老子》看，应为争无争、欲无欲、知无知、情无情、为无为、成人反成婴儿等。仿照“为无为”说，则“知其雄，守其雌”，即雄无雄，即雄其雌也。雌、弱、无争、无欲、无情、无为等，皆道的别名。换言之，争、欲、知、情、为等追求活动，皆应指向道，而不是世俗的功利物。而统一起来的修养概念，在时间上也会具有道的永恒性，表现为人生的“没身不殆”[②]。即是说，人的身体会结束，但他留下来的精神依然影响着后人，换言之，他所认识觉悟的“道”却永不停息。

① 《老子》十六章。

② 《老子》十六章。

这是《左传》“立德”“立功”“立言”三不朽思想的道家表述。

三 《老子》的事物转化观

《老子》进而揭示了“道”的运动的转化规律——“反”，如“正言若反”之类。他还说：“反者，道之动。弱者道之用。”[①]“反”就是向着相反的方向转化，“弱”就是无力的样子，指“道”具有抽象性。这说明《老子》认识到辩证运动规律是抽象的，非人的感觉、知觉所能把握；它也认识到事物的运动规律主要特征是一种“反”的转化形式。

转化是事物运动的形式。它指一事物自身的演变、发展和衰亡过程，也指一事物转化成为另一种存在形式的事物，如水变为蒸汽或冰。关于事物的运动转化，《老子》特别发掘出几种事物运动转化的形式。

一是“无正”式。AB 二事物，相互转化，并不以哪一方为主。如祸福相倚，对于两者互相转化的最终方向，《老子》比较慎重，以为“孰知其极”，还进一步断定其“无正”。以现在的科学眼光看，“无正”式转化，多为无生命事物的转化形式；偶然性在其中占据重要地位，人的主体性地位不高。

二是“复归”式。AB 二事物，A 转化为 B，如万物复归于无极。在这种形式里，B 总是道，或者是道的存在形式，或者是指向道的事物，A 则总是作为道所“生”的事物而围绕道而运动、转化，“道者万物之奥”。[②] 这种辩证形式，可谓后来体用思维的萌芽；和儒家的体用思维可以互相沟通。后来理学家受到《老子》的影响，有体用思维色彩的“复归”式，便成为其主要的思想内容。

---

① 《老子》四十章。

② 《老子》六十二章。

三是“相和”式。AB二事物，并不互相转化，但也处于一种辩证统一的关系中，如“音声相和”，共同构成道的世界整体。在“相和”式里，有两种情况：其一是道自身就是“相和”的，与人的主体性无关；其二是人通过“道”的修养而达到“相和”境界，如长生久视，如小国寡民等，人的主体性实际上已经挺立起来、突显出来。儒家其实也受到了这一思想的影响，如孔子的“和而不同”思想、《中庸》的“万物并育而不相害”的“中和”思想等，就是代表。

可见，《老子》的转化思想借助儒家的主导地位，而逐渐演变成为中国古代辩证思维的主要思想内容，构成古代体用、和而不同辩证思维的主体，值得充分肯定。

关于事物的转化问题，《老子》还认识到事物转化的条件。它发现的这些条件有客观条件，也有主观条件，还有主客观统一的实践的条件。但所有这些条件能够起作用，又都以道的存在及其作用为终极的、最初的逻辑前提、依据和现实的支撑。在这个意义上，可以说，转化条件能够起作用，转化规律能够成为规律，端赖道的支持，甚至可以说就是道自身的规范性在现实经验世界的表现。如果这一推断能够成立，则由此也可以说，将《老子》的“道”理解为只是我们经验能够认识到的事物运动规律，就只见到了“道”的表象，而没有见到其本真。同时，也说明《老子》关于转化的思想，主要的方面，仍然是体用思维和和而不同思维，“无正”式不占主导地位。

四　“若”的辩证意义

《老子》对道的不同于现实世界的特征很清楚，非常自觉。他说，他为了表达“深不可识”的道，只能“强为之容”。有哪些？“豫兮若冬涉川，犹兮若畏四邻，俨兮其若客，涣兮其若凌释，敦兮其若朴，旷兮其若谷，混兮其若浊，澹兮其若海，浑兮其若止。”[①] “众人皆有余，而我独若遗。”[②] “明道若昧，进道若退，夷道若类，上德若谷，广德若不足，建德若偷，质真若渝，大白若辱，大方无隅，大器晚成，大音希声，大象无形。”[③] “宠辱若惊，贵大患若身。何谓宠辱若惊？宠为下，得之若惊，失之若惊，是谓宠辱若惊。何谓贵大患若身？吾所以有大患者，为吾有身；及吾无身，吾有何患？”[④] 后人仿照此思维方式和表达方式，而有“大智若愚”等说法。

“若”正是《老子》为了描述道而常常“强”而用之的词语。从辩证法角度看，“若”一词在《老子》一书中有其特别的意义。其实质是现实的人缺乏道的眼光，因而混淆黑白的表现。

它还进而提出了“明道若昧”[⑤]、“大成若缺”，“大盈若冲”，“大直若屈，大巧若拙，大辩若讷”[⑥]，“正言若反”等辩证命题。“若”，像也，似乎也。总结这些辩证命题，我们可以发现，有以下特点。

第一，辩证命题中“若”的前置词总是“道”，或与“道”相关的性质、功能、作用，其后随的总是现实世界的东西，而且与经验认识、世俗的价值观相联系。意思是，以现实的经验眼光看，对象似乎有缺陷、不足、弱点；但其实并非如此，甚至完全与经验认识相反，与世俗的价值观相反。

第二，在认识方法和表达上，自上而下地看，由道的角度看现实世界，并用现实世界有形有象的事物乃比喻“道”的特性。

“上善若水”[⑦]，是《老子》中关于“若”的另一种命题。这

① 《老子》十五章。

② 《老子》二十章。

③ 《老子》四十一章。

④ 《老子》十三章。

⑤ 《老子》四十一章。

⑥ 《老子》四十五章。

⑦ 《老子》八章。

和上述辩证命题不同。它不是将道和现实世界置于对立地位来进行表述，而是将道和现实世界看成不可分割的统一整体来进行认识和表达。从认识方法看，这是一种由体观用的认识方法。这种认识方法属于中国古代哲学长期盛行的形而上学本体论方法之一，是体用辩证法的一个部分。从表达方式看，这是为了符号表达易于理解的原因，而设计的一种表达方式。与此类似的还有："天之道，其犹张弓欤！"[①] "犹"，若也。道是某种中、正、公、平、善、安的东西。太左，右一点；太右，左一点；高低、上下、有余和不足亦然。道是不偏不倚、无过无不及的中道，是不左不右的正道，是万事万物的标准，它自身则公正、善良、安静而平安。但表达起来却有困难。孔子则说，"中庸"是至德，"民鲜久矣"。一般人之所以"鲜"于把握中庸，既有认识的原因，也有表达的原因。《老子》用"若"来表示道，希望让一般人也能够认识那高明的道，可谓煞费苦心。

还需要注意，对于道，《老子》有时也不用"若"，而直接进行描述，如用"我独"和俗人的都如何如何相对而言，并且将"我独"说得是昏昏、闷闷，而俗人都昭昭、察察[②]，又是一种反话。其实老子本人是最清楚的，相对于他的脑子清楚，俗人们只能称为昏昏、闷闷。但《老子》却反过来，不再用"若"这样的词来掩饰自己的含蓄，而是用俗人自以为是的口吻来描述两者的区别，起到反讽的效果。

五　对事物辩证运动规律的精彩描述

《老子》对事物之间转化情况的描述还有些抽象，但已经触及

① 《老子》七十七章。

② 《老子》二十章。

事物的运动过程及其运动规律问题。《老子》辩证观最精彩的地方，在于它对事物辩证运动规律的直观，如“反者道之动”，如“有无相生，难易相成”等，也在于它对事物辩证运动过程的描述。

比如，它写道：“合抱之木，生于毫末；九层之台，起于累土；千里之行，始于足下。”① “物壮则老”②，这些都反映出《老子》作者具有高明的历史意识，体现出《老子》作者具体入微的观察能力、很强的文字凝练和运用能力。这些描述已经成为我国古代思想文化中的名言隽语。

精彩之处还在于，《老子》直观到了事物运动变化的一些原因，并提炼出“夫唯……是以/故……”的逻辑形式。比如它说：“夫唯弗居，是以不去”③、“夫唯不争，故无尤”④、“夫唯不争，故天下莫能与之争”⑤、“夫唯不盈，故能蔽而新成”⑥。“无尤”，还只是消极的自保；“新成”，则是积极的创造新成就。“蔽”而能“新成”，老树可以发新芽，贞下能起元，落后了能赶上，衰弱以后能复兴，而其关键在于“执古之道，以御今之有”⑦，运用和遵循认识到的历史规律处理现实问题，其中包含的历史发展的辩证道理当然十分重要。在这里，《老子》似乎已触及创造新生事物、推动历史步伐的规律性因素。

至于《老子》对事物发展最后走向的描述，“夫物芸芸，各复归其根”⑧之类，猜测万物最终“复归”到其“根”本处；这种有形而上学色彩的论断，反映出当时科学水平下人们认识事物的

---

① 《老子》六十四章。
② 《老子》三十章。
③ 《老子》二章。
④ 《老子》八章。
⑤ 《老子》二十二章。
⑥ 《老子》十五章。
⑦ 《老子》十四章。
⑧ 《老子》十六章。

能力及其局限。至于以此论断为基础，论证人也应当像万物一样，复归到人的根本——“道”处，提出一套相应的形而上学“道”论系统，这却是有形而上学信念色彩的言论了。尽管如此，这种信念，却超越了当时天命鬼神崇拜的水平，达到了理性认识世界的高峰，从而深入地影响了中国古人的思想几千年。

关于社会政治人生，《老子》也有许多细微的观察和精彩的描述，如“夫轻诺必寡信，多易必多难”①，是对人生现象的描述，蕴含着人生的智慧。又如它发现，“师之所在，荆棘生焉。大军之后，必有凶年。”② 军队、战争对社会产生的消极影响，得到深入刻画；反战的意识也潜藏在其中。

最深刻的是，《老子》发现了人性异化带来的文化异化现象，它对价值异化的现况描述得最多，给人印象最深。比如它说“天下皆知美之为美，斯恶矣；皆知善之为善，斯不善矣”③，就揭示了在现实社会里美异化为恶、善异化为不善的现象。这种价值异化现象这样普遍，以致人们难以分清真正的美与恶，混淆黑白，颠倒是非，成为常态，出现“美之与恶，相去若何”的情况。此外，在社会政治上，国家治理本来需要贤能的人才。但在现实中，许多贤能的人却发生了异化，或者说披着“贤”的皮，干的却是贪腐勾当；这些生动事实教育人们，抽象的“贤”的价值标准是没有现实力量的，而现实的“贤”人却把大家带坏了。所以，它提出“不尚贤，使民不争；不贵难得之货，使民不为盗；不见可欲，使民心不乱”④、“绝圣弃智”“绝仁弃义”“绝巧弃利”⑤ 等貌似激越、其实却很深刻的主张。这是因为在当时小农经济条件下，

---

① 《老子》六十三章。
② 《老子》三十章。
③ 《老子》二章。
④ 《老子》三章。
⑤ 《老子》十九章。

《老子》的作者还不能从正面找到克服人性异化的相应物质条件和恰当道路，只能从反面进行批判；而激烈的批判，或不免带有情绪，容易超越恰当的限度。便如泼出脏水，不料连同婴儿也倒掉了。这是一个教训，说明如果人们带有情绪认识和处理问题，理性的辩证法就会受伤害。

至于在刚柔、强弱、动静等对立关系中，断定道体的特征是柔、弱、静，似乎刚、强、动与道无关，并由此要求人们修养时以守柔、守弱、守静为本，恐怕也难以得到道的真正支持。因为道自身的特征，如果一定要用这几个词来形容，则可谓至强至弱而又不强不弱、至柔至刚而又不柔不刚、至动至静而又不动不静；道的功能，则必须经过人的认识、遵循和利用，才能真正在现实社会、人生实践活动中体现出其应有的作用，从而推动人类文明史进步。不经过人的认识和利用，没有人的主体性在其中作为前提，道的性质都只是自在的存在，对动静、刚柔、强弱的规范也是不得不如此的自然规范，道的公、平、和、善、利等价值功能也只能成为潜在存在。

（本文作者：西北大学中国思想文化研究所教授）

浅谈误解《老子》的主要因素

刘兆英

本文试图从古今一些人们对《老子》的误解谈起，旨在说明其客观原因和探讨治老学的一个方法。这种方法无需外求，即是在文本中找出老子的谈话对象的身份，他有什么问题或他提出了什么问题，以及历史大背景或小背景。这种方法企图还原再现一个真实的场景，因此需要格外谨慎与大胆假设相结合。我认为这种方法是目前可用的比较有效的治学方法之一，对纠正误解误判，接近一个真实老子不无帮助。

一　古人误解老子·以孔子为例

众所周知，孔子对老子执弟子礼，曾赞美老子是“龙”，后来他们仍有交往。可是一天有个人跑来对孔子说：“或曰：以德报怨，何如?”孔子立即反问道：“何以报德？以直报怨，以德报德。”这件事记录在《论语》第十四宪问篇。来提问的是什么人？为什么拿半句话来征求孔子的意见？孔子为什么不假思索就提出了反问？孔子是否知道这半句话的来源？这些情况都不明确。明确的是提问者隐瞒或自己也不知道这半句话的来源。说此话的是谁？对谁？针对什么问题？这些情况当时一概阙如。我们现在知道，此言出自《老子》，见第十六章："大小多少，报怨以德。"

很显然，老子这句话是针对"民怨"而对执政者的告诫。特指对待老百姓的不满要极为重视，要把"小"看成"大"，把"少"看成"多"；所谓"报怨以德"，即指解决老百姓的不满唯一的办法是要使他们得到实实在在的好处，这就是"德"。

老子的话有错吗？这句话放到现在也可谓执政警言，无懈可击。为什么孔子会误解老子呢？极可能是孔子把这半句话理解为一般的人际关系了。如果从这个角度看，孔子的话也没有错。最重要的原因是提问者的问题是残缺的。孔子活着的时候，老子的言论多有流传，但并未成书。流传中出现这些问题很正常。成书后虽然好一点，但仍然缺失了很多背景材料。《论语》后出，情况大为改观，但仍有一些和《老子》相似的问题，比如孔子误解的这一段语录便是。

二　古人误解老子·以司马迁为例

读《老子》，《史记》是必读书之一。司马迁推崇孔子，把孔子列在高一级的"世家"，而把老子放在次一等的"列传"，并且和几个人放在一起，显然有贬低的意思。他在列传的第一篇《伯夷列传》之后，就情绪化地不点名批判了老子：

> 或曰："天道无亲，常与善人。"若伯夷、叔齐，可谓善人者非邪？积仁洁行而饿死！且七十子之徒，仲尼独荐颜渊为好学。然回也屡空，糟糠不厌，而卒早夭。天之报施善人，甚何如哉？盗跖日杀不辜，肝人之肉，暴戾恣睢，聚党数千人，横行天下，竟以寿终，是遵何德哉？此其尤大彰明较著者也。若至近世，操行不轨，专犯忌讳，而终身逸乐，富厚累世

不绝。或择地而蹈之，时然后出言，行不由径，非公正不发愤，而遇祸灾者，不可胜数也。余甚惑焉，傥所谓天道，是邪非邪？[①]

“或曰”的人正是老子。这段话里的“行不由径”也是影射老子的，老子说过“大道甚夷而人好径”[②]，而老子“天道无亲，常与善人。”这句话出自《道德经》七十九章：

和大怨必有余怨，安可以为善？是以圣人执左契，而不责于人。有德司契，无德司彻。天道无亲，常与善人。

显然，司马迁把“善人”理解为好人、有仁道的人，所以才发了一大通牢骚。这种理解正确吗？

这完全是个误解。

夏商时，天命是上帝的意志，是人间最高执政者的护身符和工具。周人提出的“皇天无亲，惟德是辅”的天道观，无疑具有革命的意义。虽然有意识的“天”还在，但“德”成了上天支持人间君主的标准。什么是“德”？施惠于民就是德。这是周人推翻殷商的革命理论，也是周人治天下的重要原则。到了老子这里，天之上有了“道”，“天”是体现“道”的，而“道”具有“善利万物而不争”的特性，用现代语言表述，就是奉献而不求回报，这当然也是执政者必须遵循的施政原则，现在叫“执政为民”。所谓“善人”，就是利民、为民，现在叫“为人民服务”。“善”字此处动用，不做名词解，“人、民”，通用，此处做“民”解。

---

① 《史记》卷六十一《伯夷列传》。

② 《老子》五十三章。

老子这段话是针对执政者与民众之间的尖锐矛盾所发表的看法。“和民”指对待民众，有治理的意思；“怨”，是民怨。这个“怨”来自执政者的盘剥，“契”是欠据，“责”同债，指执政者的高利贷；“彻”是民众上交国家的赋税。这些正是造成双方尖锐对立的根本原因。老子认为要解决“民怨”问题，“执左契”的执政者要放弃以前的债务，免去租税，这样做才合乎道，才能从根本上解决民怨，才能使社会稳定和和谐，用现在的话说，才合乎执政为民的宗旨。

老子这段话里有两个“善”字，第一个“善”字仅表示结束、完成之义，没有“善良”和好人的意思。第二个“善”字表示把好处带给所有人，也没有“善良”和好人的意思。老子面对的是两大社会集团的尖锐冲突，老子最后一句话是指执政者如果不能这么做，就是违背天道的行为。如果把最后一句话理解成上天总是保护好人的，则与文中情境、问题格格不入，完全不合。

这段话一开始就提出了一个问题：“和大怨必有余怨，安可以为善?”看来出现了一个提问者，提出了一个问题，从问题看，这个提问者一定是一个国家的执政者。这个提问者前边大概还提出了不少问题，都是令他头疼的问题，最根本的问题是没完没了的民众反抗，就是“民怨”，这是老子时代各国执政者共同面临的最普遍的矛盾。

老子在回答这个问题时首先搬出了“圣人执左契而不责于人”的古代事例作为榜样，而圣人的榜样是不容置疑的。这个“圣人”是尧是舜我们尚不清楚，但一定是当时人们公认的。老子提出的两条办法都是那位执政者所很难接受或不能接受的，所以他又用“皇天无亲，常与善人”来镇压他。这句话传为黄帝所作的《金人铭》。实际上表现的是周人的思想，和“皇天无亲，惟德是辅”并无二致。弄明白了背景、对象、问题，就不会产生司马迁的误解了。

从《老子》七十九章的例子中还可以看到，虽然没有明文写出背景、问题、对象，但我们却很容易找出这些要素，并不费劲。

背景是：人民对统治者的反抗此起彼伏，延绵不绝……

问题是：和大怨必有余怨，安可以为善？

对象是：一位愁眉不展的君主，眼巴巴地看着这位有博学之称的前中央政府高官，希望他有两全之策。听了他的话之后，完全失望了。

三　今人误解老子·以小国寡民为例

《老子》的“小国寡民”历来被认为代表了老子的社会理想，现在不少人仍然坚持这个观点，甚至美化这种理想。在人们喜欢贴学术标签的年代，还依据这一章给老子戴上了“复辟”“倒退”的政治大帽子，老子成了没落奴隶主的思想代表。如果我们能认真探寻一下背景，就会发现这是一段老子和一位小国之君的谈话；如果结合老子的一贯思想，就会发现“小国寡民”不能代表老子的理想，而老子是一个极富理想追求并具有极高智慧的人。

《老子》八十章：

> 小国寡民。使有什佰之器而不用；使民重死而不远徙；虽有舟舆，无所乘之，虽有甲兵，无所阵之；使人复结绳而用之，甘其食，美其服，安其居，乐其俗，邻国相望，鸡犬之声相闻，民至老死不相往来。

如果我们仔细地扫除落在这里的层层灰尘，就会发现在老子的对面，坐着一位小国之君，他恭敬地看着白发飘飘的老子，小心翼翼地问道：“我的国家这么小，人口又越来越少，能不能用你说的道来治理呢？我该怎么办呢？”老子的答案是肯定的。他建议首先要戒除奢靡，实行廉政；其次要关注民生，留住民心；第三是要奉行和平的对外政策，但必须做到对战争要有备无患。老子还会叮嘱这位小国寡民之君：戒除奢靡必须首先从领导层抓起，从自己抓起，这样就会带动整个社会树立以节俭为荣的风气。“俭”是个宝，但必须克服贪欲才能做到，而贪欲是执政的最大敌人，因为贪欲是不可能把人民的利益放在第一位的，是不可能真正关注民生的。执政者做不到“身退”，即把自己的利益放在人民的利益之后，人口流失就不可避免，也就不可能获得民心。国小民少是明显的弱势，因此要尽可能避免战争，争取和平，但也要做好备战工作。

老子讲了三条。老子说做到了这三条国家就会平安无事。接着，老子为这位国君描述了“无事”之后的美好情景……

从这一章里，我们不难找到提问者和他提出的问题，可以看到答问者老子和他回答问题的一贯主张及思想风采。同时，我们也看到了一位执笔在竹简上书写的记录者，他是这个小国的史官，是柱下史。他只能记下要点，那时的文字太复杂，恐怕还要经过事后整理才能成文，成文的东西仍然只是要点，只是结论性的东西，他只能做到这一步，这是不能苛求的。

对本章的最大误解是认为小国寡民代表老子理想，此外人们对每句的理解也多有歧见，误解不少，不能一一去说。

老子的社会理想很大，从根本上说，是“道行天下”。如果一定要选出一章作代表，我认为第三十五章比较能说明问题。

《老子》三十五章：

执大象，天下往。往而不害，安平泰。乐与饵，过客止。道之出口，淡乎其无味，视之不足见，听之不足闻，用之不足既。

“执大象”就是用道治理国家，普天下的人民就会纷纷前往归附，因为这里没有人会损害他们、干预他们、折腾他们，他们可以过上安居、平静、祥和的生活，无论物质生活和精神生活（乐与饵）都很丰足，过路的人闻到食物的香味，听到美妙的音乐都会停下脚步，不走了。

开放、富足、平静吸引了八方归附，这正是“执大象”的结果，这哪里是“小国寡民”的景象所能比？此章仍针对治国立论，老子谈话的对象还是执政者。“远者来”的景象打动了这位国君，他很想知道“大象”长什么样？到哪里能够找到？或者花多少金能买来？于是，老子只好对他说：道从口中出来，淡得没有一点味道，你看它看不到，听它也听不到，但要说到它的用处、好处，那是怎么用也用不完的。老子大概听多了这样的问题，丝毫也没有生气，反而用平静的幽默对答，堪称妙对。

这一章同样有问有答，是问答体。只是提问被省去，需要通过答对复原而已。

四　今人误解老子·以上善若水为例

在解读《老子》时一定要寻找出背景、对象及所针对的问题。这是接近、认识、正确理解老子的最重要的方法之一。由于这个方法被很多人忽视了，或者对这一点重视不够，产生了诸多问题。特别是现在很多一般读者需要借助有译解的读本吸收老子的智慧，因此“述而不作”，忠于原著就显得十分重要。

比如《老子》八章：

> 上善若水，水善利万物而不争，处众人之所恶，故几于道。居善地，心善渊，与善仁，言善信，正善治，事善能，动善时。夫唯不争，故无尤。

这一段乍看好像完全是发议论，其中的“七善”似乎面也很宽，如果我们不能找出这段议论的对象，极可能产生误解。事实正是如此。

“上善若水”是说最好的选择就要像水那样，因为“水善利万物而不争，处众人之所恶”，水只是默默奉献、付出，没有任何要求回报的意思，这就是“不争”；水还有一个特点，那就是向下。老子把水向下的特征和“道”联系起来，这是什么意思呢？因为“下”代表民众，代表最大多数人民群众，可见老子对面坐着一个居上位的人，是一位执政者。老子并不是来劝他行善的，因此“上善若水”不能解释成“最高的善”或“最高级的善”，即就“善”而言，也仅有大小之别，并无高级、低级之分。如果弄明白谈话对象的身份，在对“七善”的解释上，就不会离题太远。

老子讲的第一条就是“居善地”。什么是“居善地”？

陈鼓应先生说：“居处善于选择地方。”

任继愈先生说：“居住要【像水那样】安于卑下。”

“居”都被理解为“居处”或者“居住”那就成了“房子”问题了。对老百姓来说，住房常常是他们的头等大事，直到现在仍然如此。过去孙中山闹革命，也提出过“居者有其屋”的口号；老子也曾大声疾呼过“勿狎其所居”，可见古今“居”字都有“居处”和“居住”的意思，两位先生的解释似乎也没有错。但是，如果我们弄明白老子对面这位人物的身份是一位君主，老子告诉他“你首先要把你的居处选择好”，或者告诉他“你应该选择在低凹卑下的地方居住”，这不是一个笑话吗？由此看来，这里的“居”字不指“居处”和“居住”是可以肯定的。居字表示居处或居住都是从居字的停留义引申而来，他的本意是停止，此处使用的正是他的本意，停留处、立足点，也就是我们现在常说的“立场”。“居善地”就是选择好的立场，这对执政者当然是头等重要的事情。

弄明白这谈话的对象，我们就可能弄明白老子谈话的真正含义，就可能深入一些。再比如“心善渊”，任继愈先生是这样理解的：

“存心要【像水那样】深沉。”

陈鼓应先生译为：“心胸善于保持平静。”

这两种理解说的都是人的情绪、心情，是一种心理状态，似乎对人人都适用。如果老子是一位心理医师，这样理解也没有错。老子是哲学家，更是一位帝王之师，是一位把人性和社会看得透彻的政治理论家。他口中的这个“心”，不指心情是可以肯定的。我认为“心善渊”的“心”指的是人性的弱点和永无休止的欲望、贪欲；而且不光指对物质财富的不厌追求，奢华生活的更高享受，还指“欲取天下”的政治欲望。“渊”是水的集聚，具有深广和平静不起波澜的特点，两位先生用“深沉”和“平静”来表示都是正确的，但仅到此为止就不正确了。那么，“心善渊”的意思就是不要心生妄念贪欲，要像深渊那样平静才好。

再说，“与善仁”。

任继愈先生译为：“交友要【像水那样】相亲。”

陈鼓应先生译为：“待人善于真诚相爱。”

一个要“相亲”，一个要“相爱”，相亲相爱，的确十分美好。老子是这个意思吗？

“与”的确可以和“交友”“待人”相联系，但这里却既不指“交友要相亲”，也不指“待人要相爱”，而是指君主如何对待周围的人。领导者身边总会聚集着一批人，这些人之中虽然不乏正直有才之人，但围得最紧的常常是一些怀着功利目的的阿谀奉承之徒，即所谓“小人”。这些人深谙投其所好的策略，常常能博得领导人的欢心，从而达到自己的目的。领导人如果不能保持清醒的头脑，甚至会导致极其严重的后果。例如齐桓公，一代霸王，何等英明！但他却喜欢几个佞人，管仲临死前还劝谏他远离这几个人，桓公也照办了，后来耐不住又把这几个人叫回来。最后，正是这几个人把他软禁在宫中发动了政变，齐桓公被活活饿死，身上的蛆虫一直爬出室外。当一个侍女从洞中爬到齐桓公跟前，那时他还活着，他后悔没有听仲父的话。因此，领导者之“与”，不是一般的“交友”或“待人”，问题显得更为重要。诸葛亮《出师表》中的“亲贤臣，远小人”也是这个意思。因此，这里的“与善仁”特指要亲近仁人为好。什么是“仁人”？在任继愈和陈鼓应两位先生的译文中，都可以看到“仁者爱人”的影子，明显受了孔子这句话被演变后的影响。而“仁”在这里特指博学通达的有道之士，如老子就有“仁者之号”，韩愈也说“博学之谓仁”。孔子的“仁者爱人”，也应该作“仁者爱民”解。

“七善”比较了其中的三善，我认为这些译解的确有一些值得商榷的问题。任继愈和陈鼓应先生都是影响很大的著名学者，也都是我很尊敬的师长辈人物。他们的观点目前是主流观点，权威看法。我认为造成这些误解的根本原因是没有找出隐藏在背后的那位执掌政权的君主，结果就把老子针对性的言论变成了泛泛之论，虽然这些泛泛之论似乎也可通，而立论失去针对性，必然产生误解，从而也会失掉它的普遍意义。

五　产生误解的根源及矫正的方法

在《老子》书中找出老子谈话的对象，找出他提出的问题，找出这些问题的历史背景，看到记录者和整理者，是读老解老必须做的功夫，也是研究老子的新视角、新方法、新课题。我注意到如果把《老子》八十一章用这种方法梳理一遍，几乎都可以看到老子对面坐着一位侯王或执政者上层人物，他们有不同的国情和问题，当然也有共同的问题；同时还会看到一位记录者，他没有办法把老子的回答都记录下来，因此只能是干条条式的结论，他或许还会把所提问题省掉，这就是我们今天看到的《老子》。这种情况说明，《老子》一书和《论语》一样是语录体。不同的是《论语》里的背景、对象（人物）、问题等多数比较清楚，《老子》则多数比较隐晦罢了。

民国时关于老子学术界曾有一场激烈的争论，冯友兰就认为老子晚于孔子，甚至在孟子之后。他有三条理由：

一则孔子之前无私人著述之事，故《老子》不能早于《论语》。二则《老子》之文体非问答体，故应在《论语》《孟子》后。三则《老子》之文为简明之“经”体，可见其为战国时之作品。

冯友兰的三条理由都和文体有关，可见辨清《老子》文体的重要。冯友兰从文体角度去思考问题是有一定道理的，但他并没有深入到表面之下，自然会得出错误的结论。

我认为《老子》一书并非老子亲自著作，和《论语》一样是经别人记录而成的问答式语录体著作。而司马迁在《老子韩非列传》中的说法仍然是主流看法。司马迁说：

> 老子修道德，其学以自隐无名为务。居周久之，见周之衰，乃遂去。至关，关令尹喜曰：“子将隐矣，强为我著书。”于是老子乃著书上下篇，言道德之意五千余言而去，莫知其所终。①

司马迁的这种说法由于他和《史记》的巨大影响力成为最权威的说法。由此衍生出的各种老子出关故事都肯定了这一点，学术界也从未产生不同的意见，都认为《道德经》一书是老子的自著，是老子亲自著述的。直到今天，人们仍然习惯这种说法。我认为这种说法可能采自民间传说，并不可靠。

司马迁的这种说法误导了很多人，甚至成为误读《老子》的

---

① 《史记》卷六十三《老子韩非列传》。

根源之一。老子自著说掩盖了记录文体的真相，致使人们不再去追寻必需的背景资料，这是导致误读的主要客观因素。如果把那些隐藏的有些残缺的背景资料挖掘出来，我们会看到一个不一样的老子。

（1）老子出关不是为了“隐居”，“紫气东来”反映了秦国对老子的欢迎态度，而秦国代表了春秋末年的新兴力量，其中历史真相有待于人们进一步研究。

（2）老子不是隐士，“自隐无名”不能概括老子学说。相反，老子是一个有远大理想和积极人生态度的理想践行者，“小国寡民”不是老子的理想。

（3）老子和孔子一样曾周游列国，宣传自己的主张，结果也差不多。老子自己也说：“吾言甚易知，甚易行，世人莫能知，莫能行。”

司马迁虽然对老子有一些误解，但同时也为老子文化的传播作出了不可磨灭的贡献。《老庄申韩列传》至今仍然是了解老子最重要的史料之一，特别是他为我们留下了两段老子语录，正是那种背景、对象、问题都非常清楚的语录，和八十一章全不相同而又是八十一章所无的。

其一见诸《老子韩非列传》：

> 孔子适周，将问礼于老子。老子曰：“子所言者，其人与骨皆已朽矣，独其言在耳。且君子得其时则驾，不得其时则蓬累而行。吾闻之。良贾深藏若虚，君子盛德，容貌若愚。去子之骄气与多欲，态色与淫志，是皆无益于子之身。吾所以告子，若是而已。”①

① 《史记》卷六十三《老子韩非列传》。

其二见诸《孔子世家》：

鲁南宫敬叔言鲁君曰："请与孔子适周。"鲁君与之一乘车，两马，一竖子俱，适周问礼，盖见老子云。辞去，而老子送之曰："吾闻富贵者送人以财，仁人者送人以言。吾不能富贵，窃仁人之号，送子以言，曰：'聪明深察而近于死者，好议人者也。博辩广大危其身者，发人之恶者也。为人子者毋以有己，为人臣者毋以有己。'"孔子自周反于鲁，弟子稍益进焉。[①]

一件事情，不同场合，司马迁记录在两篇文章里，但都非常清楚。前者是在孔子陈述了对一些事的看法之后说的，我们从中可以想见才华横溢而且有极好口才的年轻孔子慷慨激昂地陈述着自己的见解，老子内心很欣赏，但却非常尖锐地批评他"去子之骄气与多欲，态色与淫志"，不留一点面子。在告别的时候又告诫他："聪明深察而近于死者，好议人者也。博辩广大危其身者，发人之恶者也。"其实，老子对孔子的评价正面讲是八个字："聪明深察，博辩广大"，这完全符合孔子的实际情况。老子的批评是出自于爱护和保护，因为这些优点非常容易使自己陷于危险之中。

这两段语录背景资料齐全，产生误读的可能性就小。因此，必须对八十一章的背景资料进行全面搜寻和深度挖掘，以期把老学研究推进到一个新境界。

（本文作者：西安市老子研究会副会长）

① 《史记》卷四十七《孔子世家》。

《道德经》首章新解

曹印双

《道德经》首章句读章旨，争议千年，无有定论。近读廖明春《〈老子〉首章新释》、曹峰《〈老子〉首章与“名”相关问题的重新审视》[①] 二文，困扰犹多，为明己心，寻求志同，特践道争鸣，发覆正音。考虑《道德经》版本杂多，为方便陈说，特综合王弼本、河上公本、马王堆汉墓帛书老子甲本、乙本、北大汉简本[②]，确定笔者解读的首章内容如下：

> 道，可道也，非恒道也；名，可名也，非恒名也。无名，万物之始也；有名，万物之母也。故恒无欲也，以观其妙；恒有欲也，以观其徼。此两者同出而异名，同谓之玄，玄之又玄，众妙之门。

一　“观”与“欲”

反复推究，综合考量，笔者拟从“观”“欲”为切入点陈说。

---

① 《哲学研究》2011 年第 9 期、第 4 期分别发表了廖明春文、曹峰文。本文涉及廖文之语，均来自该篇。

② 王弼本、河上公本、马王堆汉墓帛书老子甲本、乙本、北大汉简本内容，可参阅曹峰《〈老子〉首章与“名”相关问题的重新审视》开篇转引，这里就不重抄了。

“故恒无欲也，以观其妙；恒有欲也，以观其徼。”今人白欲晓注意从“观”字入手探讨主旨，很有新意。他说：“‘观’之本义与上古的宗教祭祀活动有密切的关联。……春秋时期，‘观’的主体和对象方面的限制虽然有所放宽，但‘观’用于尊者和政教之事，仍是通义。”① 无论是尊者的“观”，还是卑者的“观”，都是人发出的，这一点是确定无疑的。人如何“观”才是需要重点强调的，而对“欲”的解读则是解决如何“观”的关键。廖明春在其文中举了《国语》《左传》《韩诗外传》《吕氏春秋》等论著中五条含有“欲”字的语句，他得出解释“欲”是“可、能”之意。但笔者读他引的第一条《国语·晋语四》：“我欲击楚，齐、秦不欲，其若之何?”倒是觉得还是将“欲”理解为“想要”更恰当，他引的其他四句也可解为“想要”之意。《说文解字》上说：“欲，贪欲也。”“贪，欲物也。”“物，万物也。”“欲”，指的就是人心中想要占有外物的情欲。《说文解字》上说：“情，人之阴气，有欲者也。情从心。”那么人心中的阳气是什么呢?“性，人之阳气，性善者也。性从心。”“性”与“情”都是从“心”的。“心，人心，在身之中。”这里说心中的情指“有欲”而言。

自王弼、河上公以来，直至今人傅佩荣、沈增善，首章中的“欲”均是与“有”“无”相连的，其中宋代丁易东，今人蒋锡昌、金景芳还有驳斥不连读的分析。虽然将“无”“有”与“欲”不连读是少数派，但也颇有影响，自宋代王安石、司马光发端，后有苏辙、范应元、白玉蟾、林希逸、赵秉文，明代陈景元、释德清，清代杨文会、俞樾、易顺鼎、劳健、奚侗，日本大田晴轩（明治年间），今人马叙伦、张纯一、朱谦之、高亨、任继愈、陈鼓应、古棣、严灵峰、马恒君、王叔岷、廖明春、卢育

① 白欲晓：《论老子的“观”》，《南京大学学报》2011年第5期。

三、王强、卫周、文选德、范子盛、董京泉、崔仲平、蒋沛昌、范永胜等[①]，但按帛书本“无欲”“有欲”后面都有“也”字来看，说明“欲”与“有”“无”是不应该断开的。笔者还是倾向于取法王弼、河上公连读为“无欲”“有欲”。因为将“欲”与“有”“无”相连，还有重要的意义，那就是可以视为“观”的方法：一是“无欲”之“观”，二是“有欲”之“观”。如果取“有欲”为“情”之意，有欲之“观”就是以“情”而“观”。以心中性情阴阳对应关系看，“无欲”则可对应人心中之“性”，那么“无欲”之“观”可视为以性“观”。无论是以性“观”，还是以情“观”，其实都是用心“观”，因为性情从属于心，且对应为阴阳。“无欲”之“观”，向内心求性，“有欲”之“观”由心感受外物之情。《中庸》首章说“喜怒哀乐之未发，谓之中；发而皆中节，谓之和”，可以与之互参，“喜怒哀乐”指人心中之“情”，“情”未发之前[②]为“天命之性”。《说文解字》“中，内也。从口。丨，上下通。”恰是在形象表达天命自上而下，天命自口入，“心”又是人身体之“中”，意即天命入于人心即是性。情发而“中节”，说的就是人心中情的发出合于性。而句中的“妙”和“徼”实际是两种“观”的效果，“无欲”之“观”得道之奥妙本真，“有欲”之“观”得名物之象。这里“徼”字，王弼本是本字，帛书本甲乙都是“噭”，廖明春取朱谦之敦煌本为“曒”。本文取

① 傅佩荣、沈增善、马叙伦、张纯一、朱谦之、高亨、任继愈、陈鼓应、古棣、严灵峰、马恒君、王叔岷、廖明春、卢育三、王强、卫周、文选德、范子盛、董京泉、崔仲平、蒋沛昌、范永胜、俞樾、杨文会、奚侗均取自各家今流通本。宋代王安石、司马光、苏辙、范应元、白玉蟾、林希逸、赵秉文，明代陈景元、释德清，清代易顺鼎、劳健、丁易东、日本大田晴轩（明治年间）及今人蒋锡昌、金景芳观点取自张松如、朱谦之、古棣本。

② 观点来自河上公、杨杜、蒋沛昌、元君、清宁子、俞樾、朱谦之、奚侗、陈鼓应、高亨、沈增善、卢育三、廖明春、杨义、范子胜、文选德、刘兆英、王弼、张纯一、杨润根、范京泉、吴澄、任继愈、戈萍、张松如、邓立光、兰喜并各家注本。王安石、范应元、童书业取自张松和、朱谦之本。

"徼"。"徼"，王弼训为"归终"，河上公释为"归"，陆德明《经典释文》训为"边"，许慎《说文解字》释为"循"。今合取许慎、陆德明双解，可理解"有欲"之观循性观情之走向，如此则可感知名物之象的边际。"妙"是收归于天命之"性"，是谓真知；"徼"收归于欲望之"情"，是谓感知。"性"源于大道之真，"情"生人感受之美。这当是老子"无欲"之"观"与"有欲"之"观"的旨归。可与《中庸》"天命之谓性，率性之谓道，修道之谓教"互参，"无欲"之"观"可以领会"天命"，"有欲"之"观"可解为循依道性。这样就能理解《老子》主张是一贯的，如今本《老子》说"不尚贤，使民不争；不贵难得之货，使民不为盗；不见可欲，使民心不乱。是以圣人之治也，虚其心，实其腹，弱其志，强其骨，恒使民无知无欲也。"（《老子》三章）"五色令人目盲，五音令人耳聋，五味令人口爽。驰骋田猎令人心发狂，难得之货令人行妨。是以圣人为腹不为目，故去彼取此。"（《老子》二十五章）"见素抱朴，少私寡欲。"（《老子》十九章）"化而欲作，吾将镇之以无名之朴。镇之以无名之朴，夫亦将不欲。不欲以静，天下将自定。"（《老子》三十五章）五十七章中的"我无为而民自化；我好静而民自正；我无事而民自富；我无欲而民自朴。"（《老子》五十七章）六十七章中的"我有三宝，持而保之：一曰慈，二曰俭，三曰不敢为天下先。慈故能勇；俭故能广；不敢为天下先，故能成器长。"（《老子》六十七章）均在"无欲""有欲"上做文章。

二 "同"与"玄"

了解了"欲"与"观"的关系，我们再看看"同"与"玄"。今本"此两者同出而异名，同谓之玄，玄之又玄，众妙之门"，对句中"两者"有不同的解读：河上公、杨杜、蒋沛昌、元君等认为是“无欲”与“有欲”。王安石、俞樾、朱谦之、奚侗、陈鼓应、高亨、沈增善、卢育三、廖明春、杨义、范子胜、文选德、刘兆英等均认为是“有”“无”。清宁子认为是“无名”“有名”，这与有无论者有一致性。王弼认为是“始”与“母”。范应元、张纯一、杨润根等认为是“常有”“常无”。范京泉认为是“无”“有”和“常有”“常无”，这个观点综合有无论、常有常无论，显然不是两者了。吴澄认为是道与德，这个观点似乎无从落实。任继愈认为是“有形”与“无形”。戈萍认为是无形之道和有形之物，其实同于任老的。童书业认为是“无”和“有”或“妙”和“徼”。张松如、邓立光认为是“妙”和“徼”。兰喜并认为是无名、有名和恒无欲、恒有欲。[①] 不一而足。哪种更符合老子本意呢？

如果将“两者”理解“有”“无”可行吗？他们的“同”也是“玄”，那他们“同出”之源是什么呢？是二者中的“无”吗？如果“无”是“无”之源，那又何必强调“二者”呢？虽然老子说过“有生于无”，但也说过“有无相生”，不能因为前一句说“无”是“有”之源，就忽视后一句的互生关系。尤其是首句中“道”与“名”是并列关系，而递进解释“恒道”与“恒名”的“无名”与“有名”依然是并列关系。廖文割裂第一句与第二句的递进关系，因此一方面承认“道”“名”是并列的，一方面又说“无”是最高哲学范畴、宇宙本体，好像第一句话中“恒道”没有第二句中的“无”更有覆盖的意蕴，这恐怕是误读老子了。尤其割裂“无”“有”与“名”之间连接，那“名”完全成了可有可无的虚词。即使解为“命名”与“万物之始”“万物之母”连用，

① 观点来自河上公、杨杜、蒋沛昌、元君、清宁子、俞樾、朱谦之、奚侗、陈鼓应、高亨、沈增善、卢育三、廖明春、杨义、范子胜、文选德、刘兆英、王弼、张纯一、杨润根、范京泉、吴澄、任继愈、戈萍、张松如、邓立光、兰喜并各家注本。王安石、范应元、童书业取自张松和、朱谦之本。

那“始”“母”就成了“无”与“有”的核心内容了。但“始”“母”似乎更强调创生万物的能力，而不是创生体本身，那么“无”怎么也不会作为最高本体的，老子也没有在后文中命名为“无”，而是说“吾不知其名，故强字之曰道。吾强为之名曰大”。可见，分裂“有”“无”与“名”，并将“无”作为宇宙本体，恐怕和老子本初的思想相去很远。将“两者”视为“常无”“常有”，也是否定了“欲”的存在方式，不宜采纳。

那将“两者”理解为是创生者创生万物的能力——“始”与“母”，恐怕也不合适。他们的“同出”之源可以理解为大道。那他们的“同”又是什么？能将“两者”的创生能力视为“玄”吗？即便把“玄之又玄”理解为生生不息的创生能力，那又如何理解“众妙之门”呢？恐怕不能将创生能力就作为“门”来看待。

那将“两者”视为“有欲”“无欲”如何呢？他们如何“同出”呢？“有欲”出，“无欲”退，“无欲”进，“有欲”退。恐怕不是“同出”，应该是进退相反。以此可见两者也不是“有欲”与“无欲”。

如果将“两者”视为“其妙”“其徼”会如何呢？这个是离“此两者”最近的。也许按逻辑顺序能说得通，现略析如下：“两者”“同出”于什么呢？“其妙”“其徼”“同出”于心“观”。“同谓之玄”的“玄”应指的是心，即心性、心情相合为“同”，心性质“妙”，心情质“徼”，“心性”与“性情”相交之同谓“玄”。老子说“玄”是在强调有欲之情与无欲之性交集，即心性与心情的相交“玄”。“玄”应是“弦”的通假。老子生活的时代弓箭很常见，以弓箭相关的弓弦表达寓意，也容易被人理解。比如第七十七章说：“天之道，其犹张弓欤？高者抑之，下者举之；有余者损之，不足者补之。”另外，“玄”字在书中还出现过类似“玄之又玄”的用法，如第十章中的“涤除玄览，能无疵乎？”心中性情交合的样态称为“玄”，涤除心中物象的困扰，让心灵之鉴清明澄澈。第六章中“谷神不死，是谓玄牝。玄牝之门，是谓天地根。”“胃”是人之谷府，是人欲望之首，而能统领谷府的“谷神”当指心性。“玄牝之门”当指心门，心门生万有。第五十六章中“挫其锐，解其纷，和其光，同其尘，是谓‘玄同’”。这里“玄同”依然指的是心中性情交合相宜合一。“玄同”意中之“一”，也是万有之“性”。在后文也有展现说明，如第四十二章中说的“道生一，一生二，二生三，三生万物。万物负阴而抱阳，沖气以为和。”（《老子》四十二章）第三十九章中说的“昔之得一者：天得一以清，地得一以宁，神得一以灵，谷得一以生，侯王得一以为天下正”。（《老子》三十九章）这两章分别说了玄同之“一”的运作规律即一分为二，合二为一；万物得“一”的效果。第十章中说的“载营魄抱一，能无离乎?”第二十二章中说的“是以圣人抱一为天下式。”（《老子》二十二章）这两章分别呼吁普通人抱“一”、圣人治理天下抱“一”，强调“一”对人的直接意义。而“玄之又玄”应当指的就是人通过心中性情对立合一把握应接万物的同一之“性”；而“众妙之门”指的就是心门。它是人沟通世间万事万物的门。“玄”即有未发之“一”天之善性，又有人“欲”发出实现人性、万物同一之性的统一，这也可与《中庸》[①]“喜怒哀乐之未发，谓之中；发而皆中节，谓之和”句中的“和”互参，达道的极致境界就是“致中和，天地位焉，万物育焉”。按照儒家孔子的认识，就是实现仁智的合一，达到“随心所欲不逾矩”的境界。老子的“妙”“徼”同收于“心”，心中大道之真性与欲之美情交集之“同”就是“玄”，“玄”也是事物在人心中真与美的统“一”。“玄之又玄”则指人心中所得万物“道”

① 文中所引《中庸》均选朱熹《四书章句集注》本，所引《老子》除首章之外，均选高亨本。

性之真与其“名”象之美的统“一”，而“一”也可称为善。“众妙”即万物之道性，打开“众妙”之门即心性之门。

三 “道”与“名”

根据前面对后半章的解读，我们现在再返回首句，理解一下“道”与“名”。“道，可道也，非恒道也；名，可名也，非恒名也。”我们可以看出“道”与“名”是并列的关系。这里“恒”究竟训为“常”，还是训为“尚”呢?《说文解字》：“恒，常也，从心从舟，在二之间上下。心以舟施，恒也。”“常，裙也。”按照《说文》解读，“恒”本身就含有心上下取向，包含着“常”的形象表达，当然也内含了“尚（上）”意，廖文中引用俞樾和于省吾的文字疏解，主要想表达：由恒而常，由常而尚，由尚而上。其实不必如此费周折，就按《说文解字》就可以有“上”意。“恒道”为“上道”，其实“上道”就是天命之性。“恒名”就是感性之情。足见《中庸》首章与《老子》首章有着很大关联，《中庸》首句中“天命之谓性”中的“性”，在《说文》中有对“性”的“性善”之解，“性”本于儒家说的天或老子说的大道，老子所尚之道的本性也是“善”，孟子的人性本善论除了受《中庸》影响外，也可能受老子言说的影响。

接下来是对“恒道”“恒名”的进一步解释：“无名，万物之始也；有名，万物之母也。”“无名”对应“恒道”，人可以感受到万物都有大道之善性，善性与万物共生；“有名”对应“恒名”，人可以依据万物之形，命之以名，万物形名世界可以被人的感官世界感知而获心生。概括而言：“恒道”，是万物之理的本源善性。“恒名”，是包容万物形象之名。实际上，“恒道”与“恒名”说的同一事物，就是今本《老子》第二十五章中说的：“有物混成，先天地生。寂兮廖兮，独立不改，周行而不殆，可以为天地母。吾不知其名，故强字之曰道。吾强为之名曰大。”（《老子》二十五章）这里的“大”“道”就是“恒道”与“恒名”的合一。第二十一章中说的“道之为物，为恍为惚。惚兮恍兮，其中有象；恍兮惚兮，其中有物。窈兮冥兮，其中有精。其精甚真，其中有信。自今及古，其名不去。”（《老子》二十一章）第十四章中说的“视之而弗见名曰微，听之而弗闻名曰希，搏之而弗得名曰夷。三者不可致诘，故混而为一。一者，其上不徼，其下不昧。绳绳兮不可名，复归于无物，是谓无状之状，无物之象，是谓惚恍。迎而不见其首，随而不见其后。”（《老子》十四章）这里均在言说不可言说的大道。第四章中“道冲而用之或弗盈。渊兮，似万物之宗。挫其锐，解其纷，和其光，同其尘。湛兮，似或存。吾不知其谁之子，象帝之先。”（《老子》四章）也在说大道既有精神绵延不绝的特质，又有规划统领万物的特质。人无法了解道体的由来，因为它生于物质与精神之先。因此，解读首句可以这样说：“道”指事物本质，“恒道”是宇宙完整的本质。一般事物的本质是可以说出来的，但能够表达出来的事物本质又不是永恒的终极真理。“名”是对直观事物的现象称谓，“恒名”是包容万事万物的永恒之名。

综合上述分析，我们可知老子的“恒道”与“恒名”是一体的，就是老子说的大道。人们把握大道有两种心法：“有欲”之“观”，一为“无欲”之“观”。“无欲”之“观”，可知大道之性（妙）；“有欲”之观把握万物之情状（徼）。“妙”“徼”与心中性情是对应的，“妙”为性之真，“徼”合情之美。而心中真性与欲之美情交集之“同”就是“玄”，“玄”也是事物在人心中真与美的统一。“玄之又玄”则指人心中收摄的万物道性之真与名象之美的统一，此统一也可称为善。“众妙”即万物之道性，打开“众妙”之门即心性之门。大道之道性，藏于万物之中，人以心性合其真；大道之名包容万物，人以心情感其美，人在性情合一中体悟大道之善，大道是真善美的统一。圣人就是在熟练把握心中事物名象与道性统一中，不断扩展心中之善，进而达到成己、成物的至善境界。

（本文作者：西安电子科技大学副教授）

生命哲学视域下老庄名言观探究

付粉鸽

一 生命哲学乃老庄名言观之圭臬

“生命”是中国传统哲学关注的一个核心问题，对生命本质、生命价值、生命理想境界等问题中国传统哲学给予极大关注，体现出强烈的生命哲学取向。正如当代新儒家牟宗三指出的“中国文化之开端，哲学观念之呈现，着眼点在生命，故中国文化关心的是‘生命’，而西方文化的重点，其所关心的是‘自然’或‘外在的对象’”①。作为中国传统哲学的重要一支，道家的生命哲学倾向更加鲜明，其以自然生命为本位，以维护生命自然、实现生命自由为最高追求，从当时的生存现状入手，采用文化和价值批判的方式，建构起以“道”为中心的生命哲学理论。

“道”是老庄生命哲学的逻辑起点和核心概念，它既是生命存在的形上根据，又是生命的价值源头和追求目标。宇宙万物生于“道”，作为“道”的创生物，万物的生成和存在都是“道”无限

① 牟宗三著《中西哲学之会通十四讲》，上海古籍出版社，1997，第11页。

创生力的表现。老子有“天下万物生于有，有生于无”[①]（《老子》四十章），老子以“无”为“道”的本质特征，强调“有”出于“无”，万物生于“道”。在继承老子思想的基础上，庄子做了长足的发展。在庄子的视域中，“道”不仅是无，且是“无无”[②]（《庄子·知北游》）。“无”与“有”对待，“道”不是有而是无，意味着对有形世界的超越，但毕竟仍与“有”互相依存，难以割舍，其形上的本体地位未被凸显，但当其为“无无”时，“道”彻底地超越了有形世界，本体地位得以完满呈现，“至矣！其孰能至此乎！予能有无矣，而未能无无也；及为无有矣，何从至此哉！”（《庄子·知北游》）“无无”使“道”彻底成为无对待的绝对的存在，其作为生命本体的地位更加突显。除以“无无”解“道”外，庄子还以“物物者”说“道”，指出“道”不仅不是物，与具体之物有别；且更是物物，“物物者非物”（《庄子·知北游》），指明“道”作为化生万物的物物者，不是任何具体之物，由此，“道”超越于物。但庄子的“道”又不止于此，他认识到“道”化生万物，与物有别，为物物者，是物之为物者，但超越于物不是与物无关或二分，否则“道”生万物就是空谈，将出现逻辑的中断，因此，“道”又是不离于物、与物不可分割的，“物物者与物无际”（《庄子·知北游》）。《山木》中“物物而不物于物”正是对“道”与万物这种相别而不离之辩证关系的最佳概括，“道”与物不即不离，既超越于物，又在物之中，与物即具体生命合二而一，由形上向形下落实，真正成为生命之道。学者刘小枫在研究道家时，曾无意间点破了道家之“道”的生命本质，他说“道家把‘道’说的那么神秘莫测，其实此乃是遮全技法。它不过就

① 王弼著《王弼集校释》，中华书局，1980，第110页（本文涉及的有关《老子》引文皆出自此书，采用随文注方式）。

② 郭庆藩撰，王孝鱼点校《庄子集释》，中华书局，2004，第760页（本文涉及的《庄子》各篇引文皆出自此书，采用随文注方式）。

是万物生长、运行、盛衰的根据，是天、地、人的实在法则，即生生的法则。既然它是万物——所有存在物（包括人）的存在的根据，它就不是所有个别存在物本身”[①]。

在中国传统哲学中，认识与修养不二，本体论同时也是价值论，标志本体的范畴无不具有价值内涵，老庄以“道”为生命之所从出者，为生命产生设定了逻辑前提和理论根据，但同时这个设定的“道”又是“人的内在生命的呼声，它乃是应合人的内在生命之需求与愿望所开展出来的一种理论”[②]，是生命运动变化的原则和追求的理想，具有极强的价值意蕴。作为价值性存在，“道”周遍地贯注于万类生命，引导生命的运行，是生命存在的法则，生命只有循“道”而行，自身价值才可实现。“昔之得一者，天得一以清，地得一以宁，神得一以灵，谷得一以盈，万物得一以生，侯王得一以为天下贞”（《老子》三十九章），这里的“一”即“道”，意谓生命若能以“道”为法则，依“道”而行，则无往而不利，无事而不成。庄子继承了此种思想，认为“一”之“道”为生命之法则，不可离、不可违，“周遍咸三者，异名同实，其指一也”（《庄子·知北游》）、“一而不可不易者，道也”（《庄子·在宥》），人只有“能抱一”（《庄子·庚桑楚》），才能养卫生之经，得逍遥自由。

二　“名者，实之宾也”与“道不可言”

从生命哲学出发，老庄形成了独特的名言思想。一方面，老庄肯定语言、概念在认识中的重要性，承认生命的理解与概念、语言具有密切的相关性；但另一方面，老庄又认为语言概念是有

① 刘小枫著《拯救与逍遥》，上海人民出版社，1988，第226页。

② 陈鼓应著《老子注译及评介》，中华书局，1984，第1页。

局限性的，对生命而言，只有超越名言才可体悟。

（一）语言不可缺

不管是亚里士多德的“人天生是政治的动物”，还是孟子的“人之异于禽兽者几希”，都指明人之为人有一重要特性在于人有理性的认知能力。不过，亚氏是从认识和反思角度而言，孟子是以道德界说理性的。作为智者，老庄也肯定人的理性特质，讲究“人法地，地法天，天法道，道法自然”（《老子》二十五章）。而理性最根本的特征是以概念的方式展开并表达认识的成果。概念既是理性活动的出发点，也是其结晶和成果。语言是概念的物质载体和表征方式，因此，对于语言，老庄道家做了充分的肯定。老子虽有“道，可道，非常道；名，可名，非常名”（《老子》一章），认为要理解生命，体悟生命，就必须超越名言，摆脱概念，但老子却明了不可道、不可名之生命的理解和把握是离不开语言概念的，因此，才有了《老子》五千言，有了“吾不知其名，故强字之曰道，强为之名曰大”（《老子》二十五章）。

作为老子思想的继承和发展者，庄子进一步明确说，“名者，实之宾也”（《庄子·逍遥游》），名言概念是来表达实际存在的，有其实际的价值和真实的指代意义。故“夫言非吹也，言者有言”（《庄子·齐物论》），语言有指事代物、表达思想的功能。具体有形之物皆可言说，对有形之物的言说表征，形成了人们的一般性知识，也就实现了对有形之物的一定性认识和把握，“言之所尽，知之所致，极物而已”（《庄子·则阳》）。可见，庄子已深入至语言哲学的层面，既看到了语言的所指功能，即“名者，实之宾也”，也认识到语言的能指意义，即“言非吹也，言者有言”，且指出只要将能指和所指最佳地结合起来，便可以认识存在了。因此，语言是认识存在（包括生命）的重要方式。

（二）语言不可靠

不过，对于生命特别是人这种特殊的生命存在，语言往往暴露出更多的缺陷和乏力。故庄子和老子在肯定语言对认识生命的积极作用同时，皆激烈地指出语言的有限性，甚至作为政治手段的暴力性。

1. 语言的有限性

作为生命之根据和本源，"道"不是具象的、可以名言的，而是超言绝象、无法言说的，即无言无名。庄子有"道不可闻，闻而非也；道不可见，见而非也；道不可言，言而非也。知形形之不形乎？道不当名。"（《庄子·知北游》）"名"是一种言说，是对具体有形存在的抽象反映，任何具体的存在总可以用固定的"名"来指称，有名便可谓言说。"无名"意味着"道"不是一种具体的有，没有具体的象，无法用语言界说。"道"无名无言，不是具体之象，可以说是万不象，万不象就是无象之象，即为"大象"。此"大象"虽无象，可是却生万象，具体的物象都由这个无象的"大象"产生的。这便是"道"之生命哲学意蕴，金岳霖先生曾从逻辑的角度，指出"治哲学总会到一不得说的阶段"，而这"说不得的东西就是普通所谓名言所不能达的东西"①，这不能达的东西便是"道"一类的哲学范畴和问题。正由于此，老子主张要理解"道"，就必须去言去名，超越语言概念的束缚。

"道"无名而不可言，超越于具体物之上，无形无象，无具体的规定性。而语言概念往往是有具体指称，其内涵是确定的，外延是固定的。如果以固定化的语言概念来指代"道"的话，必然破坏"道"的大而全、周而遍特性，使"道"由外延无限广的范

① 金岳霖学术基金会学术委员会编《金岳霖学术论文选》，中国社会科学出版社，1990，第339页。

畴降低为外延较小的概念，其宇宙万有存在之根据和本体的地位必然将被取消，正所谓“其分也，成也；其成也，毁也”（《庄子·齐物论》）。因此，有限的语言无法描述无限之“道”。正出于此，王弼指明，对于“道”的言、名将“言之者失其常，名之者离其真”。

“道”不可言，即谓生命不可言。当然，生命之不可言，不是指生命不可命名或无法描摹，而是指生命之本然和意义是无法用语言穷尽，因为“可以言论者，物之粗也；可以意致者，物之精也；言之所不能论，意之所不能察致者，不期精粗焉”（《庄子·秋水》）。生命之在世不单是形体之轮廓，更是超越形体之精神，精神塑造了生命，将人与他物、个体与他者区分开来。而精神作为“物之精”只可“意致”，故对于生命而言，语言是苍白和乏力的，只有超越语言、概念才可进入生命本身并体验生命，这便是庄子的得意而忘言之用意，也正是《庄子》中诸多问而不知、问而不答的缘由，更是庄子以寓言、重言、卮言为表达方式的良苦用心。《庄子·天道》中轮扁斫轮的故事恰是庄子语言不可把握生命主张的最佳注解。桓公在堂上读书，轮扁在堂下斫轮，轮扁问桓公，“公之所读者，何言邪?”桓公回答“圣人之言也”，轮扁认为桓公所读已逝的圣人之言是古人之糟粕，桓公大怒说：“寡人读书，轮人安得议乎！有说则可，无说则死！”轮扁则不急不慢以自己的斫轮为例讲其原因，“斫轮，徐则甘而不固，疾则苦而不人，不徐不疾，得之于手而应于心，口不能言，有数存乎其间。臣不能以喻臣之子，臣之子亦不能受之于臣，是以行年七十而老斫轮。古之人与其不可传也死矣，然则君之所读者，古人之糟粕已夫!”作为庄子思想的表征者，轮扁认为真正的斫轮不是简单的技术，而是一种生命的体验，其最高境界只可意会却不可言传，言传的只是外围的粗糙皮毛。这与《庄子》中许多像庖丁解牛、子庆削木、老者蹈水等故事的主题相同，指明生命的体认不是逻辑的语言的方式所能致即，只有超越语言，消除对象化认识，才能了悟生命，才可达致游刃有余的自由境界。缘于此，庄子对语言甚至语言的载体——书进行了激烈地批判，“世之所贵道者，书也。书不过语，语有贵也。语之所贵者，意也，意有所随。意之所随者，不可以言传也，而世因贵言传书。世虽贵之，我犹不足贵也，为其贵非其贵也。故视而可见者，形与色也；听而可闻者，名与声也。悲夫！世人以形色名声为足以得彼之情。夫形色名声，果不足以得彼之情，则知者不言，言者不知，而世岂识之哉！”（《庄子·天道》）

2. 语言的政治性

老庄对语言概念的认识是深刻的，他们不仅看到了语言概念的有限性和僵化倾向，而且也认识到语言概念的政治暴力性，从而与儒家的名言思想截然相别。儒家认为人的生命是由有人格意志的天赋予的，天以各种命令的形式掌控人们的现实生活。天的各种命令存在和体现于现实的各种社会关系中，如君臣、父子、夫妻、兄弟等关系。这些不同的社会关系都是具体而感性的，人的生命活动的首要任务在于揭示和反映这些具体关系，由此“礼”的重要性被凸显。在儒家思想中，这些具体的社会关系是由“礼”来规定，受“礼”的限制和约束。而“礼”与“名”是辩证统一、互为表里的，“夫名以制义，义以出礼”（《左传》桓公二年）。“礼”是“名”的实质内容，“名”是“礼”的外在表现方式，“礼”由“名”来加以反映，因此，做人的第一件事就是要定名分，确定自己在社会伦理关系中的位置，遵从与此特定关系、特定位置相适应的特定道德要求（如在君臣关系中君要对臣信，而臣要对君忠）。由此，定名分、明仪礼成为儒家思想的核心。而名分和仪礼的实质是伦理道德规范，伦理道德规范成为生命的本质。从而，正名具有了道德的意蕴和政治的属性。

老庄看到了儒家正名的政治意义，从当时儒墨等诸家的是非争论中认识到语言对人的心灵的搅扰。百家诸子各执己言，各守己见，进行激烈的论争，这些论争最后往往都成为口水之争，各家极尽语言之能事，甚至竭尽谩骂之能事（孟子对墨子的“无父”、杨朱的“无君”的大骂即是鲜明的一例），结果使社会纷扰不断，人心混乱，生命离大道越来越远。就像儒家的“正名”主张，要求人确定好自己的名分，搞清楚自己在社会中的身份，按符合自己名分和身份的伦理道德去活动，实际却造成人们为求名分而心神不定的混乱局面，“儒墨毕起。于是乎喜怒相疑，愚知相欺，善否相非，诞信相讥，而天下衰矣”（《庄子·在宥》）。

除了正名、争名导致社会纷乱，天下衰败外，老庄力主无名、去名还有一原因，是与当时生命存在功利化加剧有关。老庄看到了儒家的正名与其他诸子的名辩主张造成了是非判定、价值评判等社会文化系统的混乱和纷争，“名也者，相轧也；知也者，争之器也”（《庄子·人间世》）。许多儒者借“名”而谋私，徒以学说之名炫耀自己，暗取私利之实，“名”沦为牟取私利的工具。庄子称这些借正名之名而谋己之利的儒为“假儒”，对这些假儒，庄子有很多批判。如《田子方》有：“庄子见鲁哀公。哀公曰：‘鲁多儒士，少为先生方者。’庄子曰：‘鲁少儒。’哀公曰：‘举鲁国而儒服，何谓少乎？’……庄子曰：‘以鲁国，而儒者一人耳，可谓多乎？’”鲁国穿儒服者很多，但真正有儒者精神的却极少，多数人都只是一些虚浮功利之徒，假儒者之名而行欺世盗名之实。因此，庄子称此种儒家文化为“儒以诗礼发冢”（《庄子·外物》），《诗经》《礼记》这些儒家的经典文化是助人掘墓盗取死者财物的理论工具。“名”的出现本是为了使存在、世界走向条理化、有序化，为人提供认识事物的途径，其使命在于明辨是非，其目标在于追求真善美的统一。即“名”是表情达意的工具，是捕鱼之筌、逮兔之蹄。当鱼与兔得时，便应该忘掉筌蹄，当情意已得，则“名”应当舍弃。而当时的儒者、名家这些辩者们却意识不到这一点，过分地执于“名”之区分，不仅将名、言当做求利的工具，且反而被“名”所困，“辩也者有不见也”（《庄子·齐物论》），不见的是真实生命。对“名”的计较淹没了生命的真实本相，消解了生命的真实意义，使生命陷入虚妄的浅薄的较量之中。正是为纠正这些求名的恶果，庄子与老子主张“去名”，提倡向无名之道的回归，向本真质朴生命的复返。

为去名，重回生命本真。庄子甚至对求名之辩论进行遏制，主张“辩无胜”，以此止辩，解决名学之争造成的混乱，使思想界重新回到生命本身。“辩”在春秋战国时代甚是流行，有墨子作《辩经》，苏秦、张仪之徒辩合纵连横之术，惠施、公孙龙之名家者的名辩思潮，还有诸子百家之间的互相论辩。这些辩者往往为辩而辩，其辩扰乱人心、失于人情，“桓团、公孙龙，辩者之徒，饰人之心，易人之意，能胜人之口，不能服人之心，辩者之囿也”（《庄子·天下》）。司马谈说：“名家苛察缴绕，使人不得反其意，专决于名，而失人情”[①]。太史公一语中的，指出名家之辩者于事无济，却扰乱人心，搅乱人们的认识，为纠正这种“辩”的弊端，庄子主张“辩无胜”，对包括名家在内的诸家之辩进行批判。在庄子看来，各家争辩的出现都是人为原因造成的，出于人们的成心。“夫随其成心而师之，谁独且无师乎？”（《庄子·齐物论》）由于每个人心中都有成心，往往以成心出发来制定标准，以此作出评判，便出现了以己为是、以彼为非的偏蔽，这样无休止的争论便出现了。因此，争论的出现是周全之“道”蒙蔽，人们的成心偏见造成的，“道隐于小成，言隐于荣华。故有儒墨之是非，以是其所非而非其所是”（《庄子·齐物论》）。只要成心不去，则辩论永无终结，这就是庄子“辩无胜”。对“辩”的热衷，强化了人的偏见和成心，造成了认识领域的混乱，使生命存在的本然状态和价值世界在无休止的争辩中被遮蔽了。

① 司马迁著《史记》，中华书局，1982，第759页。

三　语言并非存在之家

老庄认为对言语争辩的喜好往往会引起人心的激荡，妨碍心灵的清虚和宁静，“言者，风波也；行者，实丧也。风波易以动，实丧易以危”（《庄子·人间世》），成玄英疏为“风鼓水波，易为动荡，譬言丧实理，危殆不难也”[①]，在语言的追逐中，存在之实理真相被遮蔽了，生命的真实意蕴丧失了，生命离“道”越来越远。

“道”在老庄的思想中不仅仅是一个一般意义上的哲学本体，为存在提供逻辑的根据，更重要的是“道”与生命是合一的，是生命最高境界的象征。“道”的境界意味着生命的自由自在、本性纯真的理想的实现。就这一意义而言，“道”是生命所追求的真善美的高度统一，它不是认识论式的逻辑运演结果，而是对生命进行体验和感悟下的直观所得。“‘道’代表着从大自然的生命中体验到的一种自由的精神境界，对‘道’的认识是一种审美的认识”，所以，“只能从物化的审美境界中去感知的‘道’是无法像科学认识那样用语言去加以明确的规定的。”[②] 老庄的“道”是“无”、是不可言的，实质指对生命的体认不可以语言概念化方式进行，生命存在是一种非概念化的直观的审美性、艺术化存在。

庄子对“道”的不可言说及语言与生命的关系说得更加透彻。与老子一样，庄子对语言名称概念也持超越的批判态度。庄子对“名”的批判是从对语言的批判开始的。首先，庄子从逻辑学的角度对语言概念进行思考，指出语言概念名称是对事物的抽象化表达，为了表达的准确，往往要使语言的指称明确化、确定化，这

---

① 郭庆藩撰，王孝鱼点校《庄子集释》，中华书局，2004，第161页。

② 安继民等著《道家双峰——老庄思想合论》，河南大学出版社，2001，第280页。

时人们通常采取下定义的方法。通过下定义来揭示概念的内涵，而语言概念的内涵一旦明确后，就会起到标准和规范的作用，人们将以概念的内涵为标准来选择实存世界中的物，以此确定哪些物、哪些存在符合这一内涵。经过这样的选择分辨，本来混沌为一、物物无别之存有世界，不再浑然为一，而是截然分明，万有之存在被人为地划归为不同的语言概念系统。且人们往往还在竭尽所能地将之不断细化，追求语言的精确化、明晰化。至此，与道为一，物物相合的浑然状态被打破，生命的整全和本然状态被破坏。

认识到这种“语言的游戏”，庄子尖锐地指出形名之称谓（即概念）是先前之人们人为命定的，并不是存在之原初状态。如果后人执拗于这些人为命定的概念，并以此概念对世界进行认识和区分便是舍本而逐末，忘本而求末，“形名者，古人有之，而非所以先也”（《庄子·天道》）、“骤而语形名，不知其本也”（《庄子·天道》）。语言概念的游戏使人们忘记了宇宙之本、物之本——“道”，离“道”越来越远。“道”本不可名，且无名，“道不可言，言而非也”（《庄子·知北游》），而人们运用语言恰恰要给“道”定名，“名”一旦被固定，事物的界限就被划定了，思维活动就被限制了，大道将走向分崩离析。而对“道”的远离和遗忘，即是生命意义的遗失。真正的生命陷于语言的无尽旋涡中，生命的真精神一去不返。要重新找回生命的真精神，只有对语言进行剥除，摆脱语言的局限，要去言。因此，得道之人“知而不言”，这正是《庄子》的许多寓言故事一再强调的，生命的追求和体验是无法言传的，对于丰富的生活世界和复杂的生命存在，语言是苍白无力的，对语言概念的执著是对生命本真的放弃。正是认识到语言概念的这些缺陷，庄子在探讨生命时采用了非常规的语言方式，不断运用“卮言”“重言”“寓言”。英国学者汉森在其《中国道家思想》中说：“语言是社会控制的工具，我们应当避开它，以及任何跟它一致的事物”，正由于此，他称道家是“反语言的”。

由于老庄以质朴为生命之本然和理想境界，而质朴是生命的原初之浑然未分，所以是无名无象的。因此，老庄皆主张“无名”论，与孔子为代表的儒家“正名”论文化观迥然有别。《老子》开篇即指明，“道可道，非常道；名可名，非常名”（《老子》一章），可以命名和言说的只是物之粗也，是具体的有形世界，而对于最抽象、形而上化程度最高的东西是无法运用名词概念加以表达的。庄子继承了老子“道”不可言、不可名的主张，“道不可闻，闻而非也；道不可见，见而非也；道不可言，言而非也。知形形之不形乎？道不当名”（《庄子·知北游》），指出“道”无象无形，无法用常规认识方式来把握，只能用无名化的非常规认识加以体认。“道”不可名，禀道而成的生命也是不可名的，即逻辑化的概念分析无法把握生命。如果以逻辑概念认识生命则生命将被对象化、客体化，生命的本质将被遗忘。所以，老庄道家指出要认识生命只能采用无名化的直觉体悟方式，主张感受生命，与生命合一，追求“天地有大美而不言，四时有明法而不议，万物有成理而不说”（《庄子·知北游》）的自然与自由境界。

虽然老庄一再批判语言、反对语言，但并不是完全不要语言。在批判的同时，他们都肯定语言有指事代物、表达思想的功能。“夫言非吹也，言者有言”（《庄子·齐物论》）；具体有形之物是可以言说的，对有形之物的语言表征，形成了人们的一般的知识世界，“言之所尽，知之所致，极物而已”（《庄子·则阳》）。所以，老庄并不是不要语言，而是指出语言只是一种认识和表达世界及其存在的方式。对生命，语言这种认识和表达方式是极其有限的。为了把握生命，不能依赖语言，须去除语言的屏障，直指生命本身。

（本文作者：西北大学哲学与社会学学院副教授）

论王弼本体思想的内在理路

——以《老子指略》为中心

邱忠堂

王弼是魏晋玄学的开启者和重要代表，其创立的贵无论思想表征着中国哲学发展到魏晋时所发生的本体化转变，充分彰显了魏晋玄学所具有的形而上学特质。此形而上学特质蕴含于所有魏晋玄学家的著作中，共同促使究玄探赜的旨趣成为一种时代风潮，以至于我们把魏晋玄学看成是中国哲学本体化的自觉时代。笔者不揣简陋，基于王弼《老子指略》和《老子注》，仅就王弼"理统""无""以无为用"等思想略作讨论，旨在揭示王弼本体思想中从本体层下贯现象界的内在理路，敬祈批评指正。

一 《老子指略》中的"理统"

据楼宇烈先生的《王弼集校释》可知，王弼著作中，《老子注》《周易注》和《周易略例》今存，《老子指略》和《论语释疑》有辑佚。另，据宋明人记载，王弼著作还有《周易穷微论》①

① （宋）郑樵《通志》卷六十三、（宋）尤袤《遂初堂书目》、（明）朱睦㮮《授经图义例》卷四、〔明〕陶宗仪《说郛》卷十下皆有记载。

和《道略论》，二者中淡出人们视野的《道略论》，可能是最能集中表现王弼思想的著作，惜今未见提及，恐已佚[①]。从严格意义上讲，王弼的著作有“注”和“著”两种，王弼除了“注”《周易》和《老子》，还“著”《周易略例》《周易穷微论》《老子指略》和《道略论》，《山东通志》卷三十五所收晋人何劭《王弼传》中特别提及王弼“注《老子》”又“著《道略论》”，我们认为“著”比“注”或许更能体现王弼的哲学思想。

晋朝何劭《王弼传》称“弼注《老子》，为之《指略》，致有理统”（《三国志》卷二八），宋代萧常也称王弼“注《老子》，为之《指略》，颇有理致”（《萧氏续后汉书》卷四〇），宋代《册府元龟》卷六百五有王弼“注《易》及《老子》，又作《老子指略》”的记载。北宋《新唐书》卷五十九、宋代郑樵《通志》卷六十七都称王弼《老子指略例》两卷。不论是“致有理统”还是“颇有理致”，这些都表明王弼在完成《老子注》之后，还作了让人称道的《老子指略》。后人之所以称赞《老子指略》，究其原因，缘于王弼在该文中将其哲学思想进行了系统的总结。《老子指略》共三千零七十七字[②]，其中涵括王弼本体思想的逻辑理路和主旨精髓。

《老子指略》的首句是整篇的总纲，表现出非常宏大的理论气魄。“夫物之所以生，功之所以成，必生乎无形，由乎无名。无形无名者，万物之宗也”，蕴涵了一种精致的哲学思想，即本体统摄现象、现象包括自然界和人类社会。其中的“物”是自然界、“功”是人类社会，“无形无名者”是本体，“生乎”“由乎”和“宗”则彰明：自然界和人类社会的“生”“成”皆有赖于形而上

① （明）魏学洢《茅簷集》卷四提及他读过王弼的《穷微论》，（清）朱彝尊《经义考》卷十称王弼《周易穷微论》佚失。

② 本文所引王弼《老子指略》皆出自《王弼集校释》（王弼著，楼宇烈校释，中华书局，1980年版），第195～199页，下引该文略注。

的本体。本体统摄宇宙间的一切，是作为现象的自然界和人类社会得以存在和发展的最终根据，它们的宗主，即“万物之宗”“品物之宗主”“物之母”“功之母”“物之本”。

在本体统摄现象的大前提下，我们进一步从生成论的角度阐明了“物生”和“功成”的内涵。“天生五物”说的是自然界的万物生成过程，天生出金木水火土五物以构成万物；“圣行五教”说的是人类社会的制度运行过程，圣人制作父子亲、君臣义、夫妇别、长幼序、朋友信五教以推动制度。但需要说明，即便是在以天和圣人为主体、以五物和五教为质料的现象界的生成过程中，也离不开作为它们的“母”的本体，因为“物生功成，莫不由乎此”，如果天和圣人不以本体为形上根据，自然万物便不得生成，社会制度就不能运行。由此可知现象所包括的自然界和人类社会的生和成的主体是天和圣人，介质是五物和五教，根据是形上本体。

统摄宇宙间一切、为现象界提供形上根据的本体是“无形无名者”，它超越了形而下的现象。从否定的视角言，本体希声而不可听闻、无形而不可视彰、混成而不可体知、无呈而不可味尝，“不温不凉、不宫不商”“不炎不寒、不柔不刚”“不皦不昧、不恩不伤”，所以不能以相对性的眼光考察它；从肯定的视角言，本体是“大象”“大音”“常”“道”“玄”“深”“大”“远”，它是无限的、绝对的、普遍的、永恒的。正是从这两个方面，本体超越了“生乎彼”的相对之“名”和“出乎我”的相对之“称”而“苞通天地，靡使不经”。特别是否定的方面，它指出本体“不能释”“不能辩”的神妙不测性，故而又有以“道”“玄”“深”“大”“远”指称本体所带来的“言而非也”（《庄子·知北游》）之弊，而不得已“称之曰道”“谓之曰玄”都是描述本体之神妙和广大的需要，为了避免“大失其旨”“未尽其极”之嫌，又用“玄之又玄”彰明本体。以此为基础，依据“存者不以存为存”的“反其形”“反其名”原则，可知现象界的物和功“之所以存”“之所以剋”的根据不能是自身或者同样具有形而下属性的他者，只能是超越的形上本体。另外，在充分论说本体之于现象的重要性之时，也表明了现象对于本体的作用，即“四象不形，则大象无以畅；五音不声，则大音无以至。”

《老子指略》认为《老子》的主旨是“崇本息末”，并对其加以阐发。崇本息末是本体下贯到现象的表现，在物生和功成的过程中之所以“无物为用”“不言为化”在于其上有一个无形的本体，天以之为准、圣人亦以之为准。本体的下贯在自然界和人类社会都有表现，单就现象中的人类社会部分而言，崇本息末是治世观，同时也可视其为修身之方，其根据是形上本体，其主体是圣人，其方法是无为，其具体策略是“见素以静民欲”“抱朴以全笃实”“寡私欲以息华竞”，其目的是“绝圣而后圣功全”“弃仁而后仁德厚”。“崇本息末”有其自身的积极意义，“恶强非欲不强也”、“绝仁非欲不仁也”的“无为而无不为”之道凸显出其治世观所具有的浓厚现实关怀意蕴，也正是在此意义上“崇本息末”和“崇本举末”才能达到一致。在“崇本息末”思想中，圣人效法本体而采取的“不以言为主”“不以名为常”“不离其真、不以为为事”“不以执为制”蕴含着独特而丰富的修身思想。

二　无与道

《晋书》卷四十三中所称的“魏正始中，何晏、王弼等祖述老庄，立论以为天地万物皆以无为本”，可能是以“以无为本”解读王弼思想的最早版本，其中“以为天地万物皆以无为本”确实极富“无”本体论色彩，与后文的“无也者，开物成务，无往不存者也。万物恃以成形，贤者恃以成德，不肖者恃以免身，故无之为用，无爵而贵矣”正好形成一形上形下的逻辑系统，这也恰恰是《老子指略》中的本体统摄现象（自然界和人类社会）和本体下贯现象（尤其是人类社会）的“理统”。不过，《晋书》此处的本体是“无”，而《老子指略》中的本体是强为之名的“道”。在《老子指略》中“无”字虽出现32次之多，但从未用来指称本体，作者多用道、玄、母、常等概念来表达本体。如果说“无”和本体相关，则只是指本体的超越性，即无是本体的一种本质属性而不是本体本身。

《晋书》中认为王弼思想“以无为本”很有启发性，说明“无”是解读王弼思想时所不可避免的，但是依据“以无为本”说王弼哲学是以“无”为本体则不够全面和精当。在《老子注》中王弼通过解读《老子》而阐发了自己的哲学思想，其中最著名的就是以无解道，即试图用“以无为本”来阐释《老子》中的以道为本思想。“以无为本”仅见于对《老子》第四十章“天下万物生于有，有生于无”的注文中，王弼称“天下之物皆以有为生，有之所始，以无为本。将欲全有，必反于无也”。《老子》的原文是宇宙生成义的经典代表，而王弼说“天下之物”之生成和发展皆是现象层面的“有”，而作为现象的“有”的本始则要追寻到超越了现象（有）的形而上之本体“无”，很显然这是一种本体化的解读。

不过，值得特别注意的是，此处的话语背景是王弼以“无”解读道而不是以“无”取代道。在《老子注》中“无”未能涵盖本体的全部，即“无”仅仅是本体之道多个称谓中的一个。虽然，《老子注》中“无”字多达303个，但是从“以无为本”的本体角度而用的则仅有对《老子》第一章、第十一章、第二十一章、第三十二章、第三十八章、第四十章、第四十二章、第六十四章等八章所作的注文，笔者认为它们显示了“无”的真实含义，即用无来指称道时无便具有了本体义。具体而言，无的这种含义是双重的，无既是对道的无形无名、绝对性、无限性和超越性的概括，又是对本体之道下贯现象的无为而任自然的致用理路的概括。

“凡有皆始于无”说的是现象和本体关系，“有”强调现象的形下性、“无”突出本体的形上性，而“凡有”即是现象界具体的万事万物。此是对《老子》“无名天地之始，有名万物之母”（《老子》一章）的解读，解读的背景是道始成万物于未形无名，万物“未形无名”时道是其始，万物“有形有名”时道是其母，即“天下之物皆以有为生，有之所始以无为本”。很明显，这种本体与现象（万物）的始和成的关系，与上文所论《老子指略》和《晋书》的本体统摄现象的“理统”相暗合。万物的这种“始于无而后生”的宿命，强调了宇宙本体论之于宇宙生成论的重要意义。此处的本体是道，无只是道作为本体而既始又成万物的理路，是道的本质属性，王弼在《老子》“道生一，一生二，二生三，三生万物”（《老子》四十二章）之中加了一个“无”，将从道→一→二→三→万物反向解释为“万物万形，其归一也”，而无便是此“归一”“致一”的原因。正是基于此，我们才说王弼以“无”解道极具本体化色彩，其使得老子之道的本体意蕴得到充分彰显和发展，此是“无”指称道之于现象的无形无名、绝对性、无限性和超越性等形上性时所具有的本体义。“以无为本”只是相对于现象的“有”而言的本体的“无”，由之可以深究出王弼本体思想所达到的高度，其凸显了王弼哲学中本体所具有“无”的特质，其深层内涵是以道为本体，亦即王弼所言的“以无为本”。

王弼之“无”还可以从本体界下贯至现象界的角度进行考察，此即涉及王弼著作中的另一个重要概念——“以无为用”。

三　“以无为用”的两层义涵

“以无为用”在《老子注》中共出现七次，分别在对《老子》第一章、第十一章、第三十八章和第四十章所作的注文中，恰如

“以无为体”，“以无为用”也有被追问的必要，我们认为“以无为用”蕴含有如下两个层面的含义。

道是本体，它是无形无名的，从无形无名的本体为现象提供形上根据出发，可以探究出“以无为用”的第一层含义。“以无为用”关涉两个“用”，作为现象的“有”之“用”和作为本体的“无”之“用”。结合上下文，可知“以无为用”有明确的主语，此主语即是“有”“凡有”所代表的现象或者说现象界的万事万物。现象界的万事万物只有发挥其效用才能产生利处，其本身具有“用”和“利”两个层面，这里王弼隐而未彰的一点是：万物万事的“用”以及从“用”到“利”的转化过程。此转化过程何以可能的根据不是万事万物本身，而是“无”的“用”，“无”的“用”是使得“凡有”得以发挥其效用以成就其利处的根据，此即是“有之所以为利，皆赖无以为用也”中所蕴含的思想。为现象界万事万物的“用”和“利”提供何以可能的形上根据，是“以无为用”的第一层含义。

由“以无为用”的第一层含义，可引申出它的第二层含义。道是本体，它是“法自然”的，“法自然”的本体之道是现象界（自然万物和人类社会）效法的对象，而“无”是道的本质属性，自然万物的天地和人类社会的圣人皆效法本体之道而追求“自然”“无为”。“天地任自然，无为无造。”天地虽生万物，但不是主动积极地去生成，而是由万物自己生成自己，亦即“万物以自然为性”。圣人据此以“达自然”“顺自然”，所以才不去“有为”“博施”，进而能够“与天地合德”，这样便会收到“以一统众”“举本统末”“无为而无不为”的治世效果。“以无为用”的第一个层面的含义主要是从本体到现象而言的，而第二个层面的以“自然”“无为”为用的含义则主要是从现象特别是人类社会追溯到本体而得的，此种“追溯”便使得“法道”“从道”“体道”“得道”运用于人类社会层面成为可能。基于此第二种含义，我们可以说“以无为用”的真义是“以无为为用”，它的形上根据是“道”，因为“道常无为”“道不违自然”；它的形下根据是作为主体的圣人能够做到“以虚为主”“以空为德”，由此故能“唯道是用”“以无为为君”。

从“以无为用”两个层面的含义，可以看出王弼本体思想的普遍性、全面性、系统性，他既讲本体之于现象的形上根据之用，又讲现象追溯本体的形下根据之用。王弼从下贯和上达两个向度，详细地辨析了本体所具有的双层意蕴。基于此，在以道为本体的基础上，“以无为用”最主要的内涵是“以无为为用”，从而解决了道作为本体又要下贯现象的理论困境，使王弼本体思想的“理统”得以充实、完成。

总之，我们认为恰当地运用王弼《老子注》与《老子指略》，会有益于更真切地理解王弼哲学思想。本文通过对“无”与“道”“以无为用”的追问式探讨，旨在揭示出王弼思想所具有的以道为本体和以“无为”为用的总体理论框架，梳理出王弼哲学思想的逻辑理路，尤其是其本体思想的“理统”。

（本文作者：陕西师范大学政治经济学院 2010 级博士研究生）

诠释与行动：王弼哲学中的“体无”思想

罗高强

《晋书·王衍传》说：“魏正始中，何晏、王弼等祖述《老》《庄》，立论以为‘天地万物皆以无为本。无也者，开物成务，无往而不存者也。阴阳恃以化生，万物恃以成形，贤者恃以成德，不肖恃以免身。故无之为用，无爵而贵矣。’衍甚重之”（《晋书》卷四十三）。由是观之，“无本论”——以“无”为万物的本体是正始玄学最为重要的特征，王弼玄学的思想主旨亦概莫能外。那么，“无本”之“无”能否被认识，如何认识，也就是“体无”如何可能，便成为了王弼哲学中不可回避的问题。然若要使这个问题成为真命题，那就必须以信仰方式确立一个前提：本体之“无”能够落实于现象界，并且人可以通过“智的直觉”认识作为本体的“无”。关于这种认识的探索，在历史上天才般的思想层出不穷，且至今未断。近来，学界关于“体无”的诠释提供了一些新的见解。如杜维明先生分别从“本体的体会”与“知识论”二层意义上解读“体无”，他强调王弼的“体无”是体知，但他的用心所在不是道德实践，而是本体证会。不过，正因为本体证会是体知，和道德实践确有相契合之处。‘知’在这个层次必然含着‘技能’（skill）的意思，也就是包含‘会’的意思"[①]。李兰芬女士也认为王弼的"体无""在中国哲学史上第一次从形而上学的层面突出'体'与'知'的关系"，并且"妙解了当时士人何为圣人的问题"。[②] 如此看来，"体无"如果只从纯粹的知识论上讲，察识"无"的前提和保障是"能识"的"我"与"所识"的"无"具有同一性，也就作为认识可能性的"无"与作为认识功能性的"我"之间的相互作用具有先验必然性。这种以先验方式提供保障的认识是将"无"和"我"进行主客两分的思考进路，即是将"无"作为外在于"我"的对象，而缘于这样的"体无"似乎降格了"无"本体义。因此，以"知识论"的方式，"体无"难于提供实践性的保障，唯有在作为实践性的超越主客的"体知"中才能开显出"无本"的深义。

如上所述，"体无"难于从这种纯粹认识论的方式获得实践性，而是以超越主客、现象、言语、有无等实践性的内在之姿被抛入"无"。而在王弼哲学中这种实践性的内在之姿——"体无"大致可以从王弼自身的具体实践和一般性实践两个方面获得理解，具体地说，其一是王弼在诠释经典过程自身如何体现"无"——诠释原则；其二则是一般的行为活动如何展示"无"——行动法则。

一　诠释原则："辩名析理"与"得意忘言"

王弼在诠释性的著述中如何论证"体无"，也就是诠释经典的原则如何以"无"为本？根据文本分析，"体无"落实在王弼哲学诠释原则上则表现为"辩名析理"与"得意忘言"。

---

① 《燕园论学集》中《魏晋玄学中的体验思想——试论王弼"圣人体无"观念的哲学意》，杜维明著，北京大学出版社，1984。

② 李兰芬：《"体无"何以成"圣"？——王弼"圣人体无"再解》，《中山大学学报》2008 年第 4 期。

（一）辩名析理

“辩名析理”一词并非源出于王弼的著作，而见于郭象《庄子注·天下篇》中“辩者二十一事”的注解。郭象认为辩者所言之事乃“道听途说”“无用之谈”，但“能辩名析理，以宜其气，以系其思，流于后世，使性不邪淫”。王弼虽未明言“辩名析理”，却用之于《老子》《周易》等经典的注解。《老子》三十八章云：“上德不德，是以有德……上德无为而无以为也……前识者，道之华而愚之始也。……故去彼取此。”而王弼将此注曰：“德者，得也”，“无以为者，无所［偏］为也”，“前识者，前人而识也，即下德之伦也”，等等（《老子注》）。由是观之，这种诠释方法无疑是“辩名”。同时，王弼继续阐发道：“以无为用，则莫不载也”，“无焉，则无物不经”，“天地虽广，以无为心”，“本在无为，母在无名”，“以无为用，则得其母”，“用夫无名，故名以笃焉；用夫无形，故形以成焉。守母以存其子，崇本以举其末”等之理（《老子注》）。这是“析理”，而且还表达出“以无为本”“以无为用”“崇本举末”之“理”。这仅是王弼《老子注》中的一例，其他例证俯仰即拾。因此，“辩名析理”不仅可以获得关于“无”的认知性理解，而且在“辨”和“析”过程中——在祛褪和超越名言已然存在的固定化的理解中而“体知”到“无”。由是可知，“辩名析理”便是王弼经典诠释过程中的一种“体无”经验。

（二）得意忘言

“得意忘言”完整的表达乃是王弼所谓“得意在忘象，得象在忘言”。王弼在其《周易略例·明象》中说：

> 夫象者，出意者也。言者，明象者也。尽意莫若象，尽象莫若言。言生于象，故可寻言以观象；象生于意，故可寻象

以观意。意以象尽，象以言著。故言者所以明象，得象而忘言；象者，所以存意，得意而忘象。……是故，存言者，非得象者也；存象者，非得意者也。……故立象以尽意，而象可忘也；重画以尽情，而画可忘也。（《周易略例·明象》）

由此可知，王弼认为卦象（象）能够完全传达创《易》者的深意（意），卦爻辞（言）也能准确地叙述卦象。卦爻辞由卦象而来，所以可通过卦爻辞来观察卦象；卦象由《易》之经意而来，因此可通过观察卦象而蠡测《易》的精蕴。“名”“象”便成为高阶性存在的媒介：“象”是“名”的高阶性存在，“意”是“象”的高阶性存在，故而由意以成象，由象以成言。作为媒介性存在的“名”“象”在体知高阶性存在的“意”的过程中只能处于一种“被抛”的状态——“忘”的状态中。“忘”中“被抛”的姿态只能是一种“无”的进程：忘“言”以观“象”，进而忘“象”以察“意”。因此，由“忘言”“忘象”而“得意”，其关键在“忘”。即使“得意”之“意”不是王弼所言“无本”之意，也无妨在“忘”的进程中以“被抛”的姿态落入“无”——“体无”。换句话说，“忘”便是对所存之“有”（言、象）的否定和抛弃。否定“有”是因为“有”不是终极者（意），亦非本体（创《易》之本意）自然所在；抛弃“有”是由于“有”之存在阻碍了对终极者的把握和本体的体究。因此，“忘”就成了王弼在经典诠释中“体无”之另一法。

二　行动法则：“应物无累”与“举本统末”

王弼的诠释作为其个体特殊化的活动能以“辩名析理”与“得意忘言”的方式进至“体无”之境，那么一般性行动中又将如何“体无”呢？在王弼哲学中，一般性“体无”的行动法则是“应物无累”和“举本统末”。

（一）应物无累

据《三国志·魏书》卷二十八《钟会传》注引何劭《王弼传》云：

> 时裴徽为吏部郎，弼未弱冠，往造焉。徽一见而异之，问弼曰：“夫无者诚万物之所资也，然圣人莫肯致言，而老子申之无已者何？”弼曰：“圣人体无，无又不可训，故不说也。老子是有者也，故恒言无所不足”。（《三国志·魏书》卷二十八）

由此可知，“无”乃不可直述明言于外，只能神契心体于内。从实践的角度来说，言说则落于“有”，不言方能契合“无”。论说“无”是一种有行迹的实践活动，可以为人的认知能力所摄取，成为一种外在于主体的客观对象。孔子（圣人）体无不言，老子恒言有无，因此王弼认为孔子高明于老子。

又载：

> 何晏以为圣人无喜怒哀乐，其论甚精，钟会等述之。弼与不同，以为圣人茂于人者神明也，同于人者五情也，神明茂故能体冲和以通无，五情同故不能无哀乐以应物，然则圣人之情，应物而无累于物者也。今以其无累，便谓不复应物，失之多矣。（《三国志·魏书》卷二十八）

这段材料表明，王弼实际围绕“圣人有情否”，对圣人如何“体无”作了描述。第一，“体无”之“体”并非纯粹无内容的“死体”，而是“应物”、有“哀乐”的“活体”。第二，“体”不可只停留于有内容的“活体”层面，而应是“无累于物”“体冲和”达至“体无”之妙境。因此，“体无”当从两层来说，一为实然层面，“无”在“有”中，“体无”乃是有内容之“体”；另为超越层面，“无”又要高出“有”，不为“有”所累所绊，并统领“有”，所以“体无”乃是一种超越的体验。

（二）举本统末：崇本举末与崇本息末

在《老子》三十八章，王弼注云：“守母以存其子，崇本以举其末，则形名俱有而邪不生，大美配天而华不作”（《老子注》）。另外，又在五十七章注说：“以道治国，崇本以息末；以正治国，立辟以攻末”（《老子注》）。如此看来，王弼关于“本”“末”表面上就有了两种观点——“崇本举末”与“崇本息末”。[①] 虽然两者皆为“崇本”，却在“末”上似有“息”“举”之矛盾。然而这一矛盾是真实存在，还是表面存在于王弼哲学中，学者们均有各自的立场和判断。认为矛盾确实存在的学者，有如汤一介先生、朱义禄先生。汤一介先生认为“‘守母存子’、‘崇本举末’应是王弼‘体用如一’、‘本末不二’的具体说明。但是，在王弼的著作中又有‘崇本息末’的说法，这就造成了其思想体系的矛盾。照王弼‘体用如一’的观点……只能得出‘崇本举末’、‘守母存子’的结论。”[②] 朱义禄先生也说：“王弼一方面说，‘既知其子’，‘复守其母’；另一方面又以极为肯定的语气强调：‘《老子》之书，其几乎可一言以蔽之。噫！崇本息末而已矣。’前者是要兼顾儒道，但后者明显的有抬高道家、贬低儒家的意味。‘息末’意味着对名教的贬低，与‘既知其子’自在矛盾。”[③] 对此持异议者们都

① “崇本息末”在王弼的《老子注》和《老子指略》中各出现三次，而“崇本举末”仅在《老子注》中出现一次。这里无意发哲学词组出现频次来说明哲学用语的重要性。

② 汤一介著《郭象与魏晋玄学》，北京大学出版社，2000，第40页。

③ 尹继佐，周山主编，朱义禄著《中国学术思潮史》（卷三），上海社会科学院出版社，2006，第120～121页。

认为矛盾只是表面上的而非实质上的，并且对“崇本举末”与“崇本息末”两者的真实意蕴进行了圆融性的阐释。解决矛盾的方式表现出多种进路。其一，从“息”的不同字义上突破。“息”有“止息”和“养息”两义，故“息末”既可以是阻止、消灭“末”，又可以是培养、护养“末”。培养、护养的“息末”其实就是“举末”。[①] 其二，从“末”的不同义涵上诠释。有的“末”是需要“息”，而有的“末”是需要“举”。所息之“末”有如：邪淫盗讼，[②]“有为的仁义礼智”，[③] 违反“自然”原则的社会政治秩序、伦理道德规范，统治者的有为措施及其行为，统治者所采取的导致不良后果的措施及行为；[④] 所举之“末”有如：仁义圣智，[⑤]“无为的仁义礼智”，[⑥] 本真状态下的社会统治秩序、伦理道德规范，统治者采取的有益于社会的必要措施。[⑦] 其三，从两者作为不同策略而言。如：那薇认为“崇本举末”是对哲学本体论而言的，“崇本息末”是政治策略与认识本体的方法。[⑧] 王晓毅也认

① 林丽真、高晨阳和康中乾先生都从这一思路提供解释。如，高晨阳先生说：“‘息’可作‘止息’之义解。因此，‘息末’是指主体化解施为执著而提升精神境界的实践工夫。这工夫同时就是‘贵无’或‘体无’之工夫。‘息’亦作‘生息’、‘养息’之义。无境不能离有而虚悬，圣人体无而必应物，崇本而必息末，即举末、统末，因此，‘崇本息末’同时涵盖‘崇本举末’之义。”康中乾先生也说：“就王弼玄学的基本性质而言，‘崇本息末’并非不要末，而是要在‘崇本’的前提下让‘末’生息之。……‘息’在基本精神上仍是以‘本’治‘末’的表现，在总原则上依然合乎以‘本’统‘末’的原则和方法。因此说，王弼的‘崇本举末’和‘崇本息末’是一致的。”参见林丽真《王弼》，台北东大图书股份有限公司，1988 年版；高晨阳《儒道会通与正始玄学》，齐鲁书社，2000，第 206 页；康中乾《有无之辨——魏晋玄学本体思想再解读》，人民出版社，2003，第 460～461 页。

② 参阅商聚德《“崇本举末”和“崇本息末”》，《中国哲学史研究》1985 年第 3 期。

③ 参见韩强《王弼与中国文化》，贵州人民出版社，2001，第 78 页。

④ 参阅刘冬季《王弼“崇本息末”与“崇本举末”思想探微》，《佛山科学技术学院学报》（社会科学）2003 年第 3 期。

⑤ 商聚德：《“崇本举末”和“崇本息末”》，《中国哲学史研究》1985 年第 3 期。

⑥ 韩强著《王弼与中国文化》，贵州人民出版社，2001，第 78 页。

⑦ 刘冬季：《王弼“崇本息末”与“崇本举末”思想探微》，《佛山科学技术学院学报》（社会科学）2003 年第 3 期。

⑧ 许抗著《魏晋南北朝哲学思想研究概论》，天津教育出版社，1991。

为“‘崇本息末’是手段，‘崇本以举末’才是最终目标”，“崇本息末”与“崇本举末”并不矛盾。[①] 其四，从文本思想与诠释者思想之间的差异论述。如田永胜先生指出大部分学者在处理这两者关系时隐含着一个前提：“崇本举末”和“崇本息末”都是王弼本人的思想，其实，“王弼明确指出，‘崇本息末’是他对《老子》思想的概括。‘崇本举末’才是王弼本人的思想”[②]。另外，暴庆刚先生也从诠释学的角度提出类似的观点，他认为“就‘崇本息末’与‘崇本举末’而言，前者正是王弼通过‘凝目直接注意事情本身’而对《老子》思想旨归的精确提炼，体现的是对《老子》文本的尊重，而后者是对《老子》文本所作的创造性诠释。”[③] 这种明确区别王弼本人思想与其文本思想的方式是值得注意的，可是在没有充足的材料证据的情况下，审慎地对待原有的理解是必要的，更何况“息末”与“举末”之间并不存在固定的不可逾越的鸿沟。

由此可知，对“崇本举末”与“崇本息末”的关注和解释存在着多重视角，这些都有助于澄清本末之关系。其实，“崇本举末”与“崇本息末”是否矛盾在于“末”的所指是否固定与统一。《老子》五十七章：“我无为而民自化。我好静而民自正。我无事而民自富。我无欲而民自朴。”王弼注曰：“此四者，崇本以息末也”（《老子注》）。由是可知，所崇之“本”乃是“民自化、正、富、朴”——一种自然而然状态；所息之“末”便是“为”“动”“事”“欲”“息末”即是“无为”“好静（无动）”“无事”“无欲”。息“为、动、事、欲”，即“无”“为、动、事、欲”，其意向就是“崇本”——进入一种自然而然的状态。“进入”并不是被动从一种事物进入另一种异质的事物，而是事物将自身敞开。

① 王晓毅著《王弼评传》，南京大学出版社，1996，第274页。

② 田永胜著《王弼思想与诠释文本》，光明日报出版社，2003，第53页。

③ 暴庆刚：《“崇本息末”与“崇本举末”：王弼老学诠释中的矛盾及其解决》，《人文杂志》2011年第6期。

事物敞开自身的方式就在于将原有的规定性否定——“无…”（息末）。因此，“无…”——“息末”的过程就是事物将自身敞开的过程，也就是说“无…”就是“面向事物本身”——“崇本”，事物本身就是在时间中的“无”。另外，王弼对《老子》三十八章注释道：“用夫无名，故名以笃焉，用夫无形，故形以成焉。守母以存其子，崇本以举其末，则形名俱有而邪不生，大美配天而华不作”（《老子注》）。其中，“名”“形”是“末”；“无名”“无形”是“本”。因此，“崇本举末”就是在事物自身敞开的过程中其本真状态的规定性也随之开显。还有必要点明，“崇本息末”是“息末”中“崇本”；“崇本举末”是“崇本”中“举本”。关于这种逻辑脉络的领会也不妨缘假对“崇本以息末”与“崇本以举其末”的句法所涵之意义逻辑。

虽然上文已经为“崇本举末”与“崇本息末”提供了一种哲学现象学的理解，但是我们也不妨再换成本体论的视角作另一番理解。从上文的分析来看，“息末”之“末”（为、动、事、欲）与“举末”之“末”（形、名）并不一致，所以形成反义的“息”和“举”也难于做同质性的比较。但是有一点可以肯定，“举末”与“息末”共同的前提和归旨是“崇本”。换言之，无论“末”是纯粹的自然现象，还是社会现象；亦不论是积极面向，还是消极面向，最终，“末”之中或之内必须得有一个“本”使其成为“末”，也就是说现象之所以为现象与实际之所以为实际是由于现象之中与实际之内有其本体与真际。万象之根据，万物之所然，莫不由其本，无不因其体。由此观之，王弼所崇之“本”乃是现象之本体、实际之真际，而王弼之学“以无为本”，故所崇之“本”应是“无”。然而，在本体论脉络下对待现象——“末”的态度和方式却有所不同——肯定和否定。

“举末”乃是肯定实际现象的有效性和价值，但不是只沉溺于这种“有”中，而是以“崇本”（无）为前提，用“无”（本）统驭有价值和有效用的“有”。这表现了王弼在形上本体层面为现实层面提供出路与依照。由此来看，王弼的“无本”就可从现实的“有”来“体”。“息末”无疑是否认实际现象的无价值和无效性。如果具体落实于现象世界，那么“息末”之“末”乃是消极现象，其包括纯粹消极的事实和积极事实的消极效用。比如说，“智”可谓积极事实，但其亦可成就阴谋、虚伪等消极效用，所以老子才说：“智慧出，有大伪”（《老子》第十八章），息其“末”之后归向何处？显然，“崇本息末”要求“息末”之后归向于“无本”。由此可知，“无本”亦成为“末”之所归，亦是说“末”之否定应归于“无”。

总言之，现象学中“本末”关系是在“无”——“息末”中敞开事物本身，又在敞开中开显本真状态的规定性——“举末”。本体论中“本末”关系则是作为本体的“无”对具体殊象表现为两种作用：统驭与肯定——“举末”和抑制与否定——“息末”。合言之，“本”相较于“末”是一种“统”；“末”相较于“本”是一种“举”，因而“崇本举末”与“崇本息末”并述为“举本统末”（《论语释疑》）。总之，无论是“举末”和“息末”都可用于“体无”，则“崇本举末”和“崇本息末”就是王弼在实际行动中的“体无”之另一法。

三　结语

王弼的“以无为本”（“无本”）与“体无”乃是一贯相通的。“无本”是“体无”的形上依据，“体无”乃是“无本”的凭证。“无本”独存，则只留可爱之貌，不存可信之处；“体无”孤显，则只见远途，不现终极。“无本”无“体无”，宛若有神无貌，明月孤悬；“体无”无“无本”，犹如貌遗神逝，行尸走肉。

（本文作者：陕西师范大学政治经济学院博士研究生）

独异于人的老子天人合一观

李德建

老子《道德经》是言道之书。《道德经》说的是宇宙中自然之道，乃中华上古流传迄今之道。“它究天人之际，察万物之情，通古今之变，应人生之事，证大道之真。”[①] 它所一以贯之于全书的核心就是老子的天人合一观。老子深邃地回答了天与人源于何处、天与人为何会合一以及如何合一等人类关心的永恒命题。这是老子伟大的创造性贡献，标志着以人之道合天之道的成熟完善。深入探讨老子的天人合一观，把握“合一”的精髓，有着巨大的现实意义和深远的历史意义。1997 年 11 月 1 日，江泽民同志在哈佛大学的题为《增进相互了解，加强友好合作》演讲中指出：“早在公元前 2500 年，中国人就开始了仰观天文、俯察地理的活动，逐渐形成了‘天人合一’的宇宙观。”“春秋战国时期出现的‘百家争鸣’的局面和老子、孔子等诸子百家的学说，在世界思想史上占有重要地位。”笔者学习老子《道德经》（以 1998 年 1 月海峡文艺出版社出版发行的福州黄友敬《老子传真》为底本），思考老子天人合一观，深深感到它是独异于人的。

① 黄友敬著《老子传真——〈道德经〉校·今译·解说》，海峡文艺出版社，1998，第 3 页。

一

老子“天人合一”观中相关概念的含义。

（一）“天”的含义。老子的“天”是指宇宙自然之天。无限性是其显著特征，是无限小和无限大的统一，“可名于小”“可名于大”（《道德经》三十四章，以下只注明章次）；又是无始无终的，“迎之不见其首，随之不见其后”（十四章），它内在于时间和空间之中。这是老子的大道宇宙观，它有别于现代物理学意义上的宇宙。现代物理学所理解的宇宙，它是随着科学技术尤其是天文学的不断进步发展而逐步地扩展它的有限范围，包括向内扩展和向外扩展。但是，它永远没有极点，永远达不到无限。有限性是现代物理学所理解的宇宙的一个显著特征，而老子的“天”是无限的，是无限大与无限小的统一。

（二）“人”的含义。老子所论述的“人”分为自觉的以道莅天下的“真人”“圣人”和修真证道的“上士”；世俗的“下士”，即“俗人”“众人”“百姓”；以及介乎两者之间闻道而“若存若亡”的“中士”；另外，是严重异化的如“强梁者”“盗夸”。老子要求“上士”闻道而勤行，“中士”“百姓”反俗而修炼，通过“涤除玄鉴”（十章），修持心灵之境，能够逐步自觉地把握大道规律，掌握人生命运，从而修真证道，与“天”合一，达到“天人合一”的真人、圣人境界。“故道大，天大，地大，人亦大。域中有四大，而人居其一焉。”（二十五章）这里老子所讲的“四大”之一，具有划时代的意义，是人类由自发自在进入自觉自由，达到高度觉醒的伟大标志。人要成为“四大”之一的人，具有自主性，才不再是芸芸众生，苦海无边，而是自觉地把握大道，以人之道合乎天之道，认识宇宙，认识自我，唯道是从，无往不利。

（三）“天之道”与“人之道”的含义。老子的“天之道”是指宇宙自然之道，即宇宙自然的客观规律。老子的“人之道”是指世俗之道及其处理事情的观点和方法。与之形成鲜明对照的，则是以道修之于身、修之于天下的真人之道、圣人之道。

（四）“合一”的含义。“合一”就是不二，就是浑然一体，就是与道合真，就是一切能“唯道是从”（二十章），一切按自然规律办事，遂心所欲而不逾道。

二

老子“天人合一”观，尝试归纳为“五同性”即宇宙万事万物的“同源性”“同构性”“同归性”“同律性”和“同一性”思想。

（一）天人“同源性”思想

“道生一，一生二，二生三，三生万物。”（四十二章）

这是老子的宇宙本体论和宇宙生化论。老子认为，宇宙有一个客观自然、永恒不变的先于天地万物的“道”。这个“道”是“有物混成，先天地生”“可以为天地母”（二十五章），这是老子伟大的创造性贡献——宇宙大道本体论的建立：他认为存在一个先天地生的万物母亲——道。这个“道”是自然而然的，是天然的。这个高度抽象的用数学表达的宇宙生化公式，可以理解为由自然客观永恒的“道”，即是“道”处于混沌无序的原始状态，然后运动变化到了某个度（适度）而产生了一，即道生一（指未分阴阳的混沌气）；然后，一生二（指阴阳两气）；二生三（指阴阳冲和之气）；三生万物，由随机性的阴阳冲和之气而生万物。宇宙的化生过程，老子以简明深刻的公式予以表达：“道生一，一生二，二生三，三生万物”，迄今“独立而不改”（二十五章）。道生一，此处的道，是处于虚无状态，看来无声无色无形，却是似无而实存，不是一无所有的绝对真空；此外的道，虽然恍惚不可捉摸，但其中有“象”“物”“精”“信”（二十一章），不是“本来无一物”的“空”，而是具此“四有”；此处的道，不是什么从天上掉下来的绝对精神，它只能是作为宇宙万物之本体的始源的客观存在，用老子的话讲，就是“万物之宗”“象帝之先”（四章）“先天地生”（二十五章），是万物恃之以生的原始物质（借用现代的概念）。天人同源于“道”的这一原初物质。

又说：“天下万物生于有，有生于无。”（四十章）“无名，万物之始也；有名，万物之母也。”（一章）

处于“无名”状态的道，是万物的原始；而有名状态的道，是孕育万物的母亲。万物源于“有名”状态的道，而有名状态的道是源于“无名”状态的道。老子把“道”的原初本体称为“无”——虚无，是从其本体论来说的；称之为“无名”，是从认识论来说的。其实质皆指混沌无序状态的道。“天”与“人”同源于“无”“无名”，即同源于“道”。

（二）天人“同构性”思想

“道之为物，唯恍唯惚。惚兮恍兮！其中有象；恍兮惚兮！其中有物；窈兮冥兮！其中有精；其精甚真，其中有信。”（二十一章）

老子说：“道之为物”，明示处于本体阶段的道，是“为物”，不是凭空的虚构与天才的猜想之类出于纯意念的产物，而是“物”，姑且译之为基本的物质存在。这个“物”，就是“有物混成”之物，老子将此“物”“强字之曰道”（二十五章）。由此可见，老子认为道是“物”，但不是具有特定形象的具体的“某物”，而是“先天地生”“可以为天地母”的“物”。此“物”恍恍惚惚，看来仿佛隐约，似有似无，视之不见，听之不闻，抟之不得，好似一无所有。然而，恍惚之中，却似虚无而实含妙有，“恒无欲也，以观其妙；恒有欲也，以观其徼”（一章）之际，是可以窥见，可以感知，是含有“象、物、精、信”的。也就是道之本体——“物”中的“象、物、精、信”是产生万物的基本物质存在。

这个“象”，是道处于本体之象，它是“无状之状，无物之象”（十四章），尚未形成具体的万物时，没有形状的形状，没有具体实物的形象。这个“物”是道处于本体之物，是无物之物，所以“无名”，但却是生成万物的基质（基本物质性存在）。这个“精”是道处于本体之“精”，它是生育万物的精气，是万物内在的生命力。它非常纯真，没有丝毫的渣滓。所以说“无名，万物之始也”，万物之所以“始”，便是由于“其中有精”。这个“信”，是道处于本体之“信”。信者，一、周期，如潮信，为道周行不殆规律的显现；二、信验，有规律可循，无差爽；三、信息，或嫌它过于“现代化”了，但道为万物之母，自然含有万物的生命信息，其理自明。“象、物、精、信”此四者，内在于“道之为物”之中，为其不可分割的有机组成部分。

又说：“视之不见名曰微，听之不闻名曰希，抟之不得名曰夷。此三者，不可致诘，故混而为一。”（十四章）

道之本体的“象、物、精、信”，其外现是“微”“希”“夷”。它虽然颜色“微”到看不见，声音“希”到听不到，形象“夷”到摸不着，是常人感官所无法感知的，却是无形无色无声之中的实际存在。老子认为，这“微、希、夷”三者，不可能追问它们的究竟，是“混而为一”，是浑然一体而不可分离的。也就是说老子认为：道之本体之“物”中的“象、物、精、信”以及它的外现“微、希、夷”，是万物、天人同构的根本内容。

（三）天人“同归性”思想

“致虚极，守静笃，万物并作，吾以观其复。夫物芸芸，各复归于其根。”（十六章）

我用身体这部工具，在一种高度的虚极静笃状态中，无欲观妙，有欲观徼。观察万物的“并作”和“复归”。“观”者，不是观之以目，而是观之以心。以“观”之一字，作用玄妙深远，为老子认识论中精微所在。在用心灵的“玄鉴”来观察宇宙万物，于此着重观察万物的并作，使它复归于其根，而不放任自流，更不流离失所。唯有归根，才能“不失其所者，久也”，（三十三章），才能复命。“根”者，道之本体也，万物、天人同归之于道之本体——“道根”。

又说“绳绳兮！不可名，复归于无物；是谓无状之状，无物之象，是谓惚恍。”（十四章）

泯泯茫茫啊！不可以名状，复归于无物的状态。这是叫做没有形状的形状，没有物体的形象，这是叫做惚恍。“道”在周行不殆中，无中生有，为宇宙万物的母亲，然后又“复归于无物”。台湾著名学者陈鼓应说：“‘无物’不是一无所有，它是指不具有任何形象的实存体”[①]。道化生出万物，万物又复归于无物。一种是顺向运动，一种是逆向运动。顺向是道化生万物；逆向是万物复归于“无物”。“天”与“人”均将复归于道的“无物”的“惚恍”状态。

又说：“……是谓不争之德，是谓用人之力，是谓配天，古之极也。”（六十八章）

这是叫做不争的品德，这是叫做用人的力量，这是叫做配合了天道，古代至高无上的准则啊！我国哲学中最深奥难知最广博精深最内在的核心是“天人合一”理论，其源头处即是老子《道德经》，即是本章（指六十八章）的“配天”，以人合天，而绝非以天合人。是天人和谐，而绝非人定胜天，人类只能依照自然界（天）自身存在的规律，去适当地选择与“改变”自然，去适应自然，而绝不是以征服者的面目出现，对大自然予取予夺，随意改造。老子“配天”思想的深邃处，在于高度理性自觉地进而自然

---

① 陈鼓应著《老子注释及评介》，中华书局，1984，第115页。

地以“人之道”配合于“天之道”，即以人合天。“配天”的结果，使人与天从相分、相抗流转而与天合一，天人一体，天人和谐。“天”“人”同归大道的至高境界。

又说：“复归于婴儿……复归于无极……复归于朴。”（二十八章）

复归到人生之初的赤子、婴儿状态，复归到万物的本初——无极，复归于大道的始初——纯朴。善为道者，由于能把握大道的整体，从而实现自觉的人与天合一的理想效果，实现“人”“天”同归之功效。

“归根”“复归于无物”“配天”“复归于婴儿”“复归于无极”“复归于朴”等，论述的是同一种思想——同归性思想。万物、天人将同归于道，不论出之于道，或入之于道，皆道体变化流转，周行不殆。

（四）天人“同律性”思想

“天网恢恢，疏而不失。”（七十三章）

宇宙的罗网恢恢然宽广，稀疏而不会失漏。“天网”者，自然客观规律也。“天”与“人”同受制约于“天网”——客观规律。“天道无亲，恒与善人。”（七十九章）宇宙自然的大道，没有亲疏，永恒给予善为道的人。这是道的一体两面，均将天下万物视为一体，一视同仁，万物只有唯道是从，只能辅其自然而不敢妄为。妄为了，谓之不道，“不道，早已”（三十章），终将受到客观规律的制裁。这是老子的万事万物同律性思想。

（五）天人“同 性”思想

“昔之得一者：天得一以清；地得一以宁；神得一以灵；谷得一以盈；侯王得一以为天下正。”（三十九章）

天得到了一，因而清明；地得到了一，因而安宁；神得到了一，因而灵妙；谷得到了一，因而盈满；侯王得到了一，因而天下走上正道。“天”与“人”都得到这个“一”，才能“以清”“以宁”“以灵”“以盈”“以为天下正”。“一”者，即朴，即太极，是道从无生有的开端。“道生一”（四十二章）；“载营魄抱一，能无离乎”（十章）；“是以圣人抱一为天下式”（二十二章）。抱一无离，就是“得一”。道的本体虚无，无不可见，一为有之始，序数之端，为朴，为太极，举一以况道，是以得一，就是得道。“一”在道的化生全过程中，居于极为重要的作用，而具有无穷之妙用。因为“道恒无名。朴虽小，而天下莫能臣；侯王若能守之，万物将自宾。”（三十二章）守朴，即守一；返朴，便是归一。老子历举自然界天地和人类历史精神和侯王“得一”的典范，来明证天、地、神、谷、侯王之所以能够清、宁、灵、盈、正，不但得以生存，而且有充沛之生命活力，欣欣向荣，皆由于“抱一”有成，而为“得一”的必然结果。此乃古之善为道者、善摄生者唯道是从，知和曰常，从而得道的体现。得一就是得道，然后同体而同质，因而同一。善为道者唯道是从，与天合一，与道合真，视为同一。这就是宇宙的同一性亦即“整体性”思想。“天”与“人”的同一性、整体性，当然不是指具体事物现象的同一性，而是从宇宙、从大自然的究竟的终极的方面来说的。

老子“认为人生不是孤立的，从根本上来说，它是属于自然界的，但同时又是属于整个人类社会的，而整个人类社会也是自然界的产物。他把人类的思考范围，从人生扩展到整个宇宙，将个人与社会与天地宇宙都置于‘道法自然’这样一个整体的巨大系统中来；把有限的人生、社会、人类放到无限的时间和空间中来；更将有形的万物放到无形的妙无中来；并将此两者有机地和谐统一起来。”① 这是老子“天人合一”观所具有的宇宙视野和胸怀。它既否定了利己主义，否定了自我中心主义，又进而否定了

① 黄友敬著《老子传真——〈道德经〉校·今译·解说》，第2~3页。

人类中心主义。老子《道德经》中深邃而丰富、有机而完整的“天人合一”思想，是跨越时空的，卓越高超的，它将历千古而常青，有待于我们不断地深入探讨和求索。

三

当前，世界范围的“老子热”，似乎可以看做是人类复归于自然，探索实现“天人合一”的一种历史必然性的表现。我们赖以生存的地球，环境被污染和破坏，已到了十分严重的地步，生态状态已一再向人类敲响警钟。面对新的世纪，人类需要一种真正的生存智慧。在100多年前，恩格斯就极其深刻地指出：“我们不要过分陶醉于我们对大自然的胜利，对于每一次这样的胜利，自然界都报复了我们。”这一生存智慧，许多有识之士，尤其是中国科学院董光璧教授所推崇的“当代新道家”：如李约瑟、卡普拉和汤川秀树等著名的科学家也都于老子之“道”、老子的“天人合一”思想中找到启示与方向。

“我们必须时刻记住我们统治自然界决不象征服者统治异民族一样，决不象站在自然界以外的人一样——相反地我们连同我们的肉血和头脑，都属于自然界、存在于自然界的。我们对自然界的整个统治，是在我们比其他一切动物强，能够认识和正确运用自然规律。”① 我国已故著名哲学家张岱年教授在《当代新道家》②的序中，进而为这种“复归”从哲学高度指出它正如恩格斯所说的：“自然过程的辩证性质以不可抗拒的力量迫使人们不得不承认它”，“除了以这种或那种形式从形而上学的思维复归到辩证法的思维，在这里没有其他任何出路，没有达以思想清晰的任何可能”③。1989

① 《马克思恩格斯选集》第三卷，人民出版社，1972，第518页。

② 董光璧：《当代新道家》华夏出版社，1991年7月第1版。

③ 《自然辩证法·〈反杜林论〉旧序》。

年9月“21世纪科学与文化：生存的计划”国际研讨会，发表了《关于21世纪生存的温哥华宣言》。它严正指出：“地球的生存已成为人们所关心的一个重要而紧迫的问题。”它要求更新思想：“在当代科学中，机械的僵化的旧的宇宙模式已被一些新概念所取代。这些概念展示了一个不受任何机械规律硬性限制的、具有持续创造力的宇宙形象。人本身成为这种创造力的一个方面，与整个宇宙有着直接内在联系。”“对一个恢复了生命节奏的大宇宙的认识，将有助于人回归自然界，并理解自己与一切生命及物质世界之间的时空关系；承认人是造就宇宙的创造性过程的一个方面，会扩展人对自身的看法，并有利于其超越利己主义；克服过分注重其中某个方面而造成的身体——精神——灵魂这一统一体的分裂，人就会发现宇宙及其至高无上的统一性原则在自己身上的反映。”20世纪科学家的宣言，其中心思想不正是与老子的天人合一观不谋而合吗？时空相距2500年，却遥相呼应着啊！

在革命导师卡尔·马克思看来，在共产主义社会，“它是人和自然界之间的矛盾的真正解决，是存在和本质、对象化和自我确立、自由和必然、个体和类之间矛盾的真正解决”①。“因此，社会是人同自然界的完成了的、本质的统一，是自然界的真正复活。”②恩格斯也曾经充满深情地预见：“只是从这时起，人们才完成自觉地自己创造自己的历史；只是从这时起，由人们使之起作用的社会原因，才在主要的方面和日益增长的程度上，达到他们预期的结果。这是人类从必然王国进入自由王国的飞跃。”③这种“天人合一”的人类生存模式，是老子“道莅天下”“修之于天下”的大道理想社会，它与马克思的人类理想社会——共产主义社会，有着惊人的相似之处，实乃人类世代相承的共同愿望和理想追求啊！

---

① 《马克思恩格斯全集》第42卷，人民出版社，1979，第120页。

② 《马克思恩格斯全集》第42卷，人民出版社，1979，第120页。

③ 《马克思恩格斯全集》第42卷，人民出版社，1979，第122页。

此时“人类在精神领域完全实现了自己，从而变成了完全的人，并且完成了物质与精神的统一，宇宙与人生的统一。此时，思维的解放，精神的自由，也得到了实现。”① 从哲学的角度来审视，可以这样理解：这正是复归于自然、大顺于自然，正是“道法自然”的理想的结果！

这不是历史的偶合！它正是宇宙自然发展的必然性的显现，它正是人类走向和谐与发展时代发自心灵深处的呼唤！它正是中华传统文化——老子“天人合一”观对人类走向21世纪、走向未来所提供的时代反思！1994年6月24日，江泽民同志在参观泉州清源山老子石雕座像时曾说：“要多宣传老子的辩证唯物主义思想，要把民族传统文化的精萃整理好、宣传好，使‘三胞’和外国朋友了解中国的历史和传统文化的魅力。”② 高瞻远瞩，寓意深远。历史呼唤高度，人类需要老子。复归自然吧！实现天人合一。这是炎黄子孙对面向21世纪的中国的前途和人类的命运所应负有的责无旁贷的历史重任和神圣使命。

（本文作者：中共长乐市文联党组书记）

① 《马克思恩格斯全集》第42卷，人民出版社，1979，第120页。

② 萧昆焘著《自然哲学》，江苏人民出版社，1990，第12页。

韩非子《解老》的哲学解释学意义

张鹏伟

解释学产生于西方，中国虽然没有系统的解释学，但有着历史悠久的经典解释传统。在当代中西学术互动的背景下，西方的解释学理论可以为发掘我国源远流长的经典解释传统提供某些启示。关于中国经典的解释，汤一介先生认为有三种较为典型的模式：一是《左传》对《春秋》的解释，属于历史事件的解释；二是《系辞》对《易经》的解释，属于整体性的哲学解释；三是《韩非子》的《解老》《喻老》，属于社会政治运作型的解释。[①] 这三种模式是从解释进路之不同来划分的。若从解释的思想跨度来看，在这三种模式中，前两种模式异中有同，其同在于它们皆是同一学派内部传对经的注解，无论是《易传》还是《左传》，都属于儒家内部的经传注解系统。而韩非子对《老子》的解释，则涉及不同学派之间的对话，是法家对道家的解释，这在中国经典解释史上是比较特别的，其思想跨度更大，应当引起重视。目前学界对于前两种解释模式研究较多，而对第三种模式的探讨较少。在此，笔者拟对这一解释模式进行分析和解读。韩非《解老》和《喻老》虽都是社会政治运作型的解释，但这两篇存在明显差异，

① 汤一介：《论创建中国解释学问题》，《学术界》2001 年第 4 期。

《解老》较多地从哲学思想层面进行解释，而《喻老》则是用历史事件进行例证。从解释风格看，前者又类似于第二种解释模式即《系辞》对《易经》的解释，后者则类似于第一种模式即《左传》对《春秋》的解释。因此，韩非的解释又包含有哲学解释和历史解释这两种向度。这里仅论述《解老》一篇的哲学解释学意义。

一　韩、老思想之联系

在先秦各家思想中，为何韩非子唯独选取老子的思想作为解释对象？韩、老在思想上究竟有无联系？关于这一问题，我们可以从史记的记载中寻求解答。司马迁在《史记》中把老子、庄子、申子（申不害）、韩非子合列为一传，名曰《老子韩非列传》。司马迁说："老子所贵道，虚无，因应变化于无为，故著书辞称微妙难识。庄子散道德，放论，要亦归之自然。申子卑卑，施之于名实。韩子引绳墨，切事情，明是非，其极惨礉少恩。皆源于道德之意，老子深远矣。"（《史记》卷六三《老子韩非列传》）太史公这段话本身，就很富有解释学意味。从解释学角度看，这段话揭示了老子文本的开放性。老子道德之意深远，使得它具备了从不同角度解释或者被不同学派的学者解释的可能，相比庄子关注自然和申不害重视名实，韩非则从规矩、事情、是非等社会政治制度和政治实践的层面来发挥老子思想的。

那么，韩非与老子的思想有无实质性的联系呢？从司马迁将两人合为一传可以看出，二者思想的确存在某种联系。司马迁说："韩非者，韩之诸公子也。喜刑名法术之学，而其归本于黄老。"（同上）韩非与老子是有思想渊源的，可以说老子思想给了韩非一定程度的启发。老子的哲学除了宇宙本体论层面，其关注的重点是社会政治层面，而韩非的哲学关注的核心也是社会政治问题。只不过老子以否定性的方式批判社会政治的种种弊端，而韩非却以正面建构的方式提出了自己法、术、势相结合的社会政治思想。其实老子思想中也有谋略或“术”的成分。只是在《老子》文本中，这种谋略或术至少是隐藏的或潜在的，而韩非子《解老》却将其明确揭示出来。从解释学来看，韩非对于《老子》的解释，体现了两种视域的融合，这就是道家与法家视域的融合。这两种视域的融合，既是两种不同学派的视域融合，也体现出一定的历史性，因为道家思想产生在前，法家思想出现在后。德国哲学家伽达默尔说：“理解其实总是这样一些被误认为是独自存在的视域的融合过程。……在理解过程中产生一种真正的视域融合，这种视域融合随着历史视域的筹划而同时消除了这视域。我们把这种融合的被控制的过程称之为效果历史意识的任务。”[①] 意思是说，文本本身并不独立存在某个特定的视域。理解的过程，并不是独立存在的两种视域的融合，而是在此过程中以解释者的历史意识投射文本的结果，是文本在解释者所处时代显现出来的并为解释者所意识到的效果历史意识。所谓效果历史意识，就是说当诠释者在面对一部作品或一个历史现象时，对作品的历史效果和影响有反思的意识。伽达默尔说：“当我们力图从我们的诠释学处境具有根本性意义的历史距离出发去理解某个历史现象时，我们总是已经受到效果历史的种种影响。”[②] 伽达默尔认为：“效果历史意识是科学意识的一种必不可少的要求”。[③]

韩非子对老子思想的解释正体现出效果历史意识的影响。因为《老子》文本并没有明确显示出韩非所发现的意义。老子思想中潜藏的层面之所以被韩非发现并揭示出来，这无疑是韩非所处的时代对其思想意识影响的结果。韩非是以其所处历史时代以及他对历史趋势的意识和判断为前提而对《老子》文本潜藏的思想

---

① 伽达默尔著，洪汉鼎译《真理与方法》，上海译文出版社，2004，第397页。

② 伽达默尔著，洪汉鼎译《真理与方法》，上海译文出版社，2004，第388页。

③ 伽达默尔著，洪汉鼎译《真理与方法》，上海译文出版社，2004，第389页。

进行反思和阐发的。老子（且以老聃为准）所处的春秋时代礼坏乐崩，可以说是乱之始。但由治至乱，相距周代治世尚不远。所以那个时代的思想家，其思想倾向是向后看的，是主张复古、向往古代的。孔子主张恢复周礼，回到近古（周代），墨子主张回到中古（夏禹时代），老子更主张回到远古（氏族公社时代），主张返璞归真，向往小国寡民。韩非处战国末期，社会动乱已久，复古已完全不可能，历史趋势由乱走向治，由分走向合。因此，韩非的思想必定是向前看的，主张今胜于古，主张制度革新。其关注的焦点在于社会如何由乱走向治的制度建构。韩非这样的历史意识也决定了其切入《老子》文本的基本视角。因而，老子具有否定性的社会批判思想被韩非转化为正面的社会制度建构的方略。

二　概念的界定

在《老子》文本中，对名词概念大都没有给出明确定义。概念的含义在《老子》文本中是朦胧的、隐晦的。《老子》中说："道可道，非常道；名可名，非常名。"（《老子》一章）"道"是老子哲学中最高和最重要概念，然而老子并没有给出明确定义。作为一个解释者，韩非涉及概念则首先下定义。《韩非子·解老》中，对道、理、仁、义等概念都下了明确定义。"道者，万物之所然也，万理之所稽也。理者，成物之文也；道者，万物之所以成也。""仁者，谓其中心欣然爱人也。""义者，君臣上下之事，父子贵贱之差也，知交朋友之接也，亲疏内外之分也。""礼者，所以貌情也，群义之文章也，君臣父子之交也，贵贱贤不肖之所以别也。"对概念的界定，就为进一步解释定下了基调并确定了论域。

在未界定时，概念还处于一种开放和不固定的状态下，而一旦概念得到界定，它就立即获得了相对固定的意义。韩非子在界定概念时，其思想已经和《老子》的文本产生了沟通。韩非的界定，已经是带有自己理解的界定。这种理解构成了前理解，也就是前见。在解释活动中，前见是无法避免的，当然也不必要避免。因为这种前见恰恰构成了解释的先决条件。伽达默尔看到了前见的普遍性和不可避免性，他说："一切理解都必然包含某种前见"[①]，但他认为，这种前见并不是消极的，而是有积极意义的，他说："前见其实并不意味着一种错误的判断。"[②] 又说："解释者无需丢弃他内心已有的前见解而直接地接触文本，而是只要明确地考察他内心所有的前见解的正当性，也就是说，考察其根源和有效性。"[③] 但前见并不是任意的，伽达默尔说："即使见解也不能随心所欲地被理解。……我们也不能盲目地坚持我们自己对于事情的前见解，假如我们想理解他人的见解的话。"[④] 前见之所以产生，在笔者看来，是由于解释者与文本之间的时间差和主体差所致。时间差是说二者处在不同的历史时期和境遇中，主体差是说作者与解释者具有不同的主体性。

从前文所引韩非对《老子》中主要概念的界定可以看出，他是带着自己的前见在作界定。韩非将老子之"道"解释为"万物之所然""万理之所稽""万物之所以成"的原理、原因和根据，显然只表达了老子"道"的一部分含义。老子的"道"，囊括"有"和"无"，而韩非只取其"有"。韩非子之所以这样界定，正是他自己思想对"道"投射的结果。因为他只关注"有"而不关注"无"。再看对仁、义和礼的界定。他把仁、义和礼的内涵限定在爱人、君臣、父子、贵贱、亲疏等社会关系范围内。这就确定了自己思想的论域，即在社会政治范围来谈仁义礼的问题。这样

---

① 伽达默尔著，洪汉鼎译《真理与方法》，上海译文出版社，2004，第349页。
② 伽达默尔著，洪汉鼎译《真理与方法》，上海译文出版社，2004，第349页。
③ 伽达默尔著，洪汉鼎译《真理与方法》，上海译文出版社，2004，第346页。
④ 伽达默尔著，洪汉鼎译《真理与方法》，上海译文出版社，2004，第347页。

一来，韩非已经为自己的解释划定了范围，他不再从抽象层面来解释老子思想，而是把老子思想引向社会政治，引向自己的思想轨道。

三 概念的推阐

关于概念与概念之间的关系，《老子》文本大都是一些简要的断语，并无推论和阐明，这就给后人的解释留下了空间。韩非对概念的界定，为概念的推论和阐发奠定了基础。应该说，韩非《解老》篇的这种推阐是很到位也很精辟的，和《喻老》篇的例证法完全不同。所谓推阐，就是对概念进行引申解释，然后找出概念之间的联系。一般是一句一句地进行解释，先解释概念，然后再由概念之间的关系推导出结论。我们来分析韩非的这种推阐。在《解老》开篇，他解释了《老子》三十八章“上德不德，是以有德”句，首先就界定了“德”和“得”两个概念。“德者，内也。得者，外也。”接着说：“‘上德不德’，言其神不淫于外也。神不淫于外，则身全，身全之谓德。德者，得身也。凡德者，以无为集，以无欲成，以不思安，以不用固。为之欲之，则德无舍；德无舍，则不全。用之思之，则不固，则无功；无功，则生于德。德则无德，不德则有德。”这里用“神不淫于外，则身全”解释“上德”，然后又对德作了无为、无欲、不思、不用的阐释。可以说，这个阐释还是比较符合老子原义的，至少可以作为一种合理的引申。

再看对道、德、仁、义、礼之间关系的解释：“道有积而积有功；德者，道之功。功有实而实有光；仁者，德之光。光有泽而泽有事；义者，仁之事也。事有礼而礼有文；礼者，义之文也。故曰‘失道而后失德，失德而后失仁，失人而后失义，失义而后失礼’。”把德解释为道的功用，是很精辟的，将道、德、仁、义、礼依次递减的关系揭示得非常清晰。又如对“祸兮福之所倚”的解释：“人有祸，则心畏恐；心畏恐，则行端直；行端直，则思虑熟，思虑熟，则得事理。行端直，则无祸害；无祸害，则尽天年。得事理，则必成功。尽天年，则全而寿。必成功，则富与贵。全寿富贵之谓福。而福本于有祸。”《老子》中只是讲了祸福可以转化这样一个结论，而韩非则具体分析了祸福之间转化的条件。关于“治人事天莫若啬”，韩非解释说：“啬之者，爱其精神，啬其智识也。……众人之用神也躁，躁则多费，多费之谓侈。圣人之用神也静，静则少费，少费之谓啬。”把啬理解为“爱其精神”“少费”也是切合老子本义的。

韩非子对《老子》中的若干概念及其关系进行了推阐，这样的推阐既是对文本思想的合理引申，也体现了诠释者的创造性。所谓合理引申，是说这种引申是能从原句中推导出来，是有根据的，而非任意的。所谓创造性，是说对原有含义有所发展，出新解于成编。

四　视点的置换

韩非《解老》篇解释《老子》的《德经》共九章，解释《道经》共两章。这既与其思想关注点和侧重有关，也与他说见《老子》文本的编排顺序有关。今天的《老子》通行本都是《道经》在前，《德经》在后。但从韩非子对《老子》的注解来看，“我们可知西汉前的《老子》文本（至少是韩非子读过的那一种），是《德经》在前，《道经》在后的”[①]。这一点也被马王堆帛书《老子》和郭店楚简《老子》版本所证明。从内容上看，韩非选取的《德经》诸章基本上都讲的是形而下的有关社会政治的内容；而只

① 郭齐勇著《中国哲学史》，高等教育出版社，2006，第35页。

有《道经》两章才涉及形上学。可见，韩非子尤其重视老子的政治哲学而不太重视宇宙生成论。在解释《道经》一章和十四章这两章具有形上意味的内容时，也是从形下的意义上来解释的。比如对“道可道，非常道”的解释，曰“夫物之一存一亡，乍死乍生，初盛而后衰者，不可谓常，唯夫与天地之剖判也俱生，至天地之消散也不死不衰者谓常。”意为万物的存亡、生死、盛衰是不断变化的，不能说是恒常，而唯有比天地还长久的道是恒常的。汤一介先生认为，这里对变、常的解释是有相当哲学意义的，但这一观点仍然可以根据常识得到，与《老子》书中的形上学思想是有距离的。[①] 的确，老子思想中的道，是大全，不可对象化，“道”具有浓厚的形而上的品格，而韩非未能达到此层面。再看韩非对“无状之状，无物之象”的解释，他说：“人希见生象，而得死象之骨，案其图以想其生也，故诸人之所以意想者皆谓之象。今道虽不可得见闻，圣人执其见功以处见其形，故曰：无状之状，无物之象。”韩非用经验意义上的大象和象之骨来解释老子的道及其功用，这纯粹是经验的进路，以大象比喻形象的象。这说明韩非解释老子时，其视点已经发生了置换，从形上层面置换到形下层面。综观韩非整个思想，几乎没有形而上的内容，他对形上问题缺乏兴趣，因故其在解释《老子》时，才有这样的取舍。

从韩非解释过程中视点的转换显示的解释学意义在于，解释者在选取解释对象时具有取舍的自主性，这种取舍是根据自己思想的需要来进行选择的。这体现了解释者视域和文本视域的不重合性。正是这种不重合性，才使得解释具有创造性。这种不重合性，除了历史性原因之外，主要是由解释者本身思想的内在逻辑决定的。这种思想的内在逻辑显然是解释者独立性的表现。解释者思想的内在逻辑，也不是凭空产生的，而是受到两方面因素的

① 汤一介：《论创建中国解释学问题》，《学术界》2001 年第 4 期。

影响。一是解释者所处时代的主题和生存处境所致，另一是解释者自主的问题意识所致。黄俊杰先生在谈到诠释者的历史性时，讲到了“隧道效应”的概念。[①] 所谓“隧道效应”，原意是指从单一观点看整体历史现象，即对历史现象的“区隔化”。在解释学上，主要表现为对经典解释的单面化或者说把丰富的思想单一化。“隧道效应”的概念颇能反映经典解释的实际，很有启发性。就韩非《解老》而言，主要表现为把老子丰富的思想单面化，即把问题集中在形而下的社会政治领域。

五　立场的转换

老子思想的总体立场，是一种否定性的立场，或者说是一种批判的立场。他揭示了人类文明主要是社会政治层面的负面效应，主要批判了过度有为和作为不当产生的问题。如“大道废，有仁义；六亲不合，有孝慈，国家昏乱，有忠臣。”（《老子》十八章）“天下多忌讳，而民弥贫；民多利器，国家滋昏；人多伎巧，奇物滋起；法令滋彰，盗贼多有。”（《老子》五十七章）“为者败之，执者失之。”（《老子》二十九章）“民之难治，以其上之有为，是以难治。”（《老子》七十五章）老子提出的自然无为、贵柔守雌、不争等主张意在警示世人，使世人认识到太有作为、刚强争先、登高据有、不知足等的危害。陈鼓应先生说：“老子不仅唤醒大家要从反面的关系中来观看正面，以显示正面的深刻含义；同时他也提示大家要重视相反对立面的作用，甚至于他认为如能执守事物对立面所产生的作用当更胜于正面所显示的作用。”[②] 韩非则不然，他的政治哲学显然是主张有为的，他是从为君主谋划的立场，

① 黄俊杰著《中国孟学诠释史论》，社会科学文献出版社，2004，第66页。

② 陈鼓应著《老子今注今译》，商务印书馆，2003，第30页。

来提出法、术、势相结合的思想。

韩非对《老子》的解释，可以说是从术的层面展开的。他提倡君主采用法术，如对“有国之母”的解释说：“母者，道也。生于所以有国之术，所以有国之术，所以有国之术，故谓之有国之母。”以“术”释《老子》之“道”，并以此作为“有国之母”，这正反映了韩非的法家立场。对“莫知其极，莫知其极则可以有国”解释说：“夫能有其国，保其身者，必且体道。体道则其智深，其智深则其会远，众人莫能见其所极。唯夫能令人不见其事极，不见其事极者为能保其身、有其国。”极者，究竟也。能够深刻掌握“道”之根本的人可以保存其生命，可以统治其国家。这实际上也是以法释道。关于“孰知其极”，谓：“夫缘道理以从事者，无不能成。无不能成者，大能成天子之势尊，而小易得卿相将军之赏禄。”这里把成就天子势尊和卿相赏禄看做人追求的目标，显然是主张积极有为而非无为。韩非解释“莫知其极”曰：“进兼天下而退从民人，其术远，则众人莫见其端末。莫见其端末，是以莫知其极。”进可以兼并天下，退可以使民众服从，这种术深远莫测，一般的人就无法看清它的始末，因此不知道它的究竟。这里把“莫知其极”当做统治人民的术来理解，正是韩非法家立场的体现。

最后，关于韩非《解老》篇的解释学意义，需要从正反两方面来看。从正面看，为经典诠释提供了方法论的启示，这就是以解释主体的问题意识和独特视角主动介入文本，对文本作出创造性的诠释，并揭示出文本潜藏的意义。当然这种创造性是有限度和分寸的，必须以文本为依据，不能任意发挥。从反面看，韩非的解释也有局限性，因为他的解释消解了老子思想的形上意味，也使丰富的思想单一化。这种局限性既受制于其时代，更受制于其思想的深度和高度。因为其思想始终关注的是经验层面的实践和社会政治的运用，他关注古今之变和治乱之由，但未能究天人之际。因而，从解释学来看，解释者应对其主体性及其局限有相当的自觉，解释主体不仅需要强烈的历史意识，更需要深刻的超越关怀，尽最大努力突破特定时代及自我意识的局限，避免“隧道效应”，显发出思想相对于特定时空和现实的超越性。

（本文作者：陕西师范大学政经院博士生、
西安电子科技大学人文学院讲师）

《老子》的现代性解读

《道德经》·科学发展观·和谐社会

——以七十七章为中心

李　刚

《道德经》与科学发展观、和谐社会有没有什么关联？《道德经》能否为科学发展观及建设和谐社会供给养分？答案自然是肯定的。本文以《道德经》七十七章作为中心案例，试图说明《道德经》的公正原则或者说正义论至今并未过时，仍是颠扑不破的真理，因为它反映的是“天之道”，可以为当今党和政府所大力倡导的科学发展观补充某些理论养料，启示我们如何更好地建设和谐社会。

说起科学发展观，人们马上想到的就是生态环保，绿色 GDP，调整结构保增长，可持续发展，等等。其实，这些都还不是科学发展观的核心之处，科学发展观的第一要义应该是符合社会历史的客观规律公正地发展。所谓“公正”，就是指公平正义。因此，所谓“公正地发展”，就是指社会公平正义地发展。总结中国历史几千年来的经验教训，只有公平正义地发展，发展才是可以持续的，发展起来的社会才是和谐安宁的。反之，官商勾结一气，狼狈为奸，巧取豪夺，腐败之风横行，“朱门酒肉臭，路有冻死骨”式的不公正发展，其结果一定是不可持续、不和谐的发展。正如大家所熟知的，唐朝历史上曾出现过令人赞叹的“开元盛世”，但那是短命的，昙花一现，转眼就变成动荡不安的“天宝之乱”。正如白居易《长恨歌》所唱：“渔阳鞞鼓动地来，惊破霓裳羽衣曲”。[①] 这就是古代社会不公正发展必然要生长出来的社会不和谐恶果！中国特色的社会主义要谋求长盛不衰，长治久安，社会和谐，可持续发展，避免重蹈历史覆辙，就一定离不开科学发展观的指导，而科学发展观的核心内容和第一要义，就是探寻如何才能符合社会客观规律公正地发展。

公平正义地发展，在《道德经》七十七章中体现为“天之道”，所谓：“天之道，其犹张弓与？高者抑之，下者举之，有余者损之，不足者补之。天之道，损有余而补不足。”[②] 对一般人来说，天道非常遥远而不容易明白，制造弓与使用弓则是人们平时生活中常见的事，故老子用张弓比喻天道，使普通人对于“天道”损有余补不足的本性一目了然。天道犹如张弓射箭，高了就把箭头向下放，低了则把箭头向上抬，使之达到一种平衡状态，这样射出去的箭恰好命中靶心。对于老子这一“天之道”思想，注家多多，都借此表达了自己的高见。严遵《老子指归》卷七《天之道篇》以“和”来解说“天之道”，指出：“和者，道德之用，神明之辅，天地之制，群生所处，万方之要，自然之府，百祥之门，万福之户也。”作为道德之用，百祥万福门户的“和”，“生物微而成事妙”，乃是自然界的本来面目。自然界虽然有不和之时，但归根结底来说是和煦协调的。“是以，日中而昃，月满而缺，四时变化，一消一息。高山之下，必有深谷；大泉之流，必有激波。”“是以，天地之道，不利不害，无为是守，大通和正，顺物深厚，不虚一物，不主一所，各正性命，物自然矣。”“大通和正”的天地之道，坚守无为，万物有一个和谐的自然秩序存在。而工匠制造弓的过程，正是符合这一“天之道”的：“弦高急者，宽而缓

① 《长恨歌》，白居易著，顾学颉点校《白居易集》卷十二，中华书局，1979，第1册，第238页。

② 《道德经》七十七章，上海古籍出版社，1989，第18页。

之；弦弛下者，摄而上之。其有余者，削而损之；其不足者，补而益之；弦质相任，上下相权，平正为主，调和为常。故弓可抨而矢可行也。"[①] 制造弓必须符合"平正调和"亦即公正和谐的天道原则，这样的弓才可派上用场。河上公的解释基调也是"和"，"张弓和调之如是，乃可用也。""天道损盈益谦，天道以中和为上。"[②] 天道犹如张弓一样和调，公平施与，以"中和"作为最高标准。宋徽宗的看法是："天之道以中为至，故高者抑之，不至于有余，下者举之，不至于不足。将来者进，成功者退。四时运行，各得其序。"[③] 天道执其"中"而用之。章安《宋徽宗道德真经解义》卷十发挥说：益损盈虚，都"本乎自然也。高者、有余者，皆盈益者也，故必抑必损；下者、不足者，皆损虚也，故必举必补。皆自然之理。"[④] 天道损盈补虚是自然而然的。另有注家称："天之道以中为至而已，无过与不及也。"[⑤] 天道不偏不倚，大中至正，一碗水端平。明太祖也认识到："凡治天下，国足用而无余，若乃有余，民穷矣。诚能以有余给民之不足者，则天下平，王道昭明焉。"[⑥] 治理天下当以有余给民之不足者，这是王道政治，天下太平。大多数注家都以"中道""和谐"解释"天之道"。

进入20世纪以来，人们对老子所谓"天之道"又有了新的认识。徐梵澄《老子臆解》解释"天之道"为现代人所知晓的"公理"，称："高者可抑，下者可举；有余者可损，不足者可补。此人心同然之理，亘百世而不变者也。故谓之天道。"又说："以公理绳之，唯有余者受损，乃当。'以取奉于天'，有余乃奉之于天

① 严遵著《老子指归》卷七《天之道篇》，中华书局，1994，第112、113页。

② 河上公著《道德真经注》卷四，《道藏》第12册，第22页。（本文所用《道藏》皆为上海书店等三家本，1986年版，以下不再注明，只注所引《道藏》的册数和页数。）

③ 宋徽宗著《道德真经解》卷四，《道藏》第11册，第883页。

④ 章安著《宋徽宗道德真经解义》卷十，《道藏》第11册，第959页。

⑤《道德真经全解》卷下，《道藏》第12册，第610页。

⑥ 明太祖著《道德真经注》卷下，《道藏》第11册，第714页。

下也。"[①] 有余者受损，以其有余奉之于天下，这才符合"公理"，即亘古不变的"天之道"。任继愈先生指出："老子认为天道最公平，而社会现象则不像天道那么公平，这样就会引起社会的不安"[②]，以"公平"解释天道。陈鼓应先生以"均平调和"作为天道的原则，而"社会的规则是极不平的，所谓'朱门酒肉臭，路有冻死骨'，人间世上多少富贵人家不劳而获，多少权势人物苛敛榨取，社会上处处可看到弱肉强食的情形，正如老子所说的'剥夺不足来供奉有余。'自然的规律则不然，它是拿有余来补不足，而保持均平调和的原则。社会的规则应效法自然规律的均平调和，这就是老子人道取法于天道的意义。"[③] 现代的思想家们已达成共识，社会的不安定、不和谐，就在于缺乏天道的"公理""公平""均平调和"原则。

为何天道会损有余以补不足，从而达到一个均衡状态呢？原因就在于："天之道无为而已矣。无为则无私，无私则均。犹之张弓也，高者抑之，下者举之，有余者损之，不足者补之，适于均而已矣。夫天之道，非故以抑高而举下也。无为任物之自然，则高者为有余，不得不抑而损，下者为不足，不得不举而益。"[④] 天道自然无为，大公无私，并非故意在那里做抑高举下的动作，均衡是无为调节的结果，是种自然而然的状态。"天之道圆而神，包乎大地，生成万物，张弓之象也。地上之天，常用半周，弛弓之象也。高者抑之，下者举之，乃是日往则月来，月往则日来，日月相推而明生焉；寒往则暑来，暑往则寒来，寒暑相推而岁成焉。有余者损之，秋收冬藏也；不足者与之，春生夏长也。此所谓天之道，损有余而补不足，裒多益寡，称物平施之

① 徐梵澄著《老子臆解》，中华书局，1988，第114～115页。

② 任继愈著《老子新译》，上海古籍出版社，1985，第226页。

③ 陈鼓应著《老子注译及评介》，中华书局，1984，第349页。

④ 吕惠卿著《道德真经传》卷四，《道藏》第12册，第181页。

道也。”[①] 日月相推，寒暑相推，春生夏长，秋收冬藏，这些自然现象，在在都表明天道是损有余补不足的“称物平施之道”，也就是说，均衡是一种自然现象，非老天的故作姿态。“莫之为而自然者，天道也。”“天道任理而均，故无适而不得其中。……如彼四时，春夏先，秋冬后，徙而不留，各得其序，莫不趋于中焉。观天之道，岂不犹张弓乎？”[②] 天道任自然无为之“理”而均衡、中和，秩序井然。诸家解释都以为天道自然无为，公平无私，和谐适中，故能损有余以补不足，应该成为人类建设和谐均衡社会效法的榜样。

在人类社会，谁才能做到效法天道“损有余而补不足”呢？“孰能有余以奉天下？唯有道者。是以圣人为而不恃，功成而不处，其不欲见贤。”[③] 只有“有道者”，亦即获得了“天道”的圣人，才能遵行天道的公正平衡原则，把“有余以奉天下”，使社会处于一种相对来说比较平衡的状态，而相对平衡则使社会矛盾弱化，不至于走向对抗性矛盾，从而使社会得以和谐稳定。严遵《老子指归》卷七《天之道篇》称颂圣人“以大居小，以明居晦，以强居弱，以众居寡，以达居穷，以高居下。故高而不可剂，盈而不可毁，大而不可破，满而不可损，刚而不可折，柔而不可卷，孤而不可制，弱而不可取，愚而不可贱，无而不可有。天地祐之若子，人民助之若母，与和常翔，与道终始，天人交顺，神明是守。”“圣人之动，无名为务，和弱为主。隐而不穷，荣而不显。辞贵让富，余力不取。盈国不入，盈人不友。恒若有失，惕若遭咎。履道合和，常与物友。……与天同道。”[④] 圣人之道体现了天

① 邓锜著《道德真经三解》卷四，《道藏》第12册，第233页。按《易经·谦》：“君子以裒多益寡，称物平施。”（杨树达：《周易古义》卷二，上海古籍出版社，1991，第32页。）由此可以看出易老之相通。

② 江澄著《道德真经疏义》卷十四，《道藏》第12册，第538页。

③ 《道德经》七十七章，上海古籍出版社，1989，第18页。

④ 严遵著《老子指归》卷七《天之道篇》，中华书局，1994，第113、114页。

道，因此得道多助，人民拥护，常常与和谐一起翱翔，以至于“天人交顺”。圣人的行动，无名和弱，履行和合之道，与天道相同。故圣人治理下的国家，处处仿效天道的公正行事，于是社会一派和谐景象，没有天灾人祸。河上公说：“谁居有余之位，自省爵禄，以奉天下不足者，唯有道德之君而能行之也。圣人为德施惠不恃望其报，功成事就不处其位，不欲人知己之贤，匿功不居荣名，畏天损有余。”[1] 圣人畏惧天道损有余，故虽处在有余的地位，却自觉自愿地以其有余奉天下不足者，而且不望回报，不贪天之功为己有，功成身退，隐藏自己的贤惠。唐玄宗指明：“圣人法天，称物均施，施平于物而不恃其功。”[2] “圣人虽盛德内充，而嘉声外隐，所以不恃为不处功者，正欲隐德晦名，不欲令物见其贤能尔。此亦损有余之意也。”[3] 圣人效法天道，均等施物，甚至于自损其有余的功德。吕惠卿揭示：“圣人则有道者也，是以为而不恃，功成不居，其不欲见者，无它，凡以法天之道而已矣。”[4] 因为圣人是得道者，懂得天道，所以效法天道而行，不受天的谴责。有的注家引用《易经》，说明有道圣人损自己的有余以奉天下不足：“孰能法天之道以为人道，损己之有余以奉天下之不足，其唯有道之士乎？在《易》损下益上曰损，损上益下曰益。以下为本也。”[5] 所谓“以下为本”，就是指圣人以民为本，损己有余而利民。有的注家声称：“天贵和顺，弓尚调均，大小无偏，高下有等，以此治世，谓之太平。”[6] 圣人按照天道治理国家，于是太平盛世降临。徐梵澄《老子臆解》认为：能以有余而奉天下，“圣人可若是乎？治国而无为者也。必成功，必有余，初无私意存于其

① 河上公著《道德真经注》卷四，《道藏》第12册，第22页。
② 唐玄宗著《道德真经注》卷四，《道藏》第11册，第747页。
③ 唐玄宗著《道德真经疏》卷十，《道藏》第11册，第806页。
④ 吕惠卿著《道德真经传》卷四，《道藏》第12册，第181页。
⑤ 陆希声著《道德真经传》卷四，《道藏》第12册，第146页。
⑥ 无名氏《道德真经次解》卷下，《道藏》第12册，第623页。

间，则循公理者也。不自居其功，不自表其贤。”[①] 圣人以其无为、无私来治理国家，遵循公理即天道而行动，所以国家治理一定成功，财富一定有余，而且以其有余奉天下之不足者。诸注家皆祈望由获得“天道”的贤君圣主来当政，遏强抚弱，以财赈乏，天下太平。但贤君圣主通过什么渠道产生出来，如何能够确保其在岗位上而非暗君当道？这个问题，《道德经》及古代多如牛毛的注家都没有提出来，留给我们思考解答。

天道把“有余者”多余的、浪费的资源和财富减少下来，以弥补那些处于生死攸关线上“不足者”的生存需求。天道就是对“有余者”多余的东西做减法，锦上不去添花，对“不足者”缺乏的部分做加法，雪中偏要送炭，使人们对于生活资源和财富的占有达到一种相对平衡的状态，从而避免社会矛盾的加剧。这些都是大家耳熟能详的《道德经》关于正义的思想，甚至于有人能够倒背如流，其中阐述“天道”公平正义的道理用张弓射箭作比喻，十分形象化，浅显易懂。问题就在于，中国古代社会的发展做到知行合一了吗？古人们包括唐玄宗、宋徽宗、明太祖等，是否仅仅停留在口头上高谈阔论公平和谐？古代社会的发展是按照“天道”所指引的光明坦途在进行吗？中国的历史是遵循“天道”在谱写吗？中国古代社会为何会出现“一治一乱”这样一种周期性的极度不和谐现象？

纵观中国历史上的家天下时代，每当改朝换代，主人（皇帝）换姓的时候，新主人（皇帝）或起自民间，或出自前朝的王公大臣，亲眼见到旧主人的顷刻覆灭，心有余悸，尚能节制自己的贪婪。再加上王朝更替经过惨不忍睹的大战乱，形成诗人所谓“白骨露于野，千里无鸡鸣。生民百遗一，念之断人肠”[②] 的凄凉景

---

① 徐梵澄著《老子臆解》，中华书局，1988，第 115 页。

② 《曹操集 · 蒿里》，中华书局，1959，第 4 页。

象。此时地多人少，原有的社会财富分布遭遇重新洗牌，加之史学家所谓“让步政策”的实施，贫富悬殊还不算太大。随着新主人的子子孙孙继承大位，由于承平日久，自幼生长于深宫高墙之中，难于听闻民间疾苦声。又由于家天下所特有的嫡长世袭制，继承大位者，并不能保证就是贤者或智者，甚至于出现像晋惠帝那样的傻瓜，而有的继位者具备其他方面的才能，如宋徽宗，可以说是艺术天才，却并不适合从政，但在世袭制的制度安排下，也只能做这些非己所长的事。除了上述之外，还有种种因素，皆造成历代王朝昏君暴君远多于史家所谓“圣君明主”。而在大量昏庸残暴主人（皇帝）的统治下，其花钱所雇用的大大小小牧羊人们（不同级别的官员），欺上瞒下，对上吃着主人的“皇粮”，对下则欺压盘剥其放牧的有肥有瘦的羊群（贫富不等的平民老百姓），社会的贫富差距日益扩大，社会不公现象越来越严重。辩证唯物论告诉我们，所谓差异就是矛盾。以这一原理来分析，社会各个群体对于资源和财富的占有，其差异如果越来越大，则表明社会矛盾日益激化，社会的不安定因素增多。一旦矛盾和不安定因素加剧到不可收拾的地步，于是就到了又该换新主人改朝换代的时候了。不幸的是，在新姓王朝通过暴力流血的所谓“汤武革命”替换旧姓王朝的家天下时代，新王朝登上历史舞台后，依旧如前朝那样表演一番，演出过程大同小异，最终结果更是惊人一致。这样一来，中国古代历史的演进就是朝代更替，循环往复，一治一乱，社会形态并未发生实质性变化，进步缓慢。于是，中国最终从辉煌的世界顶端跌落下来，落在西方世界之后，受人欺负，饱尝挨打的滋味。究其深层原因，根本上还须从“内因”而非“外因”去寻找。内因之一，毫无疑问就是中国古代社会的发展，并未能走上《道德经》七十七章所指出的“损有余而补不足”的“天之道”，公正的“天道”被古代各个王朝的统治者们抛弃在一旁，或者嘴巴在大讲特讲，口号震耳欲聋，实际上却反其道而行之，知行完全不一，致使社会周期性动荡不安。

很悲哀，中国古代社会的发展道路选择了充满暴力而且不公正的“人之道”，亦即《道德经》七十七章所揭示给我们的：“人之道则不然，损不足以奉有余”。[①] 人之道“贪求之无厌，损至和之妙用。”[②] “人道则不然，损其不足之民，而奉有余之君。”[③] 为什么人道损其不足之民而奉有余之君？就因为“人之道不能无为，不能无为则不能无私，不能无私则至于损不足以奉有余”[④]。杜光庭《道德真经广圣义》卷四八结合《易》之谦卦指出理国和民的要点及修身合道的规矩就在“均平”：“天道均平，有余必损，不足必兴。人道反此，灭不足而奉有余，所以富室饫其珍鲜，贫者欠其藜藿，则违于道矣。裒多益寡者，《易》谦卦之象。地中有山，谦。君子裒多益寡。裒，聚也；寡，少也；益，兴也。多者得谦，物更裒聚，弥益其多。寡者用谦，物更进益，是谓均平之道。亦云：裒，取也。减取多者，益于寡者，乃合举下抑高、亏盈益谦之义。理国和民之要，修身合道之规，此其特也。”[⑤] 社会的均平之道在于减取多余者，补偿于少寡者，这样才合乎天道有余必损、不足必兴的客观规律，合乎天道“举下抑高、亏盈益谦之义”。“人之道则不然。不足者损之，民之饥也；有余者奉之，上食其税之多也。此所谓人之道损不足而奉有余，剥下增高，绝短补长之谓也。”[⑥] “人道与天道背，此人之道言暗君俗人也。”[⑦] 带有丛林法则的“人之道”与均衡法则的“天之道”刚好相反，想方设法地损害“不足者”们的利益，使老百姓忍饥挨饿，通过运作手中特权等不正

---

① 《道德经》七十七章，上海古籍出版社，1989，第 18 页。

② 陈象古著《道德真经解》卷下，《道藏》第 12 册，第 40 页。

③ 陆希声著《道德真经传》卷四，《道藏》第 12 册，第 146 页。

④ 吕惠卿著《道德真经传》卷四，《道藏》第 12 册，第 181 页。

⑤ 《道德真经广圣义》卷四十八，《道藏》第 14 册，第 557 ~ 558 页。

⑥ 邓锜著《道德真经三解》卷四，《道藏》第 12 册，第 233 页。

⑦ 李约著《道德真经新注》卷四，《道藏》第 12 册，第 340 页。

当手段，弱肉强食，用苛捐杂税把百姓血汗夺取过来奉献给“有余者”们。打个比喻，这就好像把一个饿得快死的人的血抽出来，输送给一个肥壮的汉子，实际上，他本身的血已经绰绰有余，根本用不着再给其输血，反而应该把他的血抽出来输入那个快饿死的人，这才是合理的。说到底，“天无私，故均。人多私，故不均”①。由此可以说，以“暗君”为代表的“人之道”实在太“多私”，因此对“有余者”大做加法，锦上添花，而对“不足者”则大做减法，雪上加霜。明眼人一看就知道，《道德经》所批评的中国历史上的“人之道”完全违背了公平正义的发展之路，与我们党现在大力提倡的科学发展观全然背道而驰，于是在中国历史上出现了周期性的社会动乱，始终想追求长治久安却从来没有追求到手。

那么，我们禁不住要问：为何中国社会的发展道路选择了不公正的“人之道”，而没有选择公正的“天之道”呢？这是由中国古代社会的性质所决定的。中国古代社会是以家族血缘为基础的宗法社会，与之相适应的是以血缘为纽带的宗法观念。而与宗法观念相一致的政治伦理学说，正是儒家的“亲亲、尊尊”理论。与血缘关系为纽带的宗法社会相适应，儒家提出了“仁者爱人”的“仁爱”之道。然而，由于宗法社会是一种在“亲亲、尊尊”之间划分了等级差别的社会，而且其等级十分森严，每个级别享受的待遇都不一样，不得越雷池一步，因而与之相适应的儒家“仁爱”之道也是有严格等级差别规定的，是按照等级差序来“爱人”的。换句话说，“仁爱”本身就是不平等对待人的，对于他者，并非一视同仁，而是有等级之分，有远近之分，有内外之分的。儒家讲“为仁由己”，仁爱是以自己作为圆心来划圈子，层层叠叠，层次分明。围绕自己这个圆心，由己及人向外推，形成好

① 苏辙著《道德真经注》卷四，《道藏》第12册，第320页。

几层圈子。第一层圈子是亲人关系，又分近亲和远亲，父母、妻儿、兄弟姐妹、各种由近及远的亲戚等。第二层圈子是朋友关系，有亲密朋友（铁哥们），一般朋友，酒肉朋友之分。结交的朋友好到结拜为兄弟的，所谓“金兰之好”，则表示通过在神面前歃血为盟的仪式，立下誓言，彼此间已具有血缘关系，情同手足兄弟，按兄弟排行，如大家熟悉的“桃园三结义”。第三层圈子是熟人关系，有老熟人，比较熟的人，不太熟的人等。第四层圈子是生人。“爱”就这样以自我为圆心，由近及远、由内及外一个圈子又一个圈子向外推，爱的能量也层层减少。虽然说“仁者爱人”，但首先必须爱自己，一个不自爱的人，又如何叫他去爱人？因此，爱人一定“由己”，从自爱出发。爱自己，当然首先就要为自己着想，所以儒家“仁爱”之道是认同“人不为己，天诛地灭”原则的。既然首先为自己着想，在资源不足的情况下，就不可避免地演出种种阴谋和阳谋，不惜为了自己和亲人朋友而损人利己。按照儒家爱有等级差序的原则，依据孝道，人们用“将欲取之，必先与之”的智慧谋取来的私利，首先满足自己的需求，然后与父母分享，其次是回馈妻儿、兄弟姐妹、亲朋好友等不同的圈子关系。在儒家爱有等级差序的道德观面前，爱的各个圈子不会执著地追问利益所得的来源如何，是否合乎公正。于是，采取不正当的手段也好，贪污受贿也好，损人利己也好，但只要与亲人朋友分享，这都是合乎人情世故的，也就是所谓“情义无价”的。换句话说，这样去获利或许是不合法的，但却是人的本性，符合人之常情，并非不道德，完全可以理解。所以，在儒家人情文化熏陶下成长起来的中国人，做一件事情不会首先去考虑合不合法，心中时刻想到的是有没有违背人情世故，会不会被人指责不通人情。情大于法，徇情枉法，即便建立了许许多多法律制度，“法治”却始终为人情熔化。“人情练达即文章”，文章做不好没关系，只要懂得人情世故，就好在亲朋好友圈子及社会上立足，否则就是酸气十足的书呆子，为人耻笑和疏远。因此，中国古代社会的所谓“人情世故”，“情深义厚”，从文化思想上去追根溯源，其源头就在于儒家那种划分了不同圈子、生而不平等的“仁爱”之道。这种“仁爱”之道看起来充满温暖馨香的爱，其实是有等级差别、远近亲疏的，它成为等级森严的特权制度的思想文化基础，这就使中国人的人生从其一出生，在起跑线上就已经处于不平等的地步，也使大多数人并不能在其人生的成长过程中获得一种平等发展的机会。这种“仁爱”之道，把社会道德标准、道德规范制定为“高大全”，要求人人皆做“圣人”，其实根本达不到这样一个水平，人们的道德品质于是在现实生活中就很容易演变为戴上了伪善面具的“人之道”，亦即人们常说的满嘴仁义道德、满肚子男盗女娼的假道学先生。这种“仁爱”之道，鼓吹所谓“情义无价”，其实是有价的交换，“情义”要求人们礼尚往来，但这个“礼”演变成为礼品，已经完全被物化了，是一种精打细算的利害关系计较。然而，由于儒家“仁爱”之道维护和巩固了以家族血缘为基础的中国古代宗法社会，强化了一层层社会圈子的特权制度，与当时的社会状况十分相适应，所以深受帝王们的欢迎喜爱，将其奉为治国理家的无上法宝，儒家也因此稳坐中国古代社会意识形态领域的第一把交椅。

在中国古代社会，“人之道”为了亲情抛弃了正义感，权为“情”所用，权为亲朋好友的利益所谋，而不是为了人民的正义事业奋斗不息，所以大肆践踏“天之道”“损有余而补不足”的公平正义精神，大搞毫无正义性可言的腐败，腐败现象在古代社会的各个角落皆可发现，于是有所谓“全民腐败”一说。腐败是《道德经》眼中最大的“人之道”，它用最不道德、最不公正甚至于违法犯罪的手段，千方百计“损不足以奉有余”，使社会贫富差距越拉越大，矛盾加剧，不可收拾，最终便导致战乱。为了达到“损不足以奉有余”的目的，腐败者对儒家文化采取打掉精华、专取糟粕的策略，致使沉渣泛滥成灾，群魔乱舞。为了达到“损不足以奉有余”的目的，腐败者精心编织以自己为圆心的人情关系网，所以我们常常看见中国历史上一网又一网编织起来的所谓“腐败窝案”被破获。很不幸的是，就算这些一网又一网的“腐败窝案”被一网打尽，但儒家文化编织的那个总的人情关系网，却始终破除不掉，依旧活在人们心中，挥之不去。如果追究其文化心理的根源，正是儒家由“己”出发的等级差别之“爱”，它作为编织人情关系网的道德观念、道德风尚基础，并未被清除出中国人的“仁爱”大门，反而被认定是合情合理的。因此，在中国传统社会里，为了亲人尤其是父母亲或子女、为了铁哥们搞腐败，在一般大众的心目中并不认定其突破了道德底线，感情上觉得“盛情难却”，心理上也能够接受，甚至可以说是心安理得地接受。假若有人一反常态，在面对亲朋好友时搞所谓“铁面无私”，坚持法律面前人人平等，反而会遭到亲人朋友的埋怨，而且社会的同情心也并不会抛洒给那些少得可怜的“铁面无私”者，反倒是觉得这种人太不近情理了，甚至于情理难容。可以这样说，儒家那套“仁者爱人”的“仁爱”之道奠定了中国古代农业宗法社会“人之道”的伦理基础，它承认按照血缘关系建立的不平等制度是合情合理的，只要没有违背“亲亲、尊尊”这种爱的等级制，“损不足以奉有余”这种不公平正义的“人之道”就是可以容忍的，是可以理解的“人之常情”。这样的“爱”与道教所继承的墨家“兼爱”大相径庭。

《墨子·兼爱》指出：“圣人以治天下为事也，必知乱之所自起。……乱何自起？起不相爱。”因此，“天下兼相爱则治，相恶则乱。”故墨子主张人与人之间、国与国之间“兼相爱，交相利”，彼此平等地互利互惠：“此圣王之法，天下之治道也，不可不务为也”。墨子所谓“兼”是什么意思呢？“兼即仁矣、义矣”。而所谓“兼君”，则是“必先万民之身，后为其身”。比如说周文王就是

“兼君”的典范：“文王之兼爱天下之博大也，譬之日月兼照天下之无有私也，即此文王兼也。”墨子进一步强调说：“古者文武为正，均分赏贤罚暴，勿有亲戚弟兄之所阿。即此文武兼也，虽子墨子之所谓兼者，于文武取法焉。”[①] 于此可见墨子所谓“兼爱”也是讲“仁义之爱”，但与儒家“仁爱”是以自己作为圆心来划圈子不同，兼爱必须先爱他人，然后再爱自己，也不能有“亲戚弟兄之所阿”，像儒家那样首先照顾好自己的亲戚弟兄，而是“我先从事乎爱利人之亲，然后人报我爱利吾亲”。[②] 并且墨家“兼爱”强调平等互利，反对等级特权。所以相比较儒家的“仁爱”而言，墨家的“兼爱”是种“日月兼照天下之无有私”的“博大”平等之爱，主张先人后己利他主义的“爱”。不幸的是，墨家的“兼爱”违背了中国古代以血缘为纽带的宗法社会的“人之常情”，难以推行开来，更不为帝王所采用。

汉代道教经典《太平经》主张让世界充满爱，人们互相放弃憎恨，都以善意待人，共成太平：“天下共一心，无敢复相憎恶者。皆且相爱利，若同父母而生，故德君深得天心，乐乎无事也。”“凡道人皆来，亲人合心为一家，皆怀善意。凡大小不复相害伤，灾害悉去无祸殃。帝王行之，天下兴昌。”[③] 这些主张，实际上吸取了墨子的“兼爱”说，大力提倡四海之内都是“同父母而生”的兄弟，合心为一家，怀着善意，相亲相爱且相利，方可奠定“理乱之本，太平之基”[④]。四海之内如同兄弟一样相亲相爱，这与儒家的君臣父子的等级森严的爱完全不同。如果真的做到像兄弟那样平等互爱，消除儒家爱有等级差别的谬种，则中国文化

---

① 参见《墨子·兼爱上、中、下》，上海古籍出版社，1989，第 29 ~ 35 页。

② 《墨子·兼爱下》，第 35 页。

③ 王明著《太平经合校》，中华书局，1960，第 422、688 ~ 689 页。以下只注书名页码。

④ 王明著《太平经合校》，第 690 页。

幸甚，中国幸甚！为何这样讲？盖因儒家爱有等级差别的主张正是中国特色不平等的人情文化的道德哲学基础，恰恰是此种中国特色“情义无价”的人情文化，使得中国人老于人情世故，极大地阻碍了法治社会的建设，情大于法，徇情枉法，由大大小小的亲戚朋友裙带关系网所形成的利益集团，随处可见，而且是老虎屁股摸不得，使改革难以推动。我们津津乐道而且经常教训初出茅庐的毛头小子不通“人情世故”，这种所谓的“人情世故”，其实对于中国人法制观念的树立，对于中国的法制教育、法制建设，毫无疑问是一种强烈的腐蚀剂，使得法律制度在不知不觉中为人情文化所败坏，使改革开放以来大力推行的“依法治国”往往成为空喊口号，流于形式。必须指出，我们要扬弃这种不平等而且等级森严的人情文化，树立法治文化的自觉性，建设法治国家的目标，的确是任重而道远啊！可以预见的是，这种实质上完全物化了的人情文化，对于我们按照科学发展观建设和谐社会、法治社会将是一个长期而沉重的历史包袱。

《太平经》还继承了《道德经》七十七章关于“天之道”的思想。它所梦寐以求的“太平”内涵如下：“太者，大也，乃言其积大行如天，凡事大也，无复大于天者也。平者，乃言其治太平均，凡事悉理，无复奸私也；平者，比若地居下，主执平也，地之执平也。”“……太者，大也；平者，正也；气者，主养以通和也；得此以治，太平而和，且大正也，故言太平气至也。”大正即“调和平均，使各从其愿，不夺其所安。”“皆自平均，无有怨讼。”“各令平均，无有横赐。”“今太平气至，无奸私。”① “太平”的最重要内涵就是“太平均”，这是一种极大的调和平均，如同上天一般的“大正”，就像大地一样“主执平”，各从人愿，不夺人所爱，没有奸私，没有怨讼，没有横赐。“太平”即大正，大正即“调和

① 王明著《太平经合校》，第148、616、544、579、681页。

平均”“各令平均”，显示《太平经》的理论主张具有“天之道”的平均主义倾向，而且特别强调社会治理的公平正义。

其实儒道墨都主张均衡。《论语·季氏》说：“有国有家者，不患寡而患不均，不患贫而患不安。盖均无贫，和无寡，安无倾。”[①] 不均衡、不安定是社会最大的危害，平均脱贫才是社会和谐与政治安定的基础。《道德经》第七十七章认为天道是讲平均的，已见于上述。《墨子·天志中》认为：天的意愿是人类应该做到“有道相教，有财相分”，即“有余者”拿出多余财产分给“不足者”，如果人类社会顺从了天意，则“万民和，国家富，财用足，百姓皆得暖衣饱食”。[②] 这是墨子理想中的方案，颇具乌托邦色彩。当然儒道墨讲平均并非人与人之间的财富绝对相等同，诸家心中有数，那在事实上是根本办不到的，而是相对均衡，差距不至于太大。

儒道墨这些平均主义的主张在汉代得到进一步的发扬。董仲舒《春秋繁露·度制》深入地挖掘孔子“不患贫而患不均”的思想说：“故其制人道而差上下也，使富者足以示贵而不至于骄，贫者足以养生而不至于忧，以此为度，而调均之，是以财不匮而上下相安，故易治也。”[③] 只要采取均贫富的政策，解决穷人的民生问题，使之衣食住行无忧愁，便有社会的“上下相安”，天下就容易治理了。董仲舒在《举贤良对策三》中也强调指出：“受禄之家，食禄而已，不与民争业，然后利可均布，而民可家足。此上天之理，而亦太古之道，天子之所宜法以为制”。[④] 所谓“利可均布”，即“受禄”的官不与民争利，社会平均分配利益，家家户户生活得到满足，这是“上天之理”。上述说法，实乃儒家王道政治

① 《论语·季氏》，上海古籍出版社，1987，第70页。
② 《墨子·天志中》，第52页。
③ 董仲舒著《春秋繁露·度制》，上海古籍出版社，1989，第47页。
④ 《汉书·董仲舒传》，中华书局，1962，第3册，第2521页。

理想主义的产物，也是道、墨二家共同的政治主张。只是儒家按照等级差序来“爱人”的“仁爱”之道与其“患不均”的思想可以说自相矛盾，因为按照儒家那种缺乏平等权利的“仁爱”，对社会财产的分配，最终结果必然是不平等的，是根据“爱”的不同等级程度、不同圈子来进行分配的，而为了自己最爱的父母妻儿们，做官的“受禄之家”合情合理与民争利，多捞一把回家，从道德上来看也就是无可厚非的。换言之，按照儒家制订的伦理标准是无法对其进行谴责的。因此，儒家一方面力主财富“调均”，另一方面其“爱”的圈子理论又在事实上破坏了社会财富分配的均衡，从而破坏了社会和谐。

均衡主义自先秦以来，便在中国的正义理论中占有核心地位，形成深厚的传统。《太平经》把均贫富作为其正义论的第一要义，就是对这一传统的继承和发扬光大。在《太平经》看来，只有经济上的公正平均分配，才能换来政治上的“无有怨讼”，社会获致稳定，实现正义。均贫富，实在是正义社会的经济基础。为此，它竭力主张财物的共有，均衡分享，补益弱势群体：“物者，中和之有，使可推行，浮而往来，职当主周穷救急也。夫人畜金银珍物，多财之家，或亿万种以上，畜积腐涂，如贤知以行施，予贫家乐，名仁而已。……此财物乃天地中和所有，以共养人也。此家但遇得其聚处，比若仓中之鼠，常独足食，此大仓之粟，本非独鼠有也；少内之钱财，本非独以给一人也；其有不足者，悉当从其取也。愚人无知，以为终古独当有之，不知乃万尸（户）之委输，皆当得衣食于是也。爱之反常怒喜，不肯力以周穷救急，令使万家之绝，春无以种，秋无以收，其冤结悉仰呼天。天为之感，地为之动，不助君子周穷救急，为天地之间大不仁人。”[①] 天地所产生的财物，其功能就是“周穷救急”，扶危济困，“各令平均”，不许

① 王明著《太平经合校》，第 246 ~ 247 页。

“横赐”给某些人，非个别人能够单独占有的，富人应当遵从天道，体现仁爱精神，施舍穷人，实现天道“周穷救急”的宗旨，“以共养人”。也就是说，天地间的自然资源本来是人类共有财产，应当由人类共享，但“多财之家”却占有了超出其需求的大量资源，致使资源“畜积腐涂”，造成巨大浪费，而“贫家”则连春天播种的种子都缺乏，更不用说秋天的收获了。少数人财富积累过剩，大多数人吃不饱穿不暖，甚至于有饿死者。如此世道太不正义了！它打了个比方，如同大仓库的粮食，本非少数几个老鼠独自拥有，所有老鼠本来都有份，但少数凶狠的老鼠却霸占了粮仓吃独食，自己吃不完，还不许其他弱小的老鼠分食。于是《太平经》试图唤醒这些吃霸王食的“独鼠”良心发现，有饭大家吃。从《太平经》这个比方，我们可以嗅出社会达尔文主义的味道，物竞天择，强者生存，丛林法则，强权即公理，无正义可言。由此亦可看出，《太平经》的均贫富主张，并没有从社会政策上提出一些具体的解决措施，建立一套行之有效的正义制度，从而保证社会的贫富悬殊不致过大，它仅仅从道德上给予为富不仁者以谴责，劝说“畜积腐涂”的“多财之家”不要违背天道，“终古独当”地占有超量财物，而要发善心，作仁人，将多余的财物拿来“周穷救急”。

除了这种道德谴责，劝善说教，《太平经》又以“天意”来警戒人实行平均：“天地施化得均，尊卑大小皆如一，乃无争讼者，故可为人君父母也。夫人为道德仁者，当法此；乃得天意，不可自轻易而妄行也。”[①] 天令人类社会“尊卑大小皆如一”，这固然从其“天”的神学里找到了实行平均主义的最高依据，但未必就能以此制止为富不仁者们的“妄行”。在等级森严的专制社会，侈谈什么“尊卑大小皆如一”的均衡权利，更是梦幻泡影。所以，《太

① 王明著《太平经合校》，第683页。

平经》试图通过“有财主家，假贷周贫”[①] 的途径，实现其“调和平均”的理想主张，注定是行不通的，带有极大的空想色彩。但这种空想，却折射出当时社会贫富极其不均的苦难现实，反映了东汉豪强地主对于社会财富的超量占有。仲长统在《昌言·理乱篇》揭露当时的社会现实说：“汉兴以来，相与同为编户齐民，而以财力相君长者，世无数焉。……豪人之室，连栋数百，膏田满野，奴婢千群，徒附万计。船车贾贩，周于四方；废居积贮，满于都城。琦赂宝货，巨室不能容；马牛羊豕，山谷不能受。妖童美妾，填乎绮室；倡讴伎乐，列乎深堂。宾客待见而不敢去，车骑交错而不敢进。三牲之肉，臭而不可食；清醇之酎，败而不可饮”。[②] 这种朱门酒肉臭，社会苦乐不均的黑暗现实，在《太平经》中也多有披露，而且进一步揭发了豪强：“中尚有忽然不知足者，争讼自冤，反夺少弱小家财物，殊不知止”。[③] 这就无怪乎它要大声疾呼当政者“各令平均”“调均”了。应该说，《太平经》的“平均”虽系空想之谈，但也是对当时社会现实非常黑暗、极度不正义的抗议，体现了对穷人、对弱势群体的高度同情和关怀。《太平经》指出，自然资源实际上是能够满足人类存在需求的，问题不在于资源的匮乏，而在于社会分配太不均衡，少数吃独食者多吃多占，霸占了过量的资源，甚至于造成危害社会和谐的浪费，剥夺了大多数人的基本生存需求，人民穷苦不堪，使他们被逼铤而走险，不得不扯旗造反。因此，《太平经》主张减少富豪的享乐或将其过剩而浪费的财富分出来，散给穷困人家，满足其基本的生存需求。这种对社会分配不均、对“人之道”的批判思想，在当时乃至于今天都是具有进步意义的。通观上述《太平经》的正义思想，可以说继承和弘扬了《道德经》七十七章的“天之道”精

① 王明著《太平经合校》，第574页。

② 《后汉书·仲长统传》，中华书局，1965，第6册，第1648页。

③ 王明著《太平经合校》，第248页。

神，并结合汉代社会实际，对《道德经》的公正原则或者说正义论作了丰富多彩的阐释。由此也可以看出，道教从产生开始，就以《道德经》作为最重要的理论基础之一，以此为根据来建构自己的信仰体系。

罗尔斯《正义论》认为：原初状态“保证在其中达到的基本契约是公平的。这个事实引出了‘作为公平的正义’这一名称。”[①]如果说罗尔斯“作为公平的正义”是通过原初状态的契约论来证明的，那么，《道德经》七十七章的公正原则或者说正义论则是通过原初状态的“天之道”来证明的，自然而然的“天之道”保证了公平正义地处理宇宙间一切问题。依据“天之道”来处理人事，就是在执行公正原则，就是正义的行为；反其道而行之，就是非正义的“人之道”。罗尔斯《正义论》还提出：“适合于最少受惠者的最大利益”；“所有的社会基本善——自由和机会、收入和财富及自尊的基础——都应被平等地分配，除非对一些或所有社会基本善的一种不平等分配有利于最不利者”。主张给社会的“最少受惠者”即弱势群体在分配上予以利益的补偿，从而做到平等地分配，以避免分配不公。并“要求所有的不平等都要根据最少受惠者的利益来证明其正当性”。[②] 罗尔斯对于社会的“最少受惠者”即弱势群体，可以说关怀备至，试图通过利益的补偿或社会再分配途径使社会各阶层成员享受平等待遇，具有平等的机会和地位，在他眼里，即使是“一种不平等分配”，只要“有利于最不利者”，也能够“证明其正当性”。这些思想，与《道德经》七十七章“天之道，损有余而补不足”在精神境界上是完全一致的，可谓不谋而合，英雄所见略同。

我们知道，社会是由各种各样的利益群体组成的，有强势群

① 约翰·罗尔斯著《正义论》，中国社会科学出版社，1988，第15页。

② 约翰·罗尔斯著《正义论》，中国社会科学出版社，1988，第292、241页。

体，也有弱势群体，归纳起来，可以分为两大集团，即既得利益集团与未得利益集团。社会和谐产生于财富分配的相对平衡，即既得利益集团与未得利益集团的财富相对均衡，强势群体与弱势群体利益均沾。否则的话，贫富悬殊巨大，引发既得利益集团与未得利益集团的仇恨与对立，如何有和谐社会可言？《道德经》提出了“天道”损有余补不足的公正原则或者说正义论，但人道如何能保证效仿“天道”的公正原则，使人类社会在公平竞争中发展，这个重大问题，《道德经》没有涉及，仅仅幻想由圣人治理来解决。是仅仅依靠圣人治理，还是通过建立一整套完善的制度，建立法治社会来保证损有余补不足，这是我们今天所面临的迫切需要解决的问题。只有解决好这个问题，做到公平竞争，公正地发展，才能逐步形成一个以中产阶级为主体的橄榄型社会。众所周知，相比较而言，橄榄型社会是贫富差距不太大的社会，因而是稳定性强的社会，是和谐程度高的社会，这是我们科学发展观应追求的目标之一。

中国历史的经验教训值得引起我们高度注意，加以借鉴！今天的当政者们，千万不要忘记《道德经》所揭示的“天之道”，力行“损有余而补不足”，做一个公正的“有道者”，不仅仅是口头上，而且要付诸实际行动中，时时刻刻做到“执天之道，顺天而行”，特别是要切实做到知行的合一。今天的当政者们，千万牢记住，一定要真心诚意把“公正地发展”摆在科学发展观的首要位置，而不是仅仅把眼光盯在调结构、保增长等上面。如此不折不扣地执行党的科学发展观，则社会可以长治久安，则中华民族的复兴是大有希望的，中国在世界上的崛起就不会是昙花一现的，而是可持续的，我们建设和谐社会与实现和谐世界的伟大目标就不是可望而不可即的！

（本文作者：四川大学道教与宗教文化研究所教授）

大道的滋养护生

——学习老子《道德经》有感

詹石窗

“大道”是老子《道德经》的一个重要概念。该书先后多次使用了这个概念，例如三十四章说：“大道泛兮，其可左右。”五十三章又说：“使我介然有知，行于大道，唯施是畏。”“大道”不仅具有清静不争的品性，而且发挥着滋养护生的功效。所谓“滋养护生”，一方面指大道为万物成长提供养分，另一方面指大道任万物自然生长。

一 大道滋养绵延不绝

关于大道生化天地万物的问题，笔者拟从“滋养”的角度进一步探讨。

首先应该区别的是：“生养”与“滋养”属于化育万物的两个不同层次。一般地说，“生养”侧重表示某物从无到有，例如母牛生小牛，母羊生小羊，等等；而“滋养”指的是某物诞生之后得到的能量补充，例如母牛生了小牛之后给小牛奶吃，这就是母牛对小牛的滋养；再比如母鸡孵化小鸡之后，带着小鸡到野外寻找小虫，叫唤着让小鸡吃小虫，这都属于滋养。

如果注意观察大自然，就会发现动物界的相互“滋养”现象。一般地说，前一代生育后一代，是会尽其滋养责任的。笔者曾经观察母猪生小猪的情况，当母猪生完小猪之后，不论它有多疲劳，总会“哞哞哞”地叫唤，然后躺下，让小猪吸奶。由于喂养后代是一种天性，母猪不仅让自己生的小猪吸奶，而且不会拒绝其他小猪或者不同类的哺乳小动物吸奶。笔者记得读小学的时候，学校附近村庄有一户人家生了个女孩，不久之后，母亲得病死亡，可怜只有几个月大的女婴嗷嗷待哺。困境中的父亲万不得已把女婴抱到母猪怀里，将母猪的奶头塞入女婴的嘴巴，母猪非常通人性，乖乖地躺着，让女婴吸奶。偶尔，母猪会发出“嗯、嗯、嗯”的声响，似乎是在表示亲昵。就这样，这个女婴吮吸母猪奶几个月，逐渐长大。几年之后，女婴成为少女，母猪却老了，父亲告诉女儿小时候的真实情况，女儿伤心地流下眼泪，她情不自禁地趴在母猪腹部，双手轻轻地抚摸老母猪的头部和身体。老母猪去世的时候，少女的父亲请人帮忙，将老母猪抬到山上埋葬，女儿跟着上山，在老母猪坟前烧香磕头，以报答喂养之恩。这件事虽然已经过去四十多年，但每逢笔者回忆往昔的时候就会浮现当年所见的情景。

由动物界的喂养天性联想到人类，我们可以更加深切地体会到父母养育儿女的恩重如山。由于理性与情感的双重作用，人类在滋养方面有特别具体与细致的表现。有一句话叫做“可怜天下父母心”，反映的就是父母在生育孩子之后那种呵护的态度与境况。

听老辈人说：很久以前，有一户人家姓叶，房舍坐落在虎头山边，生活非常艰苦，但男耕女织，日子倒也能够维持。有一天早上，虎头山红云缭绕，叶姓人家降生男丁，家族上下无比高兴。谁知道，男孩出生之后约三个月，突然啼哭不止，这让他的父亲十分担忧。为了止住男孩的哭声，他的父亲连续请了几个郎中看过，喝了些汤药，依然无济于事。他的父亲无可奈何，请来了一位风水大师诊疗。大师看了之后，断定叶家的房舍西照过烈，时值仲夏，火克金气，造成男丁小便不利，疼痛难忍，故而哭声连连。诊断之后，大师示意小孩的父亲以"虎尿"煎熬车前草，这可苦了当父亲的，因为小孩的父亲以为大师讲的是真"虎尿"，那个时候的虎头山一带虽然时常有老虎出没，但要汲取真"虎尿"却比上刀梯还难，所以眉头紧皱，一时不知如何是好。大师发现小孩父亲面有难色，就提醒说："你家不就坐落在老虎腰间么？虎尿源源不断呵……哈哈哈……"大师笑过，扬长而去。

大师的笑声犹如清醒剂，小孩的父亲明白过来，马上挖了车前草，然后到山脚下的泉眼汲了一大壶的"虎尿"，煎熬半个时辰，等汤药降温之后即灌入小男丁的嘴里。这一招果然奏效，几个时辰之后，小男丁慢慢地转哭为笑，大人们也都乐了。据说这个小男孩被灌了"虎尿"之后，不仅恢复健康，而且成长迅速。成人之后，这男丁身体特别的棒，每日抓举石雕老虎数十次，练成钢筋铁骨。他生活的时代，正值外敌侵扰，他便投军参加戍边。由于英勇善战，这男丁被朝廷敕封为"神武将军"。至今当地一些叶姓家族的老房子厅堂还挂着"神武将军"的画像。

以上这个故事表明，父母对儿女的呵护不仅在于提供营养，而且在于心灵上的深深情感。在小孩生病的时候，迫不及待寻找"虎尿"的父亲那忧虑的样子正反映了长辈对后代的无限关爱。

然而，如果往深处推究，笔者不能不说，包括人类在内的整个动物界的滋养天性其实是本于"道性"。《道德经》五十一章说，"长之育之，亭之毒之"。老子告诉我们，大道不仅化生了万物，而且通过"德"的能量，使万物成长、发育、成熟、壮大。按照老子的描述，"大道"的运动产生了"德"，所谓"德"是蕴含着信息的无限能量。一方面，"德"通于"得"，表示从"大道"得到源源不断的能量；另一方面，"德"也表示信息运动的一种冲力，有了这种冲力，万物成形之后才能获得成长的滋养。这一切的发生，归根结底都是由于大道运化的结果。所以老子《道德经》进一步指出："天下有始，以为天下母。既知其母，复知其子，既知其子，复守其母，没身不殆。"天下有个开始，这可以看作"母"，所谓"母"也就是"大道"。老子教导我们，既然已经知道万物之母，也就可以知道万物为其子；如果已知万物为其子，就可以再去寻找其母。一个人能不断地用上述方式来了解万物，领悟大道，在灵魂深处与大道感通，可以说是终生受益，即便是身体腐朽了精神还会永久存在。根据这个道理，当我们感受到父母的养育之恩时就能够进一步明白天下万物的成长是因为"大道"以"德"的方式提供了信息和能量，从而使万物得以滋养。

二　不占有、不干预的大道情怀

大道的另一种品性是不占有、不干预。《道德经》五十一章说："生而不有，为而不恃，长而不宰，是谓玄德。"这几句话连起来的意思是讲：大道化生了万物却不占为己有，也不贪图名分，能够有所作为却不强加己意，能够让万物生长却不作为主宰者，这就叫做"玄德"。所谓"玄德"即幽深难以体察的博大品性。因为幽深，所以奥妙无穷，世世代代让人探索不止，直到今天，人们依然在不断地体会、从而引出许许多多的感想。

如何进一步领悟"生而不有"内涵呢？笔者以为，《道德经》这里讲的"生"的根源是"大道"。至于"不有"可从三个层次看：一是没有占有的欲望，二是不需要外界承认生化万物的名分，三是不能产生占有的行动。在这三个层次中，第一层次最为重要，因为有了占有的欲望，就可能进一步追求名分，进而引发占有的行动。显然，老子是为了让后世的人们更好地理解"不占有"的理趣，因此以人类的品性作为比喻。

《道德经》讲的“生而不有”，可以帮助我们看清历史面貌。综观古今社会政治与人生，我们可以看到，历史上凡是占有欲望强烈的帝王，都以江山为个人所有，不惜驱使百姓，穷兵黩武，大兴土木，结果劳民伤财，怨声载道，最终还是无法真正占有。秦始皇算是这方面的典型代表，他虽然在统一中国方面作出贡献，但好大喜功，贪图虚名也是有目共睹的。史称，秦王政在统一中国之后，急着想做的第一件事就是重新给自己确定一个称号。于是，他下令大臣们查考典册，寻找根据，大臣们经过反复商议，建议秦王政以“泰皇”为称号，但秦王政并没有完全采纳，而是在“皇”字之后加上“帝”，他自称“始皇帝”。这个称号一方面在于向普天下表示自己至高无上的地位和权威，另一方面则是表示这种地位与权利是上天给予的，即“君权神授”，具有不可动摇的合法性。秦始皇这种占有天下的欲望是非常强烈的，所以他宣称：自己死后皇位传给子孙，后继者沿称二世皇帝、三世皇帝，以至万世。他梦想皇位永远由他一家继承下去，“传之无穷”。然而，事与愿违。秦始皇为了维护中央集权统治，在文化上推行专制主义，造成了“焚书坑儒”的历史惨案；在生活上，秦始皇极端奢侈，在统一六国之后，旋即修建豪华的阿房宫，最多时用工七十二万人，他兴师动众，使民无时，给百姓造成极大痛苦。由于民怨积累太多，到了秦二世的时候，企图永世长存的秦王朝终于覆灭。事实证明：天下是“公器”，任何个人想独自占有，最终都会被历史所抛弃，由此可见老子《道德经》所讲的“不有”对于社会治理来说是颇有启迪价值的。

如何进一步领悟“为而不恃，长而不宰”的内涵呢？概括起来就是三个字：不干预。前一句所谓“为”也就是“作为”，可见老子并没有反对有所作为，但这种“作为”是按照自然法则进行的，不是个人主观武断的行动。后一句的“不宰”意味着不对万物进行主宰，而是任其自然地生长。不论是“不恃”或者“不宰”

都表明“大道”化生万物却不会干预万物。

不干预就是防止“拔苗助长”的错误行为。《孟子·公孙丑上》说：“宋人有闵其苗之不长而揠之者，芒芒然归，谓其人曰：‘今日病矣，予助苗长矣。’其子趋而往视之，苗则槁矣。”孟子指出：有个宋国人嫌自己的庄稼长得慢，就将禾苗一棵棵拔高。他疲惫不堪、迷迷糊糊地回到家里，对家人说：“今天累坏了，我帮助庄稼长高啦!”他儿子赶忙到地里去看，禾苗都已枯萎了。这个寓言故事表明，“拔苗助长”是对庄稼苗子的最大干预，其结果是适得其反。“拔苗助长”所寄托的思想与老子《道德经》关于“不恃”“不宰”的不干预精神是一致的。

其实，像《孟子·公孙丑上》说的“拔苗助长”现象在现实生活中是屡见不鲜的。经历过20世纪中期中国社会的人们不会忘记：在大跃进的热火朝天年代里，浮夸风盛行，许多领导干部为了向上级邀功，让农民将分布在大片农田中的水稻迁移集中到几亩田地，声称亩产千斤、万斤，层层虚报，结果下达的公粮指标大大超过农民的负担。由于大部分粮食都得作为公粮上交，可怜的农民自己种水稻，到头来却是自己无粮食，不得不想尽办法买米吃。这样的历史教训是多么惨痛啊！回顾这段历史，我们应该清醒地认识到：老子《道德经》教导的“不恃”“不宰”对于现实生活来讲是很重要的。

三　大道是一种救治护生学

茫茫宇宙，洪洪天地。日月星辰依照一定的法则运转着，昼夜节气遵循一定的程序交替着。人类生存在这种状态下会感到祥和、安逸。然而，宇宙天地的运转并非永远如此，有时也会失序。狂风掀起大浪，席卷海上船只，刮倒村落房屋，地动山崩，夺走了大批生命，造成难以形容的悲惨局面，这一切都是自然界失序的结果。“失序”是一种异常，大自然失序是大自然的异常。这种失序性的“异常”是一种病态，可见大自然是会生病的。

人类社会是从大自然延伸出来的。人们为了能够生活，彼此组成一定的社会关系，诸如家庭、宗族、乡社、国家等，使得社会能够有序运转，这就叫做“治”。所谓“治”意味着秩序的维持，也意味着人们的正常生活。然而，人类社会的“治”也不是永恒、一贯的，有“治”必有“乱”。例如，掌握政府要害部门的人没有秉公执法，造成各种冤假错案；又如政策偏离了社会运转的正常轨道，造成贫富悬殊，贫穷的人们无法继续生存下去，便揭竿而起，社会矛盾激发，以至于发生流血冲突；等等。此类情况，意味着社会病了。

与自然界以及社会的异常而病的本质相同，作为个体的人生病也是失序而“乱”的结果。感冒、发烧、头痛、脑热，腰酸等小病是轻微的失序，或者叫做“小乱”，白血病、恶性肿瘤等是严重的失序，或者叫做“大乱”。由小乱到大乱是一个过程，小乱不治，必然发展为大乱，于是人体器官功能逐渐丧失，最终也就病入膏肓，那就无药可救了。

按照道学的观点，无论是自然、社会，还是生命个体，在某个时间段发生“失序”而“乱”的病况是不可避免的，但在一定程度上也是可以治疗的。“大道”就是一种救治护生的宏观医学。

“大道”之所以是一种救治护生的宏观医学，是因为大道学说从整体上把握了天地万物的存在与发展。大道学说认为，天地万物的发生、发展是一个过程。《道德经》二十三“飘风不终朝，骤雨不终日。孰为此者？天地。天地尚不能久而况于人乎？”意思是讲：狂风难于吹上半天，骤雨难于维持整日。是谁造成的狂风骤雨呢？天地。天地行事都不能持久，更何况人呢？这几句话用了“朝”“日”“久”等时间概念，说明老子是从过程角度看待天地万物的，这就是宏观的把握。

基于宏观的把握，道学宗师指出了天地万物可能生病的情形。《道德经》四十一章说：“天无以清，将恐裂；地无以宁，将恐废；神无以灵，将恐歇；谷无以盈，将恐竭；万物无以生，将恐灭；侯王无以正，将恐蹶。”本章中的“清”是用以形容“天”的正常情况，“宁”是用以形容“地”的正常情况，“灵”是用以形容“神”的正常情况，“盈”是用以形容“谷”的正常情况，“生”是用以形容“万物”的正常情况，“正”是用以形容“侯王”的正常情况，但老子在文中加上否定词“不”字，便表示天、地、神、谷、万物、侯王出现了异常，其严重结果就是天裂、地废、神歇、谷竭、万物灭、侯王蹶（按，“蹶”的本义是跌倒，比喻挫败，例如一蹶不振）。到了这种状态，就不是一般的病了，而是几乎无可救药了。

既然从天地万物到人类社会都会生病，甚至是严重的疾病，应该如何处理呢？老子提出了“救”而“不弃”的主张。《道德经》第二十七章“圣人常善救人，故无弃人；常善救物，故无弃物。”老子心目中的“圣人”就是有道的人，面对疾病，圣人的态度很明确，这就是救治，所以没有一个人会被放弃，也没有哪种物会被舍下。这是多么博大而慈善的胸怀啊！圣人为什么如此呢？这是因为圣人效法天道。《道德经》第六十七章说：“天将救之，以慈卫之。”可见，“慈”是作为救治大师的圣人从天道那里获得的启示。

在老子看来，圣人不仅要救人、救物，而且善于救人、救物。在这方面，首先是防患于未然，治其未病。《道德经》第六十四章说：“为之于未有，治之于未乱。”老子告诫人们：预防是要紧的事。之所以必须高度重视预防，是因为“其未兆易谋”，还没有形成症候的时候比较能够处理。如果确实病了，就要认真治疗，不论自然环境、社会环境、人体自身的问题，都应该及时诊治。掌握的总原则就是“玄德”的回归，《道德经》第六十五章说：“玄德深矣，远矣，与物反矣，然后乃至大顺。”文中的“反”就是回返，让病者的生命程序不是沿着病情发展方向前进，而是逆转回复，也就是回到原本健康的程序上。这种回返的过程就是逐步理顺的过程，也是重新获得大道玄德的能量滋养的过程。

以《道德经》为大宗的大道预防治疗学在历史上曾经产生重要的作用。从秦国之后，每逢社会动乱之后，基本上都是采用了大道疗法，与民休息，回归秩序，从而使社会重新获得生机，尤其是汉初和唐初更具有典型意义。至于道教初创时期张天师设立的二十四治，其目的不仅是为了治疗个体的病者，也是为了治疗社会疾病，张天师亲自注疏《道德经》而成《老子想尔注》，让广大信徒诵读，这是一种身心治疗与社会治疗相互结合的方式。据《三国志》《后汉书》等文献记载，当时受治疗的人“颇愈”，故而“百姓信向之”，得到了老百姓的信任，可见其效果是不错的。

（本文作者：四川大学老子研究院院长、教授）

老子的慈爱思想

谢阳举

一 《道德经》有无慈善思想

老子所著的《道德经》中有十分有名的一章，文中说："天地不仁，以万物为刍狗；圣人不仁，以百姓为刍狗。天地之间，其犹橐籥乎？虚而不屈，动而愈出。多言数穷，不如守中"（五章，如无特别说明，本文所引老子文皆出自王弼注本，见楼宇烈校释，《老子道德经注校释》，中华书局，2008）。"刍狗"，即结草为狗，是祭祀中使用的象征物而已。橐籥，即风箱，因为虚空通畅，能运气生风，功用不竭。这里老子两次提及"不仁"，似乎有违常情，常常受到诟病。其实，《老子》第五章旨在辨析人为的仁爱和合乎自然的慈爱之间的区别。老子反对刻薄寡恩，但又反对刻意而为、夹带私意、有偏袒的仁爱。为了纠正偏失，他倡导能超越人情偏颇的、不厚此薄彼的公正的慈爱。这样的慈爱类似自然运化，可以免除挟功自重，而且施与越多自己得到的也越多。从老子完整的思想体系看，第五章别有深意。

通行本《道德经》六十七章便明白无误地宣称："我有三宝，持而保之：一曰慈，二曰俭，三曰不敢为天下先。慈，故能勇；

俭，故能广；不敢为天下先，故能成器长。今舍慈且勇，舍俭且广，舍后且先，死矣。夫慈，以战则胜，以守则固。天将救之，以慈卫之”。这里，“我”指代合乎道的统治者。章中直接将“慈”视为凝聚民心、克敌制胜、保卫国家、巩固统治的珍宝。所谓“天将救之，以慈卫之”，断然申明了“慈”是立国之本，治国纲领，而且这是来源于天道的启示。这些足以印证老子对慈爱作为核心政治价值观的赞赏和坚持。

应该说，《道德经》中明显含有深刻的慈爱思想。老子以“慈”为宝，以慈为善德，这是老子的慈善思想。不过，从直接的表述形式看，其慈善思想归属于他的政治伦理思想，带有浓厚的政治伦理色彩。这些思想主要是用来奉劝统治者慈爱人民，它以统治者为主体，强调统治的基本原则之一就是慈善，而慈善的对象是百姓。慈爱首先应该是政治行为，政治慈善是政治的根本价值观之一。只是因为，政治慈善总有限度，所以才需要社会慈善来补充。尽管如此，社会慈善归根结缔是政治慈爱的发用，政治慈善和社会慈善不存在绝对的鸿沟。现代社会体制将慈善划归社会管理部门，使得慈善看起来与政治有了本质的区别。实质上并非如此，有人以为慈爱是政府分外的事情，那就本末倒置了。

二　老子慈善观的要点

什么是“慈”?《礼记·大学》说：“为人父，止于慈”。可以看出，“慈”的字义是指“上爱下”，虽然是爱，但是本来属于垂直的爱，如父母之爱子女，这种爱是人世间最无私和真诚的爱。从《道德经》出发，可以将老子的慈善思想概括为以下几点。

其一，“圣人不积”（八十一章），即统治者以民为先，以民为重，不以财富、权势聚敛为尚，而以辅助人民纯朴安定为乐。统治者要知道自己的依赖所在，统治者能够凭借的不是财富权势，而是人民的拥戴，“故贵以贱为本，高以下为基”（三十九章）。“是以圣人抱一为天下式（二十二章）”，天下福利属于人民，统治者是天下公道和美德的守护者，职责在于抱道执一，建立法式，确定规则，维护正当价值，而不是与人民争名逐利的。圣明的统治者很慷慨地付出，借以成就万物和生民，用老子的话说：“圣人不积，既以为人己愈有，既以与人己愈多”（八十一章）。

其二，“损有余而补不足”。圣人是“有道者”，奉行道的准则，救贫扶弱，解厄除害，反对人类社会的不平等、不公平，所谓“天之道，损有余而补不足。人之道，则不然：损不足以奉有余”（七十七章）。如果简单地概括，老子慈善观的内容就是要统治者按照大道的精神无私地慈爱人民，而这不但不是高高在上的施舍，反而是顺从大道的法则做应做的分内事，人民享有的属于他们应得的。

老子何以提出这样的慈善观？其理论基础何在？他说“人法地，地法天，天法道，道法自然”（二十五章），其慈善观正是从效法大道及其“自然”本质而得出的。

第一，慈爱人民是统治者的天职，这是根据大道的责任性而来的。老子认为，“道”是有生命力的母体，能够创造，万物是道的产物；“道”不仅生成万物，而且让万物在复归中不断完善，让人类通过保持本真、复归本性而维护健康生成，让宇宙整体通过万物的复归而得以正常运转和进化。大道像尽责的母亲一样，永恒无私地瞻顾着、拥抱着万物。圣人或统治者也应该是这样的，统治者应该时刻以百姓为自己的天职，或者说，统治是且仅仅是为了人民，正如荀子所说的：“天之生民，非为君也；天之立君，以为民也”（《荀子·大略》）。

第二，道生成万物却不主宰万物，展示出极大的包容性、超脱性、慷慨性和公正无私性。“故道生之，德畜之。长之育之，成之孰之，养之覆之，生而不有，为而不恃，长而不宰，是谓玄德”（《老子》五十一章），道生成万物，德畜养万物，抚育万物，使它们长成，保护它们，但是不据为己有，不自恃有功，不凌驾于万物之上，也就是说大道深沉而伟大，与褊狭的人道相反，具有相当的超越性和极大的包容性。统治者为什么不可居功坐大？因为一切来自于自然，本来无功可据。庄子讲过一个故事，齐国人挖井解渴，井水出来了，他们却围着井打成一团，原来是为了争功（《庄子·列御寇》），这是滑稽可笑的，因为井水来自于大自然，真正的功劳属于大自然，人有多大的功劳？怎么能颠倒主次，贪天功以为己有？因此，统治者应该取之于自然，还之于自然；取之于民，还之于民。道在万物实现过程中包含的一个作用就是，保持万物自然存在，否则万物相害，渊源也就堵塞不通了。统治者的存在是为了慈爱百姓，否则政治也会堵塞不通。

大道是公正无私的，“天之道，其犹张弓欤？高者抑之，下者举之，有余者损之，不足者补之”（《老子》七十七章），人道有自己的弊病，人类社会常常有剥夺、压迫和失衡现象，统治者理应效法大道，维护人间的公正。大道也是最慷慨的，而且越慷慨越长久，“天地之间，其犹橐龠乎？虚而不屈，动而愈出”（《老子》五章），“不以其无私邪？故能成其私”（《老子》七章），根据大道，统治者应该节制过剩、奢华和安乐无度的生活（“去甚、去奢、去泰”，二十九章），广泽百姓，藏富于民，老子认为给予人民越多则国家越昌盛，统治越稳定越健康长久。况且，财富权势毕竟是变化无常的社会现象，没有不变的归属，所谓“金玉满堂，莫之能守”（《老子》九章），“甚爱必大费，多藏必厚亡”（《老子》四十四章），既然金玉难守，多藏必厚亡，统治者还不如跳出这样的陷阱，与人民共享社会进步的成果。按照老子的意思，财富来自人民，属于天下，理当还之于天下，藏富于民是保存财富最好的办法。

三　慈善德行的规范

老子的慈善思想来源于道的规定，直接形态是政治伦理，也可以推广为社会思想。问题是慈善行为的社会化本身究竟有什么样的规范？谁有资格慈善？应该如何慈善？

老子明确地主张，“孰能有余以奉天下？唯有道者”（七十七章），这就是说，慈善的完成需要能行慈爱的必要条件。施予与者自身必须得到合乎“道”的规定。

首先，慈善应该是辅助自然，而不是干涉自然。“故物或损之而益，或益之而损”（四十二章），万物有自己的存在特性和价值属性，人类有偏私的破坏或维护反而会适得其反，清醒的统治者不会干出名曰爱民实足以害民的事情。慈善需要执行“无为”的法则，“无为”具有更大的创造性力，在老子看来，“无为”顺从自然而为，不妨碍天功，是以最小的人为换取最大的功效，所谓“无为而无不为”（《老子》四十八章）。

其次，慈善的行为不能著迹。老子提出，“上善若水。水善利万物而不争，居众人之所恶，故几于道”（八章），本章要求人们要善于做慈善，最高的慈善应该像“水”一样，水性柔弱不争，利物而不争胜、不害物。做慈善的人需要掌握时机，心地诚恳，做到恰到好处，不贻害他人，尤其不能邀集名利。

再次，不偏不党，一视同仁。老子说，“人之不善，何弃之有”（《老子》六十二章）？这就是说，对那些不善的人，怎么能弃之不顾呢？不管是天然的不善，还是社会带来的不善，还是自身的不善，既然是慈善，就要一视同仁。老子又说，“是以圣人常善救人，故无弃人；常善救物，故无弃物”（《老子》二十七章），

"圣人"要善于救济人，善于拯救物，不要放弃任何人和物。那些不善的人，在老子看来正是善人慈爱拯救的好对象。

其四，老子善于慈善的思想和儒家所讲的仁爱思想明显不同。儒家讲的"仁"，字源上本来出于恻隐之心性，但是在孔子那里被转换为平行对等的仁爱。这样一转化，"仁"成了互惠的施报关系，最后容易流于恩恩报报、善善恶恶的纠结。孔子说，"以直报怨，以德报德"，并公开反对"以德报怨"（《论语·宪问》）。这样的仁爱精神没有老子慈爱的精神广博超迈。

最后一点是泽及万物。老子的慈善超出了人类社会的范围。在老子的世界观中，人没有突出的精华价值或优势地位，万物各有其固有的价值，它们组成了价值多样性和平等性的世界，而"道"像天地一样覆载无私。老子指出了人之道的缺陷，为了张扬天之道，他不惜否决某些贪婪的自我意识。对于人类的意见和价值分歧，老子主张用"玄同"（五十六章）的态度看待之。《庄子·大宗师》里面说，"大冶"（隐喻造化者）在无心无为的铸造过程中偶然造出了具有人的形状的一物，它马上叫嚷自己是"人啊"，庄子认为这是不祥之兆，意在否定人有所谓优越于万物的价值。庄子以为万物的质料都是气，腐朽和神奇总是处在相互转化之中，从根本上看，"天地与我并生，而万物与我为一"（《庄子·齐物论》）。这种万物平等的思想为纯粹而普遍的慈善思想扫清了关键障碍。

在中国文化中，慈爱万物的情感不断得到理性自觉的论证，是一种盛传不衰的理想，庄子说"夫至德之世，同与禽兽居，族与万物并"（《庄子·马蹄》），张载说"民吾同胞，物吾与也"（《西铭》），就是写照。老子开启的万物平等和慈爱万物的思想后来在道教中得到继承和发扬。《太上感应篇》是典型的例证。该篇说要"慈心于物""昆虫草木，犹不可伤"，将对非人类生命的慈爱包括到慈善伦理中来。

结　语

现在有不少人认为政治只要搞好公正就够了，这是不正常的。公正有两个缺点：其一是它包含着对某些适当的差异的维护，而适当的差异带有极大的不确定性，因此这样的公正很难完全现实化。其二，公正在制度化时，像法律一样，带有明显的保守性，在立法和制度没有调整以前，只能遵循惯例，因而无法凭自身就能满足一个高度变动的社会的需求。

我们今天的社会显然不只是有了公正或民主就够了，政治文明需要珍视公正，但是又要同等地珍视比仁爱更为超越的慈爱。仅有公正是不够的，好的政治必定是至慈至爱的。

（本文作者：西北大学中国思想文化研究所教授）

《道德经》与现代企业伦理建构

李　健

《道德经》是我国伟大思想家老子所著的一部不朽的著作，是中华文明的重要源头，是经典中的经典，是中华儿女的骄傲。现代企业伦理则是现代企业在经营管理过程中所要遵循的道德规范的总和。《道德经》中的丰富思想对于建构现代企业伦理是一种巨大而深远的启示。《道德经》为现代企业伦理的建构提供丰富而深刻的思想依据。

《道德经》中的核心范畴是“道”。“道生一，一生二，二生三，三生万物。”（《道德经》四十二章）道是独一无二的，是万物的本原。道“寂兮寥兮，独立而不改，周行而不殆，可以为天地母。”（《道德经》二十五章）道无声无形，不依外力而循环运行不止，体现着天地运行的根本规律。那么，“道”与“德”是什么关系呢？“上善若水。水善利万物而不争，处众人之所恶，故几于道。”（《道德经》八章）上善之人是最接近于道的。“孔德之容，惟道是从。”（《道德经》二十一章）大德的内容决定于道。万物“道生之，德畜之，物形之，势成之。”（《道德经》五十一章）可见，道也是德的本原，体现着德行生活的规律。道体现在社会生活的方方面面就形成了商道、政道、文道、兵道、医道，甚至于茶道、剑道、花道等。那么，所谓商道对企业来说是指现代企业的根本和它的运行规律，也包含着现代企业之德，即现代企业伦理。现代企业伦理的建构的思想前提就是要从伦理维度正确认识商道。首先，要正确认识现代企业的伦理本质。现代企业不仅仅是一种经济实体，而且是一种伦理实体。在这种伦理实体中包括作为伦理主体的企业人，企业人的伦理关系、伦理目标以及企业人为处理伦理关系所要遵循的伦理规范。企业人的工作和生活不仅仅是一个做事的过程，也是一个做人的过程，是一个建构道德主体人格的过程。现代企业是一种“社会公器”，它的存在就是要为社会公众谋福祉，而不只是为了个人的私利。现代企业还是一种“自由人的联合体”，企业员工不是纯粹的雇佣人员，而应当是主人。企业应当为员工的全面自由发展创造最好的条件。其次，还要正确认识现代企业的伦理运行规律。企业决策是企业运行最重要的管理职能。企业决策既要有经济考量，法律考量，也要有伦理考量。企业决策符合伦理规范的要求是其合理性的根本依据，也是决策成功的根本保证。企业决策如果违背伦理要求，就是能带来显著的经济效益，也要坚决纠正。企业组织是企业运行的又一重要职能。企业组织的合理性既取决于其是否有效率，更根本的取决于其是否符合人性，使人在组织中感受到尊重、关爱和温暖。企业领导同样是企业运行的重要职能。领导在进行控制和协调的过程中既要运用经济的方法，也要注重伦理的感召；既要指挥属下，又要以身作则，做出示范和表率。企业遵循商道既是指遵循企业运行规律办事，也是指按照企业伦理的要求做人。

在《道德经》中，无为是符合道的一种管理思想和原则。“道常无为而无不为。侯王若能守之，万物将自化。”（《道德经》三十七章）道是顺应自然而无为的，但又没有一件事不是它所为的。“无为而无不为，取天下常以无事；及其有事，不足以取天下。”（《道德经》四十八章）治理天下必须不骚扰民众；若以繁苛之政扰民，就不配治理国家了。“我无为而民自化，我好静而民自正，我无事而民自富，我无欲而民自朴。”（《道德经》五十七章）为政者无为，民众就会自然顺化。“太上，不知有之；其次，亲而誉之；其次，畏之；其次，侮之。”（《道德经》十七章）最好的为政者是民众不知其存在的为政者，其次是民众亲近并赞美的为政者，再次是民众畏惧的为政者，更次的是民众轻蔑的为政者。无为是现代企业伦理建构的重要原则。无为既以符合于道，也就符合于人性。人的本性是崇尚自由的。“生命诚可贵，爱情价更高。若为自由故，二者皆可抛。”没有人愿意受到严密的控制而失去自由。管理者无为，顺其自然，不去无端干预人们的生活，正是顺应了人的这一本性，因而是人道的，符合德性的。老子推崇无为正是由于其崇尚自由，正如美国学者邓正莱所说的，《道德经》可以说是中国的自由宪章。如果违背人的自由本性去无端干预和骚扰民众的生活，就是一种恶政了。陈四益先生曾以一则深含道家思想的寓言《德政》深刻地讽刺了这种恶政：“何之舟知顺德，以为德政无过于教化。诗为六艺之首，上以风化下，乃令合郡老幼皆习《诗》，且须考比。考比之日，黄发垂髫齐集府衙。先令一卖浆叟诵《关雎》。叟嗫嚅不能成诵。无奈，信口诌曰：官来拘揪，见何知州。无儿无女，饶过老头。何怒，令笞五十。次令一屠诵。屠曰：官叫之舟，来做知州。红男绿女，作揖磕头。何又怒，令枷号示众。又令一渔人诵。曰：官要泥鳅，到河之洲。要看淑女，滑走泥鳅。何大怒，曰：小人难养。不施重刑，何能入化。乃下令，三日一考，五日一比，不能成诵者，或枷，或笞。合郡苦之。耕者弃犁，商者停贾，弃家而之他乡者十之七。河东柳氏过此，叹曰：昔先人知苛政猛于虎，今始知德政亦有甚于猛虎者也。”（《读书》1992年第9期扉页）可见，管理者只有无为，才能得到民众的拥护，这样恰恰可以更好地实现管理者的目标，达到无不为。人性化管理是企业管理的发展趋势和目标，是一种伦理管理模式。人性化管理必须坚持无为的原则。人性化管理实质上就是基于无为的管理，就是不妄为，不胡作非为，不为所欲为的管理，就是顺其自然，尊重自由的管理。可见，无为是现代企业管理发展的内在要求，也是现代企业伦理建构的重要原则。

无私是《道德经》所崇敬和提倡的“圣人之德”。“圣人不积。既以为人己愈有，既以与人己愈多。”（《道德经》八十一章）圣人无私无藏，尽量帮助别人，自己也才富有。“圣人常无心，以百姓之心为心。”（《道德经》四十九章）圣人没有私心，以百姓的心为心。“天长地久。天地所以能长久者，以其不自生，故能长生。是以圣人后其身而身先，外其身而身存。非以其无私邪？故能成其私。”（《道德经》七章）天地无私故而能长久，圣人无私反而能成就自己的事业。“生之畜之，生而不有，为而不恃，长而不宰，是谓玄德。”（《道德经》十章）生养万物而不据为己有，不自恃有功，不宰制它们，这是最深邃的德。企业不是圣人，获取利润是企业生存和发展的前提，在这个意义上可以说企业是有私的。然而，企业获取利润又是为什么呢？很显然，从根本意义上是为了包括投资者、消费者、供应商、社区民众、员工和自然界在内的所有利益相关方的生存和发展，是为了履行自己的社会责任。企业又该怎样去获取利润呢？企业完全只为自己的私利着想，完全不顾利益相关方的权益和利益，不履行自己的社会责任，这样难以真正获得利润。在这些意义上可以说企业的本质应当是无私的。现代企业伦理建构的核心内容就是要企业以“圣人”无私的尺度全面认识和履行自己的社会责任。这些社会责任包括：保证企业健康持续发展，对投资者的资产保值增值负责；高质量，足数量，并以合理价格满足消费者的各种需求，对消费者的生命、健康、利益、生活质量的提高负责；严格遵守契约，认真履行合同，和供应商建立良好的合作关系，对供应商的合法权益和利益顺利实现负责；遵守并执行政府的政策、法令，维护政府所代表的国家根本利益，通过依法纳税对政府负责；尊重和关怀社区发展和民众利益，通过积极参加社区公益活动和慈善事业对社区和民众负责；从物质和精神两个方面尽可能满足员工的需要，对员工的生命、健康、权益、利益和全面发展负责；热爱自然，保护自然，开发自然，利用自然，对维护自然界的生态平衡负责。这些社会责任说明企业社会责任包括企业的经济责任、法律责任、伦理责任和慈善责任。企业在履行这些社会责任时必须有一种无私的心态，处处替利益相关方着想。企业只有忠实履行了这些社会责任，也才能取得自己应得的利润。企业人应当争取做一个无私之人，“慎终如始”（《道德经》六十四章）之人，忠实履行自己社会责任之人。

不争也是《道德经》所推崇的一种德行。“善为士者，不武；善战者，不怒；善胜敌者，不与；善用人者，为之下。是谓不争之德，是谓用人之力，是谓配天古之极。”（《道德经》六十八章）不争是一种德，这种德能运用别人的力量，符合自然法则。“天之道，利而不害。圣人之道，为而不争。”（《道德经》八十一章）有施于民而不争于民是一种符合德性要求的圣人之道。“不自见，故明；不自是，故彰；不自伐，故有功；不自矜，故长。夫唯不争，故天下莫能与之争。”（《道德经》二十二章）圣人不与民争，所以天下没有人能与之争。在现实生活中企业之间存在着竞争关系，这种竞争关系如果处理不好，竞争双方不择手段进行竞争，会给双方都带来损害。这时，《道德经》所推崇的不争观念给人以深刻启示。不争既有利于自身企业的生存和发展，也有利于其他企业的生存与发展；既是利己的，又是利他的。不争有两种基本的类型。第一种类型体现在钱·金和勒妮·莫博涅在其合著的《蓝海战略》一书中给人们所揭示的“蓝海战略”中。这种“蓝海战略”认为，通过跨越现有竞争边界看市场以及将不同市场的买方价值元素筛选与重新排序，企业就有可能重建市场和产业边界，开启巨大的潜在需求，从而摆脱“红海”——已知市场空间——的血腥竞争，开创“蓝海”——新的市场空间。“蓝海战略”激励企业冲破充满血腥竞争的“红海”，去开创无人争抢的市场空间。企业在“蓝海”中不争从而获利，也同时给留在“红海”中的企业减少了压力，使它们少争也从而获利。第二种类型体现在留在“红海”中的企业如何进行竞争上。这种竞争不是以损害对方利益并摧垮对方为目的的不择手段的恶性竞争，不是“零和博弈”，而是有益于对方的良性竞争，也就是“双赢博弈”。这实际上就是一种不争，是一种能够服人的德行。有了这种德行，天下的企业就没有能够与之竞争的了。现在企业喜欢讲核心竞争力，其实，不争才是企业最大的核心竞争力。竞争既体现在企业之间的关系上，也体现在企业人的关系上。企业人之间如何进行竞争呢？那些“职场竞争秘诀”，“办公室政治”之类会给企业人以极大的误导。按照这些“秘诀”办事会使企业人感到沉重的思想负担。实际上，《道德经》的不争观念才是正确的指导理念。这种理念要求企业人团结、互助、和谐，而不是钩心斗角，残酷竞争。可见，不争是现代企业伦理建构的重要路径。

善下，即不骄傲，不居功，不在先，也是《道德经》赞扬的一种品德。“江海之所以能为百谷王，以其善下之，故能为百谷王。是以圣人欲上民，必以言下之；欲先民，必以身后之。是以圣人处上而民不重，处前而民不害。是以天下乐推而不厌。”（《道德经》六十六章）江海之所以成为一切河川流水的汇集地，因为它善于处在下游；圣人之所以地位居于民众之上，因为他对民众表示谦下，把自己利益放在民众之后。“是以圣人处无为之事，行不言之教，万物作而弗始，生而弗有，为而不恃，功成而弗居。夫唯弗居，是以不去。”（《道德经》二章）圣人功成而不居功，所以他的功绩不会失去。“我有三宝，持而保之；一曰慈，二曰俭，三曰不敢为天下先。慈故能勇，俭故能广，不敢为天下先，故能成器长。”（《道德经》六十七章）慈爱，俭啬，不敢处于天下人的前面，是为人处世的三件法宝。善下能不能成为企业伦理建构的重要依据呢？现在企业人喜欢讲争上。如果这种争上是指保持朝气蓬勃的工作热情，力争上游，推动企业不断发展和进步，那是一种善行。如果这种争上是指把自己的利益放在民众之上，把自己的地位放在民众之前，居功骄傲，盛气凌人，那就是一种恶行了。而善下从来都是一种好品德。善下可以使企业人保持谦虚谨慎的作风，冷静而清醒的头脑，慈爱俭啬的情感，从而使企业立于不败之地。巴达拉克在《沉静领导》一书中非常推崇一种“沉静型领导”。他称这种领导是真正带领企业在极其复杂的环境中走向成功的领导。这种“沉静型领导”的共同特点是不抱持高姿态，始终保持谦逊、克制与执著，一举一动都很有耐心，非常谨慎，不动声色，循序渐进。巴达拉克的观点是有道理的。许多杰出的企业家都保持着这种低调做人的态度和风格，可以说这些企业家都是这种“沉静型领导”。他们不居功自傲，不把自己的利益摆在众人之上，不是事事处于众人之前，而是谦虚谨慎，克制谦下，把自己的利益放在众人之下，把自己的位置摆在众人之后，正是因为如此，他们带领企业获得巨大成功，得到了大家的尊重和拥戴。可见，善下是处理企业人际关系的重要道德准则，也是企业人，尤其是企业家的一种优良的品德，它与工作中的力争上游并不矛盾，它能够成为现代企业伦理建构的重要依据。

总之，在现代企业伦理建设过程中，应当把《道德经》作为现代企业伦理建构的重要思想依据，对《道德经》中的伦理思想进行再挖掘，再阐释，再梳理，把其精华运用到现代企业伦理的理论建设和实践生活中去，使之不断发扬光大，从而推动现代企业的发展和中华文明的复兴。

（本文作者：陕西师范大学政治经济学院教授）

老子及中国传统哲学的直觉智慧与人类的自识能力

张周志

老子“识人者智，自识者明”与古老的阿波罗神庙里的箴言“认识你自己”，都在强调知人识物从而获知易，但知己达仁从而体道则难。现代科学及现代文明的发展更加验证了这一点。由此也更加显得老子及中国古代哲学直觉智慧历久弥新的重要意义。

尽管自韩非子《解老》以来，关于老子的解读和诠释卷帙浩繁，各家见解众说纷纭，但本文既不想人云亦云，亦非刻意标新立异，而试图通过老子及中国古代哲学直觉悟性的思维方法与西方哲学经验主义和理性主义的逻辑思维方法比较的视域，并结合与胡塞尔现象学直观方法的相互关照，阐扬老子及中国古代哲学思维智慧对于人类主体意识求自识的现代价值。

一 论道、践仁的思维目标偏向

中国传统哲学道德理性的思维智慧，不仅与西方自然理性的客观智慧相比较而言，自有其优长，特别是在现当代工具理性高度遮蔽价值理性的情况下，更能突显其超越性的价值。

中国传统哲学的思维功夫，就在于论述做人之道，探索守伦之常。正如梁启超所说，中国哲学以研究人类为出发点，最主要的是人之所以为人之道：怎样才算一个人。

如果说全部中国传统文化、传统哲学思维，在总的流派上可以概括为儒、道、佛三家互补，以儒为主的话，那么儒、道、佛三家思考问题的重心则都落在主体自身上。

中国传统思维从发生学的意义上看，首先具有早熟，且一开始就是诸子百家的特点。这一特点集中表现在，中国先秦诸子的思想学说，尤其是老子五千言的《道德经》，一开始就体系完整，内在逻辑严谨，思想内容完善而深刻，而且历久弥新。这不能不说是一个奇迹。

一般来说，任何事物，包括思想理论在内，都有一个由无到有，由小到大，由不完善逐步走向完善成熟的过程，但中国思想文化的缘起似乎有悖常理，颇有横空出世之感。这也许正是中国思维内省式的人生德性直觉智慧的殊质所在。犹如梁启超所说："中国文化在开端处的着眼点是在生命，由于重视生命、关系生命，所以重德。"① 人对于自身德性的认识并不像认识外界自然那样，需要不断地积累见闻，而是诉诸直觉悟性的慧根，所以北宋张载云："德性之知不萌于见闻"。人伦道德就在日常生活中，所以"天道远，人道近"。因此，对于人生智慧的觉悟，并不必然依赖于知识的多寡。有时可能恰恰相反，经验知识与人生智慧会呈现反比例。正是从这个意义上来说，中国先哲的人生智慧的早熟，正是在天人关系紧张，人之对天无知而敬畏的状况下，人类对于自身心性和德行的内省。

论道、践仁是中国古代哲学的思维目标，而无论是道家还是儒家，皆往往把道与德联系在一起，这就是所谓的道德理性思维或称作伦理本位思维。

---

① 梁启超著《梁启超哲学思想论选》，北京大学出版社，1984，第488页。

儒家重视“正德，利用，厚生”的致思，其思维的逻辑起点在于“正德”，结果仍然落在“正德”上。“仁”“智”“圣”是儒学思维的最高追求。儒学思维所关注的重心是人生，孔子一开始就强调：征服自然易，征服自己难。人生是一大堆麻烦。儒学所关心的人生是现实人生（life as such“如生命而观之”）。首先是每个个体的生理情欲生命。其次是人的道德精神生命。儒学强调，“立身安命”绝非简单的“安居乐业”。现实中，“富贵不能乐业”，比“贫贱难耐凄凉”的人更多。因而，人的道德精神生命的问题更大。孔子认为：“不仁者不可以长处乐，不可以久处约。”因而儒学思维的全部功夫在于唤醒人的仁之善端。孔子云：“唯仁者能好人，能恶人”。即君子能“好人之好”“恶人之恶”，但绝非“爱之欲其生，恶之欲其死”。溺爱不文明，恶恶即会丧德。[①]

道作为中国古代哲学的一个重要范畴，其外延和内涵则是十分复杂且有历史沿革的。

道的原始含义指道路、坦途，以后逐渐发展为道理，用以表达事物的规律性。

《易经》云“复自道，何其咎”，“履道坦坦”，“反复其道，七日来复”，都作为道路之义。《尚书·洪范》中说“无有作好，遵王之道；无有作恶，遵王之路。无偏无党，王道荡荡；无党无偏，王道平平；无反无侧，王道正直”。这里的道，已经有正确的政令、规范和法度的意思。

春秋时《左传》云“臣闻小之能敌大也，小道大淫。所谓道，忠于民而信于神也”和“王禄尽矣，盈而荡，天之道也”之说。这里的道带有规律性的意思，表明道的概念已逐步上升为哲学范畴。

春秋后期，老子最先把道看做是宇宙的本原和普遍规律，成

① 牟宗三著《中国哲学十九讲》，上海古籍出版社，1997，第43页。

为道家的创始人。在老子以前，人们对生成万物的根源只推论到天，至于天还有没有根源，并没有触及。到了老子，开始推论天的来源，提出了道。《老子》二十五章的“有物混成，先天地生，寂兮寥兮，独立而不改，周行而不殆，可以为天下母，吾不知其名，字之曰道，强为之名曰大，大曰逝，逝曰远，远曰反”。老子认为，道生成天地万物的过程是“道生一，一生二，二生三，三生万物”。道虽存在于万物之中，但它不同于可感觉的具体事物，它是视之不见、听之不闻、博之不得的，是构成天地万物共同本质的东西。所以，不能靠感觉器官去体认，也难以用普通字词去表示，只能用比喻和描述来说明它的存在。

略后于老子的范蠡，把天道看成是事物发展变化的规律。他认为，人事必须“因阴阳之恒，顺天地之常”，违反客观规律，必然招致灾祸。“夫人事必将与天地相参，然后乃可以成功。”“天道盈而不溢，盛而不骄，劳而不矜其功”。但他主张适时积极进取，对老子贵柔守雌的思想又有所批判和修正。

战国时期，齐国稷下道家用“精气”来说明道，把虚而无形的道看做是流布于天地之间，遍存于万物内部的“精气”。“凡道，无根无茎，无叶无荣。万物以生，万物以成，命之曰道。精也者，气之精者也。气道乃生。”（《管子·内业》）

战国中后期道家学派的代表人物庄子认为，道是世界的终极根源，是无所不覆、无所不载、自生自化、永恒存在的宇宙本体，否认有超越于道的任何主宰。他还认为不可能给道提出明确的规定，“道不当名”“道昭而不道”，即使取名为道，也是“所假而行”。所以只能说“夫道，有情有信，无为无形；可传而不可受，可得而不可见；自本自根，未有天地，自固以固存，神鬼神帝，生天生地；在太极之先而不为高，在六极之下而不为深，先天地生而不为久，长于上古而不为老。”明显带有相对主义和唯心主义倾向。

韩非汲取并发展了老子的朴素辩证法，提出关于道、德、理三者相互关系的学说，他说："道者万物之始……万物之源"，是"万物之所然""万物之所以成"，是万物的普遍规律，而万物的特殊规律就是"理"，道是"万物之所稽"，"万物各异理而道尽稽万物之理"。道、德、理是普遍与特殊、无限与有限的关系。

战国时期儒家学者所著《易传》，把道视为对立面相对转化的普遍规律。《周易·系辞上》曰"一阴一阳之谓道"，把一阴一阳相互转化视为道。又说"形而上者谓之道，形而下者谓之器"。《荀子·天下篇》"天道有常，不以尧存，不以桀亡"。

宋代张载以道为气化的过程，说"由气化，有道名"；程颐、朱熹则以道为理，表现了气本论与理本论的不同。

在中国哲学的天人合一的观念看来，在天之道与为人之道是一致的，人道是由天命决定的。论道做人，就是知天命的功夫。在商周时代，天就被人们在心中肯定为至高无上的神，它具有降临人世"吉凶祸福""得失成败"的权威。《中庸》更提出了"天命之谓性"的命题，一方面用天命来说明人的本性，另一方面用人性来说明天之所命，这是把天内在化了，于是就自然引出了"天人合一"的理想。所谓"天人合一"，就是发挥人的本性，以便与天的潜能合而为一，道家创造性地把天的范畴发展到道的范畴，使儒家的先王之道、君子之道的道统思想，发展成为一种本体之道、宇宙之道的思想。它尽管认为道是一切现象的根源和最终归宿，是自然化生的过程，是全体宇宙的本质，道包含并遵循"有无相生""负阴抱阳""无为而无不为"，反、覆、一的辩证法则，但是还是落到道可为人用来处世治国上，故道不远人，人能弘道。这与儒家强调的学问和人生履践的全部功夫都在于论道、行道、弘道是一致的。特别是中国古典文化的人本主义精神，使其对于道之本体的理解侧重人伦纲常，所以论道的关键仍然回到了守常做人。这与西方近代以来的向外求知的思维目标大相径庭。

二　向内返求的自觉思维路径

中国传统思维方式的致思趋向，多侧重于向内探求，认为价值之源内在于一己之心，因此十分注重“修身”，即认识自身完善自身，由此出发达到“齐家、治国、平天下”。这里伦理原则是第一位的，“善”与“不善”是一切社会行为和科学活动的准绳，“内圣外王”是修身内省的最高目标。为了达到这一目标，必须有“反求诸己”“反求自识”“反身而诚”的功夫。孟轲曰：“万事皆备于我，反身而诚，乐莫大焉。”通过向内寻求，汇通万物，达到“诚”的境界，就是人生最大的乐趣。宋代陆九渊主张“切己自反，改过迁善”，也就说的是反省内求，向内用功夫，去掉不善，发现本心固有之善。

新儒学的代表人物熊十力认为：“人人可以反求自识，而无事乎向外追索。”自识本心即达到了自我完善，亦即把握了外界事物的本体。中国传统思维方式的内倾性，由此可见其大略。

但这种内倾性，并不突出独立个体的地位，相反，群体是包摄个体的；个体的自我认识和自我完善，其价值标准是伦常秩序。“崇善”的极境一方面是内心、本心的完善，另一方面是外在行为（视、听、言、动）必须符合“礼”，即符合社会规范和道德规范。荀子曰：“人无礼则不生，事无礼则不成，国家无礼则不宁。”“礼”成了修身内省的准则。这二者的关系是伦常秩序（“礼”）不是由外面强加于个人的，而是个人通过修身、内省自然地推出来的，因而个人也就自觉地诚心地服从它。人们既以伦理道德为纲领，自然界、功利等就都在视野之外了。思维的中心内容，便只是君臣之礼，父子之亲，夫妇之别，长幼之序，朋友之信。这是农业—宗法社会里思维方式的典型特征。

中国传统思维的一个根本特点，是主体以自身为对象的意向性思维，而不是以自然为对象的认知型思维，它从“天人合一”的整体模式出发，导向了自我反思而不是对象性认识。因此，它是内向的而不是外向的，是收敛的而不是发散的。

按照传统思维方式，主体自身是宇宙的中心，人是万物的尺度，认识了自身，也就认识了自然界和宇宙的根本规律。道家的“天地与我并生，万物与我为一”，儒家的人“与天地参”以及“万物皆备于我，反身而诚，乐莫大焉”，都是从主体自身出发而又回到主体自身的意向思维。它不是把自然界对象化而是把自然界人化或把人自然化，不是在认识自然的基础上进行反思，而是在经验直观的基础上直接返回到自身，从主体原则出发建构思维模式。其思维定势是认识自我，实现自我，超越自我。超越了自我，便实现了“天人合一”的精神境界。如果能反身而思之，便穷尽了天地万物的道理，体验到真正的精神愉快，这就是最高的情感体验“乐”。儒家所追求的“孔颜之乐”，就是这种自我反思型的情感体验，这被认为是人生的最终意义和价值所在。从思维方式的角度看，这又是自我体验型的反思行为，渗透了情感评价的因素。

这本质上与自古希腊以降的西方向外求索的思维路径不同。古希腊、罗马人有较多的对自然和自然观问题的思索，而中国人则更倾向于思考社会政治和历史观的问题。古希腊人一开始就是从事航海的民族，广泛地接触大自然的各种现象，对空间和世界充满了几何感。他们的经商活动使他们建立起较为丰富的数量概念，并在与其他民族的接触中不断获取新的见闻和知识，受到新的启迪，为其思维方式开拓创立了一个重要方法——几何推理方法，即公理思维的思维方式，这在以后西方思维方式的发展中起了重要作用。中国古代文明的发祥地多是内陆地区，以农业为主，实践中的思考导致了以农业为中心的生产知识的建立，这种知识虽然多是停留在经验规则的形态上，但已完全满足了客观现实的需要，没有也不可能进一步提出由经验思维上升到公理思维的要求。

希腊最初的哲学家都是自然哲学家，特别着力于宇宙根源探讨，而中国古代的哲人都不是纯粹的哲人，而是兼备圣王与哲人的双重身份。他们都是政治领袖。他们注重于人的道德实践。这就表现了中西思维方式在古代文明伊始，就在思维目标上发生了分歧。西方思维是一种向外探索的知识理性思维，而中国思维方式则是一种向内反求的道德理性思维。

马克思称“被抽象地孤立地理解的、被固定为与人分离的自然界，对人说来也是无”。“因为只有在社会中，自然界……才是人的现实的生活要素；……才是人自己的人的存在的基础”。[①] 近代以来，随着全球化进程的不断加速，特别是中西文化的几次大交流，使得全人类的致思趋向在不断地相互渗透、互相吸收。崇尚科学理性已成为全人类的共识，中国当代人也十分重视科学的探索和研究。西方现代思潮中，以存在主义为代表的人本主义思潮，也开始高度重视人文理性、道德理性的研究。

同时应当承认，现代化的进程愈是深入，我们对于中国传统人生哲学的道德智慧心理希冀和自我认同意识就愈亲切和强烈，也可能正是现代化即世俗化造成文化的形下堕落时人类顽强的文化自觉意识的意志力彰显。

三　崇尚直觉悟性的超越性思维方法

中国哲学传统的人生智慧，在获知达智的方法论的侧重点上，趋向于直觉致思，十分崇尚生命的体认和心灵的悟性，即观其会通。由此形成长于宏观战略把握的整体性思维。虽较之西方宇宙

① 《马克思恩格斯全集》第42卷，人民出版社，1956，第178页。

构成论的分析思维而言，有失之大化流行的缺陷，但在人类意识和内在道德心灵的自我感知方法上，两千年后的西方现代哲学，仍然要向中国古人学习。胡塞尔的“面向事物本身”的现象学直观方法，颇有老庄涤除玄览的意蕴。

中国传统人生哲学的思维智慧，基本上是依靠先哲们的直觉悟性觉悟出来的。先秦诸子的思想，除墨子外，大凡都是通过直觉悟性建立起来的：修身之道、养性之学、济世之方、处世之术。这种人生智慧赖以获得的方法主要是非理性的直觉悟性思维方法。故此，中国传统文化被西洋人称作东方神秘主义，其根本原因就在于它是一种直觉的智慧。即是说，中国的古代文明是通过直觉思维获得的。

中国古代哲学的诞生及其特点，集中表现了中国人思维的致思趋向的直觉特征。“道术”的混沌性产生了《易经》的神秘智慧之源。其中原始朴素的唯物论倾向和辩证法色彩，都是靠圣贤之直觉而来。在以后的漫长发展中，从多方面强调了通过直觉获得智慧。“体认”“顿悟”“诚明之知”“湛然之知”“藏识”“禅定”等，都不同程度地表达了直觉之蕴含。

儒家主张的天道与人道的“遥契”是一种非理性的参透方法，主张下学人伦而上达天德的践仁功夫，本身是一种悟性内省的过程。孔子认为“忠恕之道仁之方”，又说：“夫仁者己欲立而立仁，己欲达而达仁，能近取譬，可谓仁之方。”这是一种既不经验，也不分析，而靠至仁、忠恕的恻隐之心，就可达仁知理。北宋张载肯定在人们的“天地之性”中“不萌于见闻”而能“合内外于耳目之外”的“天德良知”。即“德性之知不萌于见闻”。王守仁尽管提出了“破功利之见”，以倡“狂者”学风，但仍然沿袭了圣人之意，强调“致良知是学问的大头脑，是圣人教人第一意”。到了清代的黄宗羲，也将人类知识分为“丽物之知，有知有不知”和“湛然之知，则无乎不知”两类，并且强调直觉的重要。中国哲学的智慧，就其产生的思维方式而言，是一种直觉的智慧。

道家更是崇尚直觉悟性的思维方法。老子主张："致虚极，守静笃。万物并作，吾以观复。"只有"涤除玄览，能无疵乎。"道家崇尚绝圣弃智的直觉方法。老子云："古之善为道者，微妙玄通，深不可识。""不出户，知天下，不窥牖，见天道。"庄子更重视"无思无虑则知道"。《庄子·天下篇》认为：有人"以管窥天，以锥指地"，这都没有价值，只有直觉可体验天道。

佛家尤其推崇直觉悟性思维方法。中国佛教的法相宗的《唯识论》的第八识"阿赖耶"、第七识"末那"等，都是不与外物相接触而获得的"藏识"。禅宗更是崇尚"悟"。

中国传统思维比较重视反观，反求诸己，反省自己，但对实测不够重视，这也是个大缺点。反观即体认，也就是直觉。道家特别强调直觉。老子讲"不出户，知天下，不窥牖，见天道"。认为感观经验没用，只要进行直觉就可以了。这是一种直觉神秘主义。《庄子·外篇》认为，有人"以管窥天，以锥指地"，这没有价值，主张用直觉来体验天道。所谓"无思无虑则知道"，即超脱抽象思维才能认识道，这是道家的一个重要思想。直觉就是灵感，它在认识中具有重要作用，但它不是科学研究的基础方法。基础方法是观察和思考。直觉只是观察思考的必要补充。

西方哲学虽然也推崇直觉，但是，就其起源来说，更加崇尚智慧自身。哲学的拉丁文的原意就是"爱智慧""聪明学"。就直觉的作用而言，西洋哲学家认为，直觉可以把握绝对，是人们借以协助智慧的一种辅助手段，而不是智慧产生的唯一途径。因而他们是智慧地使用直觉，其智慧多出自分析的方法。

从思维方式上讲，由于中西哲学对待直觉的不同态度而形成两种致思趋向不同的思维模式。

中国哲学的思维方式趋向于直觉致思，而西方哲学则趋于分析致思。

首先，从古代哲学的智慧体系而言，中西哲学的知识构成表现了两种不同的致思趋向。

中国先秦哲学的诸子百家学说中，除了墨子的学说中提出了一定的逻辑分析思想以外，其他的学说，无论是孔子的儒家经典，还是老庄道学，大凡都是通过悟性建立格言式修身之道，养性之学，济世之方，处世之术。孔子的“仁学”，道德之术、中庸之道，完全是教化人们如何处理人际关系，如何规范行为方式的说教。他把“仁”与“知”并举。例如，樊迟问仁，子曰：“爱人。”问知，子曰：“知人。”子曰：“知者乐水，仁者乐山。知者动，仁者静，知者乐，仁者寿。”他主张，只要做到仁，即可致其知。儒家以后的学说，更加强调了这一点。荀子说：“孔子仁知且不蔽。……故德与周公齐，名与三王并。”既然把“仁”作为“智”的条件，那么如何至仁即如何致知达智？对此，儒家学说以“忠”“恕”作为实行“仁”的根本途径。孔子说：“夫仁者己欲立而立人，己欲达而达人，能近取譬，可谓仁之方也已。”由此可见，儒家主张把握理智的方法、途径不是去分析事物，进行观察实验，也不是归纳演绎，而是至仁，忠恕，将己心比人心，善解人意，只要到达这种地步，就可悟到物之理、事之真谛，从而致知、达智。

从孔墨讲人道，到老庄论天道，都表现了一种靠悟性而获智慧的直觉主义致思趋向。无论是“忠”“恕”之道，还是“致虚极，守静笃”的“涤除玄览”的顿悟之术，都是这一致思趋向的表现。

中国哲学思维发展的一个很大特点，就是自先秦诸子靠悟性构筑起了早熟的思想体系以后，后来的思维进程都是注释、训诂，而绝不越雷池一步，因而形成了经学传统。在致思趋向上也因袭了先秦儒道先贤的传统。直至明代，虽然王守仁提出了破“功利之见”以倡“狂者”学风，但是，在获得知识的致思趋向上，仍然是承袭“圣人”之意。他提出的“致良知”，在本质上仍然是先贤的心学、仁学的翻版。他说：“致良知是学问大头脑，是圣人教人第一义。”而所谓“良知者，心之本体”。“良知是天理之昭明灵觉处。故良知即是天理，思是良知之发用。若是良知发用之思，则所思莫非天理矣。”（王守仁《传习录中》）那么，究竟王守仁所谓“良知”是什么？他说：“良知是造化的精灵。这些精灵生天生地，成鬼成帝，皆从此出。真是与物无对。人若复得他，完完全全，无少亏欠，自不觉手舞足蹈，不知天地间更有何乐可代。”（王守仁《传习录中》）他认为天理是良知的先验条件，这与先儒有什么两样。那么，要获得良知，就必须掌握天理。天理又何在，怎样认识天理？王守仁在这一点上仅仅对朱熹的“大学之道，在明明德”，“明德者，人之所得乎天，而虚灵不昧，以具众理，而应万事者也。”做了一点小小的改动，即“虚灵不昧，众理具，万事出，心外无理，心外无事”，从而把朱熹的客观唯心主义变成主观唯心主义。“心者，身之主也，而心之虚灵明觉，即所谓本然之良知也。其虚灵明觉之良知应感而动者谓之意，有知而后有意，无知则无意矣。知非意之体乎？意之所用，必有其物，物即事也。……凡意之所用，无有无物者，有是意即有是物，无是意即无是物矣，物非意之用乎？”（王守仁《传习录中》）所以“心外无事”，“心外无物”。在他看来，理、知皆在于吾心中，如何求知论理呢？王守仁说：“知之真切笃实处即是行，行之明觉精察处即是知。”“知是行的主意，行是知的功夫，知是行之始，行是知之成。”（王守仁《传习录中》）他反对朱熹的“即物穷理”。他说：“若鄙人所谓致知格物者，致吾心之良知于事事物物也。……致吾心良知之天理于事事物物，则事事物物皆得其理矣。”（王守仁《传习录中》）

究竟如何“致吾心之良知”？他的观竹故事就表现了他仍然主张老子的“涤除玄览”的直觉玄思方法，他认为“心诚则灵”。即使到了王夫之，在认知致思上，也仍然有一定的悟性主义的直觉色彩。

中国人在认识论上非常崇尚“觉悟”这一范畴。无论在哲学思维还是在日常生活中，人们都喜欢将“觉悟”视作一种崇高的认识境界和重要的认识途径。这种强调悟性的本质是崇尚直觉思维。这一点在现代新儒家哲学中有突出的表现。例如梁漱溟、熊十力等人就十分推崇直觉。他们称直觉是“玄学的方法”，而科学的方法则是智慧的。这种观点基于他们对科学与哲学的绝对区别的关系的主张。他们认为，科学与哲学，既要“分其种类”，又要“别其方法”。梁漱溟在《东西文化及其哲学》中提出中西思维方式的差别在于直觉与智慧的偏向不同，他本人崇尚东方的直觉思维。熊十力也认为理智的方法与直觉的方法是中西思维方式的差异，他同样主张师承老祖宗的直觉主义方法，发扬光大儒家道德理性传统。

哲学思维为什么不能用理智的方法？包括熊十力在内的当代新儒家认为，这是因为人的理性并不是一个只具有认知功能的主体，而是理智、情感、意志的内在的具体的统一。所以，理性的自我认识也不能是一个“纯思”的活动，不能是一个单纯的理智的分析的逻辑的过程，而是必然伴随着情感体验等更为复杂的因素，这是一个“真的自己的觉悟”的过程。而这种“觉悟”的过程，在实质上是一个通过直觉而达内省的过程。

四　现象学对于直觉方法的现代弘扬

尽管培根的经验主义和笛卡儿的理性主义方法，把西方近代哲学思维引向了辉煌，但是，面对休谟问题和意识哲学的心理主义的困惑，西方近代思维仍然一筹莫展。在坚持哲学是严格的意识科学的前提下，超越近代经验主义和理性主义的思维方法，另辟蹊径的过程中，现代西方主体哲学的划时代人物胡塞尔，提出的现象学的直观方法，无形中弘扬了老子及中国古代哲学的直觉智慧。

胡塞尔的现象学方法论，是从批判逻辑学中的心理主义和经验论开始的。胡塞尔认为，逻辑并非正确思维的工艺学，而是一门纯理论性学科。逻辑学的心理主义必然导致经验论、怀疑论和相对主义，从而否认真理的绝对性、客观性。

胡塞尔企图克服他认为在布伦塔诺那里存在的心理主义的错误，相信自己能够证明被布伦塔诺看做是语言上的虚构的普遍概念是实际存在着的，因此必须假定有某种逻辑——观念性的存在。胡塞尔认为布伦塔诺对心理行为分析的结果是粗糙的和含义模糊的，他着手通过更细密的区别来改善它们，于是提出了一种新方法，即本质直观（die wessensschau），来为哲学研究提供一种更富成效的基础。这与老子的“虚、静、观”的直觉方法非常类似。

胡塞尔在意识的现象学中，首先试图弄清“表达”（Ausdruck）和“意义”（Bedeutung）这两种现象。他认为，所有表达的共同点就是那种明确地提出任何思想的意向，因此，表达与意义密切相关。表达中可以显示出两种引起意义的作用，其一是赋予意义的意义意向（die Bedeutungsintention）的本质性作用。其二是以直观的功能性作用使意义充实（die Bedeutungserfullungen）。无论如何表达，意义都是不受时间限制的，观念性的。

其次，在意识的现象学中，胡塞尔研究了意向行为的结构。胡塞尔的《逻辑研究》全面完整地提出作为其现象学理论和方法的逻辑起点意向性理论。

胡塞尔首先指出现象学所关注的是“作为任何一种或‘心理

行为’‘意向体验’的总称”的意识。[1] 纯粹现象学只把握体验概念，而“在排斥所有与体验-实在此在（与人或自然动物）的关系的情况下来把握这个概念”。[2] 这就要求从自然态度和前现象学的实体性思维模式转向意向性思维模式。“现象学世界在这里就仅仅是指显现的世界，而关于这个世界的存在与否的所有问题——连同在它之中显现的经验自我——都始终是被排斥的。”[3] 并且事物的显现（体验）不是显现的事物（即被我们误认为在生动的自身性的“对立之物”）。“显现被我们体验到，它们隶属于意识联系，事物对我们显现出来，它们隶属于现象世界。”[4] 在这里，受到关注的仅仅是现象，即事物在意识中的显现，特别是不同的显现方式。

胡塞尔继承了布伦塔诺“意识总是关于某物的意识”的思想。在胡塞尔看来，只有认识到意向体验的特性，“对象处在某些行为之中”，才能够理解“对象本身又如何能够成为对象”。因为，“行为‘朝向’一些行为的特性，在这些行为中，某物显现出来；或者，行为朝向经验自我并且朝向它与对象的关系。在这里构成自我的现象学核心的是行为，它们使我们‘意识’到对象，自我在它们之中‘朝向’有关的对象。”[5] 在《逻辑研究》中，胡塞尔认为重要的是意向体验本身，正是意向体验才“建立起”意识与意向对象的关联。他认为，“意识”可区分为三种意义：其一是在经验中发现的那种心理体验往体验流的整体之中的结合。其二是对

---

① 胡塞尔著，乌尔苏拉·潘策尔编，倪梁康译《逻辑研究》，第二卷第一部分，上海译文出版社，2006，第 A325，B346 页。

② 胡塞尔著，乌尔苏拉·潘策尔编，倪梁康译《逻辑研究》，第二卷第一部分，上海译文出版社，2006，第 A326，B348 页。

③ 胡塞尔著，乌尔苏拉·潘策尔编，倪梁康译《逻辑研究》，第二卷第一部分，上海译文出版社，2006，A328，B350 注①

④ 胡塞尔著，乌尔苏拉·潘策尔编，倪梁康译《逻辑研究》，第二卷第一部分，上海译文出版社，2006，第 A328，B350 页。

⑤ 胡塞尔著，乌尔苏拉·潘策尔编，倪梁康译《逻辑研究》，第二卷第二部分，上海译文出版社，2006，第 A343，B362 页。

于自身体验的内在感知。其三是一切心理活动或意向体验的总称。他认为，意向的本质就在于，在意向中有对象“被意指”，有对象“被作为目标”，但在意识本身中并不能找到这一对象或某种与之相对应的东西。以体验方式出现的只是意向行为本身。

第三，在意识的现象学中，胡塞尔研究了认识的现象学。胡塞尔认为，由于“表达”“意义”“意义意向”作用下的认识行为是对于被思想的对象的本质的直观。对于对象的“知觉和空的意向以及与直观的东西接近的想象作为诸部分意向同时可以结合为一个整体的意向”，这就是意识现象对于对象的认识过程，即意义意向直观对象本质的过程。在这一过程中，感性认识使意向得以充实。这就产生了现象学的本质直观（即本质还原）方法。这绝不是两千五百年后，现代人类与老子思维方法的简单的机缘巧合，而是雅斯贝尔斯话语中轴心时代思想智慧的现代弘扬。

胡塞尔认为，现象学的根本任务是，建立一门科学的哲学，发现一个绝对的本质领域，“获得一个新的存在领域”。[①] 而哲学要想成为科学的哲学，就只能接受在意向行为中直接给予的东西。那么，如何达到对于本质的洞察？他认为，现象学的还原法能够完成这一任务。

胡塞尔的现象学还原法的几个步骤，与老子直觉思维的方法有异曲同工之妙。

第一步：面向“事物本身”相当于老子的“无”

胡塞尔现象学自觉继承了笛卡儿哲学的理性传统，其基本问题仍然是主体性问题，他面对的“事情”仍是“意识之主体性”[②]。

现象学认识论的第一步就是要求在对象上面向“事物本身”，而这里的事物并不是我们所说的客观存在的物理客体，而是指一

---

① 胡塞尔著，李幼蒸译《纯粹现象学通论》，中国人民大学出版社，2004，第58页。

② 这是海德格尔在《哲学的终结与思的任务》中的表述方式。

个人所意识到的任何东西，或者说是呈现在一个人的意识中的一切东西，诸如自然对象、数学实体、价值、情感、意志、愿望、情绪等，不论是物理的或者是心理的东西。胡塞尔把所有这些呈现在意识中的东西都称为现象，他认为这些现象是哲学认识的起点。而必须排除任何有关存在的假定，排除关于存在之时空结构的判断，排除任何有关实际存在和实际意识的判断。所谓面向“事物本身”，就是返还到“现象”，也就是返还到意识领域。只有从此处开始才能避开心物分裂的认识，避免传统的唯心论或唯物论。由此可见，胡塞尔认为，意识中的意义意向与人们对于事物本质的直觉“存在着同一性”。因而，认识毋庸置疑应从意识中的意向开始，并忠实于意向。因此，现象学与意识本身的结构有关，同纯粹意识的先验的、超历史的结构有关，这些结构构成了经验知识和理论知识的可能性条件。现象学的对象是纯粹真理和先验意义的王国。

第二步：“现象学的悬置”相当于老子的“虚”“静”

胡塞尔开出了一条与近代哲学主流大相径庭的新途径。胡塞尔在“意向性”（INTENATIONALITY）概念的基础上，最精辟地澄清了近代哲学在主体问题上的一系列含混，开出了一条与近代哲学主流大相径庭的新途径；同时，解决了被老笛卡儿主义忽视了的“历史性”和“生存性”问题，因此，胡塞尔现象学可以称为新笛卡儿主义，它是近代西方哲学的出路之一。

现象学面临的主要论题：“一切奇迹中的奇迹”是什么？

海德格尔曾经将之概括为“意识之主体性”。因此，现象学首先要分析的是意识及其与世界的关系，这不同于主客关系。胡塞尔通过对“我思”即意识及其本性就是意象性的分析，正面了结了自“我思故我在”命题提出以来围绕着主体问题的一系列迷雾。现象学的主体概念区别于近代哲学主体概念的关键在于它克服了后者与客体的隔绝（如绝对精神意义上的主体）或外在关联（如灵魂实体意义上的主体）。

如何实现面对“事物本身”，如何从“现象”开始？胡塞尔认为必须把对于世界的“自然观点”和“科学观点”以及历史上出现并遗留下来的对于世界的看法即传统哲学的观点，统统都悬置起来，这就是所谓“现象学的悬置”。胡塞尔认为，我所意识到的世界是自然观点的世界，它在空间上和时间上都是无限伸展的，这个世界的一小部分，被朦胧地意识到的不确定的现实的视界包围着，直观地呈现在我面前。这种自然观点的世界应该被“括到括弧里”（eingeklammert）。胡塞尔又借用数学上的术语，把这种“悬置”称为加括号，意思是将对于世界的上述种种观点放在括号里，存而不论。胡塞尔认为，自然的态度、科学的态度以及传统哲学的观点都是以某种预先的假设为前提条件的，并且往往把自己的假设扩大开来，用来解释一切实在，因而歪曲了对世界的根本认识。从现象学的观点来看，真正科学的哲学是应当没有任何预先的假设的，也就是没有任何先决条件（前提）。现象学的“悬置”就是把种种假设搁置起来，使人摆脱这些假设的干扰，从而澄清被各种假设所充塞了的人的意识，也就是使人能转向意识的内容本身（即呈现在意识中的一切“事物本身”），或者说转向“现象”。但是，这并不意味着怀疑世界的实在性。相反，这只是说，我们不应该使用关于世界的信念，不应该使用这种自然的论断，即“中止判断”（Epoché）。

那么，如何“悬置”（加括弧）呢？胡塞尔认为，第一方面是历史的加括弧。这就是指把我们不论是从日常生活中，还是从科学中，甚至来自宗教信仰领域中的理论或意见中的一切都放在括弧里，存而不论。而应谈论的只是直接给予的东西（意识内容中的直接意义意向）。第二方面就是存在的加括弧，也就是放弃一切有关存在的判断，甚至连具有绝对自明性的判断（譬如像关于我自己的存在）也要放弃。因为哲学的认识是对本质的认识，而考察的对象实际上是非本质的，因此应该被排除掉。通过这两个加括弧的方面，要求认识直接还原为意识内容的“现象”。但是，这种“现象”尚不是本质，因此，还必须有下一步还原——本质的还原。

第三步：本质的还原相当于老子的“观复”

胡塞尔认为，通过现象学的悬置或加括号的活动，一个人就能使意识摆脱种种前哲学的或传统哲学的假设，结果他就会意识到，呈现在意识中的现象不仅有事物感性的、具体的、外在的那些东西，而且有使该物成为该物的东西，也就是事物的一般、共相的东西。胡塞尔后来称其为本质（Eidos）。胡塞尔把“事实”（Faktum）与“本质”（Eidos）区别开来。通过本质还原实现由事实的东西到本质的精神上的转变。他认为，所有个体的实在都属于或附属于某种本质，这种本质是可以被精神所理解的，对这种本质的理解决定着认识的主要的和最后的结论。现象学就是关于本质的科学。他认为，本质不像现象主义者所认为的那样是在现象背后的东西，又不是柏拉图式的超越于个别事物的理念，也不是笛卡尔式的天赋观念或康德式的心灵的构造。本质是观念的、先验的、但又是直接地呈现在意识中的，也就是在现象中的；本质是现象中的稳定的、一般的、变中之不变的东西，也就是所谓诸变体间不变的“常识”。

胡塞尔认为普遍性、必然性，是相对之中的绝对，是变中的不变，惟其如此，经验才具有统一性，才使经验知识（科学知识）得以成为可能。本质正是经验的意义和结构，本质是一个人的经验世界的组成部分；同时，本质也被经验所充实和具体化，并通过经验而在意识中呈现出来。

胡塞尔认为，要使哲学成为一门严密的科学，就必须获得这种先验的本质，因为只有这种本质才能为科学认识提供可靠的基础，使之具有普遍性、必然性。这样，胡塞尔就把现象学发展成为一种“本质的科学”，把现象学的方法发展为“本质的还原”。

胡塞尔所谓的“本质的还原”是一种直觉（直观）的方法，所以胡塞尔把本质的还原称为“本质的直觉”，胡塞尔所谓的“直觉”就是直接地“看”，审视自己的意识领域，从呈现在意识领域内的现象之中，排除那些感性的、具体的、偶然的和混杂了虚假成分的或被歪曲了的东西，即非纯粹的现象，从而将纯粹的现象，也就是直接呈现在意识中的“事物本身”描述出来，这种纯粹的现象是非具体的非感性的，也就是本质。因此，所谓本质的还原或直觉，也就是通过反省自己的主观意识获得事物本质的方法（不同于感性的直观）。

胡塞尔又把本质的直觉称为“自由想象的变换”，这就是在反省自己主观意识的过程中，通过想象（自由），用增减法变换各种例子，从这些例子中找出贯穿于各种情况（例子）中的共同的一般的东西（常识），也就是本质。所以胡塞尔把本质视作事物的“原型”。

第四步：先验的还原相当于“会通”

胡塞尔认为，意识具有一定的结构，即意向性。意识和对象、世界之间的关系是“构成”的过程。意识具有积极的能动的活动作用，这种活动就是所谓“构造”，这种“构造”活动是“先验的”。意思是说，意识并不是实际地产生这些印象或这个对象，而是说意识的活动是将那些特殊实体的经验加以统一的必要条件，是一切经验得以成立、具有意义的必要的前提条件，换句话说，先验的“构造”是意识的一种形式的能力，规范的能力。胡塞尔把发现意识的意向的结构和世界整体的过程称为先验的还原。他区别了“现实”与“非现实”。通过先验的还原，在朴素意识中被给予的东西，变成了在“纯粹意识”中的先验现象。

只有通过先验的还原，“自然”观点的朴素性才能得以消除。对“先验地被净化的意识”进行现象学的分析，是哲学的基本任务。

如果说本质的还原使人获得本质，从而使科学认识成为可能的话，那么，先验的还原则把人引向世界的始原，即把世界最终归结（还原）为先验自我的意识构造活动，它是世界的理性的基础，也是本质，从而也是知识的确实可靠的最后根据。由现象学的还原所造成的在思想上“消除世界”之后所残存的东西，就是纯粹自我或者纯粹意识的绝对领域。胡塞尔的现象学，就是要提供一种关于在这个绝对的领域中所能够发现的那种体验的本质的纯粹现象学。

现象学在方法论上要求认识主体（观察者）从“自然的态度”和“科学的态度”转向“哲学的态度”，摆脱或抛弃一切预先的假设，从感觉经验转向“事物本身”，或者说返回“现象”，返回纯粹意识，通过“直觉”和意识的意向性分析，从呈现在意识中的现象之中去把握事物的本质，追溯世界的本原。这无疑是对于老子“致虚极，守静笃，万物并作，吾以观复”的直觉思维方法的现代弘扬。

（本文作者：西北政法大学哲学与社会发展学院教授）

略论老子哲学思想的现代价值

刘世文

老子与孔子是中国被世界公认的“轴心时代”的思想巨人，是构成中华文化、奠定中华文明智慧、长期作用于中国社会发展和中国人精神世界的原创性哲学思想和人生智慧。从哲学思维的本性看，老子所创立的以“道”为核心的哲学思想体系，更加彰显了中国哲学思想上天人合一、辩证发展、人道与天道统一的独特哲学思维方式。在今天中国转向现代社会的发展过程中，老子的哲学思想依然具有重要的现代价值。

一

老子哲学思想的核心范畴是“道”。老子哲学从“道”是世界的本源、根本上，规定了世界的本质，揭示了世界发展变化的根本规律，并由此肯定了“天道”的独立自在性，肯定了“人道”应与“天道”统一。

与儒家思想的指向有所不同，老子哲学思想有着显明的哲学本体论的诉求，其哲学思想一开始就定位在“世界的本源是什么”的哲学追问上。追问世界的本源是什么，这是哲学思维要把握世界发展的普遍性对人的理性思维和智慧提出的根本要求。由于人和人类社会是自然界长期发展的产物，是自然界的一部分，因此思考自然界的本质，思考人与自然界的关系，成为哲学思想的必然要求。老子哲学思想的思维高度和原创性，就表现在以“道”来概括世界的来源和根本。

一是老子哲学思想论述了“道”是根本的“存在”，是世界万事万物的根源。“道可道，非常道；名可名，非常名。”“道生一，一生二，二生三，三生万物。”这些论述表明，老子哲学思想中“道”，是指所有感性存在、感性现象背后最大的共同性的“存在”，是林林总总的大千世界的统一性的根源。老子哲学思想中的“道”，从现象和本质、普遍和特殊上对世界进行了思考和概括，并指出了“道”是世界万事万物的由来，是万事万物所由的根本性的根源性存在。

二是老子哲学思想肯定了“道”的运行规律的客观性，“道常无为，而无不为。”《老子》第五十一章说“道”：“生而不有，为而不恃，长而不宰。”这就叫“天道无亲”。道的运行规律是“大音希声，大象无形”，“大方无隅，大器晚成”。（《老子》四十一章）这就是说，道是万物之所由来，道存在于万物之中，道有着自己独立自在的运行规律，万事万物的运动是显示着道的运行规律的，这个运行规律是道自身所生成的、所运动的，这就是最高的和最根本的客观规律，它决定着人与自然的关系。

三是老子哲学思想从道是世界的本质和独立自在的客观性上，揭示了“人道”应与“天道”统一。所谓“天道”，泛指宇宙、天地、自然的起源和法则，而“人道”是关系人类社会和人自身的道理。“天道”和“人道”的关系在中国进入文明社会后就成为思想家、政治家思考的焦点。因为它关系到人怎么处理人与自然界的关系和怎么样认识人类社会和人自身。《周易》说：“观乎天文，以察时变；观乎人文，以化成天下。”老子哲学思想重视“道”的作用，认为道演化出了天地万物，没有神力，没有矫饰，自然而然。由此形成“天道”的不争、不言、不骄。作为自然界一部分的人类社会和人自身也受“道”运动规律的制约，因此“人道”应与“天道”统一，人道应效法天道。

就人类社会的治理来看，老子主张：“我无为，而民自化；我好静，而民自正；我无事，而民自富；我无欲，而民自朴。”（《老子》五十七章）老子的这一思想在中国经济政治社会发展上形成了“无为而治”的政治哲学，揭示了国家管理与人民自主的关系。从当代社会发展的价值来看，老子的一这哲学思想含有对民的自主性、自由性、创造性和价值性的肯定。老子“无为而治”的政治哲学很早就对人类社会行为的合理性划出了界限，不但最早肯定了自然界的内在价值和内在规律，主张人类应当尊崇自然、与自然和谐相处，而且在人类社会自身的管理上也要顺应道的规律，不要好大喜功，任意妄为，不要人为地制定繁琐的规定，应让民自主自觉地按照“道”的规律行事。

二

老子哲学思想产生于中华民族的春秋这个社会大变动时期，具有丰富的辩证法思想，这是老子哲学思想留给当代中国社会的巨大精神财富。老子哲学思想在以“道”解释世界的本源和根本时，揭示“道”的辩证运行法则是“反者道之动，弱者道之用”。（《老子》四十章）“反”即向相反的方向运动，而发展到了相反方向以后，还要向相反的方向发展。“反”具有对立转化和返本发展的含义。在这个总的辩证法则下，老子论述了强与弱、生与死、祸与福、上与下、前与后、大与小等对立转化的辩证法。中国自进入文明社会以后的发展变化，特别是夏、商、周时期的变化，使老子看到了万事万物都是发展变化的，强与弱、生与死、祸与福等现象都处在相互依存、相互转化之中。相反相成，变易转化，这是世界万事万物发展的根本规律。老子哲学这一巨大的辩证法思想把中华民族的哲学思维水平发展到了空前未有的高度。它奠定了中华民族从事物的普遍联系和发展变化中去观察世界、观察社会、观察人自身，而不是要停留在现象的，固定不变的思维方式上；它揭示了相反相成、转化变易是世界万事万物发展变化的根本规律，使中华民族形成了求变创新，不断总结历史经验的思维方式。

老子哲学思想在揭示万事万物相反相成、转化变易辩证发展规律的同时，特别指出了这一辩证法的根本规律对于人类社会发展和人自身生存发展的作用，这就是要“守弱、守拙、顺应自然”。因此，老子哲学辩证法的一个核心思想，是主张柔弱胜刚强，主张不自是，不自恃；真正的大智慧是“大智若愚，大直若屈，大巧若拙，大辩若讷”，是“曲则全，枉则直，洼则盈，数则新，少则得，多则惑”。所有这些都是从“反者道之动”的原理中引申出来的，体现了深刻的辩证法的思想，对我们今天认识和把握社会发展规律仍有重要价值。

三

老子哲学思想的现代价值还体现在对当代中国人精神家园的建设上。当代中国社会处在数千年以来最深刻最剧烈的发展变化之中。中国社会正由几千年的农耕文明向着工业化、市场化、城市化的现代社会文明转变，正在由物质匮乏的传统的自然经济社会向着物质不断丰富、利益追逐，竞争激烈的现代化市场社会转变。这个巨大的深刻的社会变革仍处在深刻急剧的变化过程中。与此同时，人们的精神世界也处在混乱和焦虑之中。某种程度上，中国社会进入了“全民焦虑”的时代，社会各群体都有焦虑。今天，中国社会无论穷富、无论官民，似乎都存在焦虑。人人都感觉面临工作的压力、生存的压力。更多的物质财富、更高的权势地位、更多的所谓“成功”，好像成了人们判断人生有无价值，或价值大小的根本标准。社会各群体在很大程度上陷入了“物质至上”“利益至上”“成功至上”的深渊之中。

当下人们都普遍关注如何构建当代中国人的精神家园问题。现代中国人如何在物质不断发达的社会能有更多的幸福感、价值感和自由感？弘扬传承中国儒家中优秀思想是一个方面。我看，更重要的一个方面是从老子的哲学思想中获得精神营养和智慧。

一是从老子哲学中天道自然的智慧中看待人生的价值。道性自然，人生亦自然。人生的价值就是顺应自然之道，为其所能为之，决不可违背人性之自然而妄为。过多的追求物质财富和功名，是给自己的人生套上种种的枷锁而陷自己于痛苦的万劫不复的深渊之中。对此点，老子之后的庄子有极其深刻精辟的论述。可惜今人中那些中了物质至上、利益至上、权势至上的人却根本不拿先哲的告诫当回事。

二是遵循老子哲学所提倡的“夫唯不争，故天下莫能与之争”的人际关系处理法则。现代社会是一个竞争性非常强烈的社会。如何处理好竞争关系，如何应对竞争并善处自己，是每个人，每个群体都天天面对的问题。老子哲学思想提出了“不争”的基本原则，以“不争”作为安身立命的基础。这种“不争”并不是不做事情，并不是消极无为，而是为人们提供一个良好的精神状态和心理支撑；这种“不争”，更多的是要人们不要以身外之物，功名成就作为衡量自己生命、人生的价值和标准；这种“不争”，是要人们把生命的自然，生命的自由放在首要的位置。这成为人们消除焦虑、获得心灵自由和生命价值的人生智慧和终极的精神家园。

（本文作者：陕西省社会科学院研究员）

《老子》养生思想探微

张长怀　张　悦

《老子》（即《道德经》，下同）不仅是一部哲学巨著，它所阐发的哲理，微妙玄通（《老子》十五章），博大精深，同时，其中蕴含的养生思想，也丰富深刻，满篇珠玑。

道教重养生。该教之所以尊老子为其始祖，尊《道德经》（即《老子》，下同）为其经典，其中一个重要原因，就是对于其中养生思想的认同与传播。

老子虽然不是医生，但他的哲思，却可以作为医生思维的指导。他教导人们重视养生，治疗的是“未病”，堪为“上医”。老子生活的时代虽然与我们不同，但他那“言之凿凿、诲之谆谆”，“放之四海而皆准”的养生理念，同样适用于今天和未来。

我们现代人在养生方面遇到了诸多的困扰和无奈，继而也产生了诸多的渴盼和追求，其主要表现：一是现代科技的飞速发展，使人们在受益的同时，也饱尝了生存环境不断退化带来的苦果，因而十分怀恋“天蓝水碧、神清气爽”的“天人合一”境状。二是生活节奏不断加快，竞争压力不断增大，使人们在感受“自身价值实现”的同时，也程度不同地感受到了精疲力竭、心力交瘁的无奈，因而渴望身心舒缓，轻松自然的生活方式。三是“奔小康”道路捷报频传，国民的富裕程度今非昔比，人们在享受鲍鱼、海参、美味佳肴的同时，也深为与之俱来的肥胖症、糖尿病等“富贵病”而苦恼万端，因之不约而同地呼唤清淡、简朴的饮食习惯的回归。四是改革开放带来了文化领域的五彩缤纷、万紫千红，同时也让人们对于祖国本土文化的“流失”抱悔莫及、扼腕连连，因而又“豁然猛悟”，在文化追求方面大梦初醒般地“寻根问祖”。

如何解决这些“二律悖反”现象呢?《老子》为我们做出了最好的回答。所以，发掘、传承《老子》的养生思想，对于人类健康，对于社会和谐，对于解脱当今社会人们诸多的道德困惑，对于满足人们与日俱增的文化修养和养生渴求，意义不但重大，而且深远。

2500 年前，圣哲老子在周至县的闻仙里（即楼观台）著讲了万世景仰的“道德五千言”（即《老子》）；公元 2012 年，这里又建起了举世瞩目的“道文化展示区”。这样，研究和探索老子的养生文化，尤显现实和迫切。

基于以上诸因，笔者根据自己的读经体会，浅析《老子》养生思想于后。

一 “道法自然”，以“顺”养生

“道”是老子哲学的最高概念。养生保健，首先须有“尊道”的自觉和“贵生”的意识。

《老子》（陕西周至楼观台“楼正本”[①]）二十五章云：“人法地，地法天，天法道，道法自然。”其意为，人效法地，地效法天，天效法道，道按照它自己的规律运行。老子告诉人们，道不可违，必须“遵”道而行百事。

《老子》十六章云：“……道乃久。没身不殆。”其意为，遵道

① 任法融著《道德经释义》，北京文艺出版社，2011。

而行，就会长久，终生不会遭受失败。老子告诉人们，“尊道”必须“遵道”。《老子》五十五章云：“……不道早已。”其意为，人的行为若不合乎道的要求，就会迅速灭亡。老子告诉人们，违道，是要付出代价的！《老子》二十一章云：“孔德之容，惟道是从。”其意为，大德的表现，都是遵从“道”的结果。换言之，只有遵道而行的人，才会有高尚的品德。老子告诉人们，“惟道”，就不会“违道”。《老子》五十三章云：“行于大道，唯施是畏。”其意为，一个远行人，走在一条大道上，他最害怕出现的问题，就是因为走错了路径而误入歧途。老子告诉人们，时刻都要自警自省。《老子》四十四章云：“名与身孰亲？身与货孰多？得与失孰病？……”其意为，虚名与人身，哪一个更为重要？生命与财产，哪一个更为宝贵？得到名誉与失去健康，哪一个更为有害？当然，答案是肯定的：人身重要；生命重要；健康重要。徒有虚名，会使人自私虚荣；贪腐敛财，会使人为富不仁；斤斤计较，会使人患得患失、唯利唯我、伤身损体。老子告诫人们，人要养生健体，须先树立“贵生”意识。老子的以上论述，分别从“‘道’理是什么”“怎么做了才对”“不敢怎么做”“应该怎么做”“最怕出现什么情况”“违背道德的不良后果”“生命最可贵”等多个方面，论述了“尊（遵）道养生”的道理。我们应该切记，大道无形，“而不敢违”（《老子》六十四章）；遵之者成，顺之者兴，违之者败。养生保健，不可违道。顺“道”而行，“则无败事”（《老子》六十四章）；逆“道”而为，“自遗其咎”（《老子》九章）；遵“道”养生，方始有成。

二　“燕处超然”，以“柔”养生

养生的前提是立身。人在自己所处的现实社会中生活，每一个具体行动，每一种生活环境，每一次快乐或痛苦的体验，都会对自己的健康产生有利或有害的影响。《老子》认为，人应该以“处静持柔”的态度和方式处世立身。这样做，有利修身养生。《老子》十九章云：“见素抱朴，少私寡欲”，《老子》四十九章云：“圣人恒无心”，均指此意。《老子》二十六章云：“重为轻根，静为躁君。是以君子终日行，不离辎重。虽有荣观，燕处超然。”其意为，重是轻的根基，静是动的主宰。所以，聪明的君主整日出行，就不能离开装载着生活用品的车辆。虽然，他拥有繁花似锦的生活条件，但他却并不为之所动，更不会沉溺其中。《老子》十六章云：“致虚极，守静笃。”其意为，努力调整情致，使自己的心境达到空虚无物的状态，并且要持之以恒地使其寂然不动。老子的这两段论述告诉人们：若要养生，须先静心。要知道，越是处于位高品极的条件下，越应该保持超然物外的心态；要真正达到心静无物的状态，并不是一件轻而易举的事情，必须调理心态，净化心神，并须长期持守，不可轻慢，不可懈怠。

《老子》七十六章云：“民之生也柔弱，其死也坚强。万物草木生也柔脆，其死也枯槁。故坚强者死之徒，柔弱者生之徒。”其意为，人活着的时候，身体是柔弱的；人死后，身体就变得僵硬了。万物草木活着的时候，枝干柔软；它们死后，就变得枯萎干硬了。所以，坚硬的东西属于死亡的那一类；柔软的东西属于具有生命力的那一类。《老子》二十四章云：“自见者不明，自是者不彰，自伐者无功，自矜者不长。其于道也，曰余食赘行。物或恶之，故有道者不处。”其意为，那些喜欢表现自我、喜欢出风头的人，像瞎子一样、没长眼睛；那些自以为是、听不进去不同意见的人，像聋子一样，判断不清；那些自我吹嘘、自己夸耀自己的人，最终做不出大功劳；那些骄傲自满、自高自大的人，其实没有什么真正的“长 chang 处”（亦可理解为“不可能成为人群中的‘长 zhang’者”）。从道的观点看来，以上这四种人的作风和做法，如同赘疣畸形一样，让人厌恶。所以，有道的人绝不这样做事处世。老子的以上两段论述告诉我们，“刚强”者易折；柔弱者长久；自见、自是、自伐、自矜，都属于“刚强”的做法，于道不合，与身心有害，故不可取。《老子》二十八章云：“知其雄，守其雌，为天下溪。”其意为，虽然，知道什么叫做雄强，却能安守柔弱，甘做天下的溪沟。《老子》三十章云：“果而勿矜，果而勿伐，果而勿骄，果而不得已，是果而勿强。”其意为，达到了目的不要狂妄；达到了目的不要夸耀；达到了目的不要骄傲。虽然达到了目的，但要认识到这是不得已的办法。所以，达到了目的就不要逞强。《老子》七章云：“……是以圣人后其身而身先，外其身而身存。非以其无私耶，故能成其私。”其意为，因此，圣人谦虚退让，反而在众人之先；把自己的利益置之度外，自己反而得以保全、安然无事。不正是由于他没有为了自己的私心吗？反而能成全他自己。《老子》九章云：“功成名遂身退，天之道。”其意为，功成名就，急流勇退，事竟身隐，这样做，才符合天道的要求啊！老子的这几段论述告诉了我们如何“处后持柔”的方法，主要有：知道了刚强的道理，但要采取“以柔克刚”的策略；即使自己有出类拔萃的才能和令人羡慕的成就，也不能狂妄，不能夸耀，不能骄傲；处后方能居之先，无私方能成其私。这些道理用之于养生，可以理解为：明明知道山珍海味让人垂涎，但是为了自己的健康，必须饮食有节，不可狂吃滥饮；即使自己现在体健无疾，也要防病于未然，未雨绸缪，以免小隙沉舟；把自己置身于“体健无虞”人群的后面，方可增强自身的保健意识，反而在修身保健方面会走在别人的前面，把自己置身于花天酒地之外，反而可以防止“病从口入”，成功地保持自己的健康；到了耄耋之年以后，要正确面对“生死存亡”的问题，你越是做好了“生长消亡、循道而终”的思想准备，你的寿命越能在合乎规律的范围内延长存在的时间长度。唐朝诗人白居易说过“忧病病弥缠，怕老老转迫”，是从反面讲明了上述道理。

三 “上善若水”，以“智”养生

《老子》八章云：“上善若水。水利万物而不争。处众人之所恶，故几于道。”其意为，最高的善，就像水那样。水有利于万物而不与之争利，所以最接近道。作为人，也应该像水一样，安于卑下，心境深沉、平静，交往与人亲和，承诺言之有信，为政有条有理，做事无所不能，行为相机而动。这里的“不争”，就是“上善”。老子所说的“上善”，不同于儒家的“仁善”，而与“上德”“上智”同义。一个人，如果具备了水的品德：为万物；不争利；安于下；居低处；亲和人；有信用；有条理；有能力；善择机，就会体现出崇高的人格，卓越的才能，辉煌的业绩。这样的人，于国家有贡献，为百姓造福利。由于他顺应自然，无为而无不为，故而不会有偏激，不会有隐忧，不会有私敌。所以，他自己心理平衡、超然物外，其身心就不会因为贪图私欲而伤元气、损元神，自然会其乐无穷，益寿延年。

《老子》二十七章云：“善行，无辙迹；善言，无瑕谪；善计，不用筹算；善闭，无关键而不可开；善结，无绳约而不可解。是以圣人常善救人，故无弃人；常善救物，故无弃物。是谓袭明。故善人，不善人之师；不善人，善人之资。不贵其师，不爱其资。虽智大迷，是谓要妙。”其意为，善于行走的人，不留辙迹；善于表达的人，无懈可击；善于计算的人，不用筹码；善于锁户的人，不用锁钥门也打不开；善于捆绑东西的人，不用在绳索上打结也解不开来。圣人总是善于救人，所以他周围没有被遗弃的人；从来善于用物，所以物尽其用。但是，一般人却看不出他是怎样救人救物的。因此，善于做事的人是不善于做事的人的老师；不善于做事的人也可作为善于做事人的借鉴。如果不尊重老师，不珍惜他的借鉴，自以为聪明，其实糊涂，此中道理十分深刻。老子在这里所说的善，是一种智慧，一种境界，一种炼养。这一章有三层意思：其一，讲述得道者“无为而成”的价值和作用，从而反衬出常人“有为有憾”的缺失：心用机谋，便会留下印痕；言用技巧，便会露出瑕斑；筹划需要盘算；闭合须设“机关”；集结事物需要约束。然而，有道之人，不必虑此。其二，讲述得道之人对人类社会的功用。他们常善救人、救物，让每个人扬长避短，各尽其能；使全社会物尽其用，和谐美好。其三，讲述上述哲理在做人处事方面的具体运用。通过互相学习、互相借鉴，取长补短，积极做事，快乐生活。若能如此，岂愁没有健康的身心？心宽，自然体健。

《老子》十五章云：“古之善为道者，微妙玄通，深不可识。”其意为，古时候，真正得道之人，细微、玄妙、深邃、通达，甚至深刻到一般人难以理解的程度。在这里，老子从旁观者的角度，对得道者的处世、人格、气质做了全面表述。虽然这些方面“深不可识”，但他是无限丰富、无心而为、自然而然的。这里的“善”，也是一种自然而然，内涵丰富、奥妙无限。可以说，达到了“微妙玄通”境界的人，做事，事事成功；做人，人人和谐；养生，生生不息。

《老子》六十八章云：“善为士者不武；善战者不怒；善胜敌者不争；善用人者为之下。是谓不争之德，是谓用人之力，是谓配天，古之极。”其意为，高明的人士，不逞勇武；善于打仗的人，不易愤怒；善于取胜者，不轻易与人争斗；善于用人者，对下谦恭。这是退让的原则，可以调动众人的力量，完全符合大道，是古时候就有的最高法则。这一章有四个观点：其一，修道即修心；修心就要驾驭思维，克服偏激。其二，“怒”是情绪失衡的表现，违道悖德；其三，人具有了“不争之德”，“妄念”就会被“道心”化解。其四，人具有了“为之下”的意识，就会复归于柔弱、谦下，并流露智慧，升华功效。综合以上四个观点可知，“不争之德”“用人之力”“配天之极”等，即是修道之因、合道之果。养生与做人一样，也是由多个方面对健康体魄产生作用的结果。那些把养生与做人割裂开来的观点，是片面的；那些认为养生可以一蹴而就的观点，是偏激的；那些在养生方面自以为是、蔑视别人的观点，是偏失的。

四 “勤而行之”，以“德”养生

修道重修德。养生先养德。古人所言“仁者寿”，就是指有德之人可以长寿。《老子》五十四章云：“修之于身，其德乃真”，说的正是这个意思。

《老子》四十一章云：“上士闻道，勤而行之；中士闻道，若存若亡；下士闻道，大笑之。不笑，不足以为道。”其意为，上等素质的人听了道，赶快照着实施；中等素质的人听了道，觉得似是而非、将信将疑；下等素质的人听了道，认为空洞无物，横加嘲笑。若果这种人不笑，道就不是道了。这里，老子将人们对于“道”的不同态度分为“上士”“中士”“下士”三个等级。无疑，他提倡的是“上士”的做法。坐言起行，方为正道。但是，毕竟我们的周围“中士”“下士”居多。因之，必须对他们采取宽容的态度。大道包容万物、给予万物、成全万物。包容，就是修德；包容，就是悟道；包容，就是成全。须知，拥有一颗包容之心，是一个人真正的“德”，它是无价之宝、成事之本、养生之基。在本章中，老子还说：“上德若谷”，讲的仍是包容。心容万物，方可寿享天年。

《老子》三十八章云：“上德不德，是以有德。下德不失德，是以无德。上德无为，而无以为。下德有为，而有以为。……故失道而后德，失德而后仁，失仁而后义，失义而后礼。……是以大丈夫处其厚，不处其薄；居其实，不居其华。”其意为，品德高尚的人不以德自居，所以有德。品德不高的人却为了“有德”而“修德”，所以无德。最有德的人“无为”，而无所表现。品德不高的人“有为”，而故意表现……因此，丧失“道”而后有“德”，丧失“德”而后有“仁”，丧失“仁”而后有“义”，丧失“义”而后有“礼”。所以，大丈夫立足于淳厚，远离虚假；立足于朴实，远离浮华。在这里，老子按照“两个类型”“五个层次”论述了道与德的关系。老子主张追求最纯真、最高尚的道德。老子认为，“道”的属性表现为“德”；凡是符合于“道”的行为，就是“有德”。反之，则是“失德”或“无德”。佛家有言：“为人不行善，念尽弥陀终是空”，亦属此理。多行善事，多为别人着想，就是一个人“有德”的表现。一个人，只有为社会、为别人竭尽全力、广施善行，才能让自己的生活过得丰富、充实、有意义。这样，人才会心胸宽阔、大度乐观、精力充沛、健康幸福。否则，违“道”失“德”，放纵私欲，屡生妄念，就会自私狭隘、多疑怪异、阴险奸猾、为人唾弃，从而对他的心理、生理健康会产生不可预知、不可估量、不可避免的内伤，会造成郁结、淤滞等病机，遗患大焉！

《老子》九章云：“金玉满堂，莫之能守。富贵而骄，自遗其咎。”其意为，一个表面成功的人，即使他将金玉堆满了屋子，最终也是持守不住的。这是因为，财大累心、财大累人，财大气粗、财大欲大，嗜欲伤神，累心伤人。长此以往，必然会因为有钱有势而飞扬跋扈、为所欲为。这样，“多行不义必自毙”，从而给自己带来灾殃，自取毁败。同时，由于他常生妄念，心神不宁，必然丧失对生命的主宰，不寿早夭。相反，有“德”之人懂得规律，所以持重稳练，虽胜不骄，虽败不馁；超脱轻松，心宽体健。现实生活中还有一种人，虽然自己钱财不多，却朝思暮想地做着“集财之想”“发财之梦”。其中，有的人为了防老，有的人为了享受，更多的人则是为了子女。过分为子女者，其实大可不必。古人说得对："君子爱财，取之有道""子女不如我，钱多有何用？子女胜于我，钱多有何用?"说到底，还是"养德"为先，养生为要，终归是自己的身心健康重要啊！

《老子》十二章云："五色令人目盲，五音令人耳聋，五味令人口爽，驰骋田猎令人心发狂，难得之货令人行妨。是以圣人为腹不为目。故去彼取此。"其意为，五彩缤纷的颜色，会使人看不见东西；缠绵幽婉的音乐，会使人听不清声音；佳肴美食，会使人失去胃口；纵情骑马打猎，会使人心狂气躁；一味追求难得的奇珍异物，会使人发生妨害品德的行为。因此，圣人求实，不求虚；不要后者，而取前者。这里，老子讲述的还是"修德"与"纵欲"的关系问题。五味、五音、五色、田猎、难得之货，这些东西极易使人丧失理智，追求一时欢娱，从而做出与"道"相悖的行为。若如此，即纵欲。若纵欲，即伤身。伤身招祸，非败即亡。求乐反苦，得不偿失。

《老子》四十六章云："罪莫大于可欲，祸莫大于不知足，咎莫大于欲得。故知足之足，常足矣。"其意为，欲壑难填，是最大的罪恶；贪欲不已，是祸殃的根源；取之不义，是最大的过错。所以，懂得了"满足"的那一种"满足"，会使人永远感到满足。人生最大的祸患，来自于自私自利、损人利己，其表现为："可欲""欲得""不知足"。正因为贪欲不让，所以才妄生是非；正因为贪得无厌，所以才刁钻奸佞；正因为损人利己，所以才招致祸端。而这些，都是"修德"的大忌，养生的大碍。无德，安能养心？心佞，安能养生?! 以德养生，方为正途。

五　"负阴而抱阳"，以"和"养生

"和"是"道"的核心，也是养生的关键。

中国道教协会会长任法融在其《〈道德经〉的根本法则》一文

中认为：《周易》给“道”下的定义是“一阴一阳之谓道。”周敦颐用图像来表述，写了《太极图说》。哲学家、数学家莱布尼兹也承认太极图代表的“道”是宇宙最高奥秘。既然道是宇宙整体，道体之属性是“和”，运动法则是“谐”。道的运动法则可节制阴阳消长，调解事物之“过”与“不及”，节制与调解正是大道运化万物的“法则”。总之，“中和”（和谐）是唯一的生息常态，亦是人类共同遵循的法则，是人们永远研究探讨的课题。

关于“中和”这一理念，早在黄帝时就涉及“和谐”思想，他在《阴符经》中就明确的提出：“天地万物之盗，万物人之盗，人万物之盗，三盗既宜，三才即安。”“盗”之意是说：天地运化万物的妙用，在不知不觉的冥冥之中，因在暗处运动，故称盗。“宜”是“和谐”之意。这段话之大义是天地、万物、人为三才，这三者之间互运关系达到宜（和）的境界，才能长治久安。

老子继承了这一思想，在《道德经》中曰：“天地相合，以降甘露，人莫之令而自均。”（《老子》三十二章）其意为，天地之间阴阳二气相合，就会降下甘露。没有谁去干预它，就会自然地分布得很均匀。又曰：“道生一，一生二，二生三，三生万物。万物负阴而抱阳，冲气以为和”（《老子》四十二章）。其意为，宇宙原始于混沌状态，混沌开始分化，分化再分化，产生千差万别的东西——万物。万物内涵阴阳对立（相生相克）的两个方面，阴阳在看不见的“气”中得到和谐统一（生克制化）。由此可见，宇宙之间，任何事物在发展运动中超越限度（中和）都会产生不良之结果。自然和谐，则星辰顺序，天清地宁，河海静默，山岳稳固，风调雨顺，万物繁荣。人类和谐，则天下太平，社会稳定，刀枪入库，马放南山，鸡犬之音相闻，和平之歌合唱，并肩奋进，共同繁荣。国政和谐，则上下同心，同心同德，百官尽职，百工尽技，百业兴隆，百姓乐业。

对于养生来说，“和”则可致家庭和谐，六亲和睦；夫妇和顺，幸福美满；家道昌盛，乐享天伦。亲和顺睦，又可使人身心和谐。人身和谐，则阴阳平衡，百脉畅通；五脏清凉，六腑调泰；身康体健，心旷神怡；其情悠悠，其乐融融！

六 “为之于未有”，养生贵在“先”

“一叶知秋”“防微杜渐”“防患未然”“未雨绸缪”等古训，讲的都是遇事要早察、早知、早防的道理。《老子》认为，在养生方面同样需要“见小曰明”（《老子》五十二章），预防在先。《老子》六十四章云：“其安易持，其未兆易谋，其脆易破，其微易散。为之于未有，治之于未乱。合抱之木，生于毫末；九层之台，起于垒土；千里之行，始于足下。为者败之，执者失之。是以圣人无为，故无败；无执，故无失。”其意为，事物还处在稳定阶段时，容易把握；事物变化迹象不明显时，容易图谋；事物还脆弱时，容易消融；事情微小时，容易解决。当事故未发生时，就要着手预防；在事情还未混乱之前，就先把它理顺。合抱的大树，产生于细小的萌芽；九层的高台，自一筐一筐泥土垒起；千里远行，从脚下开始。强行作为必然导致失败；执意想得到的东西，也会失去。因此，圣人无为，所以不会失败；不执意占有什么东西，所以就不会失去。在这里，老子告诉我们做人做事的基本原理和基本方法，即：着手宜早，防患宜先。老子在讲述了“其安易持，其未兆易谋，其脆易破，其微易散。为之于未有，治之于未乱”的道理之后，做了三个比喻：合抱之木，九层之台，千里之行，从而进一步阐明了“不仅要认识到‘未雨绸缪’的道理，更重要的是必须从‘先’着眼，从‘早’做起，从基础做起，从眼下做起。”荀子在《劝学篇》中曾经说过：“积土成山，积水成渊。不积跬步，无以至千里；不积小流，无以成江海。”两者讲述的是同一个道理。莫说是人，就连自然界的许多小动物，也有感知和洞察事物潜移默化的能力。例如，地震或暴风雨来临之前，即使晴天丽日，老鼠、蚂蚁、燕子、青蛙等动物，都会先有预感，逃命避险；冬季来临之前，飞鸟、地鼠等动物，也会垒窝备食，准备御寒过冬。因此，人在养生方面，既要从“先”着眼，从早做起，从小事做起，从现在做起，还要从动物们的灵性中得到启发，恢复人的本性、天性、自然性，在“天人合一”的境况下见微知著，回归本真，“为之于未有，治之于未乱”，化险为夷，积小成大，养生怡年。

《老子》六十三章云：“为无为，事无事，味无味。大、小、多、少，报怨以德。图难于易，为大于其细。天下难事，必作于易；天下大事，必作于细。”其意为，把无为看做“有为”，把无事看做“大事”，把无味看做“至味”。不计较别人对自己“恩”“怨”多少，总是用“德”来报恩，用“德”来报“怨”。解决难事，要从容易时着手；干大事业，要从小事情做起。天下的难事，一定要开始于“容易”；天下的大事，一定要开始于“细微”。“为无为，事无事，味无味”是一种修炼的极高境界。虽然，这种境界不是一般人容易达到的。但是，它是“修道”的法则之一，也是成功之因。“道法自然”（《老子》二十五章）是生命的现实基础，只能调驯，不可违背；任何“三步并作两步走”的想法和做法都是揠苗助长，注定失败。因而，老子主张“图难于易，为大于其细”；主张“天下难事，必作于易；天下大事，必作于细”。这个道理，与“为学日益，为道日损”（《老子》四十八章）的思想是一致的。否则，就是“轻诺必寡信，多易必多难”（《老子》六十三章）了。从养生角度讲，以练习气功为例：气功本来是强体、健身、养生的一种锻炼方式，长期坚持，循序渐进，方有成效。可是，有的人却心浮气躁、急功近利，不以调驯欲念为要，反而按图索骥、求简图快，迷信“大师”“千里发功治病”，寻找捷径“长寿永年”。这些行为，都属于“强为”“贪味”“多欲”“寡信”的做法，与“道”南辕北辙，只会“画虎成狗”，适得其反，自受其害。

七　“甚爱必大费”，养生贵有“度”

“域中有四大，而王居其一焉!”（《老子》二十五章）对于这里的“王”字，学术界有两种解读：其一，认为“王”即人群中的领率人物。“人之中，王为大。”其二，认为“王”即“民”。其依据，一为王弼本“人”均作“王”；二为该章其后有“人法地，地法天，天法道，道法自然”之语，可证，“王”即“人”。笔者赞同后一种观点。

这说明，“人”在域中有着十分重要的作用，即“四大”之一。因此，作为构成“人”的物质条件的身体，是十分难得、十分重要、十分宝贵的，必须珍爱有加，惜之如宝。

然而，“大巧若拙，大辩若讷”（《老子》四十五章）。任何事物的变化，都会受到“度”的限制和影响，超过了“度”的界限，就会起到始料不及的相反作用。养生，亦然。在这一方面，老子也有诸多精辟论述。

《老子》四十四章云：“……甚爱必大费，多藏必厚亡。知足不辱，知止不殆，可以长久。”其意为，过分地执守欲望，要付出超常的代价；过分地收敛财富，失去的将会更多。因此，知道了满足，就不会遭受困辱；懂得了“休止”，就不会遭到失败。这样做，才会安全、久长。此章用之于养生，可作如下理解：“甚爱”，即因为贪欲而过分、过量地追求不切实际的“健康”（如长生不老、特异功能等），必然会使无感无见的生机“大费”（超耗），对于人身而言，是反自然规律的，反阴阳平衡的；在其付出超常代价获得“所求”之后，又必然会“多藏”；接着，会自以为得意，居“功”自矜，念念不忘。周而复始，恶性循环，而且“不知足”

“不知止”，造成“得之愈多，妄心愈重；妄心愈重，失之愈多”的恶劣后果。这是“人之道”（《老子》七十七章）“损”生机之“不足”（《老子》七十七章），以奉身体以外的“有余（《老子》七十七章）”，必然会招致“天之道损有余而补不足”（《老子》七十七章）的报复，付出种种实质性的身体损伤之“厚亡”的代价。

《老子》二十九章云：“……天下神器，不可违也。……是以圣人去甚、去奢、去泰。”其意为，“天下”是神奇的东西，不能勉强作为……所以，圣人必须戒除极端，戒除奢侈，戒除过分。即如养生，可以理解为：身体是一个神圣的东西，只可顺时、顺势、顺应规律爱护之，滋养之，使用之，而不可执意强为。否则，将会采取抱薪救火、炙冰使燥的蠢行，产生过犹不及的后果。不明白这个道理的人，逞强耗体，骄奢淫逸，偏激伤神，都是错误的，会得到“种蒺藜者得刺”的恶报而“自遗其咎”（《老子》九章）。

《老子》九章云：“持而盈之，不如其已。揣而锐之，不可常保。”其意为，已经拥有了圆满，还要继续追求完美，不如停下来不做；刀刃磨炼得尖锐锋利，这种锋刃长久不了。对于养生而言，假如追求某个不切实际的目标，而且固守执著、自以为是，就违背了人的天性，相应形成了已被物欲异化的狭隘意识。狭隘意识越被欲望牵制，人就越是固执于绝对化的“自我”及其自得之见，人为地造成封闭的自我满足幻觉，以至作茧自缚，不能自拔。这样，不仅身心不可能健康，而且有悖于自然规律，自塞生机，“不如其已”。表现在做事方面，“揣而锐之”，就是人的自我意识和行为的极端化。如果在处人方面锋芒毕露，就会人为地干扰、阻碍人在心理、生理方面的自然平衡，使身体内外都难以“得一以宁”（《老子》三十九章），产生“不可长保”的因果报应，有百害而无一利。

《老子》五十五章云：“含德之厚，比于赤子。……知和曰常，知常曰明，益生曰祥，心使气曰强。物壮则老，是谓不道，不道早已。”其意为，道德深厚的人，就好像无知无欲的婴儿……懂得阴阳和谐的道理，叫做“常”；认识了“常”叫明智。过分地纵欲、补养、贪生，叫“妖祥”，是灾祸。意气用事，叫逞强。事物强壮了，就要走向衰老；不知道这个道理，而强求强壮，与“道”不合；不合道，就会迅速灭亡。在这一章里，老子以天真无邪、本真淳朴的婴儿作比，讲述了许多道理，其核心是要人们认识万事万物的自然规律，顺“道”而为，不可过度，不可强为。其中，最为关键的一句话是“益生曰祥”。这里，老子又一次直接谈及养生的话题，尤其应当引为重视。学术界对于“祥”，亦有两解：其一，认为“祥”为“吉祥”，即“增益生命的行为叫做‘祥’”。其二，认为“祥”即“灾祸”，依据是：《庄子·庚桑楚》：“孽孤为之祥”；《左传》昭公十八年：“将有大祥”，此两处的“祥”字，均指“灾祸”。笔者持后一种观点。要知道，“生”可“养”，不可“益”。前者是自然的，后者是强为的。按照客观需要满足自身的各项生理机能，就是养生；超出了客观要求范围，为了“养生”而“益生”，为之“不详”。老子说：“物或损之而益，益之而损”（《老子》四十二章）。其意为，世间一些事物，有时你去贬低它，它反而得到抬高；有时你去抬高它，它反而受到贬低，此两处，老子讲的是同一个道理。通过贪得、纵欲、贪生来“享用生命”“保命维生”，追求外在的壮盛，反而会导致生机早衰，欲益反损，短命早夭。这个道理，对于今天的我们来说，无论是防止“富贵病”，还是“反腐败”，与“人之健”或“官之廉”都有启示和教益。《老子》六十七章云：“我有三宝，保而持之：一曰慈，二曰俭，三曰不敢为天下先。”其中的“俭”，包含以下内容：饮食要简单、节约；做事要简朴、简约；享受要节制、节省；养生要爱惜精气神，不可恣意妄为、逞强恃壮，透支健康。否则，无病自灸，适得其反。

八 “慎终如始”，养生贵守“恒”

老子说过“合抱之木，生于毫末；九层之台，起于垒土；千里之行，始于足下”（《老子》六十四章）。这是教导人们“凡事重起始”。有了好的开头，才有可能产生好的效果。“人间重晚晴”、“稼禾看秋熟”。这些道理，讲的是办任何事都必须重视持之以恒，善始善终。否则，虎头蛇尾，有不如无。

对于养生来说，“恒”最为可贵；“终”最为重要。

《老子》四十一章云：“……建言有之，明道若昧，进道若退，夷道若类。上德若谷，大白若辱，广德若不足，建德若偷，质真若渝，大方无隅，大器晚成，大音希声，大象无形。道隐无名。夫惟道，善贷且成。”其意为，古人说得好，明显的“道”，好似暧昧；前进的“道”，好似后退；平坦的“道”，好似崎岖；崇高的“道”，好似深谷。最洁白的东西，好像有些污染；广有德，好似不足；最强健的德，好似懦弱；纯真好似庸俗；最方正的东西，反而没有棱角；最大的器具，总是最后完成；最大的声音，反而听不清声音；最大的形象，反而看不出形体。“道”既看不见又不可名状。但是，只有“道”，最善于给予一切；而且善始善终，最善于成就一切。这里主要有两层意思：其一，“道”很玄妙，无形无状；其二，“无私无为”，“善贷且成”。善贷且成包括四个方面的内容：它是一种品德，高尚无私；它是一种境界，广施不取；它是一种眼光，高飞见地；它是一种精神，坚忍不拔。这四个方面的内容，都是一个人长期修炼的结果，既“非一日之寒”，亦非急功近利所能达到。用“善贷且成”的精神养生，可以做到：心胸宽广，眼界开阔，心地善良，遇难不馁，得志不骄，乐于助人，严于律己，“利而不害”（《老子》八十一章），“为而不争”（《老子》八十一章），等等。而这一切，又都是养生必不可少的要件。

《老子》六十四章云："……民之从事，常于几成而败之。慎终如始，则无败事。是以圣人欲不欲，不贵难得之货。学不学，复众人之所过。以辅万物之自然，而不敢为。"其意为，人们做事，常常在即将接近成功之时遭受失败。如果结束时也像开始时那么慎重努力，就不会失败。因此，圣人希望人们去除贪欲，不稀罕稀有的物品，学习世人没有学习的"道"，纠正众人经常犯的过错。并且，辅助万物自然发展，而不敢妄为。在这里，老子主要讲述了三层意思：其一，人们做事遇到失败的原因；其二，指出了如何防止遭受失败的方法；其三，依规顺道，不可妄为。其中最重要的一点，就是"慎终如始"。实际生活中，要做成功任何一件事情，都少不了"坚持"二字。半途而废，前功尽弃；"慎终如始"，金玉可镂。即以养生而论，也必须坚持不懈，"慎终如始"。例如，对待婚姻"慎终如始"，可以让人有一个和谐幸福的家庭养生环境，身心愉悦，白头偕老；保持良好的饮食习惯"慎终如始"，可以让人的身体循环有序、稳定平和，自然长寿；戒除吸烟、酗酒等劣习"慎终如始"，可以远离伤身损寿的"利刃毒药"，悬崖勒马，复归坦途；坚持打太极拳等自己喜爱的体育锻炼活动"慎终如始"，可以让人体魄强健、精力充沛、乐享天年。

（本文作者：陕西西安市周至县；
西安理工大学思想政治理论课教学科研部）

改革开放经验与老子的智慧

商原李刚

一 从小传统看老子思想的现代价值

1993 年 11 月 16 ~ 19 日，陕西老子思想研究会在西安举行了“第二届老子思想研讨会”，50 多名学者参加了会议。会议的论文集是巩德顺主编的《老子思想的现代价值》，该名是大会的主题。20 年过去了，今天重新讨论这一话题很有必要，许多研究成果值得总结。不过，讨论传统的价值，人们有意无意地忽视了一个问题：“人能弘道，非道弘人”（《论语·卫灵公》）。老子已去，他的思想不会自动地影响我们，其影响是通过我们的接受来实现的。在此意义上说，老子思想的现代价值，根本上只能通过我们的“接受”来实现。站在当代的立场上，与其说我们讨论的是老子思想的现代价值，不如说是老子思想的可接受性。视角的转换带来了研究方法上的变化。从《老子》思想本身讨论其现代价值是一个角度，从当代社会讨论《老子》思想的现代意义是另外一个角度。这两个角度的联系在“传统”之中：老子开创了道家，在其思想的影响下形成了一种自然无为的思想传统，这种传统一方面在文人学士中间流行，这是大传统；一方面也在民间社会的私人生活或政治生活中得到施行或仿效，形成小传统，或者说是理论的与事实的传统。西方社会学家罗伯特·雷德斐把文化区分为大传统与小传统。大传统是雅文化，即精英文化或“阳春白雪”；小传统是俗文化，即通俗文化或“下里巴人”。

一个重要的事实是：道家传统在近代以来的社会生活中并未消失，相反，它占据了重要的生活领域，这一领域就是俗文化或小传统领域，它与学者们对道家的研究和反思相比显得更为重要。中国近代社发生剧烈变化，道家与儒家一样，其大传统出现断裂，但小传统却非常缓慢地发生演变，在一定意义上延续着道家思想传统的“香火”，形成了现代新道家的实践或日常生活形态。因此，分析道家传统的现代影响，不能离开当代道家的小传统或当代生活中的道家智慧。三十多年来，中国社会发生了巨大的变化，这种变化，与道家智慧有着一定的联系。

二　改革开放经验中的老子道家智慧

中国改革开放三十年取得了伟大成就，形成了别具特色的“中国经验”“中国模式”。我们可以从政治、经济、社会等各个方面思考“中国经验”，但文化无疑是最为重要的视角之一。深层次来看，改革开放三十年来的成功，也得力于中国的文化传统。

从某一侧面来看，“中国经验”有着明显的道家特别是黄老道家智慧影响的特点。单独就某一种现象来看，似乎并不能说明二者的联系，若将许多现象集中起来，或就一系列现象来看，这一特点就非常明显了。

改革开放初期，中国社会最大的一件事是“土地下放到户”或叫“家庭联产承包责任制”。“下放”一词，准确地表明了土地权力重心的下移；“承包”揭示了土地经营自主性的提高。这一成功的实践被证明是“因势利导”的、顺应民心（自然）的。“责任制”表明民众自富、自化、自主的合理性。“户”或“家庭”无疑肯定了个体经营的合法性。夏勇将这一范例，称为“松绑”，表明民众的个人权利获得了公开的承认。这一重大举措，似乎能看到道家传统的影子：“我无为而民自化，我好静而民自正，我无事而民自富，我无欲而民自朴”。

邓小平强调“解放思想”。其实，《老子》主张“涤除玄鉴”，“损之又损”，开创了打破正统思想的法门。“实事求是”是一条马克思主义的原则，它强调要按照中国的实际情况或“国情”而不是按照什么教条进行改革，突破旧有的条条框框的限制。这一重要原则，与老子的“观其复”、庄子的“依乎天理，因其固然”、黄老道家的“毋先物动，以观其则。动则失位，静乃自得”，都强调凡事要“因其自然”，不受主观偏见的干扰，客观、冷静地认识事物的发展规律，形成科学决策，利用事物的规律达成人的目的。这种精神，更接近道家特别是黄老道家的态度。

“一国两制”是一种创造性政策，也是中国道家式智慧的体现。“上德若谷。”虚怀若谷，是一种妥协，更是一种变通。汉代初期实行郡国并行制，汉宫廷的妥协成功地解决了从楚汉战争到汉武帝中央集权的过渡。这一时期，黄老道家思想占据主导地位，社会出现了“文景之治”。历史的经验，现实的考量，显著的效果，充分展示了这一解决复杂争端决策的深刻内涵。

“抓大放小”的城市工业改革体现着政治智慧。国有大中型企业保证了公有制经济的“控制力”，中小企业的发展“搞活”了中国经济，扩大了社会就业，社会主义的“中国特色”更为明显。这一“简”化政策，化解了纷繁复杂的产权问题等，体现了道家“简以御繁”及“柔弱胜刚强”的大智慧。

“让一部分人先富起来，先富带动后富，然后实现共同富裕。”这一决策的意义，到现在还未得到全面的理解。其实，土地下放到户的原则中，早就包含了这一精神。一旦鼓励“民自富”的时候，必然有一部分人优先得到发展，先富与未富之间形成新的竞争格局，实现整体发展水平的提高。

“与时俱进”是一个典型的道家式口号。司马谈评论道家说：“与时迁移，应物变化，立俗施事，无所不宜，指约而易操，事少而功多。”这是对道家与时俱进思想的准确概括。“与时俱进”口号，体现了顺应潮流和心态。这种心态，是黄老道家的重要传统。

中央出台了农业免税政策以后，既未影响国民收入，也解决了上访的问题，农村局势稳定，为发展增加了新的活力。也恰是在汉代初年黄老道家思想流行的时代，汉景帝采取了农业免税的政策，繁荣了社会经济，缓解了社会压力。这一经验，与当代是非常相似的。

市场经济是一个新生事物。市场经济传达了一种新的理念：经济社会的发展不是规划出来的，而是靠社会力量的竞争、发展形成的；经济发展的活力根本上来自于社会而不是政府。改革到了一定程度，决策者们发现，变换经济体制成为解决问题的关键。邓小平谈到这一改变意义时说：“改革也是一场伟大的革命。”道家的根本政治哲学原则是“无为而治”，重视民间社会的发展力量。市场经济恰好就是一种依靠社会发展经济的理念和体制。这与社会主义矛盾吗？显然，社会主义离不开市场。这不只是一种体制变革的问题，更是一种发展理念的超越。

“韬光养晦”的中国外交取得了辉煌的成就。邓小平确立的这一外交原则，是对和平共处五项基本原则的典型概括。中华民族“贵和尚中”，道家强调“有容乃大”。在复杂的国际环境中，保持一种稳健的外交策略，赢得发展的良机和空间，无疑是最重要的。

村民自治是当代中国的政治创举，也是发展中国特色社会主义民主政治的重要措施，受到国内外各方面的密切关注。其实，“自治”是土地下放到户政策的内涵之一。没有社会的自治，经济发展的活力从何而来？民主所需要的参与精神也难以培养。不过，

“自治”也是中国古代道家提出的政治哲学原则。《老子》强调“自化”“自正”“自富”，提出了有名的“小国寡民”模式，根本上说，就是提倡一种自治社会。

和谐社会更是一个注重自发式秩序的高度自治社会。道家强调“守中”，并以“小国寡民”“至德之世”“精诚之世”等社会理想模式，树立了和谐社会的目标。这一社会民众诚信、生活富裕、安居乐业，国泰民安，风俗淳朴，甚至没有君子与小人之别；“外化而内不化”，人的内心宁静，“安其性命之情”；“同与禽兽居，族与万物并”，天人关系也达到完满的合一。中国古代的理想社会，在道家看来，当然是一种和谐社会。构建中国特色的社会主义和谐社会，是当代中国更伟大的理想，会将中国古代的和谐社会传统发展到新的境界。

科学发展观是当代中国特色社会主义发展的指导理念。道家注重社会无为而治，主张各方面力量的平衡发展。在此意义上说，道家思想更接近中国当代社会的发展理念。道家强调：发展应该是“顺其自然”的发展，而不是反“自然”的发展。什么是道家的“自然”？“自然”就是一种取决于事物内在要求的自主发展。科学发展观的理念，恰好与道家的自然主义精神是相近的。

建设中国特色社会主义生态文明，中国古代没有哪种传统比道家更接近这一理念。在一定意义上说，道家的理念，也是生态文明理念的重要来源。生态文明并不只是一种环保主义者的要求，而且也是当代文明发展的理想。老子提出的“道法自然”理念，揭示了人类文明的全面性、内在性、自主性，给予人类文明一种更高的要求。

改革开放是中国乃至人类历史上伟大的事业。经济的发展、政治体制的改革、文化上的开放，似乎都只是从一个方面对这一伟大事业的说明。如此重要的历史现象，离开一个伟大民族的重要传统进行解释，必然是不充分的。从消极意义上说，道家传统没有阻止或干扰中国的改革开放事业。而且道家思想的积极作用愈加明显地得到彰显，道家智慧的积极影响不断得到体现，道家智慧与改革开放的发展是始终相伴随的。政治精英们的决策，是充满活力的，而不会根据某种教条，但传统的影响为这些重大决策提供了强有力的心理支持和文化信念，也为民众的心理接受和承受提供了认同和理解的空间。在此意义上说，“中国经验”有浓厚的道家智慧影响的色彩，改革开放的伟大实践中有道家传统的积极参与。

三　市场社会与老子道家的自发秩序理想

借鉴哈耶克的说法，一个社会有两种典型的秩序：一种是类似于法国的、命令式秩序，它是由某种强制命令形成的；另一种是由内在的自发力量形成的秩序，以英国社会为典型代表。后一种秩序，类似于老子所倡导的“无为”而治的社会。改革开放以来的中国社会，正经历着从前一种秩序向后一种秩序转变的过程。

当代社会的转型，蕴含着老子“无为而治”的社会发展理念。当代中国社会正逐渐从传统的计划经济向市场经济转化，社会模式由单一的控制式社会关系向多元的、松散的社会关系转化，传统的户籍制度逐渐解体，事实上已难以由单一的行政命令控制社会。换言之，由自上而下的强制命令建立的社会正向自下而上的自发秩序转变。在市场经济基础上形成的社会，正是这种自下而上的市场社会。它不是由权威的命令形成的，而是由经济等内在的动力促使下确立的。这种重大的转变，伴随着中国社会从传统的农业社会向工业、后工业社会迅速转型，给中国社会带来了重大的发展机遇和挑战。这一转变过程，与道家设想的社会秩序及其智慧最为接近。

命令式的秩序是一种刚性秩序，自发秩序是一种柔性秩序。一个社会不可能只是刚性秩序，柔性秩序也发挥着重要作用。在一定意义上说，近代社会以来，随着工业文明的兴趣，古代刚性社会秩序逐渐退居次要位置，柔性社会秩序伴随着民主政治和自由经济而上升为主导性社会秩序。在此意义上说，当代社会的改革发展，有着丰富的中国古代道家思想的资源。

四　道治传统与社会自治力量

道家的社会政治理想，简而言之，即自然无为。这种政治理念，概括起来，可称之为“道治”。王弼、河上公注《老子》，不约而同地用“道治”概括道家政治的性质。晋代的葛洪在《抱朴子》中，对“道治”有直接的论述。当代意大利籍华人学者贺荣一，专门写了一本书，名字就是《老子的道治主义》。拙著《道治与自由》，从政治文化的角度，系统探讨了老子及道家的道治主义政治哲学。道治政治理念，即强调来自社会内部自发力量的内在发展而形成的自治秩序。在此意义上说，它与儒家的德（礼治）、法家的法治相并列而成为中国古代社会三种典型的治道。这三种治道，围绕着权威与自治的关系展开。

总的来看，道家代表着自治传统，法家是权威政治的极端，儒家总体上看偏向于权威模式。因此，当代社会所追求的自发秩序，也就是一种社会自治模式。土地下放、联产承包、勤劳致富、自负盈亏、自主经营、自我实现……这些当代流行语，是这种自治理念的典型表达。从村民自治到政治民主、社会自治，人们越来越自觉地意识到社会自治、社会管理的重要意义。因此，老子及道家思想传统，是建设当代社会的重要资源。

五　两条道家线索的发展及其相互促进

道家来源于自发性社会秩序及生活方式。严格说来，先有自发式社会秩序，有自发式社会生活方式，才有道家思想的形成。道家思想来源于自发式社会秩序及生活方式。当代道家思想的创新及“现代新道家”的创立，离不开对道家“小传统”的研究。这是道家传统发展的重要线索。另一条线索是大传统。道家思想的研究仍然是道家传统发展的主要方面，但道家思想传统的研究，需要与当代社会展开话，在古今互释中不断深入。这两条线索是不可分离而相互促进的。

当然，道家思想传统特别是其小传统扎根于当代中国现实土壤之中，但也离不开“已有的思想材料”即道家传统。小传统固然体现了老子的道家精神，但更多的是“误读”“误解”了的大传统。在历史上，“误读”往往是思想发展的重要形式，某种程度上远离了思想传统，其实是立足新的现实面对现实问题做出新的解读，特别是在其开始的阶段。小传统或者说社会心理永远处于最前沿，是思想学说创新的重要途径。但是，小传统毕竟是一种直观的“解读”甚至“误读”，无法揭示和引领某种传统自觉地发展，更何况小传统需要大传统的指导。因此，道家思想传统及“现代新道家”的建构，既需要由现代回溯，也需要从古代向前观照。这是两种不同而又互补的研究方法。从过去看现代，容易看到思想的创新，也会抱残守缺；从现代看古代，容易看到思想的源流，也会苛求古人。换言之，这两种视角的结合，是理解道家传统最好的方式。近代以来，关于道家的研究成果逐渐增多，学术界对道家的研究不断深入，从片面否定到同情的理解，这是理解老子道家的思想传统、构建“现代新道家”的重要基础；对道家思想的不断回归恰好是发展道家思想的重要形式，正像文艺复兴是发展古典文化的重要形式一样。但回归毕竟只是问题的一个方面。正如黑格尔所言，事物的发展既是回归又是向外设定。在此基础上进行创新，构建“现代新道家”的理论形态，是更高层次的问题。

六　道家思想传统与当代改革相互促进而发展

老子道家的思想传统，是典型的自治思想传统。它与当代中国社会的改革开放有着内在的精神关联。当代中国社会，是在国家主导与社会自发力量相结合下取得成功的，自下而上的社会秩序在改革开放中逐渐形成。当代社会管理理念的提出，是对这种社会发展趋势的理论肯定。道家思想传统的当代复兴离不开这种典型的土壤，改革开放更离不开中国自治思想传统的滋养。老子道家的智慧与当代中国改革开放需要在相互促进的基础上而获得发展。

（本文作者：长安大学人文学院教授）

《道德经》与心理健康

潘存娟

“宗教和健康在历史上是有渊源的。……任何宗教带来的主观上的好处可能会增加人的心理健康。”[①] 中国的道教大概最为典型了。道教修炼追求身心和谐、人我和谐的最佳状态，是不仅重视身体健康，而且注意心理健康的宗教。被道教奉为万经之首的《道德经》在一开始就已经蕴含了在心理健康方面的启迪。

据世界卫生组织的定义，所谓心理健康就是指在身体、智能以及情感上，在与他人心理健康不相矛盾的范围内，将个人心境发展成最佳的状态。所谓最佳状态，就是人们常常说到的心理平衡。心理平衡有多方面表现，本文试从接受现实、正确定位、善待他人、保持快乐四个方面探讨《道德经》中的心理平衡思想。

一　接受现实

对现实的不满是一种较为普遍的心理失衡现象，客观地了解现实的复杂性有助于人们接受现实，增强满足感、承挫力，培养

---

① 〔英〕麦克·阿盖尔著，陈彪译《宗教心理学导论》，中国人民大学出版社，2005，第167页。

平衡心理。

现实的复杂性有多种表现，老子指出：“故物或行或随，或歔或吹，或强或羸，或挫或隳”（《道德经》第二十九章）。“明道若昧，进道若退，夷道若类，上德若谷，大白若辱，广德若不足，建德若偷，质直若渝，大方无隅，大器晚成，大音希声，大象无形”（《道德经》第四十一章）。“祸兮福之所倚，福兮祸之所伏”（《道德经》第五十八章）。这种复杂性使人在认识上产生迷惑，心理上产生不安，但它是可以被掌握的，能够客观地了解这种复杂性可以降低人们接受现实的难度。

“上士闻道，劝而行之；中士闻道，若存若亡；下士闻道，大笑之，不笑不足以为道。”（《道德经》第四十一章）这里所说的下士、中士因为不能彻悟“道”，不懂得规律性的道理，所以对是否接受并实践“道”的态度是将信将疑甚至不以为然。而上士明白“反者道之动”，（《道德经》第四十章）看到现象的表面，他会努力探求其本质；看到事物的反面，他会积极找到其正面。保持这样的态度，人们面对现实中的困难、挫折、逆境等劣势时，就容易往好处想，有自信，有意志，能以任何形式去适应现实，能以适当行为去克服困难，心里就不会产生抱怨、放弃、自卑等不愿接受现实的失调情况，这种安定、适应的状态就是心理平衡的状态。

二 正确定位

正确定位有利于心理平衡。世界上存在着许多“柔胜刚，弱胜强”（《道德经》第三十六章）的现象。比如水以“天下之至柔，驰骋天下之至坚”（《道德经》第四十三章）；树枝“强大处下，柔弱处上”（《道德经》第七十六章）；婴儿“骨弱筋柔而握固”（《道德经》第五十五章）；君王“受国之垢，是谓社稷主；

受国之不祥，是谓天下王”（《道德经》第七十八章）。所以人应该守柔示弱，处下不争。

老子为自己选择的这个定位有着诸多合理之处，其中最显著的结果是为自己营造良好的人际环境，增强安全感。他举例说：“江海所以能为百谷王者，以其善下之，故能为百谷王。是以欲上于民，必以言下之；欲先民，必以身后之。是以圣人处上而民不重，处前而民不害，是以天下乐推而不厌。以其不争，故天下莫能与之争。”（《道德经》第六十六章）这一章启示人们凡事不要争先，与世无争的人不易与人产生矛盾、遭人怨恨，而更容易得到理解、得到宽容、得到支持、得到帮助、得到尊重，最终获得强大的力量从而获得成功。所以人们在为人处事中，应该像水一样经常保持低调，体会“曲则全，枉则直，洼则盈，弊则新，少则得”（《道德经》第二十二章）的道理。

同时老子还指出“自见者不明，自是者不彰，自伐者无功，自矜者不长”。（《道德经》第二十四章）自见、自是、自伐、自矜都属于以自我为中心的倾向，是人不能合理定位的心理表现，它使人暗昧、偏执、敌意、退步、失败，导致各种心理疾患。人们应该纠正这一倾向，淡化自我意识，有效控制情绪，始终使自己处于安全的人际环境中，心理自然就会充满安全感，安全感是心理平衡的重要表现。

三　善待他人

老子说：“我有三宝，持而保之。”（《道德经》第六十七章）其中“三宝”之首就是“慈”，就是要求人们善待他人。

善待他人就要爱护他人。老子说：“圣人无常心，以百姓心为心。善者吾善之，不善者吾亦善之，德善。信者吾信之，不信者吾亦信之，德信。圣人在天下歙歙，为天下浑其心。百姓皆注其耳目，圣人皆孩之。”（《道德经》第四十九章）爱护他人就要学会将心比心，不要站在自己的角度衡量对方是否善良、是否诚信，应该糊涂一点，像对待不懂事的孩子一样对待任何人，这才是真正的与人为善。像“道”一样对任何人“不可得而亲，不可得而疏；不可得而利，不可得而害；不可得而贵，不可得而贱。”（《道德经》第五十六章）能够做到不起分别心，积极接受他人的人必是心理平衡的人。

善待他人就要帮助他人。“是以圣人常善救人，故无弃人；常善救物，故无弃物，是谓袭明。故善人，不善人之师；不善人者，善人之资。”（《道德经》第二十七章）帮助他人首先是能够认可他人存在的重要性，不可轻视放弃，还要经常坚持。这都属于与人相处时的积极态度。现代心理医学表明，帮助他人的确可以引起人心理上的快乐感，经常做善事有利于人经常保持心神愉悦与情绪平和。

善待他人就要宽容他人。“和大怨，必有余怨，安可以为善？是以圣人执左契，而不责于人。”（《道德经》第七十九章）老子认为，用各种方法调节人们之间的恩怨，并不能够真正彻底地解决矛盾，正确处理紧张人际关系的最佳方法就是凡事“不责于人”“以德报怨”，做到真正的宽容，这样就从根本上杜绝矛盾的产生，从而为自身创造无冤无仇的良好人际环境和安定满足的心理环境。

善待他人就要利益他人。“圣人不积，既以为人，己愈有；既以与人，己愈多。天之道，利而不害。圣人之道，为而不争。”（《道德经》第八十一章）利益他人“为人”“与人”，用今天的话说就是服务和奉献，《道德经》的主张正是要人们在服务他人过程中成就自己，在奉献社会实践中满足自己。较之衣食无忧、安居乐业，这样的成就感和满足感是在更高意义上实现的。经过升华与净化的满足感对心理平衡的作用是持久的、深刻的。

四　保持快乐

心理学家告诉我们：心理平衡的人能够自觉保持经常的快乐心境。《道德经》在保持快乐方面给我们的启迪是：知足、清静。

虽然人必须通过满足各种需要而保证生存，但是这些满足不应该是无止境无节制的。老子认为“罪莫大于可欲，祸莫大于不知足，咎莫大于欲得。”（《道德经》第四十六章）因为“五色令人目盲，五音令人耳聋，五味令人口爽，驰骋田猎令人心发狂，难得之货令人行妨。”（《道德经》第十二章）过分的物质享受不仅有害于躯体健康，也有害于心理健康，破坏身心和谐。同样，过分关注宠辱得失也是有害的，现实中人们很难做到宠辱不惊、得失无忧，那种争宠争得的拼搏，不仅使人牵肠挂肚、寝食难安，并且会直接导致人际关系的紧张。所以老子强调知足知止，因为“知足不辱，知止不殆，可以长久。”（《道德经》第四十四章）“知足之足，常足。”（《道德经》第四十六章）也就是说，只要知足知止，就能确保个人的长久的尊严感、满足感、安定感、幸福感，做到“甘其食，美其服，安其居，乐其俗”。（《道德经》第八十章）这些又都是心理平衡所需要的积极的心理感受，所以寡欲知足可以看做是愉悦的重要前提。

现实生活中，人们势必会因种种纷扰导致烦恼不安，如何面对？老子说：“清静为天下正”。心理健康同样可以得益于“清静”。《道德经》十六章：“致虚极，守静笃，万物并作，吾以观复。夫物芸芸，各归其根。归根曰静，静曰复命。复命曰常，知常曰明，不知常，妄作，凶。知常容，容乃公，公乃王，王乃天，天乃道，道乃久。没身不殆。”就是说，当人们真正完全地静下心来，就可以领悟到万事万物的规律就是经历纷繁复杂的过程之后重新复归到清静的本初状态。如果不遵照这个规律办事而胡作非为，就会导致恶劣的后果，而按照这个规律办事自然会成功而且长久。从这段文字可以了解到，“静”的心理功效有“明”“容”“公”等。“明”就是心智澄明，心智澄明是心理健康的基本条件；“容”就是心胸大度，心胸大度是心理平衡的标志之一；“公”就是公正，公正也是心底无私的协调状态。“静为躁君”，人们如果能做到“静”“明”“容”“公”，也就不会宠辱皆惊、患得患失、心烦意乱了，“没身不殆”的成就感必会加深加强快乐心境。

综上所述，《道德经》从接受现实、正确定位、善待他人、保持快乐等四个方面，注重引导人们体验内心的安定宁静、幸福愉悦与外部的和睦协调、相契共容等积极情绪，对保持心理平衡、加强心理健康有很大的裨益。

（本文作者：陕西省社会科学院助理研究员）

老子公正思想初探

郑冬芳　杨威凤

公正，是人类永恒的追求，中国古代的思想家也通过各种途径，对公正进行着自己的探讨，先秦著名的思想家老子就是其中的一个代表。

一　公正的依据：天道

老子倡导公正，但这种公正不是自己随心所欲想出来的，而是有它的根据的，这一根据就是天道或曰道。

道是老子思想中的一个特别重要的甚至基础性的概念，道是什么？在老子眼里，道是一个不能用语言充分表述的形而上的概念，“道可道，非常道”（《道德经》一章），它为什么不可说，因为，它是万物存在并化生万物的总根源，它是万物活动依循的总规则，“道生一，一生二，二生三，三生万物”（《道德经》四十二章），“故道生之，德畜之。长之育之，成之孰之，养之覆之，生而不有，为而不恃，长而不宰，是谓玄德。”（《道德经》五十一章）道生成万物，德畜养万物，抚育万物，让他们生长，保护他们，但是不据为己有，不自恃有功，不凌驾于万物之上，道的这种无私性、超越性和包容性，决定了它是不能用语言形容的，能用语言形容的就不是道了。道既然是万物活动的总规则，人的活动也应遵循道，虽然，在自然界，人也居于非常重要的地位，“道大，天大，人亦大。域中有四大，而人居其一焉。”（《道德经》二十五章）但严格来讲，人之所以伟大，就在于人对自然、对天道的尊，“人法地，地法天，天法道，道法自然”（《道德经》二十五章），自然有自然的法则，大自然生生不息就是自然法则作用的结果，自然的德性是无为而又公正的：“天地相合，以降甘露，民莫之令而自均。”（《道德经》三十二章）真正的人道既是对天道的效法，同时又是和天道相通的，因而人道也应该是公正的，如果我们效法自然，对天下众生一视同仁，社会就可以祥和。老子曰：“天地不仁，以万物为刍狗；圣人不仁，以百姓为刍狗。天地之间，其犹橐籥乎？虚而不屈，动而俞出。多言数穷，不若守中”（《道德经》五章）。天地是无所谓仁慈的，它没有仁爱，对待万事万物就像对待刍狗一样一视同仁，任凭万物自生自灭。圣人也是没有仁爱的，也同样像刍狗（用草扎成的狗。古代专用于祭祀之中，祭祀完毕，就把它扔掉或烧掉，比喻轻贱无用的东西）那样对待百姓一视同仁，任凭人们自作自息。天地之间，岂不像个风箱一样吗？它空虚而不枯竭，越鼓动风就越多，生生不息。政令繁多反而更加使人困惑，更行不通，不如保持虚静。

老子通过“天道”与“人道”的对比，表达了他对公正的理解，“天之道，其犹张弓与，高者抑之，下者举之，有余者损之，不足者补之。天之道，损有余而补不足。人之道则不然，损不足以奉有余。孰能有余以奉天下？唯有道者。”（《道德经》七十七章）老子用张弓形象比喻道作为宇宙最高存在，天之道似乎如一只无形的大手，调节着事物间的平衡关系，减损有余的一方，补给不足的一方，以达公正，自然的平衡法则是减少有余而补充不足，公正既是道的自然状态，也是道的本质要求。但当时的社会呢？在老子眼里，当时的社会并未真正地效法自然，反而是对自然法则的破坏，不是损余而补不足，而是损不足以奉有余，如何解决这种状况，只有效法天道，老子由“天道”论述到“人道”，主旨就是社会公正。

二 公正观的主要内容

老子不仅探讨了公正的依据问题，还从“道法自然”出发，对公正的基本内涵提出了自己的见解。

（一）“容乃公，公乃全”

老子认为，“不知常，妄作凶。知常容，容乃公，公乃全，全乃天，天乃道，道乃久，没身不殆”（《道德经》十六章），“常”即自然万物运动变化包括人类社会活动遵循“道”所表现出的规律性，如果人们不认识自然规律，就会轻举妄动，而轻举妄动的结果往往就是祸乱和灾凶，而如果能正确认识自然规律，人就会具有包容的品德，具有包容品德的人就会坦荡公正，而坦荡公正的人就会思量周全，周全恰是符合自然之“道”，符合自然的道才能长久，终生不会遭到危险。“容乃公”是老子对公正的首要理解。公正不应该是狭隘的，不应该只是为少数人的利益服务的，否则就不是真正的公正，而是一种残缺不全的公正。“容乃公”要求一切人的利益都应当被考虑到：“是以圣人常善救人，故无弃人；常善救物，故无弃物。是谓袭明。故善人者，不善人之师；不善人者，善人之资。”（《道德经》二十七章）

除了“容乃公”外，还必须“公乃全”，公正必须贯穿到各个领域，这既是“容乃公”的贯彻，又是对公正的普遍性要求。当时社会主流的公正观（儒家公正观），强调的是君与臣，父与子，夫与妻之间秩序基础上的所谓公正，强调“君为臣纲、父为子纲、夫为妻纲”，建立在等级秩序基础上的所谓平等不可能是真实的。

老子的公正观与儒家建立在等级基础上的公正观形成了鲜明对比。儒家的公正只是为社会等级秩序服务的，老子的公正观是对儒家公正观的革命，“人之不善，何弃之有?”（《道德经》六十二章）不管是天然的不善，还是社会带来的不善，还是自身的不善，都要一视同仁。“是以圣人常善救人，故无弃人；常善救物，故无弃物。”所以，陈鼓应说“老子是体制外的抗议者，孔子是体制内的改良者”[①]。

（二）“不积、不争”

老子认为，要做到公正，人们还必须做到“不积、不争”，“圣人不积，既以为人己愈有，既以与人己愈多。天之道，利而不害。圣人之道，为而不争”（《道德经》八十一章），真正的公正要求人们不怀有占有之心，而是尽力为他人着想，为他人着想也会使得自己拥有的更多，真正的公正要求尽力予人，因为尽力予人会使自己更丰富。自然之道就是万物相互有利于对方而不损害对方，结果大家都得到好处，所以正确的做事之道应该是努力做事、不争名夺利。

为了贯彻他的“不积、不争”的公正观，老子提出了一个治理国家的原则——“不尚贤”（《道德经》三章）。不尚贤可以“使民不争”。崇尚贤能是春秋末期风行各国的风尚，“尚贤”有它积极的一面，它可以极大地调动人们的积极性，但“尚贤”也存在着明显的弊端，这就是它所导致社会分化，“尚贤”必然鼓励人们为“成名”而相互争夺，甚至相互诋毁、倾轧，而公正的做法应该是注重多数人的作用，促成人与人间的互相尊重和和平相处，使社会不至于偏离原有的自然状态，防止社会的分化尤其是部分人的特权化，是社会成为多数人而不是少数贤能之人的社会。老

① 陈鼓应著《老庄新论》，上海古籍出版社，1992，第64页。

子还用水的特性来说明不争反而更会得利的自然公正之道，“水善利万物而不争，处众人之所恶，故几于道。”“居善地，心善渊，与善人，言善信，政善治，事善能，动善时，夫唯不争，故无尤。”（《道德经》八章）人要学习水善于“处下”的品质，心灵要清澈明净、纯洁、高尚、有度量能容事，是对人对物要慈爱和谐，不搞对立，把握天时地利，顺应自然。“太上，不知有之；其次，亲而誉之；其次，畏之；其次，侮之。信不足焉，有不信焉。悠兮，其贵言。功成事遂，百姓皆谓‘我自然’”（《道德经》十七章）。治理国家的最高策略，是无为而治（人民似乎感觉不到它的存在）；次之的策略是民众认同这一策略并予以称赞，再次之的策略，是民众的畏惧；最次的治理策略，是民众对这种策略的轻蔑。最好的治理者似乎也是最悠闲的，他不过多干预民众，国家反而治理的井井有条，而百姓也各得其所，“事情本来就是这样的”。

（三）“损有余而补不足”

老子对公正的理解，是和平等紧密地联系在一起的，反对社会不平等、不公平，为此他倡导公正就是“损有余而补不足”。何谓“损有余而补不足”？清代易佩绅认为“损有余而补不足”就是“均”，“道在天下均而已，均而后适于用。此有余则彼不足，此不足而彼有余，皆不可用矣。抑其高者，损有余也；举其下者，补不足也。天之道如是，故其用不穷也”。[①] 这和当代法哲学家博登海默的思想有相通之处，博登海默认为，“相同的人和相同的情形必须得到相同的或者至少是相似的对待，只要这些人和这些情形按照普遍的正义标准在实质上是相同的或相似的。”[②] 均是天之道，人应该效法天，所以“有道者”，就应奉行道的准则，“损有余而

① 《道德经校释》（第七十七章），中国古籍全录，http：//guji. artx. cn/。

② 〔美〕博登海默著《法理学—哲学及其方法》，华夏出版社，1989，第282页。

补不足”。“损有余而补不足”表现在社会财富问题上，就是平均主义，甚至是绝对的平均主义，“不患寡而患不均”（《论语·季氏》），用今天的话来说，就是在财富分配问题上，不能出现贫富差距拉大，收入分配不公的情况。所以对社会财富的分配要做到救贫扶弱，劫富济贫。老子的这一思想，对中国历史产生了很大的影响，在汉朝初年，文帝、景帝，甚至武帝鼓励地主散发钱财，救济贫者，政府则通过封侯的方式奖赏符合“天道”的富者。这种措施在一定程度上对汉朝的社会稳定与发展起到了不可忽视的作用。

“损有余而补不足”不仅体现在社会财富的分配上，还体现在对个人的品行的要求上。天之道，“损有余而补不足”，而人之道“损不足以奉有余”，现实中，有人不但追求财富，而且追求无限的财富，但殊不知，天道有常，“持而盈之，不如其已；揣而锐之，不可长保。金玉满堂，莫之能守；富贵而骄，自遗其咎”（《道德经》九章）。人与其执持盈满，不如适时停止；人如果过于显露锋芒，锐势则难以保持长久。如果追求金玉满堂，则最终竟无法守护财富，如果因富贵而骄横，只会给自己留下祸根。同时，对所有人事都应不偏不倚，“不可得而亲，不可得而疏；不可得而利，不可得而害；不可得而贵，不可得而贱。故为天下贵。”（《道德经》五十六章）在常人看来，亲与疏，利与害、贵与贱只是对立的关系，但“有道者”，不会厚此薄彼，而是持中庸之道，没有亲疏、利害、贵贱之分，永远站在中庸的位置。因为，“曲则全，枉则直，洼则盈，敝则新，少则得，多则惑”。（《道德经》二十二章）委曲便会保全，屈枉便会直伸；低洼便会充盈，陈旧便会更新；少取便会获得，贪多便会迷惑。

三　实现公正的主要途径

老子不仅探讨了公正的内容，而且对如何实现公众进行了探讨。

（一）“知足”

老子认为，社会公正的实现，首先要求社会民众必须“知足”“知止”。“知足不辱，知止不殆，可以长久”（《道德经》四十四章）。人如果懂得满足，就不会受到屈辱，如果懂得适可而止，就不会面临危险，这样就可以长久。那如何才能“知足”“知止”呢？老子认为主要依赖于个体对“道”的感悟和道德修养。人们要体会“反者道之动”（《道德经》四十章）的道理，“物壮则老，谓之不道，不道早已”（《道德经》五十五章），当人的追求超过了一定的“度”时，就是“不道”，就会使事物向相反的方向发生转化，其结果不仅于己无益，反而有害。在道德修养上，人们既要“见素抱朴，少私寡欲”（《道德经》十九章），还要“致虚守静”。“见素抱朴，少私寡欲”就是生活上保持纯朴，减少私心，消除欲望，轻名薄利，所谓“致虚守静”就是说一个人必须虚心、静心，只有虚心才能排除物质欲望的诱惑，才能心胸宽广，包容万象。只有静心，才能使心灵不受任何污染，达到与“道”合一的境地，“致虚极，守静笃”（《道德经》十六章）。

（二）“贵和”

老子认为，社会公正的实现，要求人们还必须“贵和”。老子所谓的“贵和”，既体现在处理国与国的关系问题上，也体现在国家的治理上，还体现在人们的日常交往中。

在国与国的关系上，老子以“贵和”为武器，向往和平，反对战争。因为“知和曰常”（《道德经》五十五章），“和”是天之道，“和”是“道”在人与人、国与国关系的折射，持守和平就是遵循“天之道”。“故大国以下小国，则取小国。小国以下大国，则取大国，故或下以取，或下而取”（《道德经》六十一章），大国如果不恃强凌弱，则小国就乐于归附大国；如果小国对大国谦下，大国就能容纳小国。在二者的关系中，在小国做到谦让的前提下，主要还是占主导地位的大国应当谦下，不应当动辄以武力相威胁。只有这样，大小国之间才能做到和平共处。

“贵和”体现在国家的治理上，就是要统治者善待民众，“圣人常无心，以百姓之心为心。善者，吾善之；不善者，吾亦善之，德善。信者，吾信之；不信者，吾亦信之，德信。圣人在天下，歙歙焉为天下浑其心，百姓皆注其耳目，圣人皆孩之”（《道德经》四十九章）。圣人常常是没有私心的，以百姓的心为自己的心。对于善良的人，我善待于他；对于不善良的人，我也善待他，这样就可以得到善良了，从而使人人向善。对于守信的人，我信任他；对不守信的人，我也信任他，这样可以得到诚信了，从而使人人守信。有道的圣人在其位，收敛自己的欲意，使天下的心思归于浑朴。百姓们都专注于自己的耳目聪明，有道的人使他们都回到婴孩般纯朴的状态。

“贵和”体现在人与人的关系上，就是宽和处事，互相尊重，平等友爱。老子主张强者在与他人交往中要谦虚、退让，懂得尊重他人，切勿恃强争锋，否则适得其反，“果而勿矜，果而勿伐，果而勿骄，果而不得已，果而勿强”（《道德经》三十章），人与人要相互理解，要看到每个社会角色都有他应有的位置和价值，应该受到应有的尊重，即使功成名就也不能失去谦逊、处下的美德。这种超越贵贱善恶、处下谦和的人生态度，反映了老子所具有的平等意识。

（三）“无为”

老子认为，社会公正的实现，要求人们还必须“无为”。“无为”是天之道，“道常无为而无不为”（《道德经》三十七章），“天下之至柔，驰骋天下之至坚。无有入无间”（《道德经》四十三章），天下最柔弱的东西，腾越穿行于最坚硬的东西中；无形的力量可以穿透没有间隙的东西。“吾是以知无为之有益。不言之教，无为之益，天下希及之”（《道德经》四十三章）。因此我们应认识到“无为”的益处，应用“不言”方式教化人民，“无为”是最好的“有为”。认识并运用“无为”正是人道之所在，“三十辐共一毂，当其无，有车之用。埏埴以为器，当其无，有器之用。凿户牖以为室，当其无，有室之用。故有之以为利，无之以为用。”（《道德经》十一章）三十根辐条汇集到一根毂中的孔洞当中，有了车毂中空的地方，才有车的作用。糅和陶土做成器皿，有了器具中空的地方，才有器皿的作用。开凿门窗建造房屋，有了门窗四壁内的空虚部分，才有房屋的作用。要实现公正，人们也必须“无为”。对统治者而言更是如此，所以老子特别推崇古人之言，“我无为，而民自化；我好静，而民自正；我无事，而民自富；我无欲，而民自朴。”（《道德经》五十七章）“为无为，事无事”（《道德经》六十三章），“无为而无不为，取天下常以无事；及其有事，不足以取天下”（《道德经》四十八章）。治理国家，要以不扰民为治国之本，如果以苛政扰害民众，那就不配治理国家了。“民不畏威，则大威至。无狎其所居，无厌其所生。夫唯不厌，是以不厌。是以圣人自知不自见，自爱不自贵。”（《道德经》七十二章）当人民不畏惧统治者的威压时，那么，可怕的祸乱就要到来了。不要逼迫人民不得安居，不要阻塞人民谋生的道路。只有不压迫人民，人民才不厌恶统治者。因此，有道的圣人不但有自知之明，而且也不自我表现；有自爱之心也不自显高贵。“将欲取天下而为之，吾见其不得已。天下神器，不可为也，不可执也。为者败之，执者失之。是以圣人无为，故无败，故无失”（《道德经》二十九章）。用强制办法治理天下，是不能够达到目的。不能用违背人民意愿和本性的方法进行统治，否则就会失败，用强力把持天下，就一定会失去天下。因此，不妄为才不会失败。

老子对公正的探讨，虽然受制于历史条件和个人立场的局限，存在着许多并不为今天的我们所认同的地方，但是，不能就因此否认老子对公正的理解和对公正实现的追求所带给我们的启示。在我们今天建设和谐社会、消除社会贫富差距的实践中，对老子的公正观，我们应该去其糟粕，取其精华，为我所用。

（本文作者：西安交通大学人文社会科学学院教授；
西安交通大学硕士研究生）

方东美对老子思想的价值学阐释

刘　峰

方东美从相对和绝对价值二分的模式出发，通过整合儒释道、会通中西印的宏观视域，和对老子的核心概念道进行微观分析相结合的方式，对老子思想进行了系统的阐释。成功地在现代学术背景下将老子思想中的超脱解放、和谐圆融、价值横冲等精神豁显开来，为当下思考老子及道家思想现代化具有积极的启发意义。

一　老子思想的价值二重性

方东美开宗明义地指出“中国哲学是以‘价值’为中心的哲学”。因此他选用相对和绝对相待的分析模式，以价值为视角系统阐发了自己对老子思想的独特理解。

首先，价值二重性的内容。方东美指出，老子思想的价值学意蕴集中在第二章“天下皆知美之为美，斯恶已；皆知善之为善，斯不善已”。他说，“我认为，这句话所指的是价值学上的两套系统。”[①] 其具体解释为，台北日常经验中所谈及的艺术、道德、价值等都具有相对性和局限性，因为美还有它的反面丑，善也有它

① 方东美著《原始儒家道家哲学》，台北黎明文化事业股份有限公司，1983，第189页。

的反面恶，如此可见，善也好美也罢都是与它的对应面相依而存，这就是所谓的相对价值；他又指出老子这句话的用意是，要求从相对价值里面超脱解放出来，把相对价值点化成为最高的绝对价值。为此方东美还特意强调，最高的绝对价值是坚决不能与相对价值相提并论的，同样以美丑为例，绝对的善不是善恶相对的善，绝对的美也不是美丑相对的美，而是绝对的善和绝对的美。

其次，价值二重性的根源。方东美接着指出，老子第二章中的核心概念及其价值的相对性，根源于第一章解释宇宙起源所遵循的“重玄模式”。因为“玄之又玄”最大的特征就是对现实的连续否定而要求不断前进，其中所体现出的无限性、开放性不仅奠定了价值二重性的基础，而且体现了中西文化的显著差别，他从正反两面举例说明：正面像儒家所讲的“生生之谓易”，他说因为在儒家的思想系统中创生不是一度一季的过程，而是赓续不断、持之以恒的过程，所以称其为“生生之谓易”；反面像希伯来的宗教思想中就只是将创生视作一个有始有终的过程，即上帝把世界创造好之后，就交付给世界，这一过程就戛然而止。对比而言，重玄本身表达的否定意涵，正说明中国哲学是将现实世界的大千万物都视作有限的相待，而并非最高、最后的终极，所以其中诸如“有”和“无”必然只是相对的存在，应该以追求终极价值为目标而对此不断超越。

再次，从相对价值到绝对价值。方东美继续分析“难易相成，长短相较，高下相倾，音声相和，前后相随。是以圣人处无为之事，行不言之教……”，对于这段话，他从儒道比较的角度进行诠解，指出这是老子不满意儒家的表现，因为儒家是积健有为、身言立教，其特征就体现了“为”字。但是从老子的角度出发，有意为之的言教所蕴含之价值当然只是具体和有限的，因此老子要讲“无为而无不为”。方东美的意思是，老子的思想就是要对世间的所有活动“为”不断地采取超越态度，从而达到“无为”的阶段，“无为”既是超脱的境界体现也是永恒的价值代表，它是现实中一切真、善、美的最终依据，因此又是“无为而无不为”的。所以他解释老子“为学日益、为道日损”时强调，“损”不是破坏而是“提炼”，是看出知识的相对性，从中提炼出最精粹的价值。正是沿着这一思路，方东美将老子第二章的中心思想概括为“很显明的是从相对价值超脱解放之后，再得着一个至高无上的超越的价值系统”①。

最后，绝对价值的实现。方东美指出绝对价值不是一个空洞的概念或形式，而是有着丰富内容和具体表现的精神实体，正如他所言“宇宙最高的价值是可以完成实现的……总要在一种最高的人格精神里面完成实现出来。”②“最高的人格”就是方东美所谓的圣人，而圣人的品格在道家思想系统中就是宇宙最高理想和绝对价值的化身。所以他在解释《老子》下篇第一章“上德不德，是以有德；下德不失德，是以无德。失道而后德、失德而后仁、失人而后义、失义而后礼”时就指出，这段材料充分体现了老子对最高价值实存性及实践性的高度重视和对其虚无性的彻底批判。他无非是要表达，老子意在说明，凡是高调宣扬和呼喊价值的人实质上是已近沦丧了价值的小人，因此所提倡的价值也是微不足道的。反之，那些不空谈德性与价值的人才是高尚的人格，因为他们自始至终都是以自然的状态呈现内在永恒的精神生命，因而他本身就是一个鲜活的榜样，必然会受到其他人发自内心的赞扬、崇敬和感叹。也就是说，代表着最高价值理想的圣人，他的生命本身就会感召世界众生。正是在这个意义上方东美强调，“真正不呼号德的上德，才是宇宙里面最高价值的一个精神枢纽”③。为什

① 方东美著《原始儒家道家哲学》，第 191 页。
② 方东美著《原始儒家道家哲学》，第 192 页。
③ 方东美著《原始儒家道家哲学》，第 192 页。

么称之为“精神枢纽”？通过方东美对老子“圣人在天下，翕翕焉为天下浑其心”的解释可以得知。他指出此处的心不是自我的心，而是“普遍临在的公心”，它的功能就在于把世上所有的人心相贯通，言下之意就是作为宇宙最高价值化身的圣人，他感召众生的过程就是以最高的价值精神浸润、渗透、沐浴世间万物的过程，如此一来，宇宙世界才会成为精神充沛、光明祥和、价值遍布的状态。方东美认为，这才彻底实现了道家所要追求的最高价值理想。显然其中的关键则在于圣人对宇宙价值和世间万物的沟通，因此方东美称圣人为宇宙最高价值的“精神枢纽”。可见，方东美虽然以“相对和绝对”的二重价值模式揭示出道家思想的内在特质，但是他坚持认为道家思想中所谓的层级之间不是相互隔绝与彼此断裂，而是任运自如、畅通无碍的关系，无疑这根源于他对道家本体论的“超越性”规定。

二　价值二重性的形上学根据

方东美认为，“中国哲学的各派学说可以会归在一个共同点上，就是形上学与价值学的联系”①。同样，他还强调研究中国哲学的形而上学，应注意的第一个问题是在讨论“世界、宇宙”时，不能仅将其视为物质，也应该认识到它还是一个充满价值意蕴的目的论系统。也就是说，他认为中国哲学的价值学与形上学是合二为一的。所以他对道家思想价值二重性的阐释，是以对道家形上学的研究为基础而展开的。

方东美总结道，研究哲学有逻辑和知识论的途径、有宗教的途径，还有形而上学的途径，虽然形而上的途径并不能适用于研究所有中国哲学，但是就道家、儒家、佛家而言还是非常奏效的。

① 方东美著《原始儒家道家哲学》，第189页。

因此，他首先将包含道家在内的中国形上学概括为“超越的形上学”。根据是，以道家为代表的中国形上学，它追求的哲学目标和境界虽然是以现实世界为存在的资粮，但是并没有被现实世界的固有局限所束缚，相反正是在对各种有限性的不断突破中，实现了对理想境地的追求。同时，当哲学追求到达无限理想境地时，又要求必须调转回头，将理想境地的价值和精神落实到现实世界，以之提升现实世界的各种黑暗、痛苦与罪恶，即“一切理想的境界乃是高度真相含藏之高度价值，这种高度价值又可以回向到人间的现实世界中落实”①。因此如果从超越形上学的角度理解绝对价值与相对价值的关系，方东美指出“‘超越形上学’在理想价值的完全实现方面看来，又一变而为‘内在形上学’一切理想价值都内在于世界的实现、人生的实现”②。

为了进一步突显道家形而上学的“超越性”或“内在性”特质，方东美从“道体、道用、道相、道征”四个方面对老子的核心概念“道”进行了细致的剖析。首先是“道体”，他解释说“就道体而言，甚至根本上就超本体论之立场而言，道乃是无限真实存在之太一或元一”③。其意思是在突出道就是无限的真实存在实体。原因在于，从逻辑上讲道是宇宙的本体，具有无限性和开放性，而且是将纷繁复杂的宇宙万象有序统一整合的根据，因此还强调老子所言诸如道为万物之宗、道为天地根、道为大象或玄牝等，无一不是对道体的强调。其次是“道用”，他解释说“就道用而言，无限伟大之‘道’即是周溥万物、便在一切之‘用’或‘功能’，而取之不尽、用之不竭者”④。这里包含两层意思，也是

① 方东美著《原始儒家道家哲学》，第16页。

② 方东美著《原始儒家道家哲学》，第17页。

③ 方东美著、孙志燊译《中国哲学之精神及其发展》（上），台北成均出版社，1984，第173页。

④ 方东美著、孙志燊译《中国哲学之精神及其发展》（上），第174页。

他所谓认识“道用”的两个途径，一方面道本来潜存、退藏于本体界之玄境，发散时则弥贯天地宇宙万有，此即“周溥万物、遍在一切”，也即老子“退藏于密，放之则弥于六合”。另一方面当现象界在动态化育的过程中能量用竭之时，可以回过头来向上求援于道之超越界，此即“取之不尽、用之不竭”，也即老子“反者，道之动”；再次是“道相”，他指出“就道相而言，道之性相可分两类：曰天然本相与意然人为属性”[①]。其中也有两层意思，一方面所谓的本相指道的本身内容而言。另一方面所谓的意然或人为属性指从人的立场出发，对道进行观察后归纳出的结论；最后是“道征”，他认为“就道征而言，高明至德之显发之……原出于道，而圣人，道之表征，其具体而微者也。”[②] 意在说明，圣人就是道的具体化身和当下呈现，即“道成肉身”。原因在于圣人根据对最高价值理想的体认与肯定，不断提升自己的精神人格，因此超脱了一切凡夫的鄙陋和缺点，从而慷慨无私、淑世救人，感召更多的人朝向精神解放之路前进，方东美强调，“这就是老子所痛快淋漓指出来的道家精神”[③]。

至此可以看出，方东美认为道家本体论的核心内容，就在于解决现实与超越这两个世界的关系问题，而且道家思想正是以圣人生命精神的完成为例，具体地论述了两个世界和谐通达的理论依据和实践可能。显然，他是透过二分法的方式对道家本体论的内容与特质展开集中阐释，为以价值二重性疏解道家思想提供了坚实的逻辑保障。换句话说，二重性价值学自然成为凝练道家思想精神的有效方式，为其固有价值在现实中的充分彰显起到了积极的促进作用。

---

① 方东美著、孙志燊译《中国哲学之精神及其发展》（上），第 176 页。

② 方东美著、孙志燊译《中国哲学之精神及其发展》（上），第 178 页。

③ 方东美著《原始儒家道家哲学》，第 229 页。

三　价值二重性的现实意义

方东美以价值二重性为视角阐释老子思想，从其过程与效果上看，一方面是建立在对以儒释道三家为主干的中国哲学之通性的把握和体认基础之上的，所以是对儒释道三家思想的深度整合。比如，在概括中国哲学的根本精神时，他指出“中”代表中国整个的精神。具体解释道，中作为一个符号它象征着宇宙全体乃是一个大圆圈，因此任何偏执一隅的做法都是不可取的，相反正确的态度是“得其环中以应无穷”，要以中心为点，使得宇宙上下浑然贯通、还须如中。这是在表达，中国思想虽然也有现实和超越世界的划分，但是二者的关系不是隔绝封闭的，代表宇宙精神、绝对价值的超越世界和代表相对价值、具体价值的现实世界从理论上讲，没有分离的前提。再比如，他认为中国哲学不管分为多少流派，但其中的共同精神形成了中国哲学的同一性，即“处处可以看出人性的伟大”[①]。他说从儒家开始，在创生不已的宇宙世界里人总是安立于中，这充分体现了对人类伟大精神生活的赞扬和肯定，而且还强调道家和佛教对这一点都是持以认同和发扬的态度。此外，方东美格外重视佛教华严经，不仅强调它心佛众生三无差别的思想，而且前两会的主角毗卢遮那佛，在他看来不仅是释迦开悟成正觉的表现，更是宇宙精神的化身，并且正是通过他的七次放光彻底将现实与超越等宇宙层级之间密切关联到一起。可见，正是因为中国哲学对人的地位和精神给予高度的重视，而且均以圣人、至人的道德标准为理想道德价值的诉求，所以方东美在对其综合吸收的基础上必然以圣人精神生命的实现来说明上下两个价值世界的沟通问题。

---

① 方东美著《原始儒家道家哲学》，第13页。

另一方面是通过中西文化的比较，使道家自由超脱、一际圆融、价值横冲等固有特征充分豁显，有力地回应了西方文化对中国传统文化的逼迫和挑战。近代中国曾出现以西方化为现代化的思潮，方东美对此大力斥责，他指出真正的现代化首先是要承受中国自己的精神文化传统，以此为立场充实、发展内在的宝贵生命和创造精神，从而才可以对中西方文化有切实的反省，对彼此的优劣有客观的认识。尤其是对西方文化一定要从根子上了解，不能只停留在商业、经济、政治这些层面。方东美所谓的“根子”就是源于古希腊的西方哲学、宗教等，因此他才以价值二重性及其内在关系为参照系，对以道家为代表的中国哲学和西方哲学进行了宏阔的比较。他总结道，古希腊、中世纪、近代欧洲以及希伯来、包括印度婆罗门思想最大的特点就是“以二分法把完整的世界、完整的人生划分为两截……这二分法产生一个问题，就是两层世界隔绝了”。但是中国哲学与此不同，即便是为了说理的方便也会将世界分成不同的层级，但是其相互之间是彼此勾连、相互贯穿的，就像他所谓的“各种价值各有其领域与境界，但是每一种都不是孤立系统，而是要与别的美善真的领域之价值，由下面发展上去，一层层向上提升，提高的价值可以回顾贯穿下面的价值，不遗弃它”①。以此为基础，他依据老子第二章的内容对近代科学和哲学以“价值中立”为原则对价值造成的否定与戕害，进行了集中破斥，强调宇宙存在的根本理由，就在于最后的根本价值，而且对宇宙真相的了解也只能依靠对根本价值的把握。根本价值，他借用柏拉图的名词就是“最高价值的统会”，也就是他常说的集一切真理、道德、光明、艺术、价值于一体的宇宙精神。所以他借此说明，柏拉图虽然也意识到现实世界的相对价值可以层层提升，进而可到达一个真善美贯通的价值学统会，但就是因

① 方东美著《原始儒家道家哲学》，第21～22页。

为西方人的二元分立性导致他只会往上升而不会回头看，因此柏拉图劳而无功。但是道家不一样，方东美指出道体、道用、道相、道征体现了他们一贯的哲学态度，“在宇宙的价值上面发觉理想之后，能够找着价值学最高的统一，然后把最高的价值理想转变为人生的理想，使它在宇宙里面能够允现。”即道家在向上跃升的同时总是要回过头来，使最高的价值理想在人世间得以落实和生发。正如他总结的“然后整个宇宙在老子的观点看起来，才是‘人无弃人、物无弃物’，换句话说，整个宇宙在价值理想上面都能达到高尚的境界，而使一切价值理想都充分的完成实现。这是老子五千言里面所要达到的目的”[①]。

（本文作者：陕西师范大学宗教研究中心2010级博士研究生）

① 方东美著《原始儒家道家哲学》，第210页。

老子“道之动”“道之用”及其当代启示

曹祖明　吴照峰

老子第四十章“反者道之动，弱者道之用”，是两个非常重要的命题，是老子整个哲学思想的精髓和纲领。

一　“反者道之动”解析

“反者道之动”是老子对道的运动规律的最精炼的表述，描述了道隐含于万象之中、万物之内而不可捉摸、向相反的方向变化而复归于本的现象。“反者道之动”是“道”本身性质决定的。显然这是一种本体论、世界观。“反者道之动”的哲学内涵表明：对立面的相互依存和转化是世界万物变化运动的规律。其表现方式为正反双方的相互依存、相互转化及和谐统一。

反者，即相反者。王弼说：“高以下为基，贵以贱为本，有以无为用，此其反也。”“反”体现出了道的运动变化性质，它体现了事物的阴阳两面，突出显现在事物的阴面，事物的反面。解析其内涵，一般认为有二，一是相反的作用交互影响，推动事物发展；二是发展表现为一正一反向对立面转化。我以为全面解析，可理解为四重内涵。

从结构上看，属性相反的两个对立面构成万事万物的本质。

例如，生死问题，生和死是对立统一的。“生为死之根，死为生之根”，这种互根性，是在道性中体现的，不是在我们观念中体现的。生和死是相反的，它们又统一于人的生命之中。

从作用上看，方向相反的两个作用力推动万事万物的发展。

“反”，体现了道对事物的作用机制。世界上存在着的相反的力量是事物运动的源泉。毛泽东在《矛盾论》中说：“矛盾着的双方，依据一定的条件，各向其相反的方面转化。”在相互转化的过程中，事物得以不断地发展变化。

从过程上看，万事万物的发展都是由肯定到否定再到否定之否定演进的。

“反者道之动”，“反”是“道”的运动方式，从过程的角度来看，体现了事物发展的辩证否定过程，万事万物的发展是由肯定到否定再到否定之否定的演进过程。正如黑格尔所谓的否定之否定的三段论断，老子在思维轨迹上正好为我们勾勒出一个终点重合于始点的螺旋式上升的圆圈，说明事物的发展都是新事物对旧事物进行“扬弃”，发展的趋势总是由低级走向高级。他深刻地启示我们，任何事物都是在矛盾对立的状态中发展产生的，要辩证地认识事物的性质。

从结局上看，万事万物的发展都是物极必反最终走向自己的对立面。

“反者道之动”的“反”，含有对立否定的意思，矛盾对立的双方还会相互转化。老子以自然万物的相互转化规律为依据，提出“枉—直”“敝—新”“少—多”“曲—全”“洼—盈”等一系列对立范畴，并论述了这些对立的范畴在一定条件下会相互转化，如委曲反能保全、弯曲反能正直、低凹反能积满、陈旧反能出新、少取反能有得，贪多反而会迷惑等。老子将对立面的相互转化看成不以人的意志为转移的“道”（即规律）。转化是指相对立的两面此消彼长，即彼此对立的两面处于不断的运动状态中。例如强与弱的转化，强与弱彼此对立的两面总是处于运动中，即不是处于由弱变强的运动状态中，就是处于由强变弱的运动状态中。

很显然，“反者道之动”是一种虽然素朴但却是一种很深刻的辩证的世界观。它内含对立面统一和转化的思想，内含矛盾推动事物发展的思想，内含否定之否定的思想，甚至也内含质量互变的思想。钱钟书先生甚至说黑格尔辩证法“数十万言均《老子》一句之衍义”。

二　“弱者道之用”解析

“弱者道之用”体现了道的作用，道的作用是渺小无形的，守弱处柔是可以攻坚取强的。“弱者道之用”的人生哲学内涵是：处弱、尚弱是对道的正确运用。因为，强弱是人们评价事物态势的主要指标，而根据“反之道之动”，强弱是相互转化的，强后则弱，弱后则强，强梁者不得其死，所以要处弱、尚弱。

显然，对应“反者道之动”的本体论、世界观来讲，“弱者道之用”是实践论、方法论。

那么，什么是弱？如何尚弱？

什么是弱？弱与强相对。弱有两种，一种是强后弱，“将欲弱之，必固强之”之“弱”与“弱之胜强”之“弱”在本质上有不同。“固”可以解释为“先”的意思。“将欲弱之，必固强之”，意为“为了使之弱，必须先使之强”。这种弱是强之后的弱，是盛极而衰的弱，是物壮则老的弱。老子说：“物壮则老，是谓不道，不道早已”。此“弱”不合道。一种是强前弱，即“弱之胜强”之“弱”，是未达到“强”“壮”的弱，是不使之达到“强”“壮”的“弱”。后者，则显然就是老子提倡“柔弱处下”的“弱”，是合道的。“物壮则老”确实是自然规律，但不是老子之道的运动规律。如果把青壮年当做强，那么强前弱如小孩，强后弱如老人。

老子的弱者，显然是能够转化为强的强前弱，如小孩的弱。用当代语言表述，这个弱者就是当下还不够强大但具有强大生命力的新生事物。这种弱，在当下比较强者是弱的，但他代表事物发展的方向，具有强大的生命力，最终要转化为强。“弱”转化为“强”，虽然是事物发展的必然规律，但不是靠等待而来的，仍必须在“用”字上狠下工夫，稳步前进，不可疏忽。故云：“道之用。”

尚弱，我以为有两个方面：用弱和弱用。

用弱，指着力的对象应是弱者。接着上面的意思，用弱，即高度重视当下还弱小的新生事物，发展壮大新生事物，从而推动社会历史向前发展。用弱的象征若小孩，小孩才是宝贝，小孩才代表未来。几千年来曾鼓舞一个又一个弱者或弱势群体坚定信念，由弱变强、由劣势转化为优势，最终战胜强敌，建立不朽的丰功伟绩。中国革命的历程，便是由弱小变为强大的典范。

弱用，指用力的方式和程度。弱用就是不过度。不争，无为，尚柔，知足，守雌。因为不争天下莫能与其争，无为而无不为，知足之足常足，柔弱胜刚强，过犹不及，物极必反。弱用的象征若水。上善若水，最佳的方式是若水。水利万物而不争，水无形处下，水至柔而至刚，抽刀断水不能，滴水穿石可成。其作用是十分微妙的，它是在人不知不觉中起作用的，看不见它的作用，摸不着它的作用，不动声色，无影无形，但是它确定在起作用。事物常常有一个由小到大、由易到难、由弱到强的转化过程。大凡事物达到盛极之时，就趋向衰退，走向败亡。守弱处下，不敢为天下先，就是生存的大智慈。

三　当代启示

第一，强者不会恒强，弱者不会常弱。

中西文化势能是转化的。西方文化的强势必有用尽之时，东方文化之弱势定有转强之日。那种把西方文化的优长绝对化的思维，一味推崇西方文化的倾向，是值得推敲的。没有看到西方文化已发展到极点，显露出了许多缺点，可以说现代化过程中出现的诸多危机，没有不是西方文化造成的。西方大国在其西方文化强调强势理念的支撑下，一味“处上”，张扬显赫，四处扩张，刺激并严重地威胁到其他国家，造成其他国家的不安全感，最后势必遭到其他国家的联手反对，其结果是大国也难以长久维持，最后不免败亡。所以，中国文化要铭记老子的“大者宜为下”的古训：中国文化要不发露、不把持、不据有、不咄咄逼人、只有这样，中国文化才能更强。

第二，理论与实践也是相反相成的。

事物的相反相成，不仅是同时性的，也是历时性的。在社会主义理论与社会主义实践的关系上也是这样的。理论的作用发挥到教条之程度时，便走到了尽头，实践的价值便显露出其应有的光芒。实践的作用在最大限度地展示之后，便呼唤理论的产生和指导。

中国改革开放三十多年来，是实践理性高歌的三十年，中国取得了巨大的成就。21 世纪，中国发展的巨轮已经驶向深邃的大海，驶向摸不到底的大洋。时代呼唤理论的强有力支撑和指导。这个时代已是中国需要伟大理论并产生伟大理论的时代，将是理论工作者大显身手，贡献才智的时代。

第三，现时代仍需用弱和弱用。

弱者道之用告示我们：现时代仍需韬光养晦，有所作为。韬光养晦就是弱用。

在现代，须注意的是，用弱：这个理论内容的重心，将是过去强调不够的内容，即过去被“弱调”的内容。它一定是现实的需要，人民的诉求，时代的呼唤。具体这个被“弱调”的内容是什么，就靠你自己把握了。哲学不是时代精神的精华嘛，哲学家应该是最能把握时代诉求的思想家了。

弱用：强调新的理论观点时，不可过度，不可走极端。她应是继承基础上的创新，是对已往理论与实践的内在超越，她不是外在绝对否定，而是包含对过去肯定的辩证的否定。

我们以为，从宏观言之，以上便是老子道之动、道之用的思想，在今天时代，对我们的主要启示。

（本文作者：解放军西安政治学院哲学教研室教授）

在老子和赫拉克利特之间

张 波

老子作为先秦思想家是无疑问的。他究竟是孔子同时代稍早的春秋末战国初代人，还是战国中期的思想家，是有争议的。他究竟是一个人，还是李耳、老聃、老莱子三个人，是有争议的。与此相关，《老子》一书究竟是一个人系统一贯的作品，还是不同人言论的合集，也是有争议的。[①] 学界倾向于：是老聃做了《老子》一书。假如他生活于春秋末战国初期，那么他正好与赫拉克利特是同时代人。赫氏的鼎盛年代是公元前504～501年。关于他的著作，即是否写过系统完整的分为三个部分的《论自然》，还是只说出了一些如流传后世的言论残片，也是有争议的。[②] 但是，即使从著作残片看，其思想具有歧义、晦涩而丰富。他们都属于东西文化创建的第一个高峰的“轴心时期”。无论是老子还是赫拉克利特——他们作为离群索居、与现实保持距离、孤独而伟大的思想者，仅从文献而言还是为后人留下了诠释和比较的巨大空间。

---

① 陈鼓应著《老子今注今译》，商务印书馆，2003，第7～13页。冯友兰著《中国哲学史新编》（上），人民出版社，1998，第307～316页。

② 汪子嵩等著《希腊哲学史》（1），人民出版社，1997，第413～417页。

一 存有论的思辨与追问

我们这个“世界”或“宇宙”的“始基”问题，是哲学家追问思考的根本问题，也是人类理性觉醒之后必当发问的第一个问题。各民族的原始神话试图作答，但是它不是基于理性的认识，而是基于拟人化的想象，中国的盘古开天辟地、女娲抟土造人的神话，古希腊赫西俄德《神谱》对于混沌之神“开厄斯”和地母“盖亚”衍生诸神的描述，《圣经》中上帝七日创造天地万物，都反映了人类文化的初萌状态。只有当理性真正自觉，人才基于现实的观察认识，予以哲学的抽象。赫拉克利特与老子的思想就是人类理性觉醒的反思、追问与写照。

二位东西先哲都在神话之后继续追问宇宙始基与生成问题。老子认为正是这个“道”，成为万有之根源。它具有存在的真实性、超越感性、超时空的无限性、自身的充盈性。它自己不假外求自己运动并生成万物。“有物混成，先天地生。寂兮寥兮，独立而不改，周行而不殆，吾不知其名，强字之曰‘道’。”（《老子》二十五章）这段话典型表达了老子“道”的宇宙观。“道”是比天地还要久远的真实存在。它是“道体”——质料的存在，还是“道用”——一种运动方式？它是“有物混成”的体，也是“周行不殆”“独立不改”的用，是体用合一的。道作为体用合一的存在，是一种人很难用感性具体清晰把捉，但又是真实、辽远的存在，因此，“道之为物，惟恍惟惚。惚兮恍兮，其中有象；恍兮惚兮，其中有物。窈兮冥兮，其中有精；其精甚真；其中有信。”（《老子》二十一章）道作为元初之存在是超感性的“混沌”，是“视之不见”“听之不闻”“搏之不得”的存在，是所谓的“无状之状，无物之象”的存在，是超时空的“视之不见其首，随之不见其后”的存在。道是如此玄远幽深，因此《道德经》开篇便说，“道可道，非常道；名可名，非常名。

无，名天地之始；有，名万物之母”。作为“天地之始”“万物之母”的道，可以称之为“无”也可称之为“有”。机械地用“有”或“无”来称谓道，是偏颇的；只有辩证地从“有”与“无”讲道，才是全面的。

赫拉克利特关于世界存有始基的描述，最有代表性的话语是：“这个世界，对于一切存在物都是同一的，它不是任何神所创造的，也不是任何人所创造的；它过去、现在、未来永远是一团永恒的活火，在一定的分寸上燃烧，在一定的分寸上熄灭。”（D30）[①] 赫拉克利特的本原思想，一方面，是古希腊米利都学派的继承与发展。他继续追问着世界的“始基”，即世界的“开始”根基。泰勒斯以“水”为始基，阿拉克西米尼以“无定型者”（阿派朗）为始基，阿拉克西曼德以“气”为始基。作为古希腊第二代思想家，他不仅思考世界始基是什么，而且思考它是怎么样能够成为始基。“活火”之喻，作为始基的“火”，含有“质料”与“动力”的双重含义，更具有动力的含义。同时，“活火”之喻还蕴含着世界是一个动变的、生成与解体的过程，而不是一个寂静的世界，与作为始基的“水”“气”相比，更凸显了世界的过程性。另一方面，他也吸收了毕达哥拉斯学派“数”的思想，作为本源性的“活火”是按照“一定分寸”“一定尺度”燃烧的，即宇宙的生成和运动是遵照“逻各斯”的，是有规律的，而不是杂乱无序的。赫氏对于逻各斯的经典表述是：“这道虽然万古长存，可是人们在听到它之前，以及刚听到它的时候，却对它理解不了。一切都遵循着这个道，然而人们试图像我告诉他们的那样，对某些言语和行为按本性一一加以分析，说出他们与道的关系时，却立刻显得毫无经验。另外，还有

① 北京大学哲学系外国哲学教研室编译《古希腊罗马哲学》，三联出版社，1957，第21页。

些人则完全不知道自己醒时所做的事情，就像忘了梦中所做的事情一样。”（D1）[①]

从上述分析可以看到两位哲人的相通之处。将“逻各斯”（λιγος、logos）翻译为中文的道，就是明证。他们都试图追问那个超越物象“多”元始的或统多的“一”，并且都坚信这个“一”的真实性或普遍必然性，老子归之为“体用一元”的道，赫氏则归为“质料——形式”统一的火与逻各斯。但是，分化也开始了。老子的道从质料而言，是一个混沌的整体，万物由之而生，是“生成论”或“孕化论”；赫氏的“活火”则是“转化论”“构成论”，它具有感性的构成质料与转化的动力。尽管都认为“无中不能生有”，由于老子缺少质料与动力二因，便只能是如后来王弼所言：有生于无。但是有生于无从逻辑而言是不可能的，因而又有裴頠的“崇有论”。中国哲学后来为了克服这一矛盾，引入了“气”，并以“阴阳二气”作为动力。赫氏之后的古希腊哲学，阿拉克萨格拉的“种子说”、德谟克利特的“原子论”，一直到亚里士多德的“四因说”，则继续沿着“构成论”方向追本溯源，追问着事物之可能的根据与原因。“逻各斯”便成为人所探求的宇宙构成的规律，他们不仅探讨自然规律也有社会规律的探讨。将数学（毕达哥拉斯和柏拉图）与逻辑（亚里士多德）作为工具予以运用到构成论的探讨，将“始基的一”实现为“统多的一”，这种思维方式与方法便成为经验科学的基础。因此，老子的形上之道难以成为“知识之真”，而只能成为针对社会人生的“价值之善”与“艺术之美”。它是一种从趣向上作为“实践理性”的理论，而不是“知识理性”的理论。尽管后来荀子提出“明于天人之分”，为知识理性提供了理论的可能性，但是由于我们的始基探讨停留于

---

① 北京大学哲学系外国哲学教研室《西方哲学原著选读》（上），商务印书馆，1981，第22页。

“气”、没有达到“原子”，由于我们没有逻辑数理工具，“道”作为知识之真的自然规律没有得以实现。

二 矛盾论的辩证描述与想象

上文的结论如果通过上述有限的探讨还不十分明确，那么通过下述探讨会更加分明。老子与赫拉克利特的思维方式，都可以称之为“辩证法”。中国人撰写的西方哲学史尤其强调赫氏作为辩证法奠基人的地位。由于黑格尔、马克思、恩格斯、列宁等经典作家的评价，更是如此。黑格尔自称，“像在茫茫大海里航行，这里我们看见了陆地，没有一个赫拉克利特的命题，我没有纳入我的逻辑学中。”① 在其《小逻辑》中，还说过：赫拉克利特第一个说出了“变化是万有的基本规定”这一思想范畴。中国的辩证法思想，最早人们追溯到《易》的“阴阳之道”，然后就会讲到老子。作为辩证法，老子和赫氏异同何在呢？

赫拉克利特的辩证法。

首先，以比喻的方式表达了万物都是处于不断的运动变化之中。为人们所熟知的便是这一命题：“人不能两次踏入同一条河流”。其原话是，“走下同一条河的人，经常遇到新的水流。灵魂也是从湿气中蒸发出来的。”② 或者：“我们走下而又不走下同一条河，我们存在而又不存在”③。他还说过，“不死的是有死的，有死的是不死的：后者死则前者生，前者死则后者生。”④ 对于这些比

① 黑格尔著，贺麟等译《哲学史讲演录》第一卷，商务印书馆，1959，第295页。

② 北京大学哲学系外国哲学教研室编译《古希腊罗马哲学》，三联出版社，1957，第20页。

③ 北京大学哲学系外国哲学教研室编译《古希腊罗马哲学》，三联出版社，1957，第23页。

④ 北京大学哲学系外国哲学教研室编译《古希腊罗马哲学》，三联出版社，1957年版，第24页。

喻性格言或残片，解释尽管不同，但肯定万物皆流、无物常住的运动变化观点是肯定的。要求证这一点是容易的，“活火”的比喻也是证据。但不容忽视的是，赫氏所说的万物仅仅是从“现象”“过程”而言说出了“变”，从“本原”“本质”而言，他更认为必须言说现象之“变”背后作为“本原”“本质”的“不变”——特别是“逻各斯”。由此，才能看到辩证法其实质是要认识“一”与“多”、“现象和本质”的辩证关系，“变”的逻各斯或规律才是关注的核心。否则，肯定作为幻影的变来变去的物象，有何意义呢？柏拉图的“理念论”就是逻各斯思想深入探讨的延续。用陈康先生的话来说，它是对变换不居现象的“拯救”。

其次，关于“逻各斯”，哲学史家格思里在《希腊哲学史》第一卷中，详尽地分析了公元前五世纪及之前这个词在哲学、文学、历史等文献中的用法，他总结出十种含义：“任何讲出的或写出的东西；所提到的和与价值有关的东西，如评价、声望；灵魂内在的考虑，如思想、推理；从所讲或所写发展为原因、理性或论证；与‘空话’、‘借口’相反，‘真正的逻各斯’是事物的真理；尺度，分寸；对应关系，比例；一般原则或规律，这是比较晚出的用法；理性的能力，如人与动物的区别在于人有逻各斯；定义或公式，表达事物的本质。”① 赫氏的逻各斯在不同的残片中，意思有所差异，但是从事物而言肯定其变化有自身的“尺度、分寸”，就人而言认为有共同的、公共的普遍必然的逻各斯，是无疑的。因此，逻各斯就是通过言说所表现的真理的话语。它是普遍必然的，是应当为人们认真倾听的，进一步引申就是“规律”或“法则”。“因此应当遵从那人人共有的东西。可是逻各斯虽是人人共有的，多数人却不加理会地生活着，好像他们有一种独特的智慧似的。”②

① 汪子嵩等著《希腊哲学史》(1)，人民出版社，1997，第456~457页。

② 北京大学哲学系外国哲学教研室编译《古希腊罗马哲学》，三联出版社，1957，第18页。

再次，关于“对立统一”的思想，赫拉克利特多有表述。他说，“相反的东西结合在一起，不同的音调造成最美的和谐，一切都是通过斗争产生的。”（D8）[①]“他们不了解如何相反者相成：对立的统一，如弓和竖琴。”[②] 正义与不义、人与神、善与恶、向上的路与向下的路、终点与起点，都是对立统一的。赫氏的对立具有正与反、肯定与否定的意义，但其统一是有“中介”和“根据”的——逻各斯。因此，正—反—合的思维模式已初具。

老子的辩证法。

首先，是相反相成、对立转化。它集中体现在，“有无相生，难易相成，长短相形，高下相倾，音声相合，前后相随。”（《老子》二章）“有无相生”是从本原与万物关系而言，其他则是从事物的属性、性质、方位而言。美与恶、善与不善、祸与福、美言与信言、强与弱、奇与正等，都具有对立性。仔细分析可以看到，老子更多强调的是对立面的相互映衬、比照，凸显的是对立。谈到统一是“转化”的统一、而不是“中介”的统一，如“祸”与“福”的转化有具体描述，则具有随意性、不可知地就由一方跳到另一方，仿佛有一种命运之手神秘地推动着。作为对立面的对立似乎又一下消失了，我就是你、你就是我或我中有你、你中有我，原来我们是一个东西！没有中介的转化当然是抽象的，难以用语言描述的，只能靠“体悟”。

其次，老子明确提出了作为宇宙必然性法则的“反者道之动”这一原理。它是“反”和“返”，前者是事物间相对立面的转化，后者是向道体的回归。道的运行便遵循着它，它的运行便是道在发挥作用。物极必反便是大道流行，或者事物回归其出发点万物

---

① 北京大学哲学系外国哲学史教研室《西方哲学原著选读》（上），商务印书馆，1981，第23页。

② 北京大学哲学系外国哲学史教研室《西方哲学原著选读》（上），商务印书馆，1981，第24页。

之母的“道体”是必然的。在老子看来，事物向相反方向的转化，在经验中是具有先机与暗示的，“将欲翕之，必故张之；将欲弱之，必故强之；将欲废之，必故兴之；将欲取之，必故与之；是谓微明。”（《老子》三十六章）它的另一幅面孔是，“曲则全，枉则直，洼则盈，敝则新，少则得，多则惑”。（《老子》二十二章）前一种情形是“假象”，是败颓之象，是自然之道在捉弄人事之妄为；后一种情形是“真相”，是兴旺安适之象，是自然之道的真实显现。作为“自然之道”与“人为之事”是反的，因此要顺任自然、处弱守雌、不要妄为，才能强盛、兴旺、保全、获得。对立的化解方式，不是正—反—合，而是去“反”—得“正”，如同数学中的负负得正。从终极而言，一切有限的存在者都会向无限的道回归，取法自然会存在得更长久、更好，反自然则死得更快、更惨。

老子与赫拉克利特都认为，世界是运动、变化的，它是按照一种必然性的法则进行的，人应该遵守法则，否则将对人是有害的。尽管赫氏的本原论具有循环论色彩，认为万物源于火、复归于火，尽管诸多比喻具有晦涩性，但是其运动变化的方式是前指的、不断超越的，正如太阳每天是新的。从人而言，他主张通过有为的斗争以达到矛盾的解决。老子的运动变化方式是典型的循环论，要么是对立面之间有限性的往复性变化，要么是向道体回归无限的返本性变化——一切对立面、对立的事物将被消解或夷平。从有限的存在者而言对立是存在的，从无限的道而言对立是虚假的。从人而言，他是主张静而不是动的，常言所谓一动不如一静，认为通过“致虚极、守静笃”矛盾便得以自然化解，或者从道的终极高度看，一切对立都是假的、是有限的存在者在无谓地瞎胡闹。因此，他们的辩证法的指向是相反的，一个是积极的、能动的、超越的，一个是消极的、被动的、回返的。这两种思维方式对于知识论、历史观、价值观，具有深刻的影响，指示了不同的相反的路向。中国哲学后来的发展在汉武帝时代做出了具有方向性选择，并形成儒、道互补的局面，是因为儒家具有积极入世、刚健有为的日新精神。

三　价值论的虚静信守与正义的追求

任何一家一派理论，存有论是一个出发点，为理论确立一个根基，也可看做一个具有经验基础的理论预设；方法论提供一种展开的思维路径、建立一个思维的方向；价值论则是按照其理论根基与方法，为行为提供一套规划、并提供一个评判准则进行评判，使形上的理论下落到形下的生活，使人的生活具有意义地被谋划。其三者又构成一个相互关联的整体。老子与赫拉克利特也不例外。

赫拉克利特从价值论描述具有诸多难题，因为它不同于老子留下了一个尽管具有歧义但是却相对一贯完整的文本，仅仅留下了诸多残片且其中诸多晦涩难解。首先，其逻各斯思想影响是深远的，以至于将西方社会从古希腊直至近代德国古典哲学称为“逻各斯中心主义”。在他看来，“智慧只在于一件事，就是认识那善于驾驭一切的思想”。(D42)① 作为思想的逻各斯，可以是自然的也可以是城邦的，最高的是“宙斯”一样神圣的逻各斯。其次，他崇尚法律与正义，为正义为城邦而战所牺牲者应当受到尊重。“人民应当为法律而战斗，就像为城垣而战斗一样”。(D44)② “应当知道，正义就是斗争，一切都是通过斗争和必然性而产生的。”(D80)③ 再次，他推崇人优秀的智慧，也崇敬神的至高无上；他重

① 北京大学哲学系外国哲学史教研室《西方哲学原著选读》（上），商务印书馆，1981，第26页。

② 北京大学哲学系外国哲学史教研室《西方哲学原著选读》（上），商务印书馆，1981，第27页。

③ 北京大学哲学系外国哲学史教研室《西方哲学原著选读》（上），商务印书馆，1981，第27页。

视灵魂，轻视肉体及其欲望和幸福。“最智慧的人同神相比，无论在智慧、美丽或其他方面，都像一只猴子。（D83）在神看来人是幼稚的，正如在成人看来儿童是幼稚的。（D79）”[①] “如果幸福在于肉体的快乐，那就应当说，牛找到草吃的时候是幸福的了。”（D4）[②] 与老子比较，崇尚理性，推崇正义、法律与秩序是赫氏的典型特征。但是，赫氏是有神论，而老子则是无神论。老子更崇尚自然无为、消解斗争，主张处弱不争，与先秦主流的价值观（儒、墨、法）相比，体现了强烈的反叛性，甚至在中国社会的发展中长期扮演着一个反叛性角色。它强烈凸显了人的有限性、人的有死性，从而为人从外在束缚中挣脱出来，以获得个性的自由开辟了理论空间。让生命自由舒展自己！让生命自由地表现自己！让人们本真、自然、淳朴地生活！这应该是老子哲学思想的精神价值。特别是老子的后继者庄子，将个性自由发挥到一个空前绝后的程度。

在对于老子价值论的阐发中，几乎每一部中国哲学史或思想史，都是一个绕不过去的问题。也可能不一定用价值这一名词，但是都会详述其人生论、社会观、政治观、历史观等。这里不必详述。在老子思想价值的评价与诠释中，采用何种方式与态度是值得重视的。一种是肯定的、褒赞的、同情的，一种是批判的、否定的、不认同的。这是值得我们认真思考的。

在历史上批判否定一派，远可追到朱熹，认为老子是个“退步占便宜的人”，近可以钱穆、冯友兰为代表。钱穆认为，老子不只是个以退为进占便宜的人，他地地道道就是个居心叵测的阴谋家，为统治者、为官宦弄臣提供权谋之术，愚弄广大无知的群众。

① 北京大学哲学系外国哲学史教研室《西方哲学原著选读》（上），商务印书馆，1981，第25页。

② 北京大学哲学系外国哲学史教研室《西方哲学原著选读》（上），商务印书馆，1981，第28页。

冯友兰则从阶级论出发，指出："当时的没落奴隶主贵族和他们的知识分子，对待新兴地主阶级的新政权、地主阶级的新社会，有一种态度是以退为进。这种态度就有一种相应的策略。《老子》这部书一部分讲的就是这些策略，以及与这些策略有关的政治、哲学的依据。"[①] 它也是没落阶级给自己所提供的一副精神鸦片。如果老子是个宵小之徒，是个教唆犯，是个意淫者，那就应当将其书付之一炬，何须去读它呢？

作为肯定同情一派，远可追溯至王弼、裴頠。近代以来则以胡适、韦政通、徐复观、陈鼓应等为代表。陈鼓应指出，"老子是个朴素自然主义者。他所关心的是如何消解人类社会的纷争，如何使人们的生活幸福安宁。他所期望的是：人的行为能取法'道'的自然性与自发性；政治权力不干涉人民的生活；消除战争的祸患；扬弃奢侈的生活，在上者引导人民返回到真诚质朴的生活形态与心境。"[②] 徐复观认为，老庄之学是"上升的虚无主义"，成就了一种"虚静的人生"价值形态。"老子是想在政治、社会剧烈转变之中，能够找到一个不变的'常'，以作为人生的立足点，因而得到社会的安全长久。"[③] 韦政通指出，《老子》是一部旷世奇书，成为永不枯竭的智慧之泉，其对于士人阶层的影响不在《论语》之下。它具有伟大的超凡脱俗的反叛精神。[④]

笔者以为，文本诠释的路径是开放的，诠释的过程就是质疑、对话的过程，但是它是具有"前见"的。而正是这"前见"决定了诠释者"视域融合"之后文本意义的丰满度与高下度。人们通过诠释常能发作者所未发、见作者所未见。积极地阅读、同情地理解、建设性对话是重要的，否则经典文本阅读就失去了意义。

① 冯友兰著《中国哲学史新编》（上），人民出版社，1998，第316页。
② 陈鼓应著《老子今注今译》，商务印书馆，2003，第14页。
③ 徐复观著《中国艺术精神》，广西师范大学出版社，2007，第34页。
④ 韦政通著《中国思想史》（上），吉林出版集团有限责任公司，2009。

因此，应当采取这样的态度去诠释《老子》。特别是在这样一个物欲横流、竞争不休、普遍异化、铁笼一样的官僚体制的社会中，读《老子》可以使我们的心灵得到一定的安宁，使我们对于生活产生一种哪怕是乌托邦的想象与憧憬。

通过老子与赫拉克利特的比照性阅读，跨文化的视域也在我们面前徐徐打开。我们对于中西方的思维与价值取向，尽管不一定能窥一斑而知全豹。但是，一叶障目、坐井观天之偏弊，还是可以消除的。

（本文作者：西北政法大学哲学与社会发展学院副教授）

图书在版编目（CIP）数据

《老子》思想与现代社会：曲江楼观“老子文化节”学术研讨会论文集/刘本炬主编. —北京：社会科学文献出版社，2013.6
ISBN 978-7-5097-4645-5

Ⅰ.①老… Ⅱ.①刘… Ⅲ.①道家-学术会议-文集②《道德经》-思想评论-学术会议-文集 Ⅳ.①B223.15-53

中国版本图书馆 CIP 数据核字（2013）第 098737 号

《老子》思想与现代社会
——曲江楼观“老子文化节”学术研讨会论文集

主　　编/刘本炬
副 主 编/刘学智　王宏波

出 版 人/谢寿光
出 版 者/社会科学文献出版社
地　　址/北京市西城区北三环中路甲 29 号院 3 号楼华龙大厦
邮政编码/100029

责任部门/人文分社（010）59367215　　责任编辑/王晓鹏　周志宽
电子信箱/renwen@ssap.cn　　责任校对/李秀军
项目统筹/宋月华　　责任印制/岳　阳
经　　销/社会科学文献出版社市场营销中心（010）59367081　59367089
读者服务/读者服务中心（010）59367028

印　　装/三河市尚艺印装有限公司
开　　本/787mm×1092mm　1/16　　印　　张/26.5
版　　次/2013 年 6 月第 1 版　　字　　数/344 千字
印　　次/2013 年 6 月第 1 次印刷
书　　号/ISBN 978-7-5097-4645-5
定　　价/96.00 元